高等院校经济管理类"十三五"规划教材

经济法概论（第2版）

Introduction of Economic Law

田晓菁　主　编

中国财经出版传媒集团
经济科学出版社
Economic Science Press

图书在版编目（CIP）数据

经济法概论/田晓菁主编．—2版．—北京：经济科学出版社，2019.1

高等院校经济管理类“十三五”规划教材

ISBN 978-7-5218-0254-2

Ⅰ.①经… Ⅱ.①田… Ⅲ.①经济法-中国-高等学校-教材 Ⅳ.①D922.29

中国版本图书馆CIP数据核字（2019）第026647号

责任编辑：杜 鹏 刘 悦
责任校对：曹育伟
责任印制：邱 天

经济法概论（第2版）
主 编 田晓菁
经济科学出版社出版、发行 新华书店经销
社址：北京市海淀区阜成路甲28号 邮编：100142
编辑部电话：010-88191441 发行部电话：010-88191522
网址：www.esp.com.cn
电子邮件：esp_bj@163.com
天猫网店：经济科学出版社旗舰店
网址：http://jjkxcbs.tmall.com
固安华明印业有限公司印装
787×1092 16开 18.5印张 400000字
2019年2月第1版 2019年2月第1次印刷
印数：0001—4000册
ISBN 978-7-5218-0254-2 定价：42.00元
（图书出现印装问题，本社负责调换。电话：010-88191510）

前　言

市场经济在一定意义上讲就是法制经济。党的十八届四中全会提出，全面推进依法治国，总目标是建设中国特色社会主义法治体系，建设社会主义法治国家。随着我国市场经济体制的进一步完善和快速推进，随着全球一体化的发展，依法治国、依法办事，建立完备、规范、公正的市场经济法律体系，对我国经济发展具有特别重要的作用和意义。

经济法的特点可谓体系庞大、内容繁多、涉及面广，极富动态变化。在所有法律部门中，与经济法联系最为紧密的是民法和商法，但三者之间的区别以及各自的调整范围、调整手段和内容又是法学界长期争论的问题。对于经济管理学院的学生来说，在教材内容上以部门法的划分标准和法学学理对商法与经济法的划分并无多大实际意义。我国高等教育的人才培养目标，一是要提高国民素质，二是要为国家的发展培养既具有专业知识又具有管理能力、经济头脑与法律素养的复合型人才，这也正是编者编撰本教材的目的所在。本教材从企业的法律环境角度出发，兼收商法与经济法的内容，以满足经济管理学院的教学需求。

经济法课程是全国高等教育经济管理类专业重要的必修课，也是高等教育自学考试的必考课程，是为培养和检验学生掌握经济法的基本知识、理论和应用能力而设置的一门重要的专业基础课程。它是调整因国家对经济活动的管理而产生的社会经济关系的法律规范的总称。本教材内容主要包括经济法基础理论、市场主体、市场运行、政府宏观调控和监督管理及争议解决等方面的法律制度。

本教材以学生所需的专业知识和操作技能为着眼点，力求做到理论知识与实践技能相结合，以提高学生的经济法应用能力。具有以下特点：(1) 根据经济管理类专业的特色和学生的就业需求，精选教材内容。本教材在第一章的经济法基础知识的统领下，仅将个人独资企业法、合伙企业法、外商投资企业法、公司法、破产法、反垄断和反不正当竞争法、商标法和专利法、合同法、会计法、审计法、统计法、广告法、税法、银行法、证券法、保险法及经济纠纷解决机制等市场经济运行过程中最基本且实用性较强的法律制度纳入教材体系。(2) 根据教学需求，配备相应的随堂演练、疑难问题解答、习题、案例以及教师使用的多媒体课件。本教材通过理论与实践的结合方式，提高授课人教学质量，同时激发学生的学习热情。诚如经济法学的先驱所言，"学会交易准则，防范交易风险，追求交易稳定"。(3) 本教材根据国家法律的变化情况进行全面的修改和补充。一是体现国家法律、法规的最新规定；二是根据经济体制改革的最新成果和实际需要，在内容上有所增删；三是对遗漏之处进行改正和增补。随着我国市场经济体制不断发展和完善，教材也必须与时俱进，以适应新形势的需要，同时确保读者吸收到最新的经济法律知识。

本教材共分十五章，由田晓菁主编，王莉副主编，田晓菁总纂、修改后定稿。各章节撰写分工如下：田晓菁（第四章、第五章、第六章、第八章、第九章），王莉（第一章、第二章、第三章、第七章、第十章、第十一章、第十二章、第十三章、第十四章、第十五章），案例分析题由各章编者撰写。

由于编者的水平所限，加之编写时间仓促，教材中疏漏、不当之处在所难免，敬请各位同仁批评指正，以便通过不断的教学实践、反复研究和修改而趋于完善。

编者

2019 年 1 月

目　录

第一章　经济法概述

【内容提要】本章介绍经济法的基本理论问题。主要内容包括：经济法的产生和发展；经济法的概念、特征和调整对象；经济法的地位和作用；经济法的基本原则等。

【教学要点】通过本章的学习，掌握经济法的概念、特征、调整对象以及经济法的基本原则。

经济法是以市场经济运行中各种经济主体的经济权利和经济义务关系作为调整对象的，它是规范市场经济运行秩序的法律规范的总和。建立和完善社会主义市场经济是我国经济体制改革的根本目标，这就需要建立起与之相适应的法律秩序，用法律来保障、规范市场经济的运行。

本章仅就经济法的历史发展形成过程、概念、特征和调整对象以及经济法的地位、作用等做深入论述。

第一节　经济法的产生和发展

一、经济法的产生

马克思主义认为，法的关系正像国家形式一样，既不能从它本身来理解，也不能从所谓人类精神的一般发展来理解，相反，它们根源于物质生活条件。法律，作为上层建筑的一部分，是由经济基础决定的。法律产生于社会物质生活条件，同时又反作用于社会物质生活条件。经济发展的历史，也就是法律发展的历史。

经济法作为国家干预和调整经济关系的重要手段，是随着商品经济的发展和社会关系日益复杂化的客观需要而产生并逐渐发展起来的。经济立法，现在已成世界各国的普遍现象，但用专门的法律来调整经济关系，用经济法来引导、规范、约束和保障经济的发展，这段历史并不长。也就是说，经济法在法学领域中还是一门新兴的社会科学。现代意义的经济法产生于商品经济迅速发展的垄断资本主义时期，它已作为一个独立的法律部门与民法、商法、行政法以及其他法律部门相区别。

经济法同其他法律一样，是人类社会发展到一定历史阶段的产物。随着商品经济的不断发展，各种经济关系日益复杂化，这就使调整这种经济关系的各种经济法规逐渐得到充实、完善和发展。这一发展过程，伴随着人类社会的各种形态，经历了一个漫长的时期。世界上最早出现的法律多是诸法合体，民刑不分，以刑法为主。那时的社会经济以自然经济为主，商品经济很不发达，所以民法、经济法也难以分离出来。调整经济关系的法律规范，虽不同程度地有所反映，但是并不能形成一个独立的法律部门。只是在由自由资本主义社会发展到垄断资本主义以后，经济法才真正产生。其原因如下。

（一）经济上的原因

在自由资本主义时期，社会经济生活主要是由民法和商法来调整的，而民法和商法又是以财产自由、契约自由和平等对价为调整方式的。在这个时期，国家对社会经济生活采取“自由放任主义”，正是这种放任主义导致了自由竞争，而自由竞争的结果是形成垄断，垄断的结果又反过来影响资本主义经济的发展。在这样的情况下，垄断资产阶级必须找到一条出路，即：一方面要保护自由竞争，另一方面又要适当地限制自由竞争；既要反对垄断，又要维护垄断。显而易见，要实现这样的目的，只靠个别资本家集团间的相互妥协是办不到的，只能由国家出面，用颁布法律的形式来实现。这个法律既不是民法，也不是商法，而只能是体现国家干预的经济法。

（二）政治上的原因

在自由资本主义时期，资产阶级国家把企业的生产过程仅仅看成是资本家内部的事务，并不直接加以干预，只是由国家通过军队、警察、法庭等国家机器为资产阶级服务。可是，当自由资本主义进入了垄断时期之后，情形就有所不同了。在垄断资本主义阶段，垄断资产阶级对原料和市场进行独占，大量的中小企业被控制和排斥。在这种情况下，资产阶级国家清楚地意识到，无限制的自由竞争、生产的长期无政府状态以及高度的垄断，将影响社会经济的稳定，最终将危及整个资产阶级的统治，这样就驱使垄断组织和国家政权紧密结合。它们为了减少生产的盲目性和经济危机的冲击，不得不从国民经济整体出发，运用国家权力直接干预社会经济生活，维护资本主义制度。为了确保垄断资产阶级的根本利益，反映在法律上，便产生了以国家为法律关系主体一方直接参与和干预国民经济活动为主要标志的新的法律形式的出现——资本主义经济法。所谓干预，就是垄断资产阶级和国家政权结合起来，用政权的力量，通过颁布各种经济法律规范，对社会经济的发展方向实行国家控制，以便符合垄断资产阶级和国家的需要。所谓参与，就是国家以投资者、商品购买者、货币借贷者、资本输出者的身份直接参与资本主义的再生产过程。这样，国家就可以以企业家的身份管理一定的经济，又可以以经营者的身份影响一定的经济，这使得经济法成为垄断资产阶级和国家用以维护整个资产阶级统治的工具。

（三）理论上的原因

垄断加剧了资本主义固有的基本矛盾，使资本主义面临着更严重的矛盾。在这种情况下，资产阶级的学者们力图找到一种理论来解决资本主义的矛盾。凯恩斯是英国经济学家，他为了解决资本主义日益尖锐的矛盾，主张从“自由放任主义”转向“国家干预主义”，也就是通过国家干预经济，制定政策，实现充分就业和经济增长，以延续资本主义经济体系的生命力。凯恩斯的国家干预经济的主张，便成了资本主义国家经济立法的理论基础。

（四）直接原因

导致经济法产生的最直接原因是第一次世界大战。在整个战争期间，垄断资产阶级趁机垄断市场、控制物资、抬高物价，大发战争横财，从而给国家征集战争物资造成了极大的困难。在这种情况下，当时参战的主要国家为将战争继续下去，不得不运用国家的权力对战时重要物资及价格实行国家统制，即由国家采取强制手段集中管理经济。第一次世界大战期间，德国为了适应战争需要，更加直接管制经济，运用经济行规统制粮食、统制物资和限制物价等。在 1914 年 8 月德国议会通过《授权法》，授权参政议政院在战争期间可以“发布对于防止经济损害所必要的措施”，随后，在 1915 年颁布了《关于限制契约最高价格的通知》，1916 年颁布了《确保战时国民粮食措施令》等经济统制法令。德国战败后，为了应付经济困难，又根据国家管制社会经济的原则颁布了一系列经济法规，如《卡特尔规章法》《煤炭经济法》《钾盐经济法》《防止滥用经济权力法令》等。这一系列经济统制法，对大企业的经济活动和主要物资的供应，进行了直接的干预和限制，在一定程度上起到了振兴遭到战争破坏的国民经济的作用，也把经济法的概念明确用于立法本身，使得资产阶级私有权神圣不可侵权的原则和契约自由的原则遭到了猛烈的冲击，进一步确立了国家权力对社会经济生活的干预。这一立法动向，首先在德国法学界得到广泛关注，并把它称为“经济法”，列入自己的研究对象中。后来，德国法学界对经济法的研究成果逐步被介绍到其他国家。这样，经济法作为国家参与和干预社会经济生活的主要形式，得到越来越多的国家的确认。从此，经济法便作为一门新兴的法律学科进入世界法学研究领域。

二、我国经济法的产生和发展

中国古代调整经济关系的法律是以土地制度、徭役和赋税制度为中心的。在古代封建社会的法律制度中，有大量调整经济关系的内容，比较有代表性的有《秦律》《唐律》《大明律》等。到了 19 世纪末 20 世纪初，清政府曾大规模修订法律，吸收了许多资本主义国家经济法的内容。据有关资料记载，1929 年南京国民政府立法院根据国民党第三届中央执委会第二次全会的有关决定，制定了《训政时期立法工作按年分配表》，这其中将经济立法列入了国家立法的任务之中，即除了规定民法、商法、劳工法、土地法以及其法典的起草计划外，又并列了另一项内容——“经济立法之规划”，并开列了一批拟订的经济法规名称。这是我国法律发展史上第一次正式使用经济立法这一概念。以后的国民政府先后两次大规模编纂《经济法汇编》。这都表明了我国经济立法与世界范围经济法的产生大体是同步的。

我国早在新民主主义革命时期，革命根据地政权就注意开展经济立法工作，发布了一些调整经济关系的政策和法律，如《中华苏维埃共和国土地法》《公债条例》《奖励科学发明及技术改革暂行条例》《工商业申请登记办法》等。1947年，中国共产党土地会议通过了《中国土地法大纲》。这些法律规范和政策对于调整革命根据地的各种经济关系，特别是土地关系以及限制剥削、保障人民权利、动员人民支援和参加革命战争、发展根据地生产等各个方面，都起到了重要的作用。

我国社会主义经济法是在新中国成立以后产生和发展起来的。新中国成立初期，经济法的主要任务是为建立社会主义公有制经济、进行土地改革、恢复国民经济、完成“一化三改”（社会主义工业化，对农业、手工业和资本主义工商业的社会主义改造）和发展社会主义经济服务。20世纪50年代，我国先后制定了大量的经济法规和规范性文件。根据《共同纲领》和1954年《宪法》，我国先后制定了《私营企业暂行条例》《中华人民共和国矿业暂行条例》《国营企业资金核定暂行办法》《对外贸易管理条例》《预算决算暂行条例》《国民经济计划编制暂行办法》《中华人民共和国土地改革法》等数量众多且内容广泛的重要经济法规，涉及计划、工业、农业、商业、基础建设、交通工具运输、财政、金融、税收、合同、物价等方面，为繁荣经济、发展生产、开展有计划的经济建设奠定了法律基础。到了50年代后期，由于法律虚无主义的影响，法制建设停滞不前，加之在“左”的思潮指导下，经济立法工作受到了严重的干扰，经济法制工作受到了极大的破坏，经济法制工作实际上被“左”的政策所代替。特别是到了60年代“文化大革命”时期，不仅经济立法工作陷入停顿状态，而且过去制定的许多行之有效的经济法规也被全盘否定，严重地破坏了国民经济的正常运行，使国家经济陷入崩溃的边缘。

党的十一届三中全会以来，我国进入了一个新的历史发展时期。随着经济体制改革的深入，人们认识到商品经济是社会主义不可逾越的一个阶段，市场在发展商品经济过程中的地位、作用开始为人们所重视，经济法作为一个相对独立的部门法逐步被人们所认识，从上到下、从理论到实践进一步明确了经济法的地位和作用。据统计，从1979年到现在，我国颁布的重要经济法律、法规有600多件。其中有《公司法》《外商投资企业法》《合同法》《商标法》等发展商品经济、促进商品流通与加强经济协作的法律，有《专利法》《发明奖励条例》《促进科技成果转换法》等促进科学技术进步和促进生产力发展的法律，法规，有《森林法》《草原法》《渔业法》《土地管理法》《环境噪声污染法》等合理利用与开发自然资源和保护环境的法律、法规，还有《会计法》《税收征收管理法》等涉及会计、审计、统计、计量、标准化、财政、税收和金融等方面的法律、法规，特别是随着我国对外开放政策的进一步贯彻和深入，大量的涉外经济法规也陆续出台。这些法律、法规对于保障和促进体制改革，对于保障国民经济的健康、稳步发展，都起到了极为重要的作用。

党的十四大明确指出，我国经济体制改革的目标是建立社会主义市场经济体制。市场经济，从一定意义上说，就是法制经济，社会主义市场经济的培育和发展，需要完备的经济法律来引导、规范、保障和约束。第八届全国人民代表大会第二次常务委员会提出，要在5年任期内大体上形成社会主义市场经济法律体系的框架。为了实现这一目标，全国人大及其常务委员会加快了经济立法的步伐，陆续地制定和颁布了一系列重要的经济法规，如《反不正当竞争法》《公司法》《消费者权益保护法》《银行法》《劳动法》《科技进步法》《对外贸易法》《保险法》等。这些经济法规，对规范市场主体、调整市场关系、维护公平竞争、改善和加强宏观调控以及建立健全社会保障制度都发挥着巨大作用。随着社会主义市场经济的建立和发展，我国经济立法的步伐明显加快，对推进我国经济管理体制和运行机制的规范化、法制化，将继续发挥重要的作用。

【随堂演练1-1】下列法的形式中，属于国家的根本大法、具有最高法律效力的是（　　）。

A. 中华人民共和国人民代表大会组织法

B. 中华人民共和国立法

C. 中华人民共和国宪法

D. 中华人民共和国刑法

【答案】C

【解析】宪法是国家根本大法，由全国人民代表大会制定和修改，具有最高的法律效力。

第二节　经济法的概念、特征和调整对象

一、经济法概念的由来

“经济法”一词的出现，是在18世纪中叶以后，由西方一些学者在其著作中提出和使用。首先是法国空想社会主义者摩莱里（Morelly）在他的《自然法典》（1755年出版）一书中使用了这个概念，他在这部法典中编制了“分配法”或“经济法”这样一个单行法。可见，他把“分配法”和“经济法”看成是同义语。摩莱里使用的“经济法”和我们现代意义上的经济法有着天壤之别。但是，从这部法典中还是能够窥见经济法含有国家干预经济生活的萌芽，因为摩莱里认为，社会及其管理机构的主要职能就是统一安排生产、分配劳动和劳动产品。

1842年，法国空想社会主义者德萨米（Dézamy）在他的《公有法典》一书中系统地提出了分配法、经济法、工业法、贸易法等。德萨米沿用了“经济法”一词，并发展了摩莱里的经济法思想，把分配法和经济法看成是两个不同的概念。

1856年，法国小资产阶级激进派蒲鲁东（Proudhon）在他的《工人阶级的政治能力》一书中指出：“经济法是政治法和民法的补充和必然产物。”蒲鲁东实际上是看到社会经济生活中出现了一种政治法和民法都调整不了的经济关系，需要由一个既能体现国家政治权力又能体现经济自主的法律来对它进行调整，这

就是经济法。

1916 年，德国法学家赫德曼（Hedemen）在《经济学字典》中使用了“经济法”。赫德曼提出了经济法是部门法的主张，认为在公法和私法之外，应另设经济法和劳动法，并使经济法成为特别的法域，成为不同于商法的经济法。赫德曼所指的“经济法”是与国家颁布的经济法律和法规相联系的，从而更具有现代意义。因此，这一概念被广泛传播和使用，直到现在。

通过上述回顾，我们可以看出，经济法概念的出现和逐步完善是一个连续的历史过程。最初的经济法概念虽然是建立在空想社会主义者所设想的公有制基础上，不具有任何实践意义，但是，它对现代意义上的经济法概念的形成仍然产生了较大的影响，除了表现为沿用“经济法”这个概念的外壳外，更关键的是人们把空想社会主义者的那种具有萌芽状态的国家干预社会经济生活的思想加以扩大，利用其作为现代经济法概念的一个合理的“内核”。这就使得现代经济法概念不是建立在空想的基础上，而是建立在现实的垄断资本主义的基础之上。

二、经济法的概念和特征

（一）经济法的概念

关于经济法的概念，目前尚没有形成一个统一的定论。一般来说，经济法是调整特定经济关系的法律规范的总称。但是，由于国家性质、社会制度的不同，经济关系的具体内容也不同，所以对于经济法的概念只能就各国经济法的具体情况来分别表述。在这里，我们仅就我国经济法的概念做以下阐述。

在我国，正式提出经济法概念，是在党的十一届三中全会之后。我国的法学理论工作者，在概括我国经济法制建设的经验及现实状况的基础上，给经济法做如下定义：经济法是国家制定的确认和调整经济管理关系、经济协作关系和涉外经济关系的各种法律规范的总称。

党的十四大明确了我国经济体制改革的目标是建立社会主义市场经济体制，以利于进一步解放和发展生产力。市场经济是以法律为边界的经济，任何经济活动必须在法律规定的范围内进行，市场运行和宏观调控也必须以法律为依据和准绳。因此，从一定意义上讲，市场经济就是法制经济。那么，从这个角度可以将当前市场经济条件下的经济法概括如下：经济法是调整国家在协调国民经济运行过程中发生的经济关系的法律规范的总称。

（二）经济法的特征

经济法与其他法律部门相比较，有其自身的特征，主要表现在以下五个方面。

1. 调整对象的国家协调性。现代市场经济条件下，经济主体趋于多元化，包括政府在一定意义上也成为市场主体，经济关系的内涵更加丰富多样，而且出现了诸如垄断、暴利、不正当竞争等破坏市场机制的现象以及市场经济的自发性、滞后性和一定的盲目性等问题，这就决定了国家要充分发挥行使宏观调控的职能，要体现国家管理经济的职能和对经济活动的干预，体现“国家之手”在经济运行中的作用。国家在协调经济运行中必然会发生一些自由市场经济条件下不存在的新的经济关系，这种经济关系就应该由经济法调整，经济法就是为了以“经济之手”来满足各种经济性的，即以社会协调性要求而制定的法律。

2. 经济法结构体系的综合性。这主要是针对经济法是由多方面内容组成的统一体而言。作为经济法，一是在组成上，它是由诸多经济法律分支组成的经济法群，每个经济法律分支又由若干个单行法规组成，这些法规国家权力机关即全国人民代表大会及其常务委员会制定和颁布的；有国家行政机关即国务院及其下属部门制定和颁布的；有地方权力机关和行政机关制定及颁布的地方性经济法规。所以，经济法实际上是一系列单行经济法规的总称。二是作为经济法所调整的经济关系相当广泛，涉及经济生活的众多领域。其内容从生产、分配、交换到消费等各个领域均有涉及。而这些经济关系都是由一个统一的经济法规来调整的。所以说，经济法的结构体系具有综合性。

3. 经济性。经济法作为调整特定领域经济关系的法律规范，决定了它具有突出的经济性的特征。主要表现在三个方面：一是经济法所调整的对象必须是以经济为内容的社会关系，即经济关系；二是经济法律关系的主体、客体和内容，都是以经济为内容；三是其立法目的具有经济权益性，维护社会经济秩序，保障和促进社会主义市场经济健康发展。

4. 调整方法多样性。经济法在调整方法上采取了奖励和惩罚相结合的方法，奖励和惩罚是经济法对经济主体行为的肯定与否定。对违法者采取惩罚措施是各个法律部门共同的调整方法，我国民法和刑法等法律主要通过制裁达到保护国家、集体和个人利益的目的，而经济法除对违法者规定了一定的惩罚外，对于履行经济法规定义务、有显著成绩的单位和个人作出奖励的规定，奖励的规定可以起到激励和调动人们积极性的作用。经济法的奖励措施有物质的奖励，也有精神的奖励。而惩罚的形式则采取了追究民事责任、行政责任、刑事责任相结合的形式。

5. 经济法具有实体法与程序法相结合的特点。实体法是关于规定主要的权利和义务的法律；而程序法则是为保证实体法所规定的权利和义务关系的实现而制定的诉讼程序的法律。在许多经济法律、法规中，既有实体法的内容，也有程序法的内容，实体性的规定与程序性的规定共存于一个单项经济法中。

（三）经济法的调整对象

从前面经济法的定义中可以看出，经济法是调整国家在协调经济运行中发生的经济关系。国家要适应经济发展的需要，经济运行需要国家的协调。那么，作为经济法的调整对象，也就是国家在协调经济运行过程中发生的经济关系概括起来有以下四个方面。

1. 宏观经济调控关系。国家对市场经济进行宏观调控，是国家管理经济职能的重要体现，国家通过对市场经济的宏观调控活动，规范市场经济活动，保障市场经济的健康发展，实现国民经济的发展目标。实行社会主义市场经济，必须建立以间接手段为主的宏观调控体系。如经济和社会发展战略目标的选择，经济总量的平衡，重大结构和布局的调整，收入分配中公平与效率的兼顾，市场效率条件的保证以及资源和环境的保护等，这些都需要国家宏观调控。以间接手段为主的宏观调控过程中的经济关系，就是宏观经济调控关系。

宏观经济调控关系应该由经济法调整。这有助于发挥宏观调控的长处，弥补市场调解的缺陷和不足，防止或消除经济中的总量失衡，优化资源配置，更好地把人民的当前利益和长远利益、局部利益和整体利益结合起来。

2. 企业组织管理关系。在我国社会主义市场经济体制下，必须建立活跃的市场主体体系。在市场主体体系中，企业是最主要的主体。企业的设立、变更、终止以及企业内部管理过程中发生的经济关系即企业组织管理关系，必须要由经济法加以调整。

3. 市场管理关系。在我国社会主义市场经济体制下，必须建立统一、开放的市场体系。培育市场体系，要求各种生产要素能够自由流动，坚决打破条块分割、封锁和垄断，充分发挥竞争机制的作用。竞争会导致垄断，不正当的竞争和垄断又会约束市场功能的实现，妨碍资源配置的优化，扰乱市场经济秩序，而市场本身又无力消除垄断资本和不正当竞争，这就需要国家干预，加强市场管理。这种市场管理过程中发生的经济关系同样需要经济法调整，这样才能完善市场规则，有效地反垄断，制止不正当竞争，维护市场经济秩序，实现市场功能。

4. 社会经济保障关系。要实行社会主义市场经济体制，必须建立多层次的社会保障体系，因为计划经济体制下的那种社会保障吃“大锅饭”的现象已不复存在，国家也不能再以强制命令的方式要求各单位和部门承担社会保障责任。在这种情况下，人们遇到风险后基本生活难以保障，这是市场经济体制下市场本身无法解决的问题，仍需要国家通过法律干预，使人们在激烈的市场竞争中有所保障，建立和完善包括医疗保险、失业保险、养老保险和社会保险等在内的社会综合保障法律制度。社会经济保障关系应该由经济法调整，从而有助于充分开发和合理利用劳动力资源，保护劳动者的合法权利，维护社会稳定，促进经济发展。

总之，在国家管理经济运行过程中发生的社会经济关系必须要由经济法加以调整。首先，由于这种社会关系不仅是经济关系，而且是在国民经济运行过程中发生的经济关系，这种经济运行过程体现了国家调控的功能；其次，这种经济关系由经济法调整，更有利于建立和完善社会主义市场经济体制，提高经济效益，促进国民经济发展。

【随堂演练1-2】在市场主体体系中，最主要的主体是（　　）。

A. 企业　　　　B. 经济管理机关

C. 审判机关　　　　D. 政府机关

【答案】A

【解析】在市场主体体系中，企业是最主要的主体。企业的设立、变更、终止以及企业内部管理过程中发生的经济关系即企业组织管理关系，必须要由经济法加以调整。

第三节 经济法的地位和作用

一、经济法的地位

任何一个独立的法律部门，在法律体系中都具有一定的地位。经济法的地位，是指在整个法律体系中，经济法是不是一个独立的法律部门，即在整个法律体系中经济法处于什么样的位置，以及经济法同其他部门法的关系如何。

法律体系，是指由一个国家的全部现行法律规范分类组合为不同的法律部门而形成的有机联系的统一整体。在统一的法律体系中，各种法律规范因其所调整的社会关系的性质、内容不同而划分为不同的部门法。法律体系正是由多层次的法律部门构成的。经济法是整个法律体系中一个公认的、独立的法律部门，并且是一个重要的法律部门。

1. 从经济法的产生来看，可以说经济法是法律体系中一个重要的法律部门。首先，经济法成为独立的部门法，是客观经济发展的需要。因为，人类社会进入资本主义阶段后，商品经济迅速发展，出现了垄断、经济危机等新的经济问题，这些新的经济问题是客观存在的，是传统的民法所解决不了的。这些新的经济问题需要国家加强立法，用法律手段来保障社会经济的健康发展。因此，解决这些问题的经济法也就随之发展成为独立的部门法。其次，经济法成为独立的部门法，也是法律发展的必然结果。最初的法是“诸法合体”，刑、民不分，民、商不分。随着社会的发展，法也不断地发展变化，刑法和民法各自发展成为独立的部门法，其他法也不断发展成为独立的部门法。同样的道理，经济法发展成为独立的部门法，既是客观经济发展的需要，也是法发展的必然结果。

2. 从经济法调整的对象来看，经济法是法律体系中一个重要的法律部门。一个独立的法律部门的存在，必须有自己独特的调整对象。我们说经济法是一个独立的法律部门，是因为经济法有它特殊的调整对象。从经济法的定义中可以知道，经济法所调整的是国家在调控经济运行过程中发生的经济关系的法律规范的总称。也就是说，经济法所调整的是经济关系，而不是非经济关系；经济法所调整的是经济运行中的经济关系，而不是调整所有的经济关系，更不是调整非经济运行中的经济关系。经济法所调整的是国家在管理经济运行中的经济关系，与其他部门法在调整经济关系方面是有区别的。由此，可以说经济法是一个公认的、独立的法律部门，它是法律体系中不能取消和无法替代的部门法。

3. 从经济法和相邻的法律部门之间的关系来看，经济法有自身的质的规定性，有别于相邻法律部门的界限。

（1）经济法与民法的关系。经济法与民法的联系主要表现在：第一，经济法与民法调整的都是一定范围的经济关系的法律规范。第二，经济法与民法的作用紧密相关，民事权利的行使往往受到经济权利的制约，而经济权利的行使又要充分尊重民事权利。第三，我国经济生活中的许多社会关系需要经济法与民法相互共同作用才能建立特定的权利和义务关系。

经济法与民法的区别主要表现在：第一，主体不同。民法的主体只限于法人和公民，经济法的主体除法人和公民外，还包括国家机关、企业法人的内部机构和非法人的其他经济实体。第二，调整对象不同。民法主要是调整流通领域中的平等民事主体之间财产关系及非财产的人身关系；而经济法则主要是调整生产领域中的资源分配关系。第三，调整方法不同。民法是采取自愿、平等、等价有偿和诚实信用的原则调整平等民事主体之间的经济关系；而经济法除了采取命令与服从的办法调整经济关系外，还采取命令与平等自愿相结合的办法来调整经济关系。第四，作用不同。民法强调法人的公民权利的自治，它体现的是个体本位；而经济法强调的是国家对全局经济活动的干预，它体现的是社会本位。第五，制裁的方法不同。民法只采取民事制裁方法；而经济法则采用经济、行政、民事和刑事相结合的综合制裁手段。

（2）经济法与行政法的关系。经济法与行政法的联系主要表现在：第一，经济法与行政法都体现了国家对社会活动的干预或管理。第二，经济法与行政法所调整的社会关系都具有隶属性质。第三，经济法与行政法都要采取命令和服从的办法调整社会关系。第四，行政法所调整的社会关系与经济法所调整的社会关系相互作用、互为制约。

经济法与行政法的区别主要表现在：第一，主体不同。经济法的主体有国家权力机关、行政机关、企事业单位等法人组织以及其他社会组织和公民个人；行政法的主体是各级人民政府及其各职能部门。第二，调整对象不同。经济法既调整具有隶属关系的经济关系，又调整经济活动中各种经济协作关系；而行政法则只能调整隶属命令关系。第三，调整方法不同。经济法采用命令、协商、监督、指导相结合的方法调整社会关系；而行政法仅采用命令的行政制裁的方法。第四，处理程序方法不同。违反经济法时，可采用行政诉讼程序，也可采用民事诉讼程序解决；违反行政法时按行政司法和行政诉讼程序解决。

二、经济法的作用

经济法对调节国民经济管理、维护社会主义经济制度和经济秩序、保障和促进社会主义经济建设的顺利进行起着十分重要的作用。具体表现为以下四方面。

（一）保障和促进社会主义市场经济体制的建立与发展

建立社会主义市场经济体制，涉及经济基础和上层建筑的许多领域，需要采取各种必要的政策、手段和措施保障社会主义市场经济体制的逐步建立与发展。改革开放的实践证明，市场经济对发展生产、繁荣经济、提高人民的物质文化生活水平、增强综合国力有着不可估量的作用。在我国，需要根据客观规律的要求，通过制定和采取各种政策、经济法律等手段，保障和促进市场充分发挥其职能。因为，我们知道，当市场经济盲目发展、没有国家宏观调控时，会对社会经济产生破坏作用，资本主义国家周期性经济危机已经证明了这一点。对于市场经济，既要充分发挥它的积极作用，通过供求机制、价格机制特别是竞争机制，合理地配置资源，以提高经济效益；又要对它进行宏观调控，去其弊而用其利。因此，经济法是保障我国发展社会主义市场经济的有力工具。

（二）巩固和促进生产力的发展与提高，促进科技进步

科学技术是第一生产力。经济法对生产力的保护和促进作用，一般都是通过生产关系作为中介而起作用的。随着社会的发展，科学技术的发展状况已直接关系到一个国家的经济命运，我国科学技术面临着世界范围的新技术革命的严峻挑战。现代社会生产力包括两种形态，即物质形态的生产力和知识形态的生产力，作为经济法，既要保护物质形态的生产力的发展，更要保护和促进知识形态的生产力的发展。我国已经制定和实施了重大的有关促进科技进步的法律，如教育法、职业教育法、促进科技成果转化法等，这些都是促进社会生产力发展的一个重要体现。

（三）巩固和发展市场经济主体之间的公平竞争与协作关系，保护其合法权益

经济主体是生产经营的各个基本单位，可分为法人和其他经济组织及个人。在经济活动中，各经济主体处于什么地位、享有哪些权利和义务以及如何保护经济主体的合法权益等问题，都需要国家用经济法来明确规定。我国制定和颁布了《公司法》《乡镇企业法》等规范和保护经济主体的法律、法规。同时，竞争作为市场经济的一种重要机制，要求经济主体必须在公平、公正和公开的原则下进行活动。为了鼓励与保护公平竞争，反对不正当竞争和垄断行为，国家制定了《反不正当竞争法》《消费者权益保护法》等来限制不正当竞争和垄断行为的产生，从而维护了市场经济主体和消费者的合法权益，保障社会主义市场经济健康发展。

（四）保障和促进我国对外经济贸易、经济技术合作与发展

这是我国发展对外贸易关系的基本政策，也是加快我国改革开放和社会主义市场经济建设的重要措施。国家通过涉外经济立法，如《中外合资企业法》《中外合作企业法》《外商投资企业法》《对外经济贸易法》等一系列涉外经济的法律、法规，为我国吸引和利用外资提供依据，并为促进我国对外经济贸易、经济技术合作与交流提供良好的法律环境和保障。随着对外经济关系的进一步发展，各类涉外经济纠纷显著增加，涉外经济违法活动也会出现，因此，不断完善涉外经济法律、法规，会为这些涉外经济纠纷和涉外经济活动中违法行为的制裁提供法律上的依据。

总之，经济法对于实现经济的调整与提高，巩固社会经济基础，发展社会主义的上层建筑，保障和促进社会主义市场经济建设的顺利进行，发挥着极为重要的作用。

第四节 经济法的基本原则

所谓经济法的基本原则，是指贯穿于经济法和具体法规之中，集中体现经济法的本质和基本理念，主导整个经济法体系，人们在参与各种市场经济活动过程中必须遵循的根本准则。这里包括三个层次的内容：一是经济立法过程中人们遵循的根本准则；二是人们在参与这种市场经济活动和协调这种活动中必须遵循的准则；三是贯穿于整个经济法规之中的根本准则。根据世界市场经济特别是西方市场经济发展的实践来看，市场经济具有自主性、平等性、竞争性、开放性、有效性和分化性等共同特征，作为规范市场经济正常运转的经济法，应充分体现和保障市场经济的这些特征，这就是经济法的基本原则，具体包括以下五方面。

一、资源优化配置原则

这是体现市场经济最一般的原则。纵观当今世界经济，依照资源配置方式不同可以划为两类：一类是以计划作为资源配置的主要方式，其显著特点是权力因素在资源配置中起着主导作用，它的典型形式就是通过国家计划特别是指令性计划配置资源，其主要出发点是企图通过计划干预解决经济短缺问题；另一类是以市场作为资源配置的主要方式，其显著特点是价值规律在资源配置中起着主导作用，其典型形式是运用经济杠杆促进经济发展，主要出发点是企图通过价值规律的自发作用解决供需矛盾。新中国成立以来的社会主义实践表明，传统经济体制以计划作为资源配置的基本方式，其运行成本高昂，束缚了社会生产力的发展，理应摒弃。而我国现在所要建立的社会主义市场经济体制，正是要使市场在资源配置中起决定性作用。参照国外建设市场经济的经验教训，我们应该注意在强调市场的决定性作用的同时，绝不能忽视国家在资源配置中的作用。事实上，由于市场本身具有缺陷，国家的有效调控就成为不可缺少的条件。它主要表现在：一是以立法形式确认并执行市场规则，使市场主体的行为有章可循；二是政府出面消除市场竞争带来的自身无法根除的消极影响；三是通过计划以及其他经济杠杆引导资源的合理配置。这就决定了我们不仅要通过经济法规促进市场的决定性作用的发挥，而且也必须把计划的制定、市场的各种行为以及政府的职能行为纳入经济法制的轨道。

二、国家干预原则

这是体现经济法本质特征的原则。事实上，自从有了国家，便出现了国家对社会经济生活的干预，但是，只有当法律把国家干预经济生活而产生的社会关系专门作为自己的调整对象时，才出现了现代意义上的经济法。可见，国家干预始终是经济法发展中的主题，而其核心是寻求一种适度干预。制定适度干预的指标有两个：其一是干预范围，也就是干预的领域。比如，政府究竟是只关注经济问题的平衡、全局性的经济结构的调整这样一些问题，还是连同千万户企业的具体经营行为也要一并加以管理。毋庸置疑，干预范围的适度是衡量国家干预本身是否适度的重要因素之一。其二是干预手段，即实现国家干预的方法。比如，是主要采取指令性计划这样的强制手段直接干预呢，还是更多地采纳诸如经济杠杆一类的间接调控手段来作用于宏观经济。以上两个标准都需要通过经济法规范加以确认。应该明确的是，国家在多大程度上用什么手段对社会经济生活进行干预，不同的国家在不同的历史阶段在具体实施上有所不同。由于中国过去一直实行的是高度集中的计划经济体制，那时的经济法为适应当时的体制需要，不仅确立了计划的权威地位，同时维护了政府对企业内部经营活动的直接干预，故而我国经济发展中始终存在着干预过多的倾向。为此，在市场经济体制下，把握国家的适度干预并将之纳入相应的法治框架，就必然成为经济法所要遵循的一项重要原则。

三、经济民主原则

实行经济民主，既是经济法主体具有决策机制、动力机制和利益机制的前提条件，也是国家经济干预中首先要实现的目标。国家干预如果离开了这个目标，就必然造成经济独裁。经济民主的实现形式是广泛的，但是，核心的问题是：一是要改变高度集中的经济管理机制，实现政企分开，国家行政权和国家所有权分开，国家所有权和企业法人财产权分开，使企业真正拥有作为法人应有的权利；二是要按民主集中制的原则，实现中央和地方职权的合理划分，以调动中央和地方的积极性；三是要实现企业的现代化和民主化管理，使劳动者成为国家和企业真正的主人；四是要实现国家机构的经济职权与经济职责的统一，经济主体的经济权利和经济义务的统一，以实现经济法主体的责、权、利的统一。

四、经济公平原则

经济公平与经济效率是经济法所追求的两大目标之一。从法律所应具备的正义价值的含义来看，经济公平无疑是经济法的最高价值目标。经济公平的最基本的含义是，任何一种法律关系的主体，在以一定的物质利益为目标的活动中，都能够在同等的法律条件下，实现建立在价值规律基础之上的利益平衡。它是市场主体进行市场交易的基本追求和基本条件。只有逐步地实现社会公平，才能保障社会公共利益和社会稳定，促进经济与社会的良性运行和协调发展。作为调整市场经济的两个重要法律部门，民法和经济法在实现市场交易的公平原则中起着重要作用。民法主要是通过等价有偿、情势变更等原则来保证实现交易的公平，但值得注意的是，上述原则在现代社会的一些特定领域中存在着调整无力的局面。比如，在消费者保护和反垄断中，传统民法的基本规则对原有格局的矫正并未产生积极影响，相反，还使消费者或中小企业受到一定程度的局限，但是，借助经济法，通过国家干预，则会使弱者地位从根本上改变。可见，经济法在实现经济公平的进程中是大有作为的。

五、经济效益原则

经济效益是指在生产、分配、交换、消费的社会再生产过程中，劳动消耗和劳动占有同劳动成果的比较。在物质生产领域中，所取得的劳动成果大于劳动消耗和劳动占用的情况，经济效益就好；反之，经济效益就差。经济效益是一个涉及面很广的问题，它不仅存在于社会再生产的各个环节，而且存在于国民经济各部门以及各项经济管理中。由于历史积累而导致的深层次矛盾，我国国有企业存在着经济效益差、亏损严重的问题。为此，提高经济效益是全部经济工作的重点，也是经济法所应遵循的一个重要原则。经济效益的提高与经济法在进行宏观调控和市场规制过程中的运行效率是紧密相关的。这里作为经济学研究所应关注的是，要处理好效率与公平的关系。效率与公平作为发展中的一对矛盾，不仅是经济学、社会学也是法学无法回避的问题。我们主张，尽管经济公平作为经济法的最终价值目标而存在，但是，在目前乃至相当长的时期里，经济法在面临具体的抉择和倾向时，应坚持效率优先、兼顾公平的原则，唯有如此，方能真正地提高经济效益，促进经济稳定增长，最终达到提高综合国力的目的。

【随堂演练 1-3】 市场经济的基础法律是（　　）。

A. 宪法　　B. 经济法　　C. 民法　　D. 行政法规

【答案】 B

【解析】 对于市场经济，既要充分发挥它的积极作用，通过供求机制、价格机制特别是竞争机制，合理地配置资源，以提高经济效益；又要对它进行宏观调控，去其弊而用其利。因此，经济法是保障我国发展社会主义市场经济的有力工具。

复习思考题

1. 简述经济法的产生和发展。
2. 经济法的概念和特征是什么？
3. 经济法的调整对象是什么？
4. 简述经济法的地位和作用。

第二章　经济法律关系

【内容提要】本章主要介绍经济法律关系的基本理论问题。主要内容包括：经济法律关系的概念和特征；经济法律关系的构成要素；经济法律关系中的法人；经济法律关系的确立和保护等。

【教学要点】通过本章的学习，掌握经济法律关系的概念和特征；经济法律关系的构成要素；法人的概念、特征及设立条件等。

第一节　经济法律关系概述

一、经济法律关系的概念

在现实社会生活中，人与人之间会发生各种各样的社会关系，但并不是所有的社会关系都是法律关系，只有由国家制定和认可的法律规范所调整的社会关系才能被称为法律关系。或者说，法律关系是指社会关系被法律规范调整之后所形成的权利和义务关系。

由于各种法律规范调整的社会关系不同，因而形成了内容和性质各不相同的法律关系，如行政法律关系、民事法律关系等。由此可见，任何法律关系都是由这些法律部门对特定的社会关系进行调整而使这种特定的社会关系法律化。

经济法律关系是指由经济法律确认和保护的，有关当事人之间的经济权利和经济义务关系。在现代经济生活中，由于国家在经济生活中发挥着多种经济职能，因此，国家同企业和其他生产经营者之间就必然发生多种错综复杂的经济关系，这种经济关系经法律确认，即成为经济法律关系。

二、经济法律关系的特征

（一）经济法律关系是一种反映国家干预国民经济活动的意志关系

这种意志性表现在经济法律关系中，集中体现为国家干预经济、实现宏观调控和规制市场的国家意志。这种国家意志所体现的是全社会整体的长远利益和社会公共利益，并最终通过国家的适度干预达到发挥市场基础性调节作用的目的。换言之，国家要为市场基础性作用的发挥扫清障碍。而经济法律关系当事人按照经济法律规范的规定从事具体的经济活动，本身就是国家意志的实践，表现在微观、宏观、市场和社会分配调控关系中，许多情况下都在不同程度上反映着市场主体的意志，但这种意志是以从属国家意志为前提的，所以在这种经济法律关系中所体现的意志，就其实质来讲，仍是国家干预经济的意志。

（二）经济法律关系主体的复杂性、广泛性和隶属性

经济法律关系主体的复杂性，表现为同一个主体因参加不同内容的经济法律关系而拥有不同的主体地位；其广泛性表现为凡是受经济法调整的社会组织和其他经济实体，以及不具备法人资格的经济组织内部的职能科室、生产单位和个体工商户、农村承包户，均可以作为经济法律关系的主体；其隶属性表现为经济法律关系一方可以是国家机关或者企业，另一方是它的下属单位或其企业内部组织机构，它们之间的关系是管理者和被管理者的关系，具有隶属性。

（三）经济法律关系以经济权利和经济义务为内容

经济法律关系主体不论是国家机关还是社会组织，在经济法律关系中都享有一定的经济权利，并承担相应的经济义务。而经济法主体无论是享受经济权利还是承担经济义务，都是为了一个共同的经济目的，这个共同的经济目的就是把它们的经济权利和经济义务融为一体；经济法主体的权利和义务通常是在生产领域和一定范围的流通领域中形成的，因此，经济权利一般是不可抛弃的，义务一般也不可转让。这种情况突出表现在政府机构的职权上，国家机关依法在国家干涉经济活动中所享受的权利和承担的义务，直接体现着国家领导和管理经济的职能，因此，这种权利不能随便抛弃，义务不能任意转让。需要明确的是，经济权利不可抛弃，但却可以转让。经济权利的转让，是指权利主体将自己享受的权利依法转让给第三者享受。

第二节　经济法律关系的构成

经济法律关系作为法律关系的一种，与其他法律关系一样，是由主体、内容、客体三个要素构成的。

一、经济法律关系的主体

经济法律关系主体是指参加具体的经济法律关系，依法享有经济权利和承担经济义务的当事人。在经济法律关系中，享受经济职权或者经济权利的一方称为职权主体或权利主体；承担经济职责或者经济义务的一方称为职责主体或义务主体。但是，在经济法律关系中，双方当事人在许多情况下既享有经济职权或者经济权利，同时又承担经济职责或者经济义务。

经济法主体资格是特定的，它依据两种方式取得：一是法定取得，即依据法律的规定，凡是能够对经济生活实行干预并且接受干预的社会组织、公民都可以作为经济法律关系的主体；二是授权取得，即依据有授权资格机关的授权而取得的可以对社会经济生活实施某种干预的资格。

我国经济法律关系的主体包括：

1. 国家。国家一般不作为经济法律关系的主体，因为它作为国有企业财产所有权的主体，一般不直接对国有财产进行经营管理，而是由其委派的国家机关进行管理。但在特殊情况下，在法律、法规作出特别规定时，可成为经济法律关系主体，例如，在国家发行国库券时，就与购买国库券的单位、个人发生了经济法律关系；在以国家名义与其他国家进行贸易往来，如吸引外资时，国家也成了经济法律关系主体。

2. 经济管理机关。经济管理机关，具体指各级政府及其所设立的各经济管理机构，它们是重要的经济法主体。国家管理国民经济的职责和活动大部分由各级经济管理机关来承担。各种经济管理机关根据相应的国家权力机关的决定而成立，分别享有和行使特定的经济权限，并承担相应的责任。

我国的经济管理机关数量众多，根据其承担的经济管理权责不同，可分为以下四种类型：（1）综合性经济调控机关。它是指按照国家的经济政策对市场活动进行宏观调控的经济管理机关。包括计划、财政、税收、金融、价格等管理机关。（2）行业管理机关。它是指农业、工业、商业、交通运输业、建筑业和金融保障业的主管部门。（3）经济监督机关。它是指通过统计、会计、审计手段，对企业的生产经营情况进行监督、检查，督促企业合法经营的经济管理机关，包括统计、会计和审计机关。（4）市场管理机关。主要包括工商、价格、计量等管理机关。它们依法对企业在市场中的交易和竞争行为进行监督、检查，查处违法经营和不正当经营活动，保证市场经济秩序。

3. 经济组织。经济组织指独立核算、从事生产经营的经济实体。经济组织一般应具有法人资格，但也有经济组织不具有法人资格，如半紧密型经济联合组织等。经济组织按其组织形式以及内部财产关系的不同，可分为独资企业、合伙企业、公司三种；按其财产所有权状况的不同，可分为全民所有制企业即国有企业、集体所有制企业、私营企业、外商投资企业和联营企业；按其所属行业的不同，可分为工业、交通、运输、邮电、建筑、安装、商业、农业、金融等各种企业。

经济组织成为经济法主体，必须具备相应的条件：（1）要享有合法的经营权，这是鉴别经济法主体的主要标志；（2）实行独立核算，能承担经济责任；（3）应该履行法定程序。

4. 经济组织的内部机构。经济组织的内部机构，如分厂、车间等，在现实的经营管理中，也往往以自己或其所在经济组织的名义从事一定的经济活动。特别是在广泛推行承包、租赁经营责任制以后，经济组织内部机构的活动在一定程度上制度化。传统法律部门是从来不承认内部组织的主体资格的，当前司法实践也无力顾及这部分主体，往往把它们要求保护合法利益的诉讼请求推给其主管部门去解决，使其合法权利得不到应有的法律保护。随着经济体制改革的深入，一些大型企业也搞权力下放，经营单位划小，财产责任分开，许多以内部组织为一方的经济权益纠纷日益增多，它们必须走司法治理的道路。

5. 自然人和个体工商户。自然人作为经济法律关系主体有一定的特殊性，这种特殊性表现在，自然人并不是随意就能成为经济法律关系主体，只有在经济法律中有规定或在某种条件下才能成为经济法律关系的主体。例如，作为纳税主体的自然人与国家税务机关间所发生的税收法律关系，主体之一就是自然人。个体工商户与自然人有所不同，它可以是由一个自然人经营，也可能是由家庭经营，它拥有法律允许的并与其经营性质和规模相适应的生产资料。

二、经济法律关系的内容

经济法律关系的内容是指经济法律关系主体享有的经济权利和承担的经济义务，是经济法律关系最基本的要素之一，是连接双方当事人的纽带。

（一）经济权限

经济权限是法律规范赋予经济法主体的经济职权和经济权利的总和。经济权限的拥有者，不仅自己可以为一定行为，而且必须为一定行为。

1. 经济职权。经济职权是指国家机构依法行使领导和组织经济建设职能所享受的一种具有命令与服从性质的权力。它是国家干预社会经济生活的主要形式，具体表现为：

（1）经济立法权。这是指国家机构依据宪法的规定，制定、修改和废止经济法律法规的权力。它是国家进行宏观调控的主要形式。

（2）经济决策权。这是国家为保证经济总量的平衡、经济结构的优化和全国市场的统一，在合理划分中央与地方经济管理权限中行使的权力。决策权的内容在许多情况下体现为宏观经济调控权，即计划权、货币发行权、基准利率决定权、汇率调节权、税率决定权等。

（3）经济命令权。这是指国家行政机关要求相对人为特定行为或者不为特定行为的权力。命令权按其法律特征而论，是行政机构单方面的行为，不需要取得相对人的同意，就可以产生必须服从的结果。

（4）经济禁止权。这是指国家行政机关依法不允许相对人为某种行为的权力。

（5）经济许可权。这是指国家行政机关依法对特定人或特定事解除禁止的权力。

（6）经济批准权。这是指国家行政机关依法同意特定人取得某种法律资格或者实施某种行为的权力。

（7）经济撤销权。这是指国家行政机关依法对某种法律资格予以取缔或者消灭的权力。它是对特定人既得权利的取消。

（8）经济审核权。这是指上级行政机关对所属单位的经济行为的合法性和真实性进行检查认可的权力。

（9）经济免除权。这是指国家行政机关解除特定人某种作为义务的权力。即特定人依照法律的规定，本应承担某种作为义务，但是，由于出现了一种情况而解除其作为义务。

（10）经济确认权。这是指国家行政机关对有争议的特定的法律事实或者法律关系依法宣告是否存在和有效的权力。

（11）经济协调权。这是指国家行政机关在促进横向经济联系中，协调地区、部门、企业之间经济关系的权力。

（12）经济监督权。这是指行政机关对再生产各个环节进行监察和督导的权力。

2. 经济权利。经济权利是指经济法主体依法自己能够为或者必须为和要求他为或者不为一定行为的资格。我国法律赋予经济法主体的经济权利是极其广泛的，随着我国经济的发展，国家对经济管理已由过去的直接控制为主转变为现在的间接控制为主，经济法主体的经济权利也呈现继续扩大的趋势。主要有：

（1）国有资产管理权。这是国家授权有关机关对全民所有制单位的国有资产进行统一管理的权利。这种权利从根本上说是国家作为国有资产所有权主体对国有资产所进行的管理，它体现的是国家行政权和国家所有权的分离。国有资产管理权的表现形式主要有：第一，资产登记权，是指国有资产管理机构代表国家对国有资产进行登记，依法确认国家对国有资产的所有权以及企业单位占有、使用国有资产的权利。第二，投资权，是指国有资产管理机构作为国有资产的代表，对企业实行参股、控股的权利。第三，经营方式选择权，是指国有资产管理机构在坚持社会主义全民所有制不变的前提下决定国有企业采取何种经营方式的权利。第四，收益分配权，是指国有资产管理机构对税后留利的使用方向进行决定的权利。第五，资产稽核权，是指国有资产管理机构核实或者评估全民所有制单位占有国有资产实际数量的权利。第六，资产处置权，是指国有资产管理机构对国有资产最终命运决定的权利。

（2）经营管理权。它是指企业对于国家授予其经营管理的财产享有占有、使用和依法处分的权利。经营管理权是财产所有权的基本权力。根据马克思列宁主义理论和我国的实践，所有权和经营管理权是可以适当分开的。所有人可以自己行使经营管理权，也可以授予他人行使经营管理权。根据《国有企业法》和《国有企业转换经营机制条例》的规定，我国企业享有广泛的经营管理权，可以把它分为两类：第一，经营权，包括生产经营决策权、产品劳务定价权、产品销售权、物资采购权、进出口权、投资决策权、留用奖金支配权、资产处置权等；第二，管理权，包括工资奖金分配权、劳动用工权、内部机构设置权、人事管理权、拒绝摊派权、联营兼并权等。

（3）自主经营权。这是指集体所有制经济、个体经济和私营经济主体对自己的财产享有占有、使用、收益和处分的权利。这种自主经营权的范围程度与国有企业不同，因为国有企业的自主经营权要受到所有权人即国家的必要的限制，而集体经济、个体经济和私营经济组织的自主经营权，实际上就是它们的完全所有权的另一种表现，具有所有权的所有特征。

（4）承包经营权。这是指农村的农民或集体承包户和城市的企业职工、班组车间等为完成一定的任务对集体和国家的财产行使占有、使用和收益的权利。

（5）请求权。这是指经济法主体为了维护自身经济利益，当其合法权益受到侵害或在经济活动中发生纠纷时，有权要求侵权人停止侵权行为，或要求有关部门运用行政或司法的手段维护其合法权益的资格。我国经济法主体享有下列请求权：第一，要求赔偿权，是指当经济法主体的权利受到他人侵害并遭受经济损失时，有权要求侵权行为人赔偿财产损失。第二，申诉、举报和起诉权。经济法主体的合法权益应受到国家保护，任何部门、单位、个人不得干预和侵犯，否则，被侵犯的经济主体有权向政府和政府有关部门申诉、举报或者依法提起诉讼。

（二）经济义务

经济义务是经济法主体依法必须为一定的行为或者不为一定的行为的责任。承担经济义务的经济法主体，一方面，要依据法律作出一定的行为或抑制一定行为，以保证国家利益和权利主体的权益得以实现；另一方面，经济法主体必须履行的义务限制在法律规定的范围内，不必履行法律规定以外的义务。此外，经济法主体应自觉履行经济义务，如果不履行或不适当履行，就应受到法律的制裁。

经济义务的表现形式因其主体的社会性质不同而有很大差异，大致可归纳为：

1. 经济法主体必须贯彻执行国家的方针和政策，遵守法律和法规。国家的方针和政策是经济法主体行动的指南，法律和法规是经济法主体行动的规则，这是经济法主体在任何情况下都必须遵守和贯彻执行的。一切经济法主体必须切实履行这一义务，才能沿着正确的道路发展；把局部利益和国家利益有机结合起来，把眼前利益和长远利益很好地结合起来，才能有利于经济发展和自身的经济利益，才能使自身的行为产生积极的效果。

2. 正确行使经济权利的义务。我国法律不仅赋予经济法主体广泛的经济权利，同时也赋予经济法主体必须正确行使这些权利的义务，即不得滥用经济权利，不得僭越权利，不得放弃权利和非法转让权利。

3. 服从合法干预的义务。在我国，无论是国家的国民经济的调控活动，还是企业的调控活动，都是以国家的法律授权为依据，这就决定了凡是调控所涉及的范围，被调控者都有服从的义务。否则，调控将没有任何意义。

4. 依法纳税的义务。税收是通过国家法律规定强制征收，而不是一般的自愿纳税。任何单位和个人，只要《税法》明确规定应纳税，都必须无条件地履行其纳税义务。除此之外，凡是国家规定必须缴纳的费用也必须缴纳。

5. 承担经济法律责任的义务。经济法律责任就其实质来讲，是国家对违法行为所作的一种制裁，其目的在于恢复被破坏的法律秩序。而这种恢复又必须通过经济法律责任主体的积极履行才能实现。目前，我国经济仲裁和经济审判在实际中普遍存在执行难的问题，这一方面要通过对责任主体的教育促使其自觉履行；另一方面要通过专门机关的作用强制其履行。

【随堂演练2-1】经济法律关系的核心是（　　）。

A. 经济法律关系的主体　　B. 经济法律关系的内容

C. 经济法律关系的客体　　D. 经济法律关系的意义

【答案】B

【解析】本题考核经济法律关系的核心。经济法律关系的内容是经济法律关系的核心。

三、经济法律关系的客体

经济法律关系的客体是指经济法主体的经济权利和经济义务所指向的对象。经济法律关系的客体是当事人双方发生经济法律关系的目的，没有客体，具体的经济权利和经济义务就不能落实。

经济法律关系的客体主要包括物、行为、智力成果。

1. 物。它是指能被人们所支配，并有价值和使用价值的客观存在的实体物。包括实物、货币和有价证券。多数经济法律关系的客体表现为实物。在我国，除了法律限制的禁止流通物以外，大多数物都能作为经济关系的客体。

2. 行为。它是指经济法律关系主体为实现一定经济目的所进行的活动。主要表现为经济调控行为。它主要是指国家和经济组织在经济调控与市场规制过程中，为达到一定目的而进行的有目的、有意识的活动。主要包括：（1）组织性行为，如企业的设立、终止、联合、兼并等行为；（2）财产性行为，专指企业资产的运行和管理，以及开发、使用等行为；（3）分配性行为，指国家、企业、职工参与国民收入分配和再分配的行为；（4）管理行为，包括国家对国民经济宏观调控、行业管理、经济监督和市场管理中的行为，以及企业管理中的行为；（5）经营性行为，指企业在实行经济核算、承包、租赁经营以及市场竞争中的行为。

3. 智力成果。它主要指人们脑力劳动所创造的成果，是一种无形资产。如商标权、专利权、非专利技术等。它在法律限定条件下可以成为经济法律关系的客体，如科技协作合同等客体均为智力成果。

【随堂演练 2－2】（　　）不能成为经济法律关系的构成要素。

A. 主体　　B. 客体　　C. 事实　　D. 内容

【答案】C

【解析】本题考核法律关系的构成要素。法律关系的构成要素包括主体、客体、内容。只有选项 C 不符合要求。

【随堂演练 2－3】下列选项中，不正确的是（　　）。

A. 经济法主体必须具备经济法上的权利能力和行为能力

B. 行为能力的实现是以具有权利能力为前提的

C. 法人的权利能力和行为能力均随法人的成立而产生

D. 对自然人而言，有权利能力，就一定具备行为能力

【答案】D

【解析】（1）对自然人而言，有权利能力，不一定就有行为能力；（2）在一个特定的经济法律关系中，公民的权利能力还须依法取得特定资格后方才具备。

第三节　经济法律关系中的法人

一、法人的产生

最早的法人制度属于民法的范畴。在公元534年公布的《罗马法》中就已有关于法人的规定。到19世纪，1840年颁布的《法国民法典》中有法人权利的原则规定，但这里的法人还属于模糊的概念，它类似于我们后来讲到的法人这种经济组织。

人类社会的经济组织从最早的原始社会的氏族、奴隶社会的奴隶主庄园到封建社会的行会、手工作坊，发展到资本主义社会早期的资本家企业，从氏族、庄园、行会到资本家企业，虽然从社会发展来看一级比一级有着显著的进步，但它们都有一个相似之处，即基本上都属于家庭内部的生产活动，这种活动随着社会分工的细化、社会化大生产的发展，势必要受到一些影响，这种影响表现在资本主义早期资本家企业的亏损对其家庭财产的威胁加大。到了中世纪，许多资本家就设想出现一个这样的企业，在这个企业里资本家只以其对这个企业的出资额为限来承担外债，这样，资本家企业的风险只限于企业的出资额，超过出资额的债务资本家不再负担，这种资本家企业也就是我们后来所说的法人的雏形。

到了19世纪末，资本主义发展到垄断资本主义阶段，资本家为了生存彼此联合，相继出现了股份公司及托拉斯、康采恩等垄断组织，法人的概念在这时基本形成，并陆续出现在各资本主义国家的法典中。

我国在1840年鸦片战争后，由于帝国主义侵入，出现了股份公司等形式的经济组织，并随着抄袭资本主义立法，把法人制度搬入我国。在社会主义制度下，法人的概念又有了新的内容，社会主义的经济组织享有独立的财产所有权与经营权，实现着国家领导和管理经济的职能，具有独立的法人资格，从事生产和经营活动。

二、法人的概念和特征

（一）法人的概念

《民法通则》第36条规定："法人是具有民事权利能力和民事行为能力，依法独立享有民事权利和承担民事义务的组织。"也就是说，法人是社会组织的人格化，它是按照法律程序成立，有固定的组织机构，有独立的财产，并以自己的名义享有权利和承担义务的社会组织。经济法主体中多数是法人。

（二）法人的特征

从以上法人的由来及法人的概念中我们可以看出，法人具有以下四个特征。

1. 法人是依法成立的社会组织，是按法律程序组成的，设有固定的组织机构和职能部门，从事一定的经济活动的社会组织。它可能是依据法律、法令规定而成立，也可能是经政府主管机关或授权机关批准而成立。它作为一个整体进行对外活动，有一定的财产。法人的成立，除报请国家主管部门审批外，还需经工商行政管理部门登记才能取得法人资格。

2. 法人拥有独立的财产，是一种独立的民事主体，具有民事权利能力和民事行为能力。拥有独立的财产，是法人从事经济活动的物质基础；没有独立的财产，法人也就无法对外从事各种经济活动，无法实现其要达到的经济目的。虽然法人是由自然人组成的社会组织，但是法人的财产不等同于其成员的财产，法人有自身独立的财产，并以自己的名义对外独立从事各种活动。由于所有制形式不同，这种独立的财产权可能表现为经营管理权，如国有企业。但不管是这两种中的哪一种情况，法人都不得对自己的财产享有独立支配的权利，即在法律允许的范围内根据自己的意志从事经济活动。

3. 法人能以自己独立的财产承担责任。法人有独立支配自己财产的能力，那么，它就可以以自身独立拥有的财产承担民事责任。这是法人最主要的特征。这种财产责任是有限的，即法人以其拥有的财产数额为限对外承担民事责任。

4. 法人拥有人身权。由于法人是人格化的社会组织，所以它也拥有某些自然人的权利。主要表现为法人可以享有自己的名称、商号、商标、专利等权利，还有获得荣誉的权利。这些具有人身性质的权利，任何第三人不得侵犯，否则，法人可以以自己的名义起诉，要求停止侵害。

三、法人成立的条件

不是任何社会团体都可以成为法人，只有具备一定条件的社会组织才能称为法人。《民法通则》第 37 条规定，法人应具备以下条件。

1. 依法成立。即法人必须依照法律规定成立，它的成立不得违反法律、政策，包括不得违背国家的根本法、基本法及各单行法规政策。同时，法人的成立必须符合法定程序，这种法定程序主要指两种：一是直接根据法令和行政命令成立；二是经政府主管机关或授权机关批准而成立。

2. 有必要的财产和经费。这是指具有一定独立性的财产和经费，这些财产和经费法人能独立支配，可由法人依法占有、使用、处分，并可用于清偿法人的债务。也就是说，法人的财产必须独立于国家直接拥有的财产、其他法人的财产及法人成员个人的财产。这种独立的财产，法人可以享有所有权，可以根据法人性质和活动内容而拥有不同的最低限额。法人拥有的财产和经费是法人进行经济活动的物质基础。

3. 法人有自己的名称、组织机构和场所。法人的名称是表示法人的性质或特点、与其他法人相区别的标志，法人以自己的名义对外进行民事活动也必须要有自己的名称，尤其是企业法人，只有有了自己的名称，才能以自己的名义享有法律赋予的财产权、商标权、专利权和享有名誉权等人身权，才能以自己的名义签订经济合同，从事各种经营活动，并以自己的名义履行义务。无名称的法人，不被法律认可。法人的组织机构包括法人的管理机构和业务活动机构。它是法人必备的组织条件。管理机构对内管理法人事务，对外代表法人进行各种活动，所以它必须要有自己的业务活动机构和职能机构。法人管理机构因性质不同而有不同的设置。一般来说，这种管理机构有三种：一是决策机构或最高权力机构，主要进行决策和总体管理；二是执行机构和常设机构，主要进行具体的管理业务活动，是决策机构的执行机构；三是监督机构，是对各机构活动进行监督的机构。没有组织机构，法人的业务活动也就无法进行。场所是法人进行业务活动的所在地。作为企业法人，从事生产经营活动，总要有自己相应的场所，以从事产品生产和加工、修理等活动及对外联系业务。生产经营场所的大小，应与企业从事生产经营活动的特点和规模大小相适应，但生产经营场所应当是固定的，没有生产经营场所的“皮包公司”不能成为法人。

4. 法人能够独立承担民事责任。这包含三层含义：一是法人必须承担民事责任，即一旦法人对外负责，就必须承担责任、履行义务，否则，法律就要对它进行相应的处罚；二是法人必须自己对自己的债务承担责任，也就是说，法人一旦对外负债，就要用自己拥有的财产偿还，而不是用国家财产、其他法人财产或公民个人财产承担；三是法人必须有能力承担民事责任，即法人有一定的财产和经费，以保障其对外进行活动和履行义务。

四、法人的权利能力和行为能力

1. 法人的权利能力。法人的权利能力是法人进行活动、取得权利、承担义务的资格。这种权利能力从法人成立时产生，到终止时消灭。法人的权利能力是国家法律、政策、法人章程或法人的性质、目的所确定的，一经确定，不能随意改变，也不能超越，否则，法人的经济活动就无效。法人的权利能力因其业务范围不同而有所区别，也就是说，法人的权利能力取决于它成立的宗旨和业务范围，法人无权违背其宗旨和超越业务范围进行活动，否则，这种活动将因不具备权利能力而无效。

2. 法人的行为能力。法人的行为能力是法人根据自己的意志依法行使经济权利、承担经济义务的能力，也就是使经济法律关系产生、变更和消灭的能力。法人的行为能力与权利能力同时产生，同时消灭；法人的行为能力与权利能力范围也是如此；法人的行为能力也取决于法人成立的宗旨和经营范围，超越经营范围的活动属无效法律行为。法人的行为能力分别由法人的组织机关或法人代表行使。组织机关包括法人理事会、管理委员会等可在职权范围内行使法人的行为能力的机关。但在多数情况下，法人的行为能力由法人的法定代表人行使，如公司的董事长或经理、工厂的厂长及事业单位的负责人都可以作为法人代表，以法人的名义对外进行经济活动。而法人对法人代表在职权范围内依法进行的活动要承担法律责任。因为法人代表是代表法人以法人名义对外进行经济活动，所以他的行为就是法人本身的行为，他的意思表示就是法人的意思表示，其行为的一切后果由法人承担。这里说的法人代表的行为必须是其职权范围内合法的行为。

代表法人行使行为能力的还有一种情况，就是委托代理，委托代理是法人的组织机构或法人代表委托主管某项业务的人员以法人名义进行某项法律行为，其后果由法人承担，如厂长委派销售部门业务员以工厂的名义对外签订经济合同的行为等。对于委托代理要注意以下三点：一是委托代理必须有明确的授权委托书，委托书中要写明委托的期限、内容、要求；二是委托代理不得超越代理权，超越了委托人的委托权限，代理即无效；三是委托代理必须以被代理人名义进行，后果由被代理人承担，委托人不能以自己的名义对外进行经济活动。

五、企业法人与非企业法人

（一）企业法人

企业法人是以营利为目的从事经济活动的法人。经济活动是指能取得经济利益的专门活动，既包括直接的商品生产经营，也包括其他为直接商品生产经营提供服务的活动，这种经济活动以营利为目的，在不违背国家法律、政策、计划的前提下以取得最大经济利益为目的，这也是企业法人与其他法人的区别。

1. 企业法人必须具备的条件。

（1）企业法人必须是全民所有制或集体所有制企业以及具备法人条件的设在中国境内的中外合资企业、中外合作企业、外资企业和具备法人条件的私营企业。

（2）企业法人必须拥有符合国家规定的资金数额以上的财产。企业需要的资金数额，因行业、生产技术特点等具体情况的不同而有所不同，如设立精密机械制造、石油化工等资金密集型企业所需的资金数额就比服装加工等劳动密集型企业所需的资金数额大，各类企业应当具有的最低资金数额由国家有关部门作出具体规定。

（3）企业法人必须经主管机关核准登记才能取得法人资格。企业法人的成立要经主管机关审批，工商管理部门核准登记，取得有关营业许可后才能取得企业法人的资格。

2. 企业法人的权利能力。企业法人的权利能力主要表现为它的经营范围，也就是说，企业法人在权利能力范围内的活动实质上就是在经营范围内的活动。经营范围需要变更的，要到工商管理部门办理变更登记。

3. 企业法人及其法人代表的法律责任。

（1）企业法人的责任。作为全民所有制企业法人以国家授予其经营管理的财产承担法律责任；中外合资企业、中外合作企业、外资企业都以企业拥有的财产承担责任。法律另有规定的除外。

（2）法定代表人的责任。根据《民法通则》的规定，企业法人有下列情况之一的，除法人承担责任外，对法人代表可给予行政处分、罚款，构成犯罪的，依法追究刑事责任。第一，超出登记机关核准登记的经营范围从事非法经营的；第二，向登记机关、税务机关隐瞒真实情况和弄虚作假的；第三，抽逃资金、隐匿财产逃避债务的；第四，解散、被撤销、被宣告破产后擅自处理财产的；第五，变更、终止时不及时申请办理登记和公告，使利害关系人遭受重大损失的；第六，从事法律禁止的其他活动，损害国家利益和社会公共利益的。

4. 企业法人的分立合并。企业法人的分立是指将一个法人分为两个或两个以上法人，原来的法人终止；或者由一个法人分出部分，另外组成一个或数个新法人，原法人仍然存在。企业法人合并是指将两个或两个以上法人合并为一个新法人。企业法人的分立和合并都属于法人的变更，企业法人变更时，应向成立时核准登记机关办理登记并公告。企业法人合并或分立，其权利与义务由变更后的法人享有或承担。

5. 企业法人的终止与清算。企业法人终止是指企业法人因法定原因而失去法人资格。包括：（1）依法被撤销；（2）解散；（3）依法宣告破产；（4）其他原因。法人终止后，就进入清算程序，清算的任务是查清法人现有的财产、了解现有债务、清偿债务。企业法人终止应向原成立的登记机关办理注销登记并公告。

（二）非企业法人

非企业法人是指从事经济活动而不以营利为目的的法人。非企业法人包括三种：一是机关法人。机关法人是指从事国家管理或行使国家权力，以国家预算拨款作为独立活动的经费，具有法人地位的中央和地方各级国家机关。二是事业单位法人。事业单位法人是指从事社会各项事业、拥有独立经费和财产的各种社会组织。三是社团法人。社团法人是指除企业、机关、事业单位以外的由若干成员为共同的目的而自愿组合成的社会组织。

非企业法人主要从事国家行政管理、社会各种事业和其他社会活动，但也要通过经济活动满足日常工作和业务活动需要，这与企业法人主要从事经济活动并以营利为目的有着显著差别。

第四节　经济法律关系的确立和保护

一、经济法律关系的确立

经济法律关系的确立，是指在经济法主体之间形成的由国家强制力保障实现的经济权责关系。经济法主体之间这种关系的发生、变更和终止必须具备两个前提条件：一是国家颁布、施行相应的经济法规。如果对某一经济领域国家从未颁布过法律，那么，在这一领域中就不会有经济法律关系发生，当然也谈不上变更和终止。二是要有相应的经济法律事实，即导致经济法律关系发生、变更和终止的客观情况。经济法律事实分为两种：一种是经济法律行为，即当事人意志能支配的法律事实；另一种是事件，事件可以是自然现象，如自然灾害，可以引起经济法律关系、税收关系发生变化，也可以是社会现象，如军事行动和政府禁令等，它们都可以引起某项管理行为的变化。

二、经济法律关系的保护

（一）经济法律关系保护的意义

对于经济法律关系的保护，实质上就是对经济法主体的经济职权和经济权利的保护。经济法主体一般都能够自觉地遵守经济法律法规，正确地行使、履行经济职权和经济权利。但是，现阶段一些领导及工作人员思想中还存在着本位主义、地方保护主义，因而会产生不能自觉遵守经济法规、不能正确行使经济职权和经济权利、不能正确履行经济职责和经济义务，从而损害国家和人民利益的现象。因此，必须利用国家强制力保证经济职权和经济权利的实现，只有这样才能有效地保证国家机关通过行使经济职权实现领导和组织经济建设的职能，保证企业通过行使经营管理权或者法人财产权使它们真正成为社会主义商品生产者和经营者，保证其他经济法主体的合法权益得以实现，从而使我国整个社会主义建设有秩序地进行。

（二）经济法律关系保护的方法

由于经济法律关系受到侵害及由此产生的结果各不相同，因而必须采取多种方法加以保护。

1. 行政执法保护。这是指国家行政机关通过经济行政执法活动所进行的保护。在执法形式上，经济行政执法又是通过强制履行、行政处分、行政处罚和行政复议等手段实现的。

2. 仲裁保护。这是指仲裁机构按照仲裁程序对特定的经济纠纷或争议进行裁决的一种手段。

3. 经济审判保护。这是指我国人民法院的经济审判、行政审判和刑事审判都在各自审判权限内通过审判活动对经济法律关系进行保护，从而构成对经济法律关系保护的审判体系。

三、经济法律责任

国家对经济法律关系的保护，最终是通过追究违法行为人的经济法律责任来实现的，从而使得经济法律责任成了经济法律关系保护的一个重要范畴。

经济法律责任是指经济法主体因实施了违反经济法律法规的行为而应承担的由法律规定的具有强制性的法律义务。根据我国法律法规的规定，经济法主体可能承担责任的种类有三种。

1. 行政责任。即国家行政机关对违反经济法律法规的单位和个人依行政程序所给予的制裁，包括行政处分和行政处罚。行政处分是行政主管部门按隶属关系对违法者个人所给予的警告、记过、记大过、降职、撤职开除、留用察看等。行政处罚是国家行政机关对违法单位给予制裁，包括罚款、责令停止、加收滞纳金、没收非法所得、吊销营业执照等。

2. 经济责任。即国家司法机关对违反经济法律的行为所采取的一种具有经济内容的制裁，其主要形式是侵权赔偿。

3. 刑事责任。即人民法院对于触犯国家《刑法》和经济法律的经济犯罪分子或者法人所给予的最严厉制裁。包括主刑和附加刑两类。

【随堂演练 2-4】根据我国法律制度的规定，下列各项中能够成为法律关系主体的有（　　）。

A. 自然人　　B. 商品　　C. 法人　　D. 行为

【答案】AC

【解析】法律关系的主体又称权利主体或义务主体，是指参加法律关系、依法享有权利和承担义务的当事人。法律关系主体包括公民（自然人）、机构和组织（法人）、国家、外国人和外国社会组织。

复习思考题

1. 什么是经济法律关系？其特征有哪些？
2. 经济法律关系的构成要素有哪些？
3. 什么是法人？其特征有哪些？
4. 确立经济法律关系的前提条件是什么？

第三章　企　业　法

【内容提要】 本章主要介绍个人独资企业法、合伙企业法、外商投资企业法的基本法律制度。主要包括：个人独资企业的设立条件、设立程序；个人独资企业的事务管理；普通合伙企业和有限合伙企业的设立，合伙企业的财产、事务执行、与第三人的关系、入伙与退伙以及特殊的普通合伙企业；外商投资企业设立的条件和程序以及经营管理，企业的解散、清算、经营期限等问题。

【教学要点】 通过本章的学习，熟悉个人独资企业的事务执行方式和债务承担方式，能够依法处理企业运行过程中的主要法律问题。重点掌握普通合伙企业、特殊的普通合伙企业、有限合伙企业的概念和特征；熟悉普通合伙企业的设立条件和程序、合伙企业财产的构成和性质；掌握三种基本的外商投资企业的区别，外商投资企业的投资项目，外商投资企业的出资方式、比例及期限，外商投资企业的组织机构等法律规定。

第一节　企业的概念和分类

一、企业的概念和特征

企业是指依法成立，从事商品生产经营活动，具有一定法律主体资格的营利性经济组织。企业有如下特征：

1. 企业是社会经济组织。企业有自己的机构及工作程序。企业不是政治组织、行政机构，而是从事生产经营活动追求经济利益的组织。

2. 企业是营利性社会经济组织。企业是市场经济的主体，以营利为目的是企业与其他社会组织的根本区别。

3. 企业是持续经营的社会经济组织。企业不是临时经营而组织的，而是为了持续生产和经营而成立的。根据《公司登记管理条例》的规定，公司成立后无正当理由超过 6 个月未开业的，或者开业后自行停业连续 6 个月以上的，由公司登记管理机关吊销其营业执照。

4. 企业是依法设立的社会经济组织。企业通过依法设立，可以取得相应的法律地位，获得合法的身份，得到国家法律的认可和保护。

二、企业的分类

根据不同的分类标准，企业可以有不同的分类。

1. 按企业所有制性质的不同，可分为全民所有制企业、集体所有制企业、私营企业、混合所有制企业等。

2. 按企业所属行业的不同，可分为工业企业、商业企业、农业企业等。

3. 按企业出资者的不同，可分为内资企业、外商投资企业等。

4. 按企业组织形式的不同，可分为独资企业、合伙企业、公司制企业等。

5. 按企业法律地位的不同，可分为法人企业和非法人企业。

第二节　个人独资企业法律制度

一、个人独资企业的概念和特征

个人独资企业，是指依法在中国境内设立，由一个自然人投资，财产为投资人个人所有，投资人以其个人财产对企业债务承担无限责任的经营实体。其特征如下：

1. 投资者为一个自然人。这是个人独资企业在投资主体上与合伙企业和公司的区别所在。个人独资企业的“独资”，意味着没有资本的联合，企业发展的规模会受到相应的限制。

2. 企业的全部财产为投资人所有。个人独资企业的投资人是个人独资企业财产（企业成立时投入的出资财产和企业存续期间积累的财产）的唯一所有者。个人独资企业的投资人，既可以是企业的所有者，又可以是企业的经营者。

3. 投资人对企业债务承担无限责任。依据《个人独资企业法》的规定，以投资人个人财产出资设立的，由投资人的个人财产承担无限责任；以投资人的家庭财产出资设立的，由投资人的家庭财产承担无限责任。实践中主要根据个人独资企业设立登记时在工商行政管理机关的投资登记来确定投资人是以其个人财产还是家庭财产来对企业债务承担责任。

4. 企业地位的非法人性。尽管独资企业有自己的名称或商号，并以企业名义从事经营活动和参加诉讼活动，但它不具有独立的法人资格，企业只是自然人进行商业活动的一种特殊形态。这一特点与合伙企业相似但区别于公司。

5. 设立程序简单。我国对成立个人独资企业的注册资金没有法定最低数额的要求，只要符合个人独资企业成立要件即可领取营业执照。

二、个人独资企业法的概念及适用范围

个人独资企业法是调整个人独资企业在设立、活动、解散过程中所发生的社会关系的法律规范的总称。为了规范个人独资企业的行为，保护个人独资企业投资人和债权人的合法权益，维护社会经济秩序，促进社会主义市场经济健康发展，完善各类企业组织形式的法律规范，1999 年 8 月 30 日第九届全国人民代表大会常务委员会第十一次会议通过并公布了《中华人民共和国个人独资企业法》，自 2000 年 1 月 1 日起施行，该法共 6 章 48 条。

《个人独资企业法》只适用于一个自然人投资设立的企业。外国企业、其他经济组织和个人在我国境内举办的独资企业属于外商独资企业，不适用该法。

三、个人独资企业的设立

（一）个人独资企业的设立条件

根据我国《个人独资企业法》的规定，设立个人独资企业应当具备下列条件。

1. 投资人为一个自然人。设立个人独资企业的投资人必须是一个具有中国国籍的自然人。根据我国《个人独资企业法》的规定，个人独资企业的投资人限于具有完全民事行为能力的自然人。但法律、行政法规禁止从事营利性活动的人不得作为投资人申请设立个人独资企业。

2. 有合法的企业名称。为了便于主体识别，个人独资企业应有自己的特定名称，独资企业的名称应与其责任形式及从事的行业相符合。独资企业的名称中不得使用“有限”“有限责任”“公司”字样。

3. 有投资人申报的出资。一定的资本是个人独资企业得以存在的物质基础，是其对外承担责任的保证。由于个人独资企业的投资人对其债务承担的是无限责任，法律对其出资并无最低注册资本的要求，仅要求投资人有自己申报的出资即可。

4. 有固定的生产经营场所和必要的生产经营条件。

5. 有必要的从业人员。

【随堂演练 3-1】 下列人员不得作为投资人申请设立个人独资企业的有（　　）。

A. 党政机关领导干部　　B. 警察

C. 大学生　　D. 商业银行工作人员

【答案】 ABD

【解析】 根据法律规定，国家公务员、党政机关领导干部、警察、法官、检察官、商业银行工作人员等人员，不得作为投资人申请设立个人独资企业。

【随堂演练 3-2】 下列各项中，不能作为设立个人独资企业出资的是（　　）。

A. 外币　　B. 商标权　　C. 劳务　　D. 房产

【答案】 C

【解析】 设立个人独资企业可以用货币、实物、土地使用权、知识产权或其他财产权利出资。

（二）个人独资企业的设立程序

申请设立个人独资企业，首先应当由投资人或者其委托的代理人向个人独资企业所在地的登记机关提交设立申请书、投资人身份证明、生产经营场所使用证明等文件。经登记机关核准登记，发给营业执照，个人独资企业即告成立。

四、个人独资企业的事务管理

依据法律的规定，个人独资企业事务管理的方式主要有三种：投资人自行管理；委托管理；聘任管理。投资人委托或者聘用他人管理个人独资企业事务，应当与受托人或者被聘用的人签订书面合同，明确委托的具体内容和授予的权利范围。受托人或者被聘用的人应当履行诚实、勤勉义务，按照与投资人签订的合同负责个人独资企业的事务管理。投资人对受托人或者被聘用的人员职权的限制，不得对抗善意第三人。

【随堂演练3-3】个人独资企业投资人甲聘用乙管理企业事务，双方约定凡是乙对外签订标的额超过1万元的合同，必须经甲同意。某日，乙未经甲同意与第三人丙签订了一份标的额为2万元的合同。问该合同的效力如何？

【答案】有效

【解析】投资人对受托人或者被聘用的人员职权的限制，不得对抗善意第三人。丙为善意第三人，乙超出投资人甲的限制与丙订立的买卖合同应当有效，乙由此给甲造成损害的，应承担民事赔偿责任。

五、个人独资企业事务管理的内容

个人独资企业应当依法设置会计账簿，进行会计核算。个人独资企业招用职工时，应当依法与职工签订劳动合同，保障职工的劳动安全，按时、足额发放职工工资。个人独资企业应当按照规定参加社会保险，为职工缴纳社会保险费。

六、个人独资企业的解散和清算

（一）个人独资企业的解散

根据我国《个人独资企业法》的规定，个人独资企业解散原因有：（1）投资人决定解散；（2）投资人死亡，无继承人或者继承人决定放弃继承；（3）被依法吊销营业执照；（4）法律、行政法规规定的其他情况。

（二）个人独资企业的清算

个人独资企业解散，由投资人自行清算或债务人申请人民法院指定清算人清算。投资人自行清算的，应当在清算前15日内书面通知债权人，无法通知的，应当予以公告。债权人应当在接到通知之日起30日内，未接到通知的应当在公告之日起60日内，向投资人申报其债权。

个人独资企业的财产不足以清偿债务的，投资人应当以其个人的其他财产予以清偿。个人独资企业结束后，原投资人对个人独资企业存续期间的债务仍应承担偿还责任，但债权人在5年内未向债务人提出偿债请求的，该责任消灭。

第三节　合伙企业法律制度

一、合伙企业的概念与类型

合伙是一种古老的企业组织形式，是中小企业普遍采用的企业形态，各国也通过立法对其进行规范。1997 年，根据我国市场主体的发展规范与合伙企业的发展需要，专门制定了《中华人民共和国合伙企业法》。随着市场经济体制的不断完善，在经济社会生活中出现了一些新的情况和问题，加之民间投资、风险投资以及专业服务机构发展对合伙组织形式的不同需要，2006 年 8 月 27 日修订了《中华人民共和国合伙企业法》，自 2007 年 6 月 1 日起实施。

（一）合伙企业的概念与特征

合伙企业，是指自然人、法人和其他组织依照法律规定在中国境内设立的普通合伙企业和有限合伙企业。其特征主要有：

1. 由两个以上的投资人共同投资。根据法律规定，合伙企业的投资人可以是自然人、法人和其他组织。

2. 合伙协议是合伙企业成立的基础。合伙企业是契约性组织，合伙协议在调整合伙关系、规范合伙人相互之间权利义务、处理合伙纠纷时发挥着重要的作用。我国《合伙企业法》也体现了尊重合伙人之间合法约定的思想，“有约定按约定，无约定按法定”的原则在《合伙企业法》的许多条款中表现得非常充分。因此，合伙企业是一种以合同关系为基础的企业组织形式。

3. 普通合伙人对合伙企业债务承担无限连带责任；有限合伙人对合伙企业债务承担有限责任。

（二）合伙企业的分类

1. 普通合伙企业。普通合伙企业是指由普通合伙人组成，合伙人对合伙企业债务承担无限连带责任的企业。在普通合伙企业中，《合伙企业法》还规定了一种特殊的普通合伙企业，又称有限责任合伙。

2. 有限合伙企业。有限合伙企业由普通合伙人和有限合伙人组成。普通合伙人对合伙企业债务承担无限连带责任；有限合伙人以其认缴的出资额为限对合伙企业债务承担有限责任。

【疑难问题 3－1】 个人独资企业的投资人对企业债务承担无限责任，合伙企业的普通合伙人对企业的债务承担无限连带责任。“无限责任”和“无限连带责任”的区别是什么？

【解答】 无限责任界定的是“债务人和债权人”之间的关系，即当企业的全部财产不足以清偿到期债务时，投资人应以自己个人的全部财产用于清偿。连带责任界定的是“投资人”之间的关系，是指所有合伙人对合伙企业债务都有责任向债权人偿还，不管自己在合伙协议中所承担的比例如何，即合伙人负有替代其他合伙人承担清偿责任的义务。连带责任是一种对外责任，不受合伙协议的约束。无限连带责任是指对外承担的是无限责任，各普通合伙人内部之间承担的是连带责任。

二、普通合伙企业

（一）普通合伙企业的设立条件

1. 有两个以上的合伙人。合伙人可以是自然人，应当具有完全民事行为能力；也可以是法人或者其他组织，但国有独资公司、国有企业、上市公司以及公益性的事业单位、社会团体不得成为普通合伙人。

【疑难问题3-2】 个人独资企业的投资人和合伙企业的普通合伙人都必须是完全民事行为能力人吗？

【解答】 我国《个人独资企业法》对于投资人是否需要具备完全民事行为能力没有作出明确规定，但是由于投资人对企业的债务承担无限责任，并且个人独资企业的民事责任需要投资人承担，所以投资人应推定为完全民事行为能力人。合伙企业的投资人如果是自然人必须是完全民事行为能力人，这是法律明确规定的。

2. 有书面合伙协议。合伙协议应载明以下内容：合伙企业的名称和主要经营场所的地点；合伙目的和合伙企业的经营范围；合伙人的姓名或者名称、住所；合伙人出资的方式、数额和缴付期限；利润分配、亏损分担办法；合伙事务的执行；入伙与退伙；争议解决办法；合伙企业的解散与清算；违约责任。合伙协议经全体合伙人签名、盖章后生效。

3. 有合伙人认缴或者实际缴付的出资。合伙人出资的形式可以是货币、实物、土地使用权、知识产权或者其他财产权利。合伙人也可以用劳务出资，其评估办法由全体合伙人协商确定，并在合伙协议中载明。合伙人以货币以外的形式出资，需要评估作价的，可以由全体合伙人协商确定，也可以由全体合伙人委托法定评估机构评估。合伙人未依约履行出资义务的，其他合伙人可追究其违约责任。

4. 有合伙企业的名称和生产经营场所。其名称中应当标明“普通合伙”字样。生产经营场所是合伙企业从事生产经营活动的所在地。

5. 法律、法规规定的其他条件。

申请设立合伙企业，应当向企业登记机关提交登记申请书、合伙协议、全体合伙人的身份证明等文件，企业登记机关予以登记后，核发营业执照。营业执照的颁发日期为合伙企业的成立日期。

【随堂演练3-4】 按照我国《合伙企业法》的规定，设立普通合伙企业时，合伙协议应当载明的事项有（　　）。

A. 合伙目的

B. 合伙人出资的资金来源

C. 合伙人出资的期限

D. 亏损分担办法

【答案】ACD

【解析】合伙人的资金来源不是合伙协议应当载明的事项。

（二）普通合伙企业的财产

1. 普通合伙企业财产构成及性质。我国《合伙企业法》规定，合伙企业的财产是由合伙人的出资形成的财产、合伙企业经营创造和积累的财产、合伙企业依法取得的其他财产三部分构成。

合伙企业的财产属于共有财产的性质。合伙企业财产的共有属于共同共有，即对合伙企业财产的占有、使用、收益和处分均应当依据全体合伙人的共同意志。

2. 普通合伙人财产份额的转让。

（1）合伙人对外转让财产的限制。合伙企业存续期间，合伙人向合伙人以外的人转让其在合伙企业中的全部或者部分财产份额时，须经其他合伙人的一致同意，但合伙协议另有约定的除外。在同等条件下其他合伙人有优先受让的权利。

（2）合伙人对内转让财产的要求。合伙企业存续期间，合伙人之间可以转让其在合伙企业中的全部或者部分财产份额，但应通知其他合伙人。

（3）合伙人用其在合伙企业中的财产份额出质的规定。在合伙企业存续期间，合伙人以其在合伙企业中的财产份额出质的，须经其他合伙人的一致同意，否则，出质行为无效，由此给善意第三人造成损失的，由行为人依法承担赔偿责任。

（4）合伙人非法转移或处分合伙企业财产时对善意第三人的保护。我国《合伙企业法》规定，合伙人在合伙企业清算前，不得请求分割合伙企业的财产，但法律另有规定的除外。合伙人在合伙企业清算前私自转移或者处分合伙企业财产的，合伙企业不得以此对抗不知情的善意第三人。

（三）普通合伙企业的内部关系

1. 普通合伙企业事务的执行。执行合伙企业事务是合伙人的权利，每个普通合伙人不管出资额多少，对合伙企业事务享有同等的权利。合伙企业既可以由全体合伙人共同执行合伙事务，也可以由合伙协议约定或者全体合伙人决定，委托1名或者数名合伙人执行合伙事务。合伙企业对合伙人权利的限制不得对抗善意第三人。执行合伙事务的合伙人对外代表合伙企业，其执行合伙企业事务所产生的收益归全体合伙人，所产生的亏损或者民事责任由全体合伙人承担。

2. 普通合伙企业事务的决定。合伙企业事务的决定只能由全体合伙人作出，不得委托个别合伙人作出决定。根据《合伙企业法》的规定，除合伙协议另有约定外，合伙企业的下列事项应当经合伙人一致同意：（1）改变合伙企业名称；（2）改变合伙企业的经营范围、主要经营场所的地点；（3）处分合伙企业的不动产；（4）转让或者处分合伙企业的知识产权和其他财产权利；（5）以合伙企业名义为他人提供担保；（6）聘任合伙人以外的人担任合伙企业的经营管理人员。在此需要说明的是，被聘任的经营管理人员不是合伙企业的合伙人，不具有合伙人资格，无须承担合伙人对合伙企业的责任。但被聘任的经营管理人员履行职务超越授权范围或者因故意、重大过失给合伙企业造成损失的，需要依法承担赔偿责任。

3. 合伙人的竞业禁止的义务。合伙人不得自营或者同他人合伙经营与合伙企业竞争的业务。除合伙协议另有约定或者经全体合伙人同意外，合伙人不得同本合伙企业进行交易。

4. 合伙企业损益的分配和承担。根据《合伙企业法》的规定，合伙企业的利润分配、亏损分担，按照合伙协议的约定办理；合伙协议未约定或者约定不明确的，由合伙人协商决定；协商不成的，由合伙人按照实缴出资比例分配、分担；无法确定出资比例的，由合伙人平均分配、分担。同时规定，合伙协议不得约定将全部利润分配给部分合伙人或者由部分合伙人承担全部亏损。

5. 入伙。合伙人以外的第三人入伙时，应当经全体合伙人同意，并依法订立书面的入伙协议。订立入伙协议时，原合伙人应当向入伙人告知企业的经营状况和财务状况。入伙人对入伙前合伙企业的债务承担连带责任，如果入伙人与原合伙人约定其对入伙前的合伙债务不承担责任，这种约定不具有对外效力，但对内的效力应予承认。除入伙协议另有约定外，入伙人与原合伙人享有同等权利，承担同等责任。

6. 退伙。退伙是指在合伙企业存续期间，合伙人退出合伙，从而丧失合伙人资格。退伙分为三种情况：自愿退伙、当然退伙和除名退伙。

自愿退伙是指合伙人基于自愿的意思表示而退伙。合伙协议未约定合伙期限的，合伙人在不给合伙企业造成不利影响的情况下，可以不经其他合伙人同意而退伙，但应当提前30日通知其他合伙人。合伙协议约定了合伙企业的经营期限，则有下列情形之一时，合伙人可以退伙：（1）合伙协议约定的退伙事由出现；（2）经全体合伙人一致同意退伙；（3）发生合伙人难以继续参加合伙企业的事由；（4）其他合伙人严重违反合伙协议约定的义务。合伙人违反上述规定退伙的，应当赔偿由此给合伙企业造成的损失。

当然退伙是指发生了某种客观情况而导致的退伙，这些客观情况包括：（1）作为合伙人的自然人死亡或者被依法宣告死亡；（2）个人丧失清偿能力；（3）作为合伙人的法人或者其他组织依法被吊销营业执照、责令关闭、撤销，或者被宣告破产；（4）法律规定或者合伙协议约定合伙人必须具有相关资格而丧失该资格；（5）合伙人在合伙企业中的全部财产份额被人民法院强制执行。上述事由实际发生之日为退伙生效日。

除名退伙是指在合伙人出现法定事由的情形下，由其他合伙人决议将该合伙人除名。除名退伙的事由包括：（1）未履行出资义务；（2）因故意或者重大过失给合伙企业造成损失；（3）执行合伙企业事务时有不正当竞争行为；（4）合伙协议约定的其他事由。合伙人的除名决议应当书面通知被除名人。被除名人接到除名通知之日，除名生效，被除名人退伙。被除名人对除名决议有异议的，可以自接到除名通知之日起30日内向人民法院起诉。

无论何种退伙，其他合伙人应当与退伙人按照退伙时的合伙企业财产状况进行结算。退伙人应对退伙前合伙企业发生的债务承担无限连带责任。合伙人退伙应向企业登记机关申请办理变更登记。

（四）普通合伙企业的外部关系

1. 合伙企业事务执行中的对外代表权。合伙企业事务的执行人只有在正常业务范围内按通常方式处理属于该合伙企业业务范围内的事务，其对外实施的法律行为才对合伙企业具有约束力。合伙企业通过内部协议可以对合伙企业的合伙人执行合伙事务以及对外代表权加以限制，但这种限制不得对抗不知情的善意第三人。当然，合伙事务执行人超越授权范围履行职务，给合伙企业造成损失的，应当承担赔偿责任。

2. 合伙人对合伙企业债务的清偿。合伙企业的债务清偿须按法定程序进行。首先，用合伙企业的全部财产进行清偿。其次，合伙企业财产不足清偿其债务的，合伙人承担无限连带责任。即合伙人对合伙企业的债务承担的是补充性的无限责任。债权人可以根据自己的清偿利益，请求全体合伙人中的一人或者数人承担全部清偿责任；债权人可以按照自己确定的比例向各合伙人分别追偿，如果合伙人清偿数额超过约定的其应分担的比例，债权人有权向其他合伙人追偿。

对于合伙人的个人债务，只能用其个人财产清偿，个人财产不足清偿时，该合伙人只能以其从合伙企业中分取的收益用于清偿，债权人也可依法请求人民法院强制执行该合伙人在合伙企业中的财产份额用于清偿。但债权人不得代位行使该合伙人在合伙企业中的权利。合伙人在合伙企业中的财产份额被转让或强制执行的，其他合伙人享有优先购买的权利。

【随堂演练3－5】判断题：甲、乙、丙开办一家普通合伙企业，合伙企业存续期间，由于合伙人之间意见不合，甲私自运走作为出资的机器设备。当合伙企业现有的财产不足以清偿善意第三人丁的债务时，丁只能向甲追讨。（ ）

【答案】×

【解析】合伙企业的内部“问题”不得对抗善意第三人。

（五）特殊的普通合伙企业

特殊的普通合伙企业，是普通合伙企业的一种特殊形式，指以专业知识和专门技能为客户提供有偿服务的专业服务机构。特殊的普通合伙企业名称中应当标明“特殊普通合伙”字样。特殊的普通合伙企业适用普通合伙企业的一般规定，其特殊性主要表现在债务责任的承担上。

1. 特殊的普通合伙企业的责任承担。《合伙企业法》规定，一个合伙人或者数个合伙人在执业活动中因故意或者重大过失造成合伙企业债务的，应当承担无限责任或者无限连带责任，其他合伙人以其在合伙企业中的财产份额为限承担责任。合伙人在执业活动中非因故意或者重大过失造成的合伙企业债务以及合伙企业其他债务的，由全体合伙人承担无限连带责任。

2. 特殊的普通合伙企业的执业风险防范。《合伙企业法》规定，特殊的普通合伙企业应当建立执业风险基金、办理职业保险。

执业风险基金，主要是指为了化解经营风险，特殊的普通合伙企业从其经营收益中提取相应比例的资金留存或者根据相关规定上缴至指定机构所形成的资金。执业风险基金用于偿付合伙人执业活动造成的债务。

职业保险，又称职业责任保险，是指承保各种专业技术人员因工作上的过失或者疏忽大意所造成的合同一方或者他人的人身伤害或者财产损失的经济赔偿责任的保险。

【随堂演练3-6】甲、乙、丙三人准备注册一家特殊的普通合伙企业形式的会计师事务所。初步拟订的合伙协议主要内容有：

（1）合伙企业名称为“××普通合伙企业”；

（2）经营过程中，因合伙人个人原因造成合伙企业债务的，没有责任的合伙人对外不承担任何责任；

（3）当盈利达到10万元时再建立执业风险基金。

【问题】该合伙协议是否有不符合法律规定之处？分别说明理由。

【解析】（1）不符合法律规定。根据《合伙企业法》规定，特殊的普通合伙企业名称中应当标明“特殊普通合伙”字样。（2）不符合法律规定。根据《合伙企业法》规定，合伙人在执业活动中非因故意或者重大过失造成的合伙企业债务以及合伙企业的其他债务，由全体合伙人承担无限连带责任。一个合伙人或者数个合伙人在执业活动中因故意或者重大过失造成合伙企业债务的，应当承担无限责任或者无限连带责任，其他合伙人以其在合伙企业中的财产份额为限承担责任。（3）不符合法律规定。根据《合伙企业法》规定，特殊的普通合伙企业应当在建立的同时建立执业风险基金、办理职业保险。执业风险基会用于偿付合伙人执业活动造成的债务。

三、有限合伙企业

有限合伙企业是普通合伙企业的特例。除法律对有限合伙企业的特殊规定外，适用普通合伙企业及其合伙人的一般规定。

（一）有限合伙企业的设立

1. 有限合伙企业人数。《合伙企业法》规定，有限合伙企业由2个以上50个以下的合伙人设立，但至少有1个普通合伙人。按照规定，自然人、法人和其他组织可以依照法律规定设立有限合伙企业，但国有独资公司、国有企业、上市公司以及公益性的事业单位、社会团体不得成为有限合伙企业的普通合伙人。

2. 有限合伙企业协议。有限合伙企业协议除符合普通合伙企业合伙协议的规定外，还应当载明下列事项：（1）普通合伙人和有限合伙人的姓名或者名称、住所；（2）执行事务合伙人应具备的条件和选择程序；（3）执行事务合伙人权限与违约处理办法；（4）执行事务合伙人的除名条件和更换程序；（5）有限合伙人入伙、退伙的条件和程序以及相关责任；（6）有限合伙人和普通合伙人相互转变的程序。

3. 有限合伙人出资形式。《合伙企业法》规定，有限合伙人不得以劳务出资，可以用货币、实物、知识产权、土地使用权或者其他财产权利作价出资。有限合伙人应当按照合伙协议的约定按期足额缴纳出资；未按期足额缴纳的，应当承担补缴义务，并对其他合伙人承担违约责任。

4. 有限合伙企业名称。《合伙企业法》规定，有限合伙企业名称中应当标明“有限合伙”字样。

【随堂演练 3－7】 判断题：有限合伙企业的全体合伙人以其认缴的出资额为限对合伙企业债务承担有限责任。（　）

【答案】 ×

【解析】 有限合伙企业由普通合伙人和有限合伙人组成，普通合伙人对合伙企业债务承担无限连带责任，有限合伙人以其认缴的出资额为限对合伙企业债务承担责任。

（二）有限合伙企业的内部关系

1. 有限合伙企业的事务执行。《合伙企业法》规定，有限合伙企业由普通合伙人执行合伙事务。可以由协议约定数个普通合伙人执行合伙事务，也可以由全体普通合伙人共同执行合伙事务。有限合伙人不执行合伙事务，不得对外代表有限合伙企业。有限合伙人的下列行为不视为执行合伙事务：（1）参与决定普通合伙人入伙、退伙；（2）对企业的经营管理提出建议；（3）参与选择承办有限合伙企业审计业务的会计师事务所；（4）获取经审计的有限合伙企业财务会计报告；（5）对涉及自身利益的情况，查阅有限合伙企业财务会计账簿等财务资料；（6）在有限合伙企业中的利益受到侵害时，向有责任的合伙人主张权利或者提起诉讼；（7）执行事务合伙人怠于行使权利时，督促其行使权利或者为了本企业的利益以自己的名义提起诉讼；（8）依法为本企业提供担保。

对于有限合伙人，除合伙协议另有约定外，还可以拥有一些特殊权利：（1）有限合伙人可以同本企业进行交易；（2）有限合伙人可以自营或者同他人合作经营与本有限合伙企业相竞争的业务；（3）有限合伙人可以将其在有限合伙企业中的财产份额出质。

2. 入伙。新入伙的有限合伙人对入伙前有限合伙企业的债务以其认缴的出资额为限承担责任。

3. 退伙。与普通合伙人的退伙不同：（1）有限合伙人丧失偿债能力不能作为当然退伙的法定事由；（2）有限合伙人的自然人在有限合伙企业存续期间丧失民事行为能力的，其他合伙人不得因此要求其退伙；（3）有限合伙人的自然人死亡、被依法宣告死亡或者作为有限合伙人的法人及其他组织终止时，其继承人或者权利承受人可以依法取得该有限合伙人在有限合伙企业中的资格；（4）有限合伙人退伙后，对基于其退伙前的原因发生的有限合伙企业债务，以其退伙时从有限合伙企业中取回的财产为限承担责任。

（三）有限合伙企业的外部关系

有限合伙人可以按照合伙协议的约定向合伙人以外的人转让其在有限合伙企业中的财产份额，但应当提前30日通知其他合伙人。有限合伙人对外转让其在有限合伙企业的财产份额时，有限合伙企业的其他合伙人有优先购买权。

第三人有理由相信有限合伙人为普通合伙人并与其交易的，该有限合伙人对该笔交易承担与普通合伙人同样的责任。有限合伙人未经授权以有限合伙企业的名义与他人进行交易，给有限合伙企业或者其他合伙人造成损失的，该有限合伙人应当承担赔偿责任。

（四）有限合伙人与普通合伙人之间的转化

除合伙协议另有约定外，普通合伙人转变为有限合伙人，或者有限合伙人转变为普通合伙人，应当经全体合伙人一致同意。

有限合伙人转变为普通合伙人的，对其作为有限合伙人期间有限合伙企业发生的债务承担无限连带责任。普通合伙人转变为有限合伙人的，对其作为普通合伙人期间合伙企业发生的债务承担无限连带责任。

四、合伙企业的解散和清算

（一）合伙企业的解散

合伙企业有下列情形之一的，应当解散：（1）合伙期限届满，合伙人决定不再经营；（2）合伙协议约定的解散事由出现；（3）全体合伙人决定解散；（4）合伙人已不具备法定人数满30日；（5）合伙协议约定的合伙目的已经实现或者无法实现；（6）依法被吊销营业执照、责令关闭或者被撤销；（7）法律、行政法规规定的其他事由。

（二）合伙企业的清算

我国《合伙企业法》中规定了合伙企业清算的程序规则。

1. 确定清算人。合伙企业的清算人由全体合伙人担任；经全体合伙人过半数同意，可以自合伙企业解散事由出现后15日内指定1名或数名合伙人，或者委托第三人，担任清算人；自合伙企业解散事由出现之日起15日内未确定清算人的，合伙人或者其他利害关系人可以申请人民法院指定清算人。

2. 通知和公告债权人。清算人自被确定之日起10日内将合伙企业解散事项通知债权人，并于60日内在报纸上公告。债权人应当自接到通知书之日起30日内，未接到通知书的自公告之日起45日内，向清算人申报债权。债权人申报债权时，应当说明债权的有关事项，并提供证明材料。清算人应当对债权进行登记。清算期间，合伙企业存续，但不得开展与清算活动无关的经营活动。

3. 清偿债务。合伙企业财产在支付清算费用后，按下列顺序清偿：（1）合伙企业所欠合伙人以外的职工工资和劳动保险费用；（2）法定补偿金；（3）合伙企业所欠税款；（4）合伙企业的债务。

清算结束后，清算人应当编制清算报告，经全体合伙人签名、盖章后，在15日内向企业登记机关报送清算报告，办理合伙企业注销登记。合伙企业注销后，原普通合伙人对合伙企业存续期间的债务仍应承担无限连带责任。

【随堂演练3-8】根据合伙企业法律制度的规定，下列各项中可导致合伙企业解散的情形有（　　）。

A. 2/3的合伙人决定解散

B. 合伙人已不具备法定人数

C. 合伙企业被依法吊销营业执照

D. 合伙协议约定的合伙目的无法实现

【答案】CD

【解析】(1) 合伙企业解散应由全体合伙人决定，所以选项A错误。(2) 合伙人已不具备法定人数满30天才可以解散，所以选项B错误。

第四节 外商投资企业法律制度

外商投资企业，是指依照中华人民共和国法律的规定，在中国境内设立的，由中国投资者和外国投资者共同投资或者仅由外国投资者投资的企业。在我国，外商投资企业一般包括中外合资经营企业、中外合作经营企业、外国投资者单独投资企业（外资企业）三种。

随着我国改革开放和吸引外资工作力度的加大，外商投资企业的种类也在逐渐丰富，目前除了上述三种基本类型以外，还出现了外商投资性公司、外商投资股份有限公司等形式。

一、中外合资经营企业法

（一）中外合资经营企业的概念与特征

中外合资经营企业，简称合营企业（实践中称为合资企业，以下简称合营企业）。它是指中国合营者与外国合营者依照中华人民共和国法律的规定，在中国境内共同投资、共同经营，并按投资比例分享利润、分担风险及亏损的企业。它是股权式的合营企业。合营企业具有如下特征：

1. 合营企业一方为中国合营者，另一方为外国合营者。
2. 合营各方共同投资、共同经营、共担风险和盈亏。
3. 合营企业的组织形式为有限责任公司。
4. 合营企业是经中国政府批准设立的中国法人。

（二）中外合资经营企业的设立

1. 申请。在中国境内设立合营企业，首先应由中方合营者向其企业主管部门呈报拟与外方合营者设立合营企业的项目建议书和初步可行性研究报告。经审查同意并转报审批机关批准后，合营各方才能进行以可行性研究报告为中心的各项工作，在此基础上签订合营企业协议、合同和章程。

2. 审批。审批机关是商务部和国务院授权的省、自治区、直辖市人民政府或者国务院有关部门。设立合营企业应由中国合营者负责向审批机关报送设立申请书，可行性研究报告，合营企业协议、合同和章程，合营企业董事长、副董事长、董事人选名单，企业主管部门和合营企业所在地的省、自治区、直辖市人民政府对设立该合营企业签署意见。审批机关自接到中国合营者按规定报送的全部文件之日起3个月内决定批准或者不予批准。经批准的，发给批准证书。

3. 登记。申请者在收到批准证书之日起1个月内向登记机关申请设立登记，经核准登记的，领取《企业法人营业执照》，取得中国法人资格，企业即告成立。合营企业营业执照签发日期，为合营企业的成立日期。

（三）中外合资经营企业的注册资本与出资方式

1. 中外合资经营企业的注册资本。合营企业的资本由注册资本和借入资本两部分构成，两者合称投资总额。合营企业的注册资本是指为设立合营企业在登记机关登记的资本总额，应为投资各方缴纳的出资额之和。在合营企业的注册资本中，外国合营者的投资比例一般不低于25%。合营企业的注册资本在合营期内不得减少。合营一方向第三者转让其出资额的，合营他方有优先购买权。注册资本的增加与转让须经审批机关批准，并向工商行政管理机关办理变更登记手续。

2. 中外合资经营企业的出资方式。合营企业的投资者可以以货币出资，也可以以实物、工业产权和专有技术、土地使用权出资。出资的作价由合营各方按照公平合理的原则协商确定，或聘请合营各方同意的第三者评定。

外国合营者出资的机器设备或其他物料，应当是合营企业生产所必需的，其作价不得高于同类机器设备或者物料当时的国际市场价格，同时还应报审批机构批准。外国合营者出资的工业产权或专有技术，必须能显著改进现有产品的性能、质量，提高生产效率，或者能显著节约原材料、燃料、动力，同时须报审批机构批准。中方以场地使用权出资的，中方合营者应向土地管理部门缴纳使用费；如果场地使用权未做中方出资，应由合营企业向土地管理部门缴纳使用费。

【随堂演练3-9】在中华人民共和国境内设立的中外合资经营企业，外国合营者作为出资的工业产权或专有技术，必须符合的条件有（　　）。

A. 具备国际先进水平

B. 能生产中国急需的新产品或出口适销产品的

C. 能显著改进现有产品的性能、质量，提高生产效率的

D. 能显著节约原材料、燃料、动力的

【答案】CD

【解析】根据中国有关法律的规定，外方投资者出资的工业产权、专有技术必须符合下列条件之一：（1）能显著改进现有产品的性能、质量，提高生产效率；（2）能显著节约原材料、燃料、动力。

（四）中外合资经营企业的组织机构

合营企业的董事会是合营企业的最高权力机构。董事会的职权由合营企业的章程规定。董事会成员不得少于3人，董事名额分配由各方参照投资比例协商确定。董事长是合营企业的法定代表人。董事长不能履行职责时，应授权副董事长或其他董事代表合营企业。

董事会的议事规则由章程确定。但合营企业章程的修改，合营企业的终止、解散，注册资本的增加、转让，企业的合并和分立，必须由出席董事会会议的董事一致通过方可作出决议。

合营企业设立经营管理机构，负责合营企业的日常经营管理工作，实行董事会领导下的总经理负责制。总经理执行董事会会议的各项决定，组织、领导合营企业的日常经营管理工作。在董事会的授权范围内，总经理对外代表合营企业，对内任免下属人员，行使董事会授予的其他职权。

【随堂演练3－10】 判断题：依照《中外合资经营企业法》的规定，合营企业的最高权力机构是董事会。（　　）

【答案】 √

【解析】 董事会是合营企业的最高权力机构，根据合营企业章程的规定，讨论决定合营企业的一切重大问题。

（五）中外合资经营企业的解散与清算

根据《合营企业法实施条例》的规定，合营企业在下列情况下解散：（1）经营期限届满；（2）合营企业发生严重亏损，无力继续经营；（3）合营一方不履行合营企业协议、合同、章程规定的义务，致使合营企业无法继续经营；（4）因自然灾害、战争等不可抗力而遭受严重损失，无法继续经营；（5）合营企业未达到其经营目的，同时又无发展前途；（6）合营企业破产；（7）合营企业合同、章程所规定的其他解散原因出现。

上述第（2）（4）（5）（6）项情况发生，由董事会提出解散申请书，报审批机关批准。第（3）项情况发生，由履行合同的一方提出申请，报审批机关批准。

合营企业宣告解散时，董事会应提出清算的程序、原则和清算委员会人选，报企业主管部门审核并监督清算。清算委员会负责清算事宜，其成员一般应当在合营企业的董事中选任。合营企业的清算工作结束后，由清算委员会提出清算报告，提请董事会会议通过后，报告原审批机关，并向原登记管理机关办理注销登记手续，缴销营业执照，合营企业终止。

二、中外合作经营企业法

（一）中外合作经营企业的概念与特征

中外合作经营企业简称合作企业。它是指中国合作者与外国合作者依照中华人民共和国法律的规定，在中国境内共同举办的，按照合作企业合同的约定分配收益、分担风险和亏损的企业。它是契约式的合营企业。与合营企业相比，合作企业具有以下特征：

1. 合作企业是一种契约式的企业。中外合作者各自的权利义务是由双方在平等互利的原则下，通过协商用书面合同规定的。双方根据合同规定的比例，分享利润或产品，分担风险和亏损。

2. 合作企业的出资方式较为灵活，可以以各种方式投资，不一定以货币计算股权，只需确定各方的合作条件，并可提前收回投资。

3. 合作企业的组织形式和组织机构多样化，既可以是法人型合作企业，也可以是不具有法人资格的合伙型合作企业，还可以由各方确定委托合作一方或第三方管理企业。

【随堂演练3－11】 判断题：中外合作者选择以有限责任公司形式设立中外合作经营企业的，应当按照合作各方的出资比例进行利润分配。（　）

【答案】 ×

【解析】 合作企业属于契约式的合营，中外合作各方不以投资数额、股权等作为利润分配的依据，而是通过签订合同具体确定各方的权利和义务。

（二）中外合作经营企业的设立

在中国境内设立合作经营企业，应由中方合作者向审批机关提出申请。申请时依法应报送下列文件：（1）设立合作企业的项目申请书，报送主管部门审查同意的文件；（2）合作各方共同编制的可行性研究报告；（3）由合作各方的法定代表人或授权的代表签署的合作企业协议、合同、章程；（4）合作各方协商确定的董事长、副董事长或者联合管理委员会主任、副主任、委员的名单；（5）审批机关要求报送的其他文件。

根据法律规定，设立合作企业的申请经批准后，申请者应当依法向工商行政管理机关申请登记，领取营业执照，营业执照签发日期即为合作企业的成立日期。

（三）中外合作经营企业设立采取的组织形式与管理形式

1. 合作企业的组织形式。合作企业的组织形式有两种：一是法人型合作企业，该企业具有中国法人资格，其组织形式为有限责任公司；二是非法人型合作企业，该企业不具有中国法人资格，合作各方的关系是一种合伙关系，合作各方应根据其认缴的出资额或提供的合作条件在合作合同中确定各自承担债务的比例，但不影响合作各方连带责任的承担。

2. 合作企业的管理形式。合作企业的管理形式有三种：一是董事会制。法人型合作企业一般实行董事会制，董事会是合作企业的最高权力机构，决定合作企业的重大问题。二是联合管理制。非法人型合作企业一般实行联合管理制，联合管理机构由合作各方代表组成，是合作企业的最高权力机构，决定合作企业的重大问题，联合管理机构的主任是合作企业的法定代表人。三是委托管理制。委托管理制是指合作企业可以委托中外合作一方进行管理，也可以委托合作方以外的第三方经营管理。属于合作企业的重大变更，必须经董事会或者联合管理机构一致同意，并应当与被委托人签订委托经营管理合同，报审批机关审批，向工商行政管理机关办理变更登记手续。

（四）中外合作经营企业合作各方的出资及合作条件

1. 合作各方的出资方式。中外合作者投资或提供的合作条件可以是货币、实物、土地使用权、工业产权、非专利技术和其他财产权利。关于出资方式的法律限制与合资企业基本相同。

2. 合作各方的出资比例。在依法取得中国法人资格的合作企业中，外国合作者的投资比例一般不低于合作企业注册资本的25%。对于不具备中国法人资格的中外合作企业，合作各方的投资比例或者合作条件由国务院对外经济贸易主管部门规定。

3. 合作各方的出资期限。合作各方应当按期履行缴纳投资、提供合作条件的义务。逾期不履行的，由工商行政管理机关限期履行；否则，应当吊销营业执照，并予以公告。同时，违约一方还必须向已缴纳投资或提供合作条件的他方承担违约责任。合作各方的投资或提供的合作条件由中国注册会计师或有关机构验证并出具证明。

（五）中外合作经营企业的投资回收

在实践中，中外合作者在合作企业合同中约定合作期限届满时合作企业的全部固定资产归中国合作者所有的，可以在合作企业合同中约定外国合作者在合作期限内先行回收投资。外方回收投资的办法有三种：一是在按投资或提供合作条件进行分配的基础上，在合作企业的合同中约定扩大外国合作者的收益分配比例；二是经财政税务机关审查批准，外国合作者在合作企业缴纳所得税前回收投资；三是经财政税务机关审查批准的其他回收投资的方式。合作企业的亏损未弥补前，外国合作者不得先行回收投资。

（六）中外合作经营企业的经营期限、解散

1. 中外合作经营企业的经营期限。合作企业的经营期限由中外合作者协商确定，并在合作企业合同中载明。合作各方协商同意延长合作期限的，应当向审批机关提出申请，由审批机关决定是否批准。合作企业合同约定外国合作者先行回收投资并且投资已经回收完毕的，合作企业期限届满不再延长；但是，外国合作者增加投资的，经合作各方协商同意，可以按照上述规定向审批机关申请延长合作期限。

2. 中外合作经营企业的解散。合作企业在下列情形之一出现时解散：（1）合作期限届满；（2）合作企业发生严重亏损，或者因不可抗力遭受严重损失，无力继续经营；（3）中外合作一方或者数方不履行合作企业合同、章程规定的义务，致使合作企业无法继续经营；（4）合作企业合同或者章程中规定的其他解散事由出现；（5）合作企业违反法律、法规，被依法责令关闭。上述第（2）（4）项所列情形下，应当由合作企业的董事会或者联合管理机构作出决定，报审批机关批准。上述第（3）项所列情形下，不履行合作企业合同、章程规定的义务的中外合作者一方或者数方，应当对履行合同的他方因此遭受的损失承担赔偿责任；履行合同的一方或者数方有权向审批机关提出申请，解散合作企业。

合作企业的解散应当依法进行清算，其清算事宜依照法律、行政法规以及合作企业的合同、章程办理。

【随堂演练 3－12】 中外合资经营企业和中外合作经营企业的特点不同，表现在（　　）。

A. 设立条件不同　　　　B. 利润分配方式不同

C. 投资回收方式不同　　D. 经营管理机构不同

【答案】 BCD

【解析】 合作企业与合营企业比较，有其不同的特点：（1）合营方式不同；（2）组织形式不同；（3）投资回收方式不同；（4）经营管理机构不同；（5）利润分配方式不同。

三、外资企业法

（一）外资企业的概念与特征

外资企业指依照中华人民共和国法律的规定，在中国境内设立的，全部资本由外国投资者投资的企业。其主要法律特征是：企业全部资本均由外国投资者投入；外资企业是一个独立的经济实体，独立承担法律责任。

（二）外资企业的设立

外资企业的审批机关是商务部，或者在一定条件或范围内由国务院授权省、自治区、直辖市和计划单列市、经济特区人民政府负责审批。

外资企业的审批不是由投资者直接向审批机关申请，而是通过拟设立外资企业所在地的县级或者县级以上人民政府向审批机关提出申请，并报送设立外资企业申请书、可行性研究报告、外资企业章程、外资企业法定代表人名单、外国投资者的法律证明文件和资信证明文件，拟设立外资企业所在地的县级或者县级以上人民政府的书面答复、需要进口的物资清单以及其他需要报送的文件。

【随堂演练3-13】 根据我国《外资企业法》的规定，外资企业下述事项中必须经审批机关批准的有（　　）。

A. 增加注册资本　　B. 转让注册资本

C. 抵押企业财产　　D. 出口本企业生产的产品

【答案】 ABC

【解析】 外资企业注册资本的增加、转让，须经审批机关批准，并向工商行政管理机关办理变更登记手续。外资企业将其财产或者权益对外抵押、转让，须经审批机关批准，并向工商行政管理机关备案。

（三）外资企业的终止与清算

外资企业的终止和清算与合营企业和合作企业相同。为维护国家和债权人利益，法律对外资企业特别规定，外资企业在清算结束之前，外国投资者不得将企业的资金汇出或者携带出中国境外，不得自行处理企业的财产；外资企业清算处理财产时，中国企业或者其他经济组织在同等条件下有优先购买权。

复习思考题

1. 个人独资企业的法律特征有哪些？
2. 设立个人独资企业应具备哪些条件？
3. 简述普通合伙企业的概念和特征。
4. 特殊普通合伙企业的特殊性表现在哪里？
5. 简述《合伙企业法》中关于有限合伙企业的特别规定。
6. 简述普通合伙企业和有限合伙企业的区别。
7. 简述中外合资企业与中外合作企业的区别。
8. 外商投资企业的出资方式有哪些？
9. 中外合作企业中外方回收投资的方式有哪些？

第四章　公司法律制度

【内容提要】本章主要介绍公司法律制度的规定。主要内容包括：公司的一般法律规定，有限责任公司的概念、设立条件和程序、组织机构，一人公司和国有独资公司的特别规定；股份有限公司的概念、设立条件和程序、组织机构、股份的发行和转让；上市公司的特别规定；公司债券；公司的合并、分立、解散、清算。

【教学要点】通过本章的学习，掌握公司的概念、特征；掌握公司的设立条件和设立程序，能够依法设立有限责任公司和股份有限公司。熟悉公司内部三大治理机构的职责、股东的权利和义务，以及董事、监事和高级管理人员的任职要求，能够运用公司章程治理公司。了解公司合并、分立、解散与清算等程序性规定，能够在实践中依法处理相关问题。

第一节　公司和公司法概述

一、公司的概念和特征

公司是企业的一种组织形式，是依照《公司法》设立的以营利为目的的企业法人。公司具有以下特征。

1. 公司必须依法设立。公司成立的直接依据是《公司法》，而不是合同。公司的成立必须符合法律规定的条件和法定的程序。成立后的公司，其从事的活动也必须符合法律的要求。

2. 公司是企业法人。我国《公司法》明确规定，公司是企业法人，有独立的财产，享有法人财产权，公司以其全部财产对公司的债务承担责任。这是公司区别于合伙企业和个人独资企业的主要特征。

3. 公司以营利为目的。公司是以营利为目的的经济组织，公司连续不断地从事经营活动并将营利所得依法分配给其股东，这是公司的根本属性所在，也是公司区别于国家机关、事业单位和社会团体的主要标志。

【疑难问题4-1】教材中有时提到公司，有时提到企业，公司与企业有什么区别？

【解答】公司是依照《公司法》设立的以营利为目的的企业法人。企业是指依法设立、以营利为目的、从事生产经营活动的独立核算的经济组织。公司是企业的一种，具有法人资格，可以依法独立承担民事责任。企业中还包括非法人资格的企业，如个人独资企业。

二、公司的种类

（一）公司的学理分类

1. 根据公司股东承担责任方式的不同，可将公司分为无限责任公司、有限责任公司、股份有限公司与两合公司。无限责任公司简称无限公司，指的是全体股东对公司债务承担无限连带责任的公司。有限责任公司简称有限公司，指的是全体股东仅以其出资额为限对公司承担责任的公司。股份有限公司简称股份公司，指的是全部资本划分为等额股份，股东仅以其认购的股份为限对公司承担责任的公司。两合公司指的是一部分股东对公司的债务承担无限连带责任而另一部分股东对公司的债务仅以其出资额为限承担责任的公司。

2. 根据公司对外信用基础的不同，可将公司分为人合公司、资合公司与人合兼资合公司。人合公司是指以股东个人信用作为公司对外信用基础的公司，如无限责任公司。资合公司是指以公司资本作为公司对外信用基础的公司，如股份有限公司。人合兼资合公司是指同时具有个人信用和资本信用的公司，如两合公司。

3. 根据公司之间的控制和依附关系，可将公司分为母公司和子公司。母公司是指持有其他公司的多数股权并且实际控制其他公司经营的公司。子公司是指多数股权被另一公司持有并且受该公司控制的公司。母公司和子公司属于关联企业，可以以此为基础组建企业集团。母公司和子公司都是法人主体。

4. 根据公司的组织系统，可将公司分为总公司和分公司。总公司又称本公司，是管辖公司全部组织系统的总机构。分公司则是隶属于总公司的分支机构，其本身并不具有法人资格。

5. 根据公司国籍的不同，可将公司分为本国公司和外国公司。在我国，凡是依照中国法律在中国境内登记成立的公司，都是本国公司；依照外国法律在中国境外登记成立的公司，不具有本国国籍的公司则为外国公司。

（二）我国《公司法》中的分类

我国《公司法》中的公司仅指依法在中国境内设立的有限责任公司和股份有限公司。其中，有限公司还包括一人有限公司和国有独资公司。

【随堂演练4－1】 A公司的分公司在核准的经营范围内以自己名义对外签订一份货物买卖合同，此项合同的法律效力是（　　）。

A. 无效，A公司和分公司均不承担民事责任

B. 有效，其民事责任由分公司独立承担

C. 有效，其民事责任由A公司承担

D. 有效，其民事责任由分公司承担，A公司负连带责任

【答案】 C

【解析】 分公司不具有企业法人资格，但可以依法独立从事生产经营活动，其民事责任由总公司承担。

三、公司法的概念和特征

《中华人民共和国公司法》是1993年12月29日第八届全国人大常委会第五次会议通过的，1999年12月25日第九届全国人大常委会第十三次会议进行了第一次修订，2004年8月28日第十届全国人大常委会第十一次会议进行了第二次修订，2005年10月27日第十届全国人大常委会第十八次会议进行了第三次修订，2013年12月28日第十二届全国人大常务委员会第六次会议进行了第四次修订，于2014年3月1日起实施。

公司法是调整公司的组织和行为及其他对内对外法律关系的法律规范的总称，公司法具有以下特征：

1. 公司法是组织法和行为法的结合。作为组织法，规定了公司的设立、变更和终止；公司章程；公司与股东之间的关系及股东之间关系；公司内部机构的设置及其权利义务等。作为行为法，规定了公司股份和公司债券的发行与转让、公司资本的增加和减少等内容。

2. 公司法是实体法和程序法的结合。公司法属于实体法，但包含了大量程序法的内容。公司法中关于公司设立的条件、公司资本制度、股东权利义务的规定属于实体法的内容。关于相关主体取得特定的实体权利或者法律地位所应履行程序的规定属于程序法的内容。

3. 公司法是强制法和任意法的结合。公司法中的有些条款为强制性规范，如公司的设立、公司章程条款以及股票、债券的发行等规定凸显强制性规范的特征。同时，公司法还有大量任意性规范供公司及其股东选择适用，以体现市场主体的个体意愿，如公司内部关系的规范。

第二节 有限责任公司

一、有限责任公司的概念和特征

有限责任公司也称有限公司，是指由法定人数的股东组成的，股东以其出资额为限对公司承担责任，公司以其全部财产对其债务承担责任的企业法人。

有限责任公司除具备公司的一般特征外，还具有其自身的特点。

1. 有限责任公司的股东以其出资额为限对公司承担责任。《公司法》第20条对有限责任制度规定了例外，公司股东滥用公司法人独立地位和股东有限责任，逃避债务，严重损害公司债权人利益的，应当对公司债务承担连带责任。这就是刺破公司面纱原则。

2. 有限责任公司的股东有最高人数的限制，我国《公司法》规定的是50人。

3. 有限责任公司的资本不分为等额股份。

4. 有限责任公司具有封闭性，不能公开募集资本。公司财务经营状况无须公开。

5. 有限责任公司设立程序较为简单，组织机构灵活。

6. 有限责任公司股东转让其出资受到严格限制。

【随堂演练4－2】 根据《公司法》的规定，下列选项中属于有限责任公司特征的是（　　）。

A. 财务不必公开　　　　　　B. 可以通过发行股票筹集资本

C. 必须设置董事会　　　　　C. 可以发起设立

【答案】 A

【解析】 选项B、C、D属于股份公司的特征。

二、有限责任公司的设立

（一）有限责任公司的设立条件

根据我国《公司法》的规定，设立有限责任公司应当具备下列条件。

1. 股东符合法定人数和法定资格。《公司法》规定，有限责任公司由50个以下的股东出资设立。股东既可以是自然人也可以是法人。自然人原则上应具备完全民事行为能力。除法律明文禁止的党政机关外，企业、事业单位、社会团体、经授权的国家机关，都可以成为股东。

2. 有符合公司章程规定的全体股东认缴的出资额。《公司法》规定，有限责任公司的注册资本为在公司登记机关登记的全体股东认缴的出资额。法律、行政法规以及国务院决定对有限责任公司注册资本实缴、注册资本最低限额另有规定的，从其规定。

3. 股东共同制定公司章程。有限责任公司章程是明确公司组织及活动的基本规则的书面文件，是公司得以成立的基础。它必须由公司全体股东制定，以反映全体股东的共同意志。根据《公司法》的规定，有限责任公司章程应当载明下列事项：（1）公司名称和住所；（2）公司经营范围；（3）公司注册资本；（4）股东的姓名或者名称；（5）股东的出资方式、出资额和出资时间；（6）公司的机构及其产生办法、职权、议事规则；（7）公司的法定代表人；（8）股东认为需要规定的其他事项。

4. 有公司的名称，建立符合有限责任公司要求的组织机构。我国公司的名称一般由四部分组成，即行政区划的名称、字号、经营范围、公司类型。有限责任公司必须有自己的名称，并且在名称中要标明“有限责任公司”或“有限公司”字样。公司的组织机构是公司进行运作并实现其意志的公司内部机关。有限责任公司的组织机构一般包括股东会、董事会、监事会等。

5. 有公司住所。公司住所为公司主要办事机构所在地。有限公司设立时，登记机关要求提供证明公司对其住所享有使用权的文件。

（二）有限责任公司的设立程序

根据《公司法》的规定，有限责任公司的设立程序如下。

1. 订立公司章程。制定公司章程是有限责任公司设立的重要步骤，公司章程应由全体股东一致讨论通过。有限责任公司的公司章程经全体股东签名、盖章后成立，并自公司登记机关核准登记之日起生效。

2. 股东认缴及缴纳出资。《公司法》第 28 条规定，股东应当按期足额缴纳公司章程中规定的各自认缴的出资额。以货币出资的，应当将货币出资足额存入公司在银行开设的账户；以非货币出资的，应当依法办理财产权的转移手续。

3. 选举和确立公司组织机构。设立有限责任公司，应当在公司登记前确立公司的组织机构。

4. 申请设立登记。以上条件具备后，应当由全体股东指定的代表或者共同委托的代理人向公司所在地的工商行政管理机关申请设立登记注册。对符合《公司法》规定条件的，予以登记，发给营业执照。营业执照签发日期即为公司成立日期。

三、有限责任公司的股东和股东出资

（一）有限责任公司的股东

1. 股东的构成。有限责任公司的股东构成如下：（1）在公司章程上签名盖章并履行出资义务的发起人，可以是自然人、法人、国家；（2）在公司存续期间依法取得股权的人，如继承取得；（3）公司增资时的新股东。

2. 股东的权利。公司股东基于其出资者的地位，依法对公司享有的权利称为股权。有限责任公司股东的权利包括自益权和共益权两个方面，主要包括：（1）按照股权比例分取股利；（2）在公司新增资本时优先认购股权；（3）依法转让其股权；（4）优先购买其他股东依法转让的股权；（5）在公司解散后按照股权比例分取公司剩余财产；（6）查阅股东会会议记录和公司财务会计报告；（7）参加股东会并按照股权比例行使表决权；（8）被选为董事、监事等。

3. 股东的义务。有限责任公司股东的义务和责任主要包括：（1）遵守公司章程；（2）足额缴纳公司章程规定的其认缴的出资；（3）非货币出资的实际价额显著低于公司章程所定价额时，自行补交其差额；（4）公司登记后不得抽回出资；（5）以其出资额为限对公司承担有限责任；（6）未能足额缴纳出资时，向已足额缴纳出资的其他股东承担违约责任；（7）原始股东对其他股东交付的非货币出资的实际价额显著低于公司章程所定价额时，承担连带补交差额的责任。

（二）有限责任公司股东的出资和股权转让

1. 出资方式。根据我国《公司法》的规定，股东可以用货币出资，也可以用实物、知识产权、土地使用权等可以用货币估价并可以依法转让的非货币财产作价出资，但是，法律、行政法规规定不得作为出资的财产除外。对作为出资的实物、工业产权、非专利技术、土地使用权，必须进行评估作价，核实资产，不得高估或者低估作价。

2. 出资证明书。有限责任公司成立后，应当向股东签发出资证明书。出资证明书是表明有限责任公司股东向公司出资并享有股东权利的书面凭证。出资证明书只是股东出资的凭证，其本身不能流通和转让，不属于有价证券，与股份有限公司的股票有着本质的区别。

3. 股权的转让。有限责任公司兼具人合性与资合性，重视股东之间的稳定联系，因此，法律不限制股东相互之间的转让，而只限制股东向非股东的股权转让，在转让时应遵守下列规定：（1）应当经其他股东过半数同意，这里指的是股东过半数，不是指股东表决权过半数；（2）股东应就其股权转让事项书面通知其他股东征求同意，其他股东自接到书面通知之日起满30日未答复的，视为同意转让，其他股东半数以上不同意转让的，不同意的股东应当购买该转让的股权，不购买的，视为同意转让；（3）其他股东在同等条件下享有优先购买权，如果两个以上股东主张行使优先购买权，协商确定各自的购买比例，协商不成的，按照转让时各自的出资比例行使优先购买权。公司章程对股权转让另有规定的，从其规定。

4. 股东股权回购请求权。《公司法》第75条规定，"有下列情形之一的，对股东会该项决议投反对票的股东可以请求公司按照合理的价格收购其股权：（1）公司连续五年不向股东分配利润，而公司该五年连续盈利，并且符合本法规定的分配利润条件的；（2）公司合并、分立、转让主要财产的；（3）公司章程规定的营业期限届满或者章程规定的其他解散事由出现，股东会会议通过决议修改章程使公司存续的。"如果股东与公司不能达成股权收购协议，股东可以向人民法院提起诉讼，请求人民法院依法判令公司收购其股权。另外，由于公司收购股权会引起注册资本的减少及实收资本的变更，因此，公司收购股权后，应依法办理变更登记。

四、有限责任公司的组织机构

根据《公司法》的规定，有限责任公司的组织机构一般包括股东会、董事会、监事会。

（一）股东会

1. 股东会的组成。有限责任公司的股东由全体股东组成。股东无论出资多少，都有权参加股东会。

2. 股东会的性质。股东会是依据公司法和公司章程的规定，对公司经营管理和各种涉及股东权益事宜拥有最高决策权的公司权力机构。但股东会不能对外代表公司，对内不执行事务。

3. 股东会的职权。股东会主要行使下列职权：（1）决定公司的经营方针和投资计划；（2）选举和更换由非职工代表担任的董事、监事，决定有关董事、监事的报酬事项；（3）审议批准董事会的报告；（4）审议批准监事会或者监事的报告；（5）审议批准公司的年度财务预算方案、决算方案；（6）审议批准公司的利润分配方案和弥补亏损方案；（7）对公司增加或者减少注册资本作出决议；（8）对发行公司债券作出决议；（9）对公司合并、分立、变更公司形式、解散和清算等事项作出决议；（10）修改公司章程；（11）公司章程规定的其他职权。

4. 股东会的召集。股东会会议分为定期会议和临时会议。定期会议应当按照公司章程的规定按时召开，一般是一年一次或两次。临时股东会会议是指必要时不定期召开的股东会会议。临时会议因下列原因之一召开：（1）代表 1/10 以上表决权的股东提议；（2）1/3 以上的董事提议；（3）监事会或者不设监事会的公司的监事提议。

有限责任公司股东会的首次会议由出资最多的股东召集和主持。以后的股东会会议由董事会召集，董事长主持；不设董事会的，由执行董事召集和主持。董事长因特殊原因不能履行职务时，由副董事长主持；副董事长不能履行职务时，由半数以上董事共同推举一名董事主持。

董事会或者执行董事不能履行或者不履行召集股东会会议职责的，由监事会或者不设监事会的公司的监事召集和主持；监事会或者监事不召集和主持的，代表 1/10 以上表决权的股东可以自行召集和主持。

5. 股东会的议事规则。有限责任公司全体股东均有权参加股东会，并按出资比例行使表决权。除公司章程另有规定以外，对于一般事项所做的普通决议，只需要代表一半以上表决权的股东同意即可。但下列事项的决议必须经代表 2/3 以上表决权的股东通过：（1）增加或者减少公司注册资本的决议；（2）对公司合并、分立、解散或者变更公司形式作出决议；（3）修改公司章程的决议。董事会应当对所议事项的决定做成会议记录，出席会议的股东应当在会议记录上签名。

【随堂演练 4－3】 某有限责任公司的股东会拟以公司为股东甲提供担保事项进行表决。下列有关事项表决通过的表述中，符合《公司法》规定的是（　　）。

A. 该项表决由公司全体股东所持表决权的过半数通过

B. 该项表决由出席会议的股东所持表决权的过半数通过

C. 该项表决由除甲以外的股东所持表决权的过半数通过

D. 该项表决由出席会议的除甲以外的股东所持表决权的过半数通过

【答案】 D

【解析】 根据规定，公司为公司股东或实际控制人提供担保的。必须经股东会或股东大会决议。接受担保的股东或受实际控制人支配的股东不得参加表决。该项表决由出席会议的其他股东所持表决权的过半数通过。

（二）董事会

1. 董事会的性质。董事会是有限责任公司的执行机构，董事会对股东会负责，是公司的常设机构。董事会对内执行业务，对外代表机构。股东人数较少和规模较小的有限责任公司，可以不设董事会，只设 1 名执行董事，执行董事可以兼任公司的经理。

2. 董事会的组成。董事会成员为 3 ~ 13 人，由股东会选举产生。董事会设董事长 1 人，可以设副董事长。董事长、副董事长的产生办法由公司章程规定。董事会决议的表决实行“一人一票”制。董事会的任期由公司章程规定，但每届任期不得超过 3 年，董事任期届满，可连选连任。

3. 董事会的职权。有限责任公司董事会行使下列职权：(1) 召集股东会会议，并向股东会报告工作；(2) 执行股东会的决议；(3) 决定公司的经营计划和投资方案；(4) 制订公司的年度财务预算方案、决算方案；(5) 制订公司的利润分配方案和弥补亏损方案；(6) 制订公司增加或者减少注册资本以及发行公司债券的方案；(7) 制订公司合并、分立、变更公司形式、解散的方案；(8) 决定公司内部管理机构的设置；(9) 决定聘任或者解聘公司经理及其报酬事项，并根据经理的提名决定聘任或者解聘公司副经理、财务负责人及其报酬事项；(10) 制定公司的基本管理制度；(11) 公司章程规定的其他职权。

4. 董事会的召集。董事会会议由董事长召集和主持；董事长不能履行或不履行职务的，由副董事长召集和主持；副董事长不能履行或不履行职务的，由半数以上的董事共同推举一名董事召集和主持。

5. 经理。有限责任公司设经理，是负责公司日常经营管理事务的高级管理人员。经理由董事会聘任或者解聘。经理对董事会负责，负责执行董事会的决议。

公司法定代表人依照公司章程的规定由董事长、执行董事或者经理担任，并依法登记。公司法定代表人变更，应当办理变更登记。

（三）监事会

1. 监事会的性质。监事会是有限责任公司内部设立的监督机构，但不是必设机构。股东人数较少或者规模较小的有限责任公司，可以设1~2名监事，不设立监事会。

2. 监事会的设置。监事会成员不得少于3人。监事会应当包括股东代表和适当比例的公司职工代表，其中，职工代表的比例不得低于1/3，具体比例由公司章程规定。监事会中的职工代表由公司职工通过职工代表大会、职工大会或者其他形式民主选举产生。监事会设主席1人，由全体监事过半数选举产生。监事会主席召集和主持监事会会议。监事的任期每届为3年。监事任期届满，可以连选连任。董事、高级管理人员不得兼任监事。

3. 监事会的职权。有限责任公司的监事会或者执行监事行使下列职权：(1) 检查公司财务；(2) 对董事、高级管理人员执行公司职务的行为进行监督，对违反法律、行政法规、公司章程或者股东会决议的董事、高级管理人员提出罢免的建议；(3) 当董事、高级管理人员的行为损害公司的利益时，要求董事、高级管理人员予以纠正；(4) 提议召开临时股东会会议，在董事会不履行《公司法》规定的召集和主持股东会会议职责时召集和主持股东会会议；(5) 向股东会会议提出提案；(6) 对董事、高级管理人员提起派生诉讼；(7) 公司章程规定的其他职权。监事可以列席董事会会议，并对董事会决议事项提出质询或者建议。

【随堂演练4-4】 某有限责任公司召开股东大会，选举监事会成员，可能成为公司监事的有（　　）。

A. 股东代表　　　　B. 经理

C. 公司职工代表　　D. 本公司的董事

【答案】AC

【解析】根据规定，董事、高级管理人员不得兼任监事。

五、公司董事、监事、高级管理人员的资格和义务

1. 公司董事、监事、高级管理人员的资格。有下列情形之一的，不得担任公司的董事、监事、高级管理人员：（1）无民事行为能力或者限制民事行为能力；（2）因贪污、贿赂、侵占财产、挪用财产或者破坏社会主义市场经济秩序，被判处刑罚，执行期满未逾5年，或者因犯罪被剥夺政治权利，执行期满未逾5年；（3）担任破产清算的公司、企业的董事或者厂长、经理，对该公司、企业的破产负有个人责任的，自该公司、企业破产清算完结之日起未逾3年；（4）担任因违法被吊销营业执照或责令关闭的公司、企业的法定代表人，并负有个人责任的，自该公司、企业被吊销营业执照之日起未逾3年；（5）个人所负数额较大的债务到期未清偿。公司违反上述规定选举或委派董事、监事或者聘任高级管理人员的，该选举、委派或者聘任无效。董事、监事、高级管理人员在任职期间出现上述所列情形的，公司应当解除其职务。

2. 公司董事、监事、高级管理人员的义务。（1）董事、监事、高级管理人员应当遵守法律、行政法规和公司章程，对公司负有忠实义务和勤勉义务；（2）股东会或者股东大会要求董事、监事、高级管理人员列席会议的，董事、监事、高级管理人员应当列席并接受股东的质询；（3）董事、高级管理人员应当如实向监事会或者不设监事会的有限责任公司的监事提供有关情况和资料，不得妨碍监事会或者监事行使职权。

3. 董事、高级管理人员的禁止行为。董事、高级管理人员不得有下列行为：（1）挪用公司资金；（2）将公司资金以其个人名义或者以其他个人名义开立账户存储；（3）违反公司章程的规定，未经股东会、股东大会或者董事会同意，将公司资金借贷给他人或者以公司财产为他人提供担保；（4）违反公司章程的规定或者未经股东会、股东大会同意，与本公司订立合同或者进行交易；（5）未经股东会或者股东大会同意，利用职务便利为自己或者他人牟取属于公司的商业机会，自营或者为他人经营与所任职公司同类的业务；（6）接受他人与公司交易的佣金归为己有；（7）擅自披露公司秘密；（8）违反对公司忠实义务的其他行为。董事、高级管理人员违反上述规定所得的收入应当归公司所有。董事、监事、高级管理人员执行公司职务时违反法律、行政法规或者公司章程的规定，给公司造成损失的，应当承担赔偿责任。

六、国有独资公司和一人有限责任公司

（一）国有独资公司

1. 国有独资公司的概念。国有独资公司是指国家单独出资、由国务院或者地方人民政府授权本级人民政府国有资产监督管理机构履行出资人职责的有限责任公司。国务院确定的生产特殊产品的公司或者属于特定行业的公司，应当采取

国有独资公司的形式。

2. 国有独资公司的组织机构。

（1）国有独资公司不设股东会，由国有资产监督管理机构行使股东会职权。国有资产监督管理机构可以授权公司董事会行使股东会的部分职权，决定公司的重大事项，但公司的合并、分立、解散、增减注册资本和发行公司债券必须由国有资产监督管理机构决定。其中，重要的国有独资公司合并、分立、解散、申请破产的，应当由国有资产监督管理机构审核后，报本级人民政府批准。

（2）国有独资公司设立董事会及经理。董事每届任期不得超过3年。董事会成员中应当有公司职工代表。董事会成员由国有资产监督管理机构委派，但是，董事会成员中的职工代表由公司职工代表大会选举产生。董事会设董事长一人，可以设副董事长。董事长、副董事长由国有资产监督管理机构从董事会成员中指定。国有独资公司设经理，由董事会聘任或者解聘，负责公司的日常经营管理工作。经国有资产监督管理机构同意，董事会成员可以兼任经理。

国有独资公司的董事长、副董事长、董事、高级管理人员未经国有资产监督管理机构同意，不得在其他有限责任公司、股份有限公司或者其他经济组织兼职。

（3）国有独资公司设立监事会。国有独资公司监事会成员不得少于5人，监事会成员由国有资产监督管理机构委派。其中，职工代表的比例不得低于1/3，由公司职工代表大会选举产生。监事会主席由国有资产监督管理机构从监事会成员中指定。

【随堂演练4－5】 判断题：国有独资公司董事会全体成员均由国有资产监督管理机构委派。（　　）

【答案】 ×

【解析】 董事会成员由国有资产监督管理机构委派；但是，董事会成员中的职工代表由公司职工代表大会选举产生。

（二）一人有限责任公司

1. 一人有限责任公司的概念。一人有限责任公司是指只有一个自然人股东或者一个法人股东的有限责任公司。

2. 一人有限责任公司的特别规定。由于一人有限责任公司不存在多数股东的相互制约和监督机制，易发生股东财产和公司财产的混同，会使公司债权人利益受损，因此，《公司法》对一人有限责任公司作出了特别规定。

第一，设立公司规定。一个自然人只能投资设立一个一人有限责任公司。该一人有限责任公司不能投资设立新的一人有限责任公司。一人有限责任公司应当在公司登记中注明自然人独资或者法人独资，并在公司营业执照中载明。

第二，财务监督规定。一人有限责任公司应当在每一会计年度终了时编制财务会计报告，并经会计师事务所审计。

第三，法人人格否认规定。一人有限责任公司的股东不能证明公司财产独立于股东自己财产的，应当对公司债务承担连带责任。

另外，一人有限责任公司不设股东会。股东作出属于股东会职权的决定时，应当采用书面形式，并由股东签字后置备于公司。

【随堂演练4－6】 判断题：张某出资设立了一人有限公司A，张某不得再以自己的名义设立另外的一人有限公司，但是张某可以用A公司的名义再设立一人有限公司B。（　　）

【答案】 ×

【解析】 根据规定，一个自然人只能投资设立一个一人有限责任公司。该一人有限责任公司不能投资设立新的一人有限责任公司。

第三节　股份有限公司

一、股份有限公司的概念和特征

股份有限公司也称股份公司，是指全部资本分成等额股份，股东以其所持股份为限对公司承担责任、公司以其全部资产对公司债务承担责任的企业法人。

股份有限公司与其他公司形式相比，具有以下特征。

1. 股份有限公司的股东以其所持股份为限对公司承担责任。
2. 股份有限公司的股东有最低人数的限制，而没有最高人数的限制。
3. 股份有限公司的全部资本划分为等额股份，股份采取股票形式。
4. 股份有限公司通过发行股票公开募集资本，经营状况公开。
5. 股份有限公司的设立程序比较严格。
6. 股份可以自由转让。

二、股份有限公司的设立

（一）股份有限公司的设立方式

1. 发起设立，也称简单设立，是指由发起人认购公司应发行的全部股份而设立公司。发起设立既有设立程序较为简便、周期较短和成本较低的优点，又有发起人出资责任较重、资金需求量较大的负担。

2. 募集设立，也称渐次设立，是指由发起人认购公司应发行股份的一部分，其余股份向社会公开募集或者向特定对象募集而设立公司。我国《公司法》规定，以募集设立方式设立股份有限公司的，发起人认购的股份不得少于公司股份总额的35%，其余股份应当向社会公开募集。募集设立在广泛募集社会资金、实现公司巨额资本方面具有很大的优势。但由于公司要公开发行股份，使其在筹备事项和审批手续方面非常复杂，设立成本较高。

（二）股份有限公司的设立条件

我国《公司法》规定，设立股份有限公司，应当具备下列条件。

1. 发起人符合法定人数。设立股份有限公司应当有2人以上200人以下为发起人，其中必须有过半数的发起人在中国境内有住所。

2. 有符合公司章程规定的全体发起人认购的股本总额或者募集的实收股本总额。

3. 股份发行、筹办事项符合法律规定。

4. 发起人制定公司章程，采用募集设立方式的经创立大会通过。

5. 有公司的名称，建立符合股份有限公司要求的组织机构。

6. 有公司住所。

（三）股份有限公司的设立程序

1. 订立发起人协议。股份有限公司发起人承担公司募集事务，发起人应当订立发起人协议，明确各自在公司设立过程中的权利义务。

2. 订立公司章程。股份有限公司章程应当记载下列事项：（1）公司名称和住所；（2）公司经营范围；（3）公司设立方式；（4）公司股份总数、每股金额和注册资本；（5）发起人的姓名或者名称、认购的股份数、出资方式和出资时间；（6）董事会的组成、职权和议事规则；（7）公司法定代表人；（8）监事会的组成、职权和议事规则；（9）公司利润分配办法；（10）公司的解散事由与清算办法；（11）公司的通知和公告办法；（12）股东大会会议认为需要规定的其他事项。

股份有限公司章程的制定者是发起人而不是全体股东，章程制定后还须经公司创立大会通过，连同设立申请登记文件报主管机关审核批准后，才能作为公司的正式章程。

3. 发起设立的程序。根据《公司法》的规定，以发起设立方式设立股份有限公司的程序比较简便，在发起人缴纳全部股份、选举董事和监事后，即可向公司登记机关申请登记并报送有关文件。经公司登记机关核准登记，发给营业执照，公司即告成立。

4. 募集设立的程序。根据《公司法》的规定，以募集方式设立股份有限公司，应当按照下列程序。

（1）制作并公告招股说明书。招股说明书是发起人制定的向社会公众募集股份的必备文件。招股说明书应附有发起人制定的公司章程，并载明下列事项：发起人认购的股份数；每股的票面金额和发行价格；无记名股票的发行总额；认股人的权利和义务；本次募股的起止期限及逾期未募足时认股人可撤回所认股份的说明。

（2）制作认股书。认股书应载明招股说明书的内容，由认股人填写认股数、金额、住所并签名盖章。

（3）发起人认购部分股款。发起人应以书面形式认购不少于公司股份总额35%的股份，并实际足额缴付股款。

（4）由证券公司承销股份发行。发起人向社会募集股份，应当由依法设立的证券经营机构承销，同时委托银行代收股款，代收股款的银行应按照协议代收和保存股款，并向缴纳股款的认股人出具收款收据。发行股份的股款缴足后，必须经法定的验资机构验资并出具证明。

（5）召开创立大会。股份有限公司股份募集完毕后，发起人应在 30 日内主持召开公司创立大会。创立大会由全体认股人组成，并且只有代表股份总额 1/2 以上的发起人、认股人出席，创立大会才能举行。创立大会作出决议，必须经出席会议的认股人所持表决权的半数以上通过。创立大会行使下列职权：审议发起人关于公司筹办情况的报告；通过公司章程；选举董事会成员；选举监事会成员；对公司的设立费用进行审核；对发起人用于抵作股款的财产的作价进行审核；发生不可抗力或者经营条件发生重大变化直接影响公司设立的，可以作出不设立公司的决议。

（6）办理公司登记手续。公司董事会应于创立大会结束后 30 日内，向公司登记机关申请设立登记，并报送有关文件。公司登记机关自接到公司设立登记申请之日起 30 日内作出是否予以登记的决定，对符合法定条件而予以登记的，发给企业法人营业执照。股份有限公司营业执照签发日期即为公司成立日期。公司成立后，应当进行公告。

（四）股份有限公司的注册资本、股东出资及发起人责任

股份有限公司采取发起设立方式设立的，发起人应当书面认足公司章程规定其认购的股份，并按照公司章程规定缴纳出资。以非货币财产出资的，应当依法办理其财产权的转移手续。发起人认足公司章程规定的出资后，应当选举董事会和监事会，由董事会向公司登记机关报送公司章程以及法律、行政法规规定的其他文件，申请设立登记。

股份有限公司采取募集方式设立的，注册资本为在公司登记机关登记的实收股本总额。发起人的出资方式与有限责任公司的股东出资方式相同。

股份有限公司成立后，发起人未按照公司章程的规定缴足出资的，应当补缴，其他发起人承担连带责任。股份有限公司成立后，发现作为设立公司出资的非货币财产的实际价额显著低于公司章程所定价额的，应当由交付该出资的发起人补足其差额，其他发起人承担连带责任。

股份有限公司的发起人应当承担下列责任：（1）公司不能成立时，对设立行为所产生的债务和费用负连带责任；（2）公司不能成立时，对认股人已缴纳的股款负返还股款并加算银行同期存款利息的连带责任；（3）在公司设立过程中，由于发起人的过失致使公司利益受到损害的，应当对公司承担赔偿责任。

三、股份有限公司的股份和股票

（一）股份和股票的概念

1. 股份的概念和特征。股份是股份有限公司资本的最小构成单位，即股本划分为股份，股份集合为股本。股份有限公司的股份具有以下特点：（1）股份的平等性。每一股份的金额相等，每一股份所体现的权利义务相等。（2）股份的权利性。股份体现了股东的权利。（3）股份的可转让性。股份的表现形式是股票，股票是一种有价证券，有价证券具有流通性，因而股份可以在不同的投资主体之间转让。

2. 股票的概念和特征。股票是指股份有限公司签发的证明股东所持股份的凭证。股票是股份的表现形式，它反映的是股份的内容，即股份与股票的关系是形式和内容的关系。

股票具有以下特征：(1) 股票是证券凭证。股票是股东持有公司股份从而享有股权的法律凭证，具有权利证书的效力。股票是反映和证明股东享有股权的证券。(2) 股票是有价证券。股票是股东据以向公司行使财产收益权的凭证。一方面，股东可以通过持有股票从公司取得一定金额的收益；另一方面，股东还可以通过以一定价格交易股票，从而获得收益。(3) 股票是流通证券。股票具有流通性，可以在依法设立的证券交易场所进行交易。(4) 股票是要式证券。股票的制成式样、记载事项均须符合法律的要求。

（二）股份的种类

1. 根据股份是否记名，将股份分为记名股和无记名股。记名股是指将股东的姓名或者名称记载于股票上的股份。无记名股是指股票票面未记载股东的姓名或者名称的股份。根据我国《公司法》的规定，股份有限公司向发起人、法人发行的股份，应为记名股；向社会公众发行的股份，可以为记名股，也可以为无记名股。

2. 根据股份所反映的权利不同，股份可以分为普通股和优先股。普通股是公司发行的标准股，这是股份有限公司最基本的一种股份。优先股是股东在分配股利或公司剩余财产时享有优先权的股份。作为代价，优先股表决权往往受到一定限制。

3. 根据股份是否表示一定的金额，将股份分为面额股和无面额股。面额股是指在股票上载明一定金额的股份。无面额股是指股票票面不载明一定金额，只表示其占公司资本总额一定比例的股份。我国股份有限公司发行的股份都是面额股，并且在实践中其面额不少于人民币1元。

此外，根据股份有无表决权，可以将股份分为表决权股和无表决权股；根据股份发行的时间不同，可以将股份分为原始股和新股。

（三）股份有限公司的股份发行

股份发行是指股份有限公司为筹集资本而进行的发售或者分配股份的活动。股份发行分为设立发行和新股发行。

1. 股份发行的原则。我国《公司法》规定了股份发行的原则：股份的发行，实行公平、公正的原则，同股同权、同股同利。股份有限公司发行股份时，应将股份发行的对象、发行条件、发行价格、公司章程、招股说明书、财务会计报告等公之于众，完成信息披露工作；公司同次发行股份时，每股的发行条件和发行价格应当相同；任何单位或者个人认购股份时，每股应当支付相同的金额。公司发行股份时，必须遵守法律、法规，不得有欺诈行为以及其他损害投资者利益的行为。

2. 股份的发行价格。股份有限公司股份的发行价格可以按票面金额，也可以超过票面金额，但不得低于票面金额，以保证公司资本的充实。以超过票面金额发行的，须经国务院证券管理部门批准。对以超过票面金额发行股票所得的溢价款，应当列入公司资本公积金。

（四）股份有限公司的股份转让

1. 股份转让的概念和方式。股份转让是指股份有限公司的股东将其持有的股份依法转移给他人持有的行为。股份转让实际上也就是股票的转让。一般来说，除法律规定的特殊情形以外，股份有限公司的股份可以自由转让，这也是股份有限公司区别于有限责任公司以及其他企业的重要特征。股东转让其股份，应当在依法设立的证券交易场所进行，或者按照国务院规定的其他方式进行。我国的证券交易所包括上海证券交易所和深圳证券交易场所。

2. 记名股票转让。股东转让记名股票，应以背书方式或者法律、行政法规规定的其他方式转让，并办理股票过户手续，将受让人的姓名或者名称及住所记载于公司股东名册之上。

3. 无记名股票转让。股东转让无记名股票，应在依法设立的证券交易场所将该股票交付给受让人。股票实际交付后即发生转让的效力。

4. 发起人转让股票的限制。公司发起人持有的本公司股份，自公司成立之日起一年内不得转让。公司公开发行股份前已发行的股份，自公司股票在证券交易所上市交易之日起一年内不得转让。公司董事、监事、高级管理人员应当向公司申报所持有的本公司股份及其变动情况，在任职期间每年转让的股份不得超过其所持有本公司股份总数的25%；所持本公司股份自公司股票上市交易之日起一年内不得转让。上述人员离职后半年内不得转让其所持有的本公司股份。公司章程可以对公司董事、监事、高级管理人员转让其所持有的本公司股份作出其他限制性规定。

5. 公司本身的要求。公司不得收购本公司的股票，但为减少公司注册资本而注销股份、与持有本公司股份的其他公司合并、收购后将股份奖励给本公司职工及因股东依法行使股权回购请求权的除外。公司不得接受本公司的股票作为质押权的标的。

四、股份有限公司的组织机构

根据《公司法》的规定，股份有限公司的组织机构包括股东大会、董事会和监事会。

（一）股东大会

1. 股东大会的性质和职权。股东大会由股份有限公司的全体股东组成，是公司的最高权力机构，其职权与有限责任公司股东会的职权基本相同。

2. 股东大会的形式和召开。股东大会应当每年召开一次年会。发生下列情况之一的，应当在2个月内召开临时股东大会：（1）董事人数不足《公司法》规定人数或者公司章程所定人数的2/3时；（2）公司未弥补的亏损达实收股本总额1/3时；（3）单独或者合计持有公司10%以上股份的股东请求时；（4）董事会认为必要时；（5）监事会提议召开时；（6）公司章程规定的其他情形。

3. 股东大会的议事规则。股东出席股东大会会议，所持每一股份有一表决权。但是，公司持有的本公司股份没有表决权。股东大会作出决议，必须经出席会议的股东所持表决权过半数通过。但是，股东大会作出修改公司章程、增加或者减少注册资本的决议，以及公司合并、分立、解散或者变更公司形式的决议，必须经出席会议的股东所持表决权的2/3以上通过。

股东大会选举董事、监事，可以依照公司章程的规定或者股东大会的决议实行累积投票制。所谓累积投票制，是指股东大会选举董事或者监事时，每一股份拥有与应选董事或者监事人数相同的表决权，股东拥有的表决权可以集中使用。

【随堂演练4-7】 根据《公司法》的规定，股份有限公司股东大会的下列决议中，必须经出席会议的股东所持表决权的2/3以上通过的有（　　）。

A. 公司合并决议　　B. 公司分立决议

C. 修改公司章程协议　　D. 批准公司年度预算方案协议

【答案】 ABC

【解析】 股东大会作出修改公司章程、增加或者减少注册资本的决议，以及公司合并、分立、解散或者变更公司形式的决议，必须经出席会议的股东所持表决权的2/3以上通过。

（二）董事会

1. 董事会的性质。董事会是股份有限公司的经营决策和执行机关，依法对公司进行经营管理，对股东大会负责，是公司必设机构。

2. 董事会的组成。董事会成员为5～19人，由股东大会选举产生。董事会成员中可以有公司职工代表。董事会中的职工代表由公司职工通过职工代表大会、职工大会或者其他形式民主选举产生。有限责任公司董事任期和职权的规定适用于股份有限公司董事。董事会设董事长一人，可以设副董事长。董事长和副董事长由董事会以全体董事的过半数选举产生。董事长召集和主持董事会会议，检查董事会决议的实施情况。副董事长协助董事长工作，董事长不能履行职务或者不履行职务的，由副董事长履行职务；副董事长不能履行职务或者不履行职务的，由半数以上董事共同推举一名董事履行职务。

3. 董事会的职权。依据《公司法》的规定，股份有限公司董事会的职权与有限责任公司相同。

4. 董事会会议。董事会会议可分定期会议和临时会议。定期会议每年度至少召开2次，具体由公司章程规定。每次会议应当于会议召开10日前通知全体董事和监事。代表1/10以上表决权的股东、1/3以上董事或者监事会，可以提议召开董事会临时会议。董事长应当自接到提议后10日内召集和主持董事会会议。董事会召开临时会议，可以另定召集董事会的通知方式和通知时限。

5. 董事会的议事规则。董事会会议应有过半数的董事出席方可举行。董事会作出决议，必须经全体董事的过半数通过。董事会决议的表决，实行“一人一票”制。

6. 经理。公司经理是主持日常经营管理工作的负责人，由董事会聘任或者解聘。经理对董事会负责，负责执行董事会作出的决议。

（三）监事会

1. 监事会的性质。监事会是股份有限公司监督机关，股份有限公司必设监事会，其成员不得少于3人。

2. 监事会的组成。监事会应当包括股东代表和适当比例的公司职工代表，其中，职工代表的比例不得低于1/3，具体比例由公司章程规定。监事会中的职工代表由公司职工通过职工代表大会、职工大会或者其他形式民主选举产生。监事会设主席一人，可以设副主席（与有限责任公司不同的地方）。监事会主席和副主席由全体监事过半数选举产生。董事、高级管理人员不得兼任监事。

3. 有限责任公司监事会职权。股份有限公司监事的任期和职权，与有限责任公司相同。

4. 监事会会议及决议。监事会每6个月至少召开一次会议。监事可以提议召开临时监事会会议。监事会决议应当经半数以上监事通过。监事会应当对所议事项的决定做成会议记录，出席会议的监事应当在会议记录上签名。

【随堂演练4-8】下列人员中，可以成为公司法定代表人的有（　　）。

A. 监事　　B. 董事长　　C. 执行董事　　D. 经理

【答案】BCD

【解析】公司的法定代表人依照公司章程的规定，由董事长、执行董事或者经理担任。所持表决权的过半数通过。

五、上市公司组织机构的特别规定

上市公司，是指其股票在证券交易所上市交易的股份有限公司。上市公司因人数众多，股票公开挂牌交易，对广大投资者和证券市场秩序影响重大。因此，《公司法》和《证券法》对上市公司作出了特别规定。

1. 上市公司须经股东大会表决的重大事项。《公司法》规定，上市公司在一年内购买、出售重大资产或者担保金额超过公司资产总额30%的，应当由股东大会作出决议，并经出席会议的股东所持表决权的2/3以上通过。

2. 上市公司的独立董事。独立董事又称外部董事，是指独立于公司的管理层、不存在与公司有任何可能严重影响其作出独立判断的交易和关系的非全日制工作董事。具体办法由国务院规定。

3. 董事会秘书，董事会秘书负责公司股东大会和董事会会议的筹备、文件保管以及公司股东资料的管理，办理信息披露事务等事宜。

4. 关联董事表决回避。上市公司董事与董事会会议决议事项所涉及的企业有关联关系的，不得对该项决议行使表决权，也不得代理其他董事行使表决权。该董事会会议由过半数的无关联关系董事出席即可举行，董事会会议所作决议须经无关联关系董事过半数通过。出席董事会的无关联关系董事人数不足3人的，应将该事项提交上市公司股东大会审议。

第四节　公司的合并、分立、解散、清算

一、公司的合并与分立

（一）公司的合并

1. 合并的形式。公司合并包括吸收合并和新设合并两种形式。吸收合并指的是一个公司吸收其他公司并继续存在，而其他公司则归于消灭。新设合并指的是两个或两个以上的公司归于消灭的同时，又共同组建一个新的公司。

2. 合并的程序。

（1）合并各方协商一致，订立合并协议，编制资产负债表和财产清单。

（2）由股东会或股东大会作出决议。

（3）通知债权人并公告。公司应当在作出决议之日起10日内通知债权人，并于30日内在报纸上公告。债权人自接到通知书之日起30日内，未接到通知书的自公告之日起45日内，可以要求公司清偿债务或者提供相应的担保。

（4）办理变更手续。公司合并或者分立，登记事项发生变更的，应当依法向公司登记机关办理相应的变更登记。

（二）公司分立

1. 公司分立的形式。包括派生分立和新设分立。派生分立指的是一个公司在其自身存续的情况下分出部分财产又成立了另一个或几个公司。新设分立指的是一个公司将其全部财产分割而设立两个或者两个以上的新公司，同时其自身归于消灭。

2. 分立程序。根据我国《公司法》的规定，公司分立其财产应作相应分割，分立时应编制资产负债表和财产清单。公司应当在股东会作出决议之日起10日内通知债权人，并于30日内在报纸上公告。

公司合并时，合并各方的债权、债务应当由合并后存续的公司或者新设的公司承继；公司分立时，公司分立前的债权、债务由分立后的公司连带享有或承担。但是，公司在分立前与债权人就债务清偿达成的书面协议另有约定的除外。

二、增、减注册资本

公司需要减少注册资本时，必须编制资产负债表及财产清单。公司应当自作出减少注册资本决议之日起10日内通知债权人，并于30日内在报纸上公告。债权人自接到通知书之日起30日内，未接到通知书的自公告之日起45日内，有权要求公司清偿债务或者提供相应的担保。

有限责任公司增加注册资本时，股东认缴新增资本的出资，依照设立有限责任公司缴纳出资的有关规定执行。股份有限公司为增加注册资本发行新股时，股东认购新股，依照设立股份有限公司缴纳股款的有关规定执行。

三、公司的解散和清算

（一）公司的解散

公司的解散是指公司因法定原因丧失营业能力，停止业务活动，开始处理未结业务。公司有下列情形之一的，可以解散：（1）公司章程规定的营业期限届满或者公司章程规定的其他解散事由出现；（2）股东会或者股东大会决议解散；（3）因公司合并或者分立需要解散；（4）依法被吊销营业执照、责令关闭或者被撤销；（5）人民法院依法判令解散。我国《公司法》第 183 条规定，公司经营管理发生严重困难，继续存续会使股东利益受到重大损失，通过其他途径不能解决的，持有公司全部股东表决权 10% 以上的股东可以请求人民法院解散公司。

（二）公司的清算

解散的公司应当进行清算。公司清算是指对解散的公司清理债权债务，分配剩余财产，了结公司法律关系，从而使其消灭的过程。

1. 清算组的职权。公司解散的，应当组成清算组，对公司进行清算。清算组在清算期间行使下列职权：（1）清算公司财产，分别编制资产负债表和财产清单；（2）通知和公告债权人；（3）处理与清算有关的公司未了结的业务；（4）清缴所欠税款以及清算过程中产生的税款；（5）清理债权、债务；（6）处理公司清偿债务后的剩余财产；（7）代表公司参与民事诉讼活动。

2. 公司清算的程序。（1）依法选任清算组。有限责任公司的清算组由股东组成，股份有限公司的清算组由董事或者股东大会确定的人员组成。逾期不成立清算组进行清算的，债权人可以申请人民法院指定有关人员组成清算组进行清算。人民法院应当受理该申请，并及时组织清算组进行清算。（2）通知债权人并公告。清算组应当自成立之日起 15 日内通知债权人，并于 60 日内在报纸上公告。债权人应当自接到通知书之日起 30 日内，未接到通知书的自公告之日起 45 日内，向清算组申报债权。债权人申报债权时，应当说明债权的有关事项，并提供证明材料。（3）清理财产并制订清算方案。清算组应当对公司财产进行清理，编制资产负债表和财产清单，并对公司债权人的债权进行登记。其后，清算组应当制订公司的清算方案，并报股东会、股东大会或者人民法院确认。（4）清偿债务、分配财产。清算组按照已经确认的公司清算方案，对公司的财产、债权、债务进行处理。公司财产能够清偿公司债务的，分别支付清算费用、职工工资和劳动保险费用，缴纳所欠税款，清偿公司债务。对清偿后的剩余财产，有限责任公司按照股东的出资比例分配，股份有限公司按照股东持有的股份比例分配。（5）制作清算报告并办理注销登记。公司清算结束后，清算组应当制作公司清算报告，报股东会、股东大会或者人民法院确认，并报送公司登记机关，申请注销公司登记，公告公司终止。不申请注销公司登记的，由公司登记机关吊销其公司营业执照，并予以公告。

清算组在清理公司财产、编制资产负债表和财产清单后，发现公司财产不足清偿债务的，应当依法向人民法院申请宣告破产。

【疑难问题4-2】注销《企业法人营业执照》和吊销《企业法人营业执照》有什么区别?

【解析】两者的主要区别有三点：（1）两者的行为主体主动性不同。吊销《企业法人营业执照》是企业登记部门的主动行为；注销《企业法人营业执照》是企业的主动行为。(2) 两者的法律性质不同。吊销是企业因违法而导致的一种行政处罚；而注销是企业终止的一种正常法律行为。(3) 两者的法律后果不同。吊销会给企业及其法定代表人和直接责任人带来一些限制，甚至是严重的法律责任；而注销一般情况下对企业及其法定代表人无重大影响。

复习思考题

1. 简述公司的定义、特征和种类。
2. 简述有限责任公司的设立条件和程序。
3. 简述有限责任公司的组织机构。
4. 简述一人有限责任公司的特殊性。
5. 简述股份有限公司的概念和特征。
6. 简述股份有限公司的设立条件。
7. 简述股份的含义及股票发行的原则。
8. 简述股份有限公司的股份发行条件。

第五章　企业破产法律制度

【内容提要】本章的主要内容包括：企业破产制度的概念、我国《企业破产法》的适用范围、企业破产界限、企业破产申请的提出和受理；管理人及其职责；债务人财产的范围；债权的申报程序；债权人会议及其职权；破产重整程序；破产和解程序；破产清算程序。

【教学要点】通过本章的学习，掌握破产的概念；破产界限的含义；债权申报和确认；管理人的产生程序及其职责；债务人财产的范围；破产重整、破产和解、破产财产的分配顺序等。

第一节　企业破产法概述

一、破产的概念与特征

破产是指债务人不能以其全部财产清偿到期债务，又未能与债权人达成减免或延迟偿还债务的协议，经法院审理，强制清算其全部财产，公平清偿全体债权人的法律制度。破产具有以下特征：

1. 破产是一种特殊的偿债程序，它以消灭债务人主体资格来实现债务的清偿。当债务人丧失清偿能力时，如何对债务人的财产进行公正分配，满足债权人的要求，必须由法律进行特别规定。

2. 破产必须以债务人不能清偿到期债务为特定条件。不能清偿到期债务是指债务的履行期限已届满，且债务人明显缺乏清偿债务的能力。

3. 破产的核心是保证公平清偿债权。公平受偿是指依照不同性质的债权进行清偿，对相同性质的债权依照相同的比例清偿。

4. 破产是一种强制执行程序。一旦进入破产程序，则必须受法院破产执行程序的支配，其他任何人或者机构不能处分或执行债务人的财产。

二、破产法的概念和适用范围

破产法是指调整破产债权人和债务人、法院、管理人以及其他破产参加人相互之间在破产过程中发生的法律关系的法律规范的总称。

《中华人民共和国企业破产法》（以下简称《企业破产法》）由第十届全国人民代表大会常务委员会第二十三次会议于2006年8月27日通过，自2007年6月1日起施行。

我国《企业破产法》只适用于企业法人的破产，不适用于合伙企业、个人独资企业等不具备法人资格的企业以及企业以外的其他营利性组织。

商业银行、证券公司、保险公司等金融机构达到破产界限的，国务院金融监督管理机构可以向人民法院提出对该金融机构进行重整或者破产清算的申请。国务院金融监督管理机构依法对出现重大经营风险的金融机构采取接管、托管等措施的，可以向人民法院申请中止以该金融机构为被告或者被执行人的民事诉讼程序或者执行程序。

【随堂演练5-1】 以下具备破产主体资格的是（　　）。

A. 个体工商户　　B. 个人独资企业　　C. 合伙组织　　D. 企业法人

【答案】 D

【解析】 我国《企业破产法》只适用于企业法人的破产，不适用于合伙企业、个人独资企业等不具备法人资格的企业以及企业以外的其他营利性组织。

三、企业破产原因

企业破产原因也就是企业破产界限，即企业在什么条件下破产，这是企业破产的实质条件，不同于向法院申请债务人进入破产程序的申请条件。

《企业破产法》第2条第1款规定："企业法人不能清偿到期债务，并且资产不足以清偿全部债务或者明显缺乏清偿能力的，依照本法规定清理债务。"可见，《企业破产法》规定的破产界限以清偿不能和资不抵债同时具备为原则，这样规定符合企业破产的审慎性原则，因为企业毕竟是创造社会财富的基本主体，不到万不得已不应使其破产。但是，如果对这两个条件兼具规定得过于僵硬，则不利于保护债权人的利益，所以同时规定了"明显缺乏清偿能力"的破产界限，使《企业破产法》在保护社会利益和债权人个人利益之间实现了平衡。

第二节　破产申请和案件受理

一、破产申请

（一）申请人及申请条件

根据《企业破产法》第7条的规定，债务人和债权人以及债务人的清算人都可以向人民法院提出债务人破产还债的申请。但他们的申请条件和可申请的破产程序并不相同。另外，根据《企业破产法》第134条的规定，金融机构的破产申请由国务院金融监督管理机构提出。

1. 债务人申请及其条件。债务人可以主动向法院提出破产申请。债务人申请自己进入破产程序的条件相对于债权人的申请条件要严格一些，应当达到破产的实质界限，即"不能清偿到期债务，并且资产不足以清偿全部债务或者明显缺乏清偿能力"，此时，债务人可以向人民法院提出破产重整、和解或者清算三种破产程序的申请。

2. 债权人申请及其条件。债权人可以向人民法院提出重整或者清算两种破产申请，这是因为，作为债权人无须向人民法院提出申请即可自行与债务人和解。因为债权人并不了解债务人的经营状况和财务状况，无从判断债务人是否存在“资产不足以清偿全部债务或者明显缺乏清偿能力”，所以《企业破产法》第7条第2款规定，只要存在“债务人不能清偿到期债务”的情形，债权人就可以向人民法院提出对债务人进行重整或者破产清算的申请。

3. 清算组申请及其条件。企业法人已解散但未清算或者未清算完毕，资产不足以清偿债务的，依法负有清算责任的人应当向人民法院申请破产清算。已解散企业如果现有资产足以清偿全部债务，就通过解散清算程序清偿债务；如果现有资产不足以清偿全部债务，就只能通过破产程序公平清偿债务。

4. 国务院金融监督管理机构的申请。金融机构有《企业破产法》第2条规定情形的，国务院金融监督管理机构可以向人民法院提出对该金融机构进行重整或者破产清算的申请。根据金融业分业经营、分业管理的原则，国务院金融监督管理机构分为银保监会、证监会，分别对银行业、保险业和证券业实施监督管理。

【随堂演练5-2】企业法人不能清偿到期债务，并且资产不足以清偿全部债务或者明显缺乏清偿能力的，根据《企业破产法》的规定，该企业法人可以选择（　　）处理其与债权人之间的债权债务关系。

A. 申请破产清算　　B. 直接向法院申请和解

C. 决议解散并进行清算　　D. 直接向法院申请重整

【答案】ABD

【解析】《企业破产法》第7条规定，企业法人不能清偿到期债务，并且资产不足以清偿全部债务或者明显缺乏清偿能力的，可以向人民法院提出重整、和解或者破产清算申请。

（二）破产申请书及破产申请的证据

根据《企业破产法》第8条的规定，向人民法院提出破产申请，应当提交破产申请书，破产申请书应当载明下列事项：（1）申请人、被申请人的基本情况；（2）申请目的，主要表明是申请破产重整、破产和解还是破产清算；（3）申请的事实和理由；（4）人民法院认为应当载明的其他事项。

向人民法院提出破产申请，债务人或者债务人的清算人提出申请的，应当向人民法院应当提交有关基本证据：（1）企业财产状况说明书；（2）债务清册；（3）债权清册；（4）有关财务会计报告；（5）职工安置预案；（6）职工工资的支付和社会保险费用的缴纳情况。

债权人提出申请的，应当提交债权证明和债权到期证明以及债务人不能清偿到期债务的说明。至于债务人是否达到了资产不足以清偿全部债务或者明显缺乏清偿能力的程度，债权人难以举证证明，因此，需采取举证责任倒置原则。

二、破产案件的管辖和受理

（一）破产案件的管辖

1. 地域管辖。《企业破产法》规定：“破产案件由债务人住所地人民法院管辖。”债务人住所地指债务人的主要办事机构所在地。债务人无办事机构的，由其注册地人民法院管辖。

2. 级别管辖。基层人民法院一般管辖县、县级市或者区的工商行政管理机关核准登记企业的破产案件；中级人民法院一般管辖地区、地级市（含本级）以上的工商行政管理机关核准登记企业的破产案件；纳入国家计划调整的企业破产案件，即政策性破产案件，也由中级人民法院管辖。

【随堂演练5-3】依据我国《企业破产法》的规定，对破产案件拥有管辖权的人民法院是（　　）。

A. 债权人所在地人民法院

B. 债权人会议所在地人民法院

C. 债务人住所地人民法院

D. 债权人与债务人协商确定的人民法院

【答案】C

【解析】《企业破产法》规定：“破产案件由债务人住所地人民法院管辖。”债务人住所地指债务人的主要办事机构所在地。债务人无办事机构的，由其注册地人民法院管辖。

（二）破产案件的受理

破产案件的受理是指人民法院在收到破产申请后，经审查符合法定立案条件，开始破产程序的行为。对于是否受理破产申请，《企业破产法》还作出了一些规定。

1. 债务人异议权。债权人提出破产申请的，人民法院应当自收到申请之日起5日内通知债务人。债务人对申请有异议的，应当自收到通知之日起7日内向人民法院提出。

2. 裁定受理期限。债权人提出破产申请且债务人有异议的，人民法院应当自异议期满之日起10日内裁定是否受理。除上述情形外，人民法院应当自收到申请之日起15日内作出是否受理的裁定。有特殊情况需要延长上述期限的，经上一级人民法院批准，可以延长15日。

3. 申请人对不受理破产申请裁定的上诉权。人民法院裁定不受理破产申请的，应当自裁定作出之日起5日内送达申请人并说明理由。申请人对裁定不服的，可以自裁定送达之日起10日内向上一级人民法院提起上诉。

（三）破产受理的法律效力

1. 对受理案件的人民法院的法律效力。人民法院裁定受理破产案件的，应当同时指定管理人。人民法院应当自裁定受理破产申请之日起25日内通知债权人，并予以公告。

2. 对债权人的法律效力。债权人应当在人民法院确定的债权申报期限内向管理人申报债权，并应自动停止个别追索行为。破产申请受理时，未到期的债权视为到期，附利息的债权自破产申请受理时起停止计息。

3. 对债务人的法律效力。自人民法院受理破产申请的裁定送达债务人之日起至破产程序终结之日，债务人的法定代表人（包括债务人的财务管理人员和其他经营管理人员）的经营管理权利非经特别授权中止行使，同时承担下列义务：（1）妥善保管其占有和管理的财产、印章和账簿、文书等资料；（2）根据人民法院、管理人的要求进行工作，并如实回答询问；（3）列席债权人会议并如实回答债权人的询问；（4）未经人民法院许可，不得离开住所地；（5）不得新任其他企业的董事、监事、高级管理人员。

4. 对债务人受偿或接受财产的法律效力。人民法院受理破产申请后，债务人的债务人或者财产持有人应当向管理人清偿债务或者交付财产。他们故意违反此规定向债务人清偿债务或者交付财产，使债权人受到损失的，不免除其向管理人清偿债务或者交付财产的义务。

5. 对管理人的法律效力。人民法院受理破产申请后，管理人对破产申请受理前成立而债务人和对方当事人均未履行完毕的合同有权决定解除或者继续履行，并通知对方当事人。管理人自破产申请受理之日起2个月内未通知对方当事人，或者自收到对方当事人催告之日起30日内未答复的，视为解除合同。管理人决定继续履行合同的，对方当事人应当履行；但是，对方当事人有权要求管理人提供担保，管理人不提供担保的，视为解除合同。

6. 对其他民事诉讼程序的效力。人民法院受理破产申请后，有关债务人财产的保全措施应当解除，执行程序应当中止。已经开始而尚未终结的有关债务人的民事诉讼或者仲裁应当中止，在管理人接管债务人的财产后，该诉讼或者仲裁继续进行。有关债务人的民事诉讼只能向受理破产申请的人民法院提起。

【随堂演练5-4】 甲企业被宣告破产后，管理人决定解除甲企业与乙企业签订的尚未履行的合同。该合同约定，甲企业不履行合同时，应向乙企业按合同金额的30%支付违约金。下列对该项违约金的处理方式中正确的是（　　）。

A. 作为破产费用从破产财产中优先拨付

B. 作为破产债权清偿

C. 作为财产担保债权优先清偿

D. 不予清偿

【答案】 D

【解析】 依据《企业破产法》的规定，管理人或债务人依照本法规定解除合同的，对方当事人以因合同解除所产生的损害赔偿请求权申报债权，违约金不能作为债权申报。

（四）管理人

破产管理人是指人民法院受理破产案件后，依法指定的接管债务人财产并负责对其进行保管、清理、变现、处理和分配的专门机构。

《企业破产法》规定，管理人可以由有关部门、机构的人员组成的清算组或者依法设立的律师事务所、会计师事务所、破产清算事务所等社会中介机构担任。人民法院根据债务人的实际情况，可以在征询有关社会中介机构的意见后，指定该机构具备相关专业知识并取得执业资格的人员担任管理人。个人担任管理人的，应当参加执业责任保险。但因故意犯罪受过刑事处罚、曾被吊销相关专业执业证书、与本案有利害关系等情形的人不得担任管理人。

管理人的职责主要有：（1）接管债务人的财产、印章和账簿、文书等资料；（2）调查债务人的财产状况，制作财产状况报告；（3）决定债务人的内部管理事务；（4）决定债务人的日常开支和其他必要开支；（5）在第一次债权人会议召开之前，决定继续或者停止债务人的营业；（6）管理和处分债务人的财产；（7）代表债务人参加诉讼、仲裁或者其他法律程序；（8）提议召开债权人会议；（9）人民法院认为管理人应当履行的其他职责。

（五）债务人财产

债务人财产包括破产申请受理时属于债务人的全部财产，以及破产申请受理后至破产程序终结前债务人取得的财产。债务人财产在破产宣告后称破产财产。主要有以下方面。

1. 破产申请受理时属于债务人的全部财产。包括固定资产、流动资产、专项基金等。债权人在破产申请受理前对债务人负有债务的，可以向管理人主张抵销。但是，有下列情形之一的，不得抵销：（1）债务人的债务人在破产申请受理后取得他人对债务人的债权的。（2）债权人已知债务人有不能清偿到期债务或者破产申请的事实，对债务人负担债务的；但是，债权人因为法律规定或者有破产申请一年前所发生的原因而负担债务的除外。（3）债务人的债务人已知债务人有不能清偿到期债务或者破产申请的事实，对债务人取得债权的；但是，债务人的债务人因为法律规定或者有破产申请一年前所发生的原因而取得债权的除外。

2. 破产申请受理后至破产程序终结前债务人取得的财产。主要包括债务人的债务人清偿债务而取得的财产；因管理人决定继续履行债务人未履行的合同而取得的财产；因债务人的无效行为或可撤销行为而由管理人追回的财产等。

涉及债务人无效的行为有：为逃避债务而隐匿；转移财产；虚构债务或者承认不真实债务。

人民法院受理破产申请前一年内，管理人有权请求人民法院予以撤销涉及债务人财产的行为有：（1）无偿转让财产的；（2）以明显不合理的价格进行交易的；（3）对没有财产担保的债务提供财产担保的；（4）对未到期的债务提前清偿的；（5）放弃债权的。人民法院受理破产申请前6个月内，债务人有不能清偿到期债务并且资产不足以清偿全部债务或者明显缺乏清偿能力情形，仍对个别债权人进行清偿的，管理人有权请求人民法院予以撤销。但是，个别清偿使债务人财产受益的除外。

3. 担保物的价款超过其所担保债务数额部分的担保财产。已经作为担保物的财产不属于债务人的财产，但担保物的价款超过其所担保的债务数额的，超过部分仍属于债务人财产。

4. 应当由债务人行使的其他财产权利。包括应当由债务人行使的物权、债权、知识产权、证券权利、股东出资缴纳请求权、投资收益权等。

【随堂演练 5 -5】 破产企业的下列财产中，不属于破产财产的有（　　）。

A. 破产企业尚未转移占有但买方已完全支付对价的特定物

B. 企业破产前对公司投资形成的股权

C. 破产企业在破产宣告后取得的银行存款利息

D. 破产宣告时破产企业尚未办理产权证但已向买方交付的财产

【答案】 AD

【解析】《企业破产法》规定，债务人财产包括破产申请受理时属于债务人的全部财产，以及破产申请受理后至破产程序终结前债务人取得的财产。债务人财产在破产宣告后称破产财产。因此，B、C 两项均属于破产财产。A、D 两项内容，破产法中并未具体规定。

（六）破产费用和共益债务

1. 破产费用的概念及其范围。破产费用是指在破产程序进行中针对破产企业或破产财产而发生的一切费用。具体包括：（1）破产案件的诉讼费用；（2）管理、变价和分配债务人财产的费用；（3）管理人执行职务的费用、报酬和聘用工作人员的费用。

2. 共益债务的概念及其范围。共益债务是指在破产程序进行中，为全体债权人利益或为程序进行而必须应由债务人支付的一切债务。具体包括：（1）因管理人或者债务人请求对方当事人履行双方均未履行完毕的合同所产生的债务；（2）债务人财产受无因管理所产生的债务；（3）因债务人不当得利所产生的债务；（4）为债务人继续营业而应支付的劳动报酬和社会保险费用以及由此产生的其他债务；（5）管理人或者相关人员执行职务致人损害所产生的债务；（6）债务人财产致人损害所产生的债务。

3. 破产费用和共益债务的清偿。破产费用和共益债务由债务人财产随时清偿。债务人财产不足以清偿所有破产费用和共益债务的，先行清偿破产费用。债务人财产不足以清偿所有破产费用或者共益债务的，按照比例清偿。债务人财产不足以清偿破产费用的，管理人应当提请人民法院终结破产程序。人民法院应当自收到请求之日起 15 日内裁定终结破产程序，并予以公告。

（七）债权申报

1. 债权申报期限。人民法院受理破产申请后，应当确定债权人申报债权的期限。人民法院确定的债权申报期限自人民法院发布受理破产申请公告之日起计算，最短不得少于 30 日，最长不得超过 3 个月。

2. 债权申报的受理。债权的申报由管理人受理。债权人应当在人民法院确定的债权申报期限内向管理人申报债权。管理人收到债权申报材料后，应当登记造册，对申报的债权进行审查，并编制债权表。债权表和债权申报材料由管理人保存，供利害关系人查阅。债权表应当提交第一次债权人会议核查。债务人、债权人对债权表记载的债权无异议的，由人民法院裁定确认。债务人、债权人对债权表记载的债权有异议的，可以向受理破产申请的人民法院提起诉讼。

3. 可以申报的债权。人民法院受理破产申请时，对债务人享有债权的债权人，依照《企业破产法》规定的程序申报债权。包括：（1）附条件、附期限的债权及诉讼、仲裁未决的债权。（2）未到期的债权，在破产申请受理时视为到期。（3）连带债权人可以由其中一人代表全体连带债权人申报债权，也可以共同申报债权。（4）债务人的保证人或者其他连带债务人已经代替债务人清偿债务的，以其对债务人的求偿权申报债权。债务人的保证人或者其他连带债务人尚未代替债务人清偿债务的，以其对债务人的将来求偿权申报债权。但是，债权人已经向管理人申报全部债权的除外。（5）连带债务人数人被裁定适用《企业破产法》规定的程序的，其债权人有权就全部债权分别在各破产案件中申报债权。（6）管理人或者债务人依照《企业破产法》规定解除合同的，对方当事人以因合同解除所产生的损害赔偿请求权申报债权。（7）债务人是委托合同的委托人，被裁定适用《企业破产法》规定的程序，受托人不知道该事实，继续处理委托事务的，受托人以由此产生的请求权申报债权。（8）债务人是票据的出票人，被裁定适用《企业破产法》规定的程序，该票据的付款人继续付款或者承兑的，付款人以由此产生的请求权申报债权。

不必申报的当然债权有：债务人所欠的职工工资和医疗、伤残补助、抚恤费用，所欠的应当划入职工个人账户的基本养老保险、基本医疗保险费用，以及法律、行政法规规定应当支付给职工的补偿金。

债权人申报债权时，应当书面说明债权的数额和有无财产担保，并提交有关证据。申报的债权是连带债权的，应当说明。

第三节　债权人会议和债权人委员会

一、债权人会议

（一）债权人会议的概念

债权人会议，是指在破产程序中，为便于全体债权人参与破产程序，以维护全体债权人的共同利益而由全体登记在册的债权人组成的表达债权人意志和统一债权人行动的议事机构。

（二）债权人会议的构成

债权人会议由两部分人组成：一是申报债权的全体债权人；二是债务人的职工代表和工会代表。依法申报债权的债权人对有关事项享有表决权，参加债权人会议的债务人职工代表和工会代表对有关事项发表意见，不享有表决权。

债权人会议设主席一人，由人民法院从有表决权的债权人中指定。债权人会议主席主持债权人会议。

债权人会议的成员行使相应的表决权。但是，债权尚未确定的债权人，除人民法院能够为其行使表决权而临时确定债权额的外，不得行使表决权。对债务人的特定财产享有担保权的债权人，未放弃优先受偿权利的，对于和解协议和破产财产的分配方案不享有表决权，因为这两项事项对其享有担保的债权没有直接关系。但是，就其债权超过担保财产价值的部分享有相应的表决权。

债权人可以委托代理人出席债权人会议，行使表决权。代理人出席债权人会议，应当向人民法院或者债权人会议主席提交债权人的授权委托书。

（三）债权人会议的职权

债权人会议行使下列职权：（1）核查债权；（2）申请人民法院更换管理人，审查管理人的费用和报酬，监督管理人；（3）决定是否成立债权人委员会，选任和更换债权人委员会成员；（4）决定继续或者停止债务人的营业；（5）通过重整计划和通过和解协议；（6）通过债务人财产的管理方案；（7）通过破产财产的变价方案和分配方案；（8）人民法院认为应当由债权人会议行使的其他职权。债权人会议应当对所议事项的决议作成会议记录。

（四）债权人会议的召开和决议

第一次债权人会议由人民法院召集，自债权申报期限届满之日起15日内召开。以后的债权人会议，在人民法院认为必要时，或者管理人、债权人委员会、占债权总额1/4以上的债权人向债权人会议主席提议时召开。召开债权人会议，管理人应当提前15日通知已知的债权人。

债权人会议的决议，由出席会议的有表决权的债权人过半数通过，并且其所代表的债权额占无财产担保债权总额的1/2以上。债权人会议的决议，对于全体债权人均有约束力。

对债务人财产的管理方案、破产财产的变价方案经债权人会议表决未通过的，对破产财产的分配方案经债权人会议二次表决仍未通过的，由人民法院裁定。债权人对人民法院关于债务人财产的管理方案、破产财产的变价方案的裁定不服的，债权额占无财产担保债权总额1/2以上的债权人对人民法院对破产财产分配方案作出的裁定不服的，可以自裁定宣布之日或者收到通知之日起15日内向该人民法院申请复议。复议期间不停止裁定的执行。

债权人认为债权人会议的决议违反法律规定、损害其利益的，可以自债权人会议做出决议之日起15日内，请求人民法院裁定撤销该决议，责令债权人会议依法重新作出决议。

【随堂演练5-6】 企业整顿申请提出后，企业应当向（　　）提出和解协议草案。

A. 关系人会议　　B. 企业股东大会

C. 企业董事会　　D. 债权人会议

【答案】 D

【解析】 通过重整计划和通过和解协议是债权人会议行使的职权之一。

二、债权人委员会

债权人委员会是债权人会议的常设机构，它的职权主要是监督破产过程。债权人会议可以决定是否设立债权人委员会。债权人委员会由债权人会议选任的债权人代表和一名债务人的职工代表或者工会代表组成。债权人委员会成员不得超过9人。债权人委员会成员应当经人民法院书面决定认可。

债权人委员会行使下列职权：（1）监督债务人财产的管理和处分；（2）监督破产财产分配；（3）提议召开债权人会议；（4）债权人会议委托的其他职权。

债权人委员会执行职务时，有权要求管理人、债务人的有关人员对其职权范围内的事务作出说明或者提供有关文件。管理人、债务人的有关人员拒绝接受监督的，债权人委员会有权就监督事项请求人民法院作出决定，人民法院应当在5日内作出决定。

第四节　重整与和解

一、重整

（一）重整的概念和重整申请

重整是指不对达到破产界限的债务人的财产立即进行破产清算，而是经债权人、债务人或债务人的出资人申请后，在法院的主持下由债务人与债权人达成协议，制订对债务人的整顿计划，允许债务人继续经营其业务，并规定在一定期限内债务人须按一定的方式全部或部分地清偿债务，从而实现债务人再生的制度。

债权人、债务人或者债务人的出资人都可以向人民法院进行重整申请：（1）债权人申请对债务人进行重整，应当有证据证明债务人不能清偿或有可能不能清偿到期债务。（2）债务人可以直接向人民法院申请重整；债权人申请对债务人进行破产清算的，在人民法院受理破产申请后、宣告债务人破产前，债务人可以向人民法院申请重整。（3）债权人申请对债务人进行破产清算的，在人民法院受理破产申请后、宣告债务人破产前，出资额占债务人注册资本1/10以上的出资人可以向人民法院申请重整。

（二）重整的法律效力

在重整期间，债务人、债权人及相关人员应遵循以下规定：（1）经债务人申请，人民法院批准，债务人可以在管理人的监督下自行管理财产和营业事务。否则，由管理人负责管理财产和营业事务，可以聘任债务人的经营管理人员负责营业事务；（2）对债务人的特定财产享有的担保权暂停行使，但是，担保物有损坏或者价值明显减少的可能，足以危害担保权人权利的，担保权人可以向人民法院请求恢复行使担保权；（3）债务人或者管理人为继续营业而借款的，可以为该借款设定担保；（4）债务人合法占有的他人财产，该财产的权利人在重整期间要求取回的，应当符合事先约定的条件；（5）债务人的出资人不得请求投资收益分配；（6）在重整期间，债务人的董事、监事、高级管理人员不得向第三人转让其持有的债务人的股权，但是，经人民法院同意的除外。

（三）重整计划

1. 重整计划草案的制订。重整计划草案由债务人或管理人制订。债务人或者管理人应当自人民法院裁定债务人重整之日起6个月内，同时向人民法院和债权人会议提交重整计划草案。有正当理由不能按期提交的，经债务人或者管理人请求，人民法院可以裁定延期3个月。债务人或者管理人未按期提出重整计划草案的，人民法院应当裁定终止重整程序，并宣告债务人破产。重整计划草案应当包括下列内容：（1）债务人的经营方案；（2）债权分类；（3）债权调整方案；（4）债权受偿方案；（5）重整计划的执行期限；（6）重整计划执行的监督期限；（7）有利于债务人重整的其他方案。但是，重整计划不得规定减免债务人欠缴的职工个人账户以外的社会保险费用，该项费用的债权人不参加重整计划草案的表决。

2. 重整计划草案的表决和通过。人民法院应当自收到重整计划草案之日起30日内召开债权人会议，对重整计划草案进行表决。重整计划草案由债权人会议分组表决。出席会议的同一表决组的债权人过半数同意重整计划草案，并且其所代表的债权额占该组债权总额2/3以上的，即为该组通过重整计划草案。

债务人或者管理人应当向债权人会议就重整计划草案作出说明，并回答询问。债务人的出资人代表可以列席讨论重整计划草案的债权人会议。

各表决组均通过重整计划草案时，重整计划即为通过。部分表决组未通过重整计划草案的，债务人或者管理人可以同未通过重整计划草案的表决组协商。该表决组可以在协商后再表决一次。双方协商的结果不得损害其他表决组的利益。

3. 重整计划的批准。重整计划经人民法院裁定批准后生效。这是因为，破产程序是一种诉讼程序，其每一实质性步骤都应当由人民法院以裁定的形式予以确认。自重整计划经债权人会议通过之日起10日内，债务人或者管理人应当向人民法院提出批准重整计划的申请。人民法院经审查认为符合《企业破产法》规定的，应当自收到申请之日起30日内裁定批准，终止重整程序，并予以公告。

4. 重整计划的效力。经人民法院裁定批准的重整计划，对债务人和全体债权人均有约束力。债权人未依照《企业破产法》规定申报债权的，在重整计划执行期间不得行使权利；在重整计划执行完毕后，可以按照重整计划规定的同类债权的清偿条件行使权利。债权人对债务人的保证人和其他连带债务人所享有的权利，不受重整计划的影响。按照重整计划减免的债务，自重整计划执行完毕时起，债务人不再承担清偿责任。

5. 重整计划的执行。重整计划由债务人负责执行。人民法院裁定批准重整计划后，已接管财产和营业事务的管理人应当向债务人移交财产和营业事务。由管理人监督重整计划的执行。在监督期内，债务人应当向管理人报告重整计划执行情况和债务人财务状况。监督期届满时，管理人应当向人民法院提交监督报告。

6. 重整计划的终止。重整计划的终止主要包括以下两种情况：（1）重整计划因债务人不能执行或者不执行而终止。重整企业不能执行或者不执行重整计划的，人民法院经管理人或者利害关系人请求，应当裁定终止重整计划的执行，并宣告债务人破产。债权人在重整计划中作出的债权调整的承诺失去效力。债权人因执行重整计划所受的清偿仍然有效，债权未受清偿的部分作为破产债权。但该债权人只有在其他同顺位债权人同自己所受的清偿达到同一比例时，才能继续接受分配。人民法院裁定终止重整计划的，为重整计划的执行提供的担保继续有效。（2）重整计划因执行完毕而终止。重整计划执行完毕，重整执行人应及时向人民法院提交执行报告，经人民法院审查确认后，裁定终结破产案件。重整债权依重整计划削减的部分，自人民法院裁定终结破产案件之日起，免除债务人的清偿责任。

二、和解

（一）和解申请

债务人可以依照《企业破产法》的规定，直接向人民法院申请和解；也可以在人民法院受理破产申请后、宣告债务人破产前，向人民法院申请和解。人民法院经审查认为和解申请符合《企业破产法》规定的，应当裁定和解，予以公告。债务人申请和解，应当提出和解协议草案。

（二）和解协议

债务人申请和解，应当提出和解协议草案。和解协议草案一般包括：对债务的减免、延缓；清偿债务的期限、办法；清偿债务的财产来源；可能情况下为债务清偿提供的担保等。

人民法院裁定和解后，应当召集债权人会议讨论和解协议草案。债权人会议上和解协议的决议的通过，由出席会议的有表决权的债权人过半数同意，并且其所代表的债权额占无财产担保债权总额的2/3以上。债权人会议通过的和解协议，应经人民法院裁定认可。

（三）和解协议的效力

经人民法院裁定认可的和解协议，对债务人和全体和解债权人均有约束力。人民法院受理破产申请时对债务人享有无财产担保债权的人称为和解债权人。债务人应当按照和解协议规定的条件清偿债务。和解债权人未依照规定申报债权的，在和解协议执行期间不得行使权利；在和解协议执行完毕后，可以按照和解协议规定的清偿条件行使权利。和解债权人对债务人的保证人和其他连带债务人所享有的权利，不受和解协议的影响。

按照和解协议减免的债务，自和解协议执行完毕时起，债务人不再承担清偿责任。对债务人的特定财产享有担保权的权利人，自人民法院裁定和解之日起可以行使权利。

因债务人的欺诈或者其他违法行为而成立的和解协议，人民法院应当裁定无效，并宣告债务人破产。同时，和解债权人因执行和解协议所受的清偿，在其他债权人所受清偿同等比例的范围内不予返还。

（四）和解程序的终止

1. 债权人会议通过和解协议的，由人民法院裁定认可，终止和解程序，并予以公告。管理人应当向债务人移交财产和营业事务，并向人民法院提交执行职务的报告。

2. 和解协议草案经债权人会议表决未获得通过，或者已经债权人会议通过的和解协议未获得人民法院认可的，人民法院应当裁定终止和解程序，并宣告债务人破产。

【随堂演练 5－7】关于破产清算、重整与和解的表述，下列选项中正确的有（　　）。

A. 债务人一旦被宣告破产，则不可能再进入重整或者和解程序

B. 破产案件受理后，只有债务人才能提出和解申请

C. 即使债务人未出现现实的资不抵债情形，也可申请重整程序

D. 重整是破产案件的必经程序

【答案】ABC

【解析】（1）选项 A：债权人申请对债务人进行破产清算的，在人民法院受理破产申请后、宣告债务人破产之前，特定当事人可以向人民法院申请重整或者和解，但债务人一旦被宣告破产，则不可能再进入重整或者和解程序；（2）选项 C：提出破产清算与和解申请，以债务人已发生破产原因为前提，而重整申请则在债务人有发生破产原因的“可能”时即可提出；（3）选项 B、D：债务人发生破产原因时，债务人有申请“重整、和解或者破产清算”三个选择，债权人有申请“重整或者破产清算”两个选择，重整并非破产案件的必经程序，债务人或者债权人均可直接申请“破产清算”。

第五节　破产清算

一、破产宣告的情形和法律效力

（一）破产宣告的情形

在下列情况下，人民法院宣告债务人破产。

1. 债务人不能清偿到期债务，并且资产不足以清偿全部债务或者明显缺乏清偿能力，被申请破产的。

2. 重整计划草案未获得通过且未获得人民法院批准，或者已通过的重整计划未获得人民法院批准的，人民法院应当裁定终止重整程序，并宣告债务人破产。

3. 债务人不能执行或者不执行重整计划的，人民法院经管理人或者利害关系人请求，应当裁定终止重整计划的执行，并宣告债务人破产。

4. 和解协议草案经债权人会议表决未获得通过，或者已经债权人会议通过的和解协议未获得人民法院认可的，人民法院应当裁定终止和解程序，并宣告债

务人破产。

5. 债务人不能执行或者不执行和解协议的，人民法院经和解债权人请求，应当裁定终止和解协议的执行，并宣告债务人破产。

（二）破产宣告的法律效力

法院裁定宣告破产后，对债务人、债权人将产生相应的法律后果。对债务人而言，破产宣告后，债务人称为破产人，债务人财产称为破产财产。对债权人而言，人民法院受理破产申请时，债权人享有的债权称为破产债权。

二、破产财产的变价和分配顺序

破产财产是指破产宣告至破产程序终止期间归管理人占用、支配并用于破产分配的破产人的全部财产。

1. 破产财产的变价。破产宣告后，管理人应当及时拟订破产财产变价方案并提交债权人会议讨论。管理人按照债权人会议通过的财产变价方案，适时变价出售破产财产。变价出售破产财产应当通过拍卖进行。但是，债权人会议另有决议的除外。

2. 破产财产的分配顺序。对破产人的特定财产享有担保权的权利人，对该特定财产享有优先受偿的权利。享有优先受偿权利的债权人行使优先受偿权利未能完全受偿的，其未受偿的债权作为普通债权；放弃优先受偿权利的，其债权作为普通债权。

破产财产在优先清偿破产费用和共益债务后，依照下列顺序清偿：（1）破产人所欠职工的工资和医疗、伤残补助、抚恤费用，所欠的应当划入职工个人账户的基本养老保险、基本医疗保险费用，以及法律、行政法规规定应当支付给职工的补偿金；（2）破产人欠缴的除前项规定以外的社会保险费用和破产人所欠税款；（3）普通破产债权。

破产财产不足以清偿同一顺序的清偿要求的，按照比例分配。破产财产的分配应当以货币分配方式进行。但是，债权人会议另有决议的除外。破产企业的董事、监事和高级管理人员的工资按照该企业职工的平均工资计算。

【随堂演练5－8】 根据《企业破产法》的规定，下列项目中可以作为破产费用从破产财产中优先拨付的有（　　）。

A. 破产案件的诉讼费用

B. 为债权人共同利益而在破产程序中支付的费用

C. 管理人聘用工作人员的费用

D. 破产财产的拍卖费用

【答案】 ABCD

【解析】 破产费用和共益债务由债务人财产随时清偿。债务人财产不足以清偿所有破产费用和共益债务的，先行清偿破产费用。选项A、C、D属于破产费用，选项B属于公益债务。

三、破产程序的终结

（一）破产程序的提前终结

破产宣告前，有下列情形之一的，人民法院应当裁定终结破产程序，并予以公告：（1）第三人为债务人提供足额担保或者为债务人清偿全部到期债务的；（2）债务人已清偿全部到期债务的。

（二）破产程序的随时终结

人民法院受理破产申请后，债务人与全体债权人就债权债务的处理自行达成协议的，可以请求人民法院裁定认可，并终结破产程序。

（三）破产程序的被迫终结

破产人无财产可供分配的，管理人应当请求人民法院裁定终结破产程序。

债务人财产不足以清偿破产费用的，管理人应当提请人民法院终结破产程序。人民法院应当自收到请求之日起 15 日内裁定终结破产程序，并予以公告。

（四）破产清算后的终结

管理人在最后分配完结后，应当及时向人民法院提交破产财产分配报告，并提请人民法院裁定终结破产程序。

人民法院应当自收到管理人终结破产程序的请求之日起 15 日内作出是否终结破产程序的裁定。裁定终结的，应当予以公告。管理人应当自破产程序终结之日起 10 日内，持人民法院终结破产程序的裁定，向破产人的原登记机关办理注销登记。

四、破产中取回权、别除权、抵销权、追回权

（一）取回权

取回权是指财产权利人从管理人接管的财产中取回不属于债务人所有的财产的权利，如企业借用、租用他人的财产。《企业破产法》第 38 条规定："人民法院受理破产申请后，债务人占有的不属于债务人的财产，该财产的权利人可以通过管理人取回。但是，本法另有规定的除外。"

（二）别除权

别除权是指不依破产程序而能从企业的特定财产中得到单独优先受偿的权利。包括抵押权、质权、留置权。《企业破产法》第 109 条规定："对破产的特定财产享有担保权利的权利人，对该特定财产享有优先受偿的权利。"

（三）抵销权

破产抵销权是指破产债权人在破产宣告前对企业负有债务，无论其债务同所负债务的种类是否相同、债权是否到期，均可不依破产程序，以其享有的债权抵销其所负债务的权利。

（四）追回权

追回权是指破产企业在破产案件受理前的法定时间内和案件受理后实施的违反公平清偿原则并有损于债权人共同利益而处分的财产，依法由管理人追回该财

产的权利。

复习思考题

1. 破产有哪些法律特征？
2. 企业法人破产的界限有哪些法律规定？
3. 简述管理人的主要职责。
4. 破产费用和公益债务有哪些？
5. 简述破产财产的分配顺序。
6. 简述破产法律制度对建立和完善我国社会主义市场经济体制的意义。

第六章　反垄断法与反不正当竞争法

【内容提要】本章主要介绍和讲解反垄断法与反不正当竞争法的有关规定。主要内容包括：垄断与反垄断法概念和分类；合法垄断；非法垄断；非法垄断行为的类型；反不正当竞争行为的概念和特征；反不正当竞争行为的种类及内容；对不正当竞争行为的监督检查。

【教学要点】通过本章的学习，掌握反垄断法禁止的垄断行为，分辨合法垄断与非法垄断；掌握不正当竞争行为的概念和特征，以及 11 种不正当竞争行为的主要内容。

第一节　反垄断法

一、垄断与反垄断法

（一）垄断的含义与分类

1. 垄断的含义。垄断是指特定的经济主体在市场经济运行过程中进行的排他性控制或对市场竞争进行实质性限制、妨碍公平竞争秩序的行为。这里的“特定的经济实体”，既包括大企业，也包括小企业和政府。法律意义上的垄断具有两个显著的特征，即违法性和危害性。

2. 垄断的类型。

（1）合法垄断。合法垄断是指国家为了保护整个国民经济的健康发展，在《反垄断法》中明确规定的不适用反垄断法的垄断行为。例如，特定的经济部门、知识产权领域、对外贸易领域等垄断行为。

（2）非法垄断。非法垄断是指违反法律、法规和社会公共利益，通过协议、安排或协同行为，或滥用经济优势地位，排斥或控制其他经营者正当的经营活动，在某一生产领域或流通领域实质上限制竞争的行为。在我国，包括垄断协议、滥用市场支配地位，具有或者可能具有排除、限制竞争效果的经营者集中和行政性垄断四种类型。

（二）反垄断法及其适用范围

1. 反垄断法。反垄断法是现代经济法的重要组成部分，是指在规制市场中一系列独占市场、限制竞争、破坏市场竞争机制、损害社会公平利益行为的法律。

《中华人民共和国反垄断法》于 2007 年 8 月 30 日第十届全国人民代表大会

常务委员会通过，并于2008年8月1日起正式实施。

2. 反垄断法的适用范围。我国《反垄断法》适用于下列垄断行为：（1）中国境内经济活动中的垄断行为；（2）对境内市场竞争产生排除、限制影响的中国境外的垄断行为；（3）经营者滥用知识产权，排除、限制竞争的垄断行为。

下列行为不适用《反垄断法》：（1）经营者依照有关知识产权的法律、行政法规规定行使知识产权的行为；（2）农业生产者及农村经济组织在农产品生产、加工、销售、运输、储存等经营活动中实施的联合或者协同行为。

【疑难问题6-1】 反不正当竞争法与反垄断法的区别。

【解析】 反不正当竞争法与反垄断法是竞争法体系中的两个基本分支，分别从不同的角度来保障和促进公平、自由的竞争秩序，以使市场竞争机制正常发挥作用。它们的区别有：（1）两法在规制对象上不同。一般认为，反不正当竞争法规范不正当竞争，禁限过度的竞争行为；反垄断法规范垄断或限制竞争，禁限排斥、消灭竞争的行为。（2）两法在立法目的、保护对象和法律地位上不同。反不正当竞争立法的要点在于制止和矫正不正当竞争对竞争秩序的个别性、局部性破坏，实现市场竞争的公平、正当，从实际来看，是较多地保护名牌企业或大型企业的利益。反垄断立法的要点在于制止和矫正垄断行为对竞争秩序的结构性、全局性破坏，实现市场竞争的自由、充分，从实际来看，是较多地保护中小企业或新入市企业的利益。

二、非法垄断行为的类型

（一）垄断协议

1. 垄断协议的含义。垄断协议，是指排除、限制竞争的协议、决议或者其他协同行为。协议是指两个或两个以上的经营者通过书面协议或者口头协议的形式，就排除、限制竞争的行为达成一致意见；决议是指企业集团或者其他形式的企业联合体以决议的形式实施的，要求其成员企业共同实施的排除、限制竞争的行为；其他协同行为是指企业之间虽然没有达成书面或口头协议、决议，但相互进行了沟通，心照不宣地实施了协调的、共同的排除、限制竞争的行为。

2. 垄断协议的类型。根据参与协议的主体，我国《反垄断法》将垄断协议分为横向垄断协议和纵向垄断协议，分别作出了规范。其中，横向垄断协议是指具有竞争关系的经营者之间达成的协议；纵向垄断协议是指经营者与交易相对人之间达成的协议。

横向垄断协议的表现形式有：（1）固定或者变更商品价格；（2）限制商品的生产数量或者销售数量；（3）分割销售市场或者原材料采购市场；（4）限制购买新技术、新设备或者限制开发新技术、新产品；（5）联合抵制交易，又称集体拒绝交易；（6）国务院反垄断执法机构认定的其他垄断协议。

纵向垄断协议的表现形式有：（1）固定向第三人转售商品的价格；（2）限定向第三人转售商品的最低价格；（3）国务院反垄断执法机构认定的其他垄断协议。

（二）滥用市场支配地位

1. 滥用市场支配地位的含义。市场支配地位是指经营者在相关市场内具有能够控制商品价格、数量或者其他交易条件，或者能够阻碍、影响其他经营者进入相关市场的能力的市场地位。滥用市场支配地位是指居于支配地位的企业为维持或者增强其市场支配地位而实施的反竞争行为，如利用支配地位任意抬高价格、缩减产量或制定不公平的交易条件等。

2. 滥用市场支配地位的表现形式。我国《反垄断法》对禁止滥用市场支配地位的行为进行了具体规定：（1）以不公平的高价销售商品或者以不公平的低价购买商品；（2）掠夺性定价行为，是指处于市场支配地位的企业以排挤竞争对手为目的，持续地以低于成本的价格销售商品；（3）拒绝交易行为，是指无正当理由，拒绝与交易相对人进行交易；（4）独家交易行为，是指处于市场支配地位的企业采取利诱、胁迫或其他不正当的方法，迫使其交易相对人违背自己的意愿只能与其进行交易或者只能与其指定的经营者进行交易；（5）搭售和附加不合理交易条件，是指在商品交易过程中，拥有某种经济优势的一方利用自己的优势地位，在提供商品或服务时，强行搭配销售购买方不要或不愿意要的另一种商品或服务或者附加其他不合理条件的行为；（6）歧视待遇行为，是指处于市场支配地位的企业没有正当理由，对条件相同的交易对象，提供不同的交易条件，致使有的交易对方处于不利的竞争地位；（7）国务院反垄断执法机构认定的其他滥用市场支配地位的行为。

3. 经营者具有市场支配地位的认定。根据我国《反垄断法》的规定，认定经营者是否具有市场支配地位，应当依据以下因素：（1）该经营者在相关市场的市场份额以及相关市场的竞争状况；（2）该经营者控制销售市场或者原材料采购市场的能力；（3）该经营者的财力和技术条件；（4）其他经营者对该经营者在交易上的依赖程度；（5）其他经营者进入相关市场的难易程度；（6）与认定该经营者市场支配地位有关的其他因素。

我国《反垄断法》还规定了推定制度，即反垄断执法机构仅根据该法规定的经营者的市场份额就可以推定该经营者是否具有市场支配地位：（1）一个经营者在相关市场的市场份额达到1/2的；（2）两个经营者在相关市场的市场份额合计达到2/3的；（3）三个经营者在相关市场的市场份额合计达到3/4的。

（三）具有或者可能具有排除、限制竞争效果的经营者集中

1. 经营者集中的含义。经营者集中，又称企业合并、企业集中，是指两个或两个以上相互独立的企业合并为一个企业，或者企业之间通过取得股权或资产或通过合同等方式，使一个企业能够直接或间接地控制另一个企业。

经营者集中是企业对利润最大化追求的内在要求和外部竞争压力的结果。经营者集中可以形成一定的规模经济，同时也是实现市场力量集中的主要途径。经济力量过度集中造成市场竞争主体数量减少、市场结构发生变化，使这些企业有可能利用市场的优势控制市场，对市场竞争机制发挥作用而产生不利影响。正因为如此，各国反垄断法都对经营者集中保持警惕，经营者集中也成为各国反垄断

法规制的重要对象。

经营者集中的形式有：（1）经营者合并；（2）经营者通过取得股权或资产的方式取得对其他经营者的控制权；（3）经营者通过合同等方式取得对其他经营者的控制权或者能够对其他经营者施加决定性影响。

2. 经营者集中的申报。经营者集中的申报制度有两种情况：一种是集中前的申报；另一种是集中后的申报。我国实行的是集中前的申报制度。我国《反垄断法》规定，经营者集中达到国务院规定的申报标准的，经营者应当事先向国务院反垄断执法机构申报，未申报的不得实施集中。

同时，在以下两种情况下，经营者集中即使达到申报标准，也可以不向国务院反垄断执法机构申报：（1）参与集中的一个经营者拥有其他每个经营者50%以上有表决权的股份或者资产的；（2）参与集中的每个经营者50%以上有表决权的股份或者资产被同一个未参与集中的经营者拥有的。

3. 国务院反垄断执法机构对经营者集中的审查决定。国务院反垄断执法机构对经营者提交的文件、资料进行审查，认为经营者集中具有或者可能具有排除、限制竞争效果的，应当作出禁止经营者集中的决定。但是，经营者能够证明该集中对竞争产生的有利影响明显大于不利影响，或者符合社会公共利益的，国务院反垄断执法机构可以作出对经营者集中不予禁止的决定。

（四）行政性垄断

1. 行政性垄断的含义。行政性垄断是行政机关或法律、法规授权的具有管理公共事务职能的组织滥用行政权力限制竞争的行为。行政性垄断是与经济性垄断相对应的，是在经济体制转轨的过程中，传统体制下的行政垄断与市场两股力量扭合在一起形成的新型垄断，本质上是一种“借行政权力，行市场行为”的垄断。

2. 我国行政性垄断的主要表现。具体表现为：（1）限定或者变相限定单位或者个人经营、购买、使用其指定的经营者提供的商品；（2）妨碍商品在地区之间的自由流通；（3）以设定歧视性资质要求、评审标准或者不依法发布信息等方式，排斥或者限制外地经营者参加本地的招标投标活动；（4）采取与本地经营者不平等待遇等方式，排斥或者限制外地经营者在本地投资或者设立分支机构；（5）强制经营者从事《反垄断法》规定的垄断行为；（6）制定含有排除、限制竞争内容的规定。

【随堂演练6－1】 下列关于垄断协议的表述正确的有（　　）。

A. 垄断协议是指排除、限制竞争的协议或者决定而不包括其他协同行为

B. 具有竞争关系的经营者达成的联合抵制交易协议属于垄断协议

C. 具有竞争关系的经营者达成限定向第三人转售商品的最低价格的协议属于垄断协议

D. 经营者与交易相对人达成固定向第三人转售商品的价格协议属于垄断协议

【答案】 BD

【解析】根据《反垄断法》第 13 条、第 14 条的规定，垄断协议是指排除、限制竞争的协议、决定或者其他协同行为，因此 A 项错误。限定向第三人转售商品的最低价格的协议应当是由经营者与交易相对人达成才属于垄断协议，因此，C 选项错误。B、D 两个选项的表述均符合法律的规定。

第二节　反不正当竞争法

一、反不正当竞争法概述

反不正当竞争法是调整经营者之间、经营者和消费者之间因不正当竞争行为而产生的社会关系的法律规范的总称。我国《反不正当竞争法》是 1993 年 9 月 12 日第八届全国人民代表大会常务委员会第三次会议通过的，2017 年 11 月 4 日第十二届全国人民代表大会常务委员会第十三次会议进行了第一次修订，于 2018 年 1 月 1 日起施行。为了有效实施《反不正当竞争法》，国家工商行政管理局陆续发布了有关规章，例如，《关于禁止公用企业限制竞争行为的若干规定》《关于禁止侵犯商业秘密行为的若干规定》《关于禁止有奖销售活动中不正当竞争行为的若干规定》《关于禁止商业贿赂行为的暂行规定》《关于禁止仿冒知名商品特有的名称、包装、装潢的不正当竞争行为的若干规定》。同时，在其他法律、法规中也涉及竞争规范的内容，如《商标法》《广告法》《价格法》。

二、不正当竞争行为的概念和特征

不正当竞争行为是指经营者违反自愿、平等、公正、诚实信用原则和公认的商业道德，以不正当手段从事生产经营活动的行为。

《中华人民共和国反不正当竞争法》第 2 条第 2 款规定："本法所称的不正当竞争在生产经营活动中，是指经营者行为违反本法规定，扰乱市场秩序，损害其他经营者或者消费者的合法权益的行为。"

根据上述定义，我国法律上规定的不正当竞争行为具有以下特征：

1. 行为的主体是经营者。即从事商品生产、经营或者提供服务的自然人、法人和非法人组织。

2. 行为的性质具有违法性。不正当竞争是违反国家法律、行政法规的交易行为，即经营者实施的交易行为违反了国家有关的法律、行政法规。

3. 行为的结果具有损害性。不正当竞争行为不仅侵犯其他经营者和消费者的民事权利，而且还破坏公平竞争，阻碍技术进步和社会生产力的发展，破坏社会资源的合理配置和市场经济结构，扰乱市场经济秩序，使市场经济失去活力，最终危害社会公共利益。

【随堂演练 6－2】下列各项中，不属于不正当竞争行为构成要件的是（　　）。

A. 经营者违反法律规定

B. 不正当竞争行为给受害人造成了重大损失

C. 损害其他经营者的合法权益

D. 扰乱市场竞争秩序

【答案】 B

【解析】《反不正当竞争法》第2条第2款规定："本法所称的不正当竞争行为，是指经营者在生产经营活动中，违反本法规定，扰乱市场竞争秩序，损害其他经营者或者消费者的合法权益的行为。"

三、不正当竞争行为的主要类型

我国《反不正当竞争法》以禁止性规范确定了不正当竞争行为，具体如下。

（一）市场混淆行为

市场混淆行为是指擅自使用不正当手段足以引人误认为是他人商品或者与他人存在特定联系的行为。

我国《反不正当竞争法》第6条规定的属于市场混淆行为的有：

1. 擅自使用与他人有一定影响的商品名称、包装、装潢等相同或者近似的标识。这种行为造成与他人有一定影响的商品相混淆，使购买者产生误认，是一种市场混淆行为。这是对有一定影响的商品予以特殊保护的一项规定。

（1）"擅自使用与他人有一定影响的商品名称、包装、装潢等相同的标识"的市场混淆行为须具备两个要件：第一，必须是有一定影响的商品名称、包装、装潢的标识。"有一定影响"是指为相关公众所知悉，有一定市场知名度和美誉度。具体要结合商业标识最早使用时间和持续使用情况、产品的广告宣传和实际销售、行业排名、获奖情况等因素进行个案判断。第二，必须是"擅自使用"。即未经所有权人允许而自行使用。

（2）"擅自使用与他人有一定影响的商品名称、包装、装潢等近似的标识"的市场混淆行为须具备两个要件：第一，必须是使用了与他人有一定影响的商品名称、包装、装潢等近似的标识。"近似"就是不完全相同，但主要部分接近相似，使一般人以普通注意力达到可以误认的程度即可认定为"近似"。第二，必须是造成了与他人有一定影响的商品相混淆，使购买者认为是该有一定影响的商品。

2. 擅自使用他人有一定影响的企业名称（包括简称、字号等）、社会组织名称（包括简称等）、姓名（包括笔名、艺名、译名等）的市场混淆行为。有一定影响的企业名称、社会组织名称以及个人姓名不仅具有主体识别的作用，而且为相关公众所知悉，有一定知名度，在一定范围内享有专有权，受法律的保护。

3. 擅自使用他人有一定影响的域名主体部分、网站名称、网页等的市场混淆行为。随着互联网的发展，有一定影响的域名主体部分、网站名称、网页也越来越多，同时仿冒行为也随之增多，这种仿冒行为侵害了多方利益，必须受到法律的约束。

4. 其他足以引人误认为是他人商品或者与他人存在特定联系的混淆行为。

【随堂演练 6 - 3】 根据法律规定，下列行为中属于不正当竞争行为的是（　　）。

A. 甲因其所居住小区内的超市过于吵闹，影响其休息，遂捏造该超市出售伪劣商品的事实并进行散布，导致该超市营业额严重下降

B. 乙家具制造企业将产自中国的家具产品的原产地标注为意大利

C. 丙歌厅见与其相邻的另外一家歌厅价格低、服务好、客源多，遂雇用打手上门寻衅滋事，进行威胁

D. 入夏前，丁商场为了筹集资金购进夏装，以低于进货价的价格甩卖了一批库存的羽绒服

【答案】 B

【解析】 选项 B 中所描述的行为是一种市场混淆行为，是指采用擅自使用不正当手段，足以引人误认为是他人商品或者与他人存在特定联系的行为。其他选项中的行为不是市场混淆行为。

（二）商业贿赂行为

1. 商业贿赂行为的概念和特征。商业贿赂是指经营者为争取交易机会或者竞争优势，采用财物或者其他手段贿赂能够影响交易的其他相关单位或者个人的行为。这里所指的单位和个人包括：（1）交易相对方的工作人员；（2）受交易相对方委托办理相关事务的单位或者个人；（3）利用职权或者影响力影响交易的单位或者个人。另外，我国《反不正当竞争法》规定，经营者的工作人员进行贿赂的，应当认定为经营者的行为；但是，经营者有证据证明该工作人员的行为与为经营者谋取交易机会或者竞争优势无关的除外。

商业贿赂行为具有四个基本特征：（1）商业贿赂的行贿主体是经营者，受贿主体为作为交易相对方的工作人员，利用职权或者影响力影响交易的单位或者个人；（2）行为的目的是争取市场交易机会或者竞争优势，而非其他目的；（3）有私下暗中给予他人财物和其他好处的行为，且达到一定数额；（4）该行为由行贿与受贿两方面构成。

2. 商业贿赂与折扣、佣金。折扣，即商品购销中的让利，是指经营者在销售商品时以明示并如实入账的方式给予对方的价格优惠，包括支付价款时对价款总额按一定比例即时予以扣除和支付价款总额后再按一定比例退还两种形式。佣金是指经营者在市场交易中给予为其提供服务的具有合法经营资格的中间人的劳动报酬。我国《反不正当竞争法》第 7 条规定："经营者在交易活动中，可以以明示方式向交易相对方支付折扣，或者向中间人支付佣金。经营者向交易相对方支付折扣、向中间人支付佣金的，应当如实入账。接受折扣、佣金的经营者也应当如实入账。"即回扣、非明示的折扣和不入账的佣金构成商业贿赂行为。

【随堂演练 6 - 4】 某期货交易所章程规定，对日交易量超过一百手的客户，可以将手续费的 2% 作为折扣费退还给他们，并办理完整的财务手续。其他交易

所对此规定提出异议，下列说法正确的是（　　）。

A. 该交易所的行为构成不正当竞争

B. 该交易所的行为不构成不正当竞争

C. 该交易所的行为构成行贿

D. 该交易所的行为既构成行贿又构成不正当竞争

【答案】 B

【解析】 根据《反不正当竞争法》的规定，回扣、非明示的折扣和不入账的佣金构成商业贿赂行为，而B选项中的折扣办理了完整的财务手续，是明示和入账的折扣。

（三）虚假宣传行为

虚假宣传行为是指经营者对产品的相关内容作出与事实不符的宣传行为。其中包括引人误解的商业宣传。虚假宣传行为的主体是指一般的经营者。

1. 经营者的虚假宣传行为。我国《反不正当竞争法》第8条第1款规定："经营者不得对其商品的性能、功能、质量、销售状况、用户评价、曾获荣誉等作虚假或者引人误解的商业宣传，欺骗、误导消费者。"虚假宣传行为有完全虚假的商品宣传和足以引起人们误解的商品宣传两种情况。前者是指宣传的内容与商品的实际情况完全不符；后者是指宣传的内容足以使消费者产生误解。

2. 经营者组织虚假交易行为。我国《反不正当竞争法》第8条第2款规定："经营者不得通过组织虚假交易等方式，帮助其他经营者进行虚假或者引人误解的商业宣传。"例如，找"托儿"进行销售诱导，交易现场的演示或者说明，电商通过请人"刷单"而获得交易平台系统给予的高星级评定等。

【随堂演练6-5】 下列广告中不为法律所禁止的商业宣传是（　　）。

A. "××酒，行销全国，中国最优"

B. "××酒，消除紧张和焦虑，健康佳酿"

C. "××酒，启瓶醉八方，香溢飘千里"

D. "××药酒，治愈风湿病，疗效100"

【答案】 C

【解析】 A、B、D选项中的商业宣传有与商品的实际情况不符，并且宣传内容足以使消费者产生误解。

（四）侵犯商业秘密的行为

1. 商业秘密的概念和特征。商业秘密是指不为公众所知悉、具有商业价值并经权利人采取相应保密措施的技术信息和经营信息。它具有秘密性、价值性、实用性、保密性等特点。商业秘密是一种特殊的知识产权，没有固定的保护期限。

2. 侵犯商业秘密行为的表现形式。《反不正当竞争法》第9条第1款规定了经营者侵犯商业秘密的三种形式：（1）以盗窃、贿赂、欺诈、胁迫或者其他不正当手段获取权利人的商业秘密；（2）披露、使用或者允许他人使用第一种形式获取权利人的商业秘密；（3）违反约定或者违反权利人有关保守商业秘密的要求，披露、使用或者允许他人使用其所掌握的商业秘密。

《反不正当竞争法》第9条第2款对第三人侵犯商业秘密也做了规定，“第三人明知或者应知商业秘密权利人的员工、前员工或者其他单位、个人实施前款所列违法行为，仍获取、披露、使用或者允许他人使用该商业秘密的，视为侵犯商业秘密。”

【随堂演练6-6】某工厂为开发一新产品收集了大量技术情报，请指出该厂下列行为中不构成侵犯他人商业秘密的是（　　）。

A. 出高价向竞争对手的关键技术人员获取

B. 从市场上购买同类产品，经反向研究而取得

C. 假扮成客户向竞争对手套取

D. 使用以盗窃手段获取情报者披露的商业秘密

【答案】B

【解析】A、C、D选项中的行为是以盗窃、贿赂、欺诈的不正当手段而获取权利人商业秘密的行为。

（五）不正当有奖销售行为

有奖销售是指经营者销售商品或者提供服务，附带地向购买者提供物品、金钱或者其他经济上的利益的行为。主要有附赠品式的有奖销售和抽奖式（悬赏式）的有奖销售两种形式。在世界各国，对附带赠品式的有奖销售法律都是允许的，对有奖销售的规制主要是针对抽奖式（悬赏式）的有奖销售而言的。

有奖销售作为一种促销手段，可以提高产品销售量，给经营者带来经济效益。但是，如果超过一定限度滥用有奖销售，不仅会损害消费者的利益，还会破坏市场竞争结构和竞争秩序。因此，我国《反不正当竞争法》规定经营者进行有奖销售不得存在下列情形：（1）所设奖的种类、兑奖条件、奖金金额或者奖品等有奖销售信息不明确，影响兑奖；（2）采用谎称有奖或者故意让内定人员中奖的欺骗方式进行有奖销售；（3）抽奖式的有奖销售，最高奖的金额超过五万元。

【随堂演练6-7】下列有奖销售行为最高奖励不得超过（　　）元。

A. 3 000　　B. 5 000　　C. 30 000　　D. 50 000

【答案】D

【解析】“抽奖式的有奖销售，最高奖的金额超过五万元”是我国《反不正当竞争法》规定经营者进行有奖销售不得存在的情形之一。

（六）商业诽谤行为

商业诽谤行为是经营者编造、传播虚假信息或者误导性信息，损害竞争对手的商业信誉、商品声誉的行为。它是经营者之间争夺客户和市场、排挤竞争对手而采取的一种非法行为。

商业信誉、商品声誉是经营者的一种特殊的无形资产，它是经营者在市场竞争中以其持续性的交易行为所获得的一种社会评价。商业诽谤行为是一种典型的不正当竞争行为，也是一种性质比较恶劣的行为，被许多国家的反不正当竞争法所禁止。

（七）干扰网络市场秩序行为

干扰网络市场秩序行为是指利用技术手段，通过影响用户选择或其他方式，妨碍、破坏其他经营者合法提供的网络产品或服务的正常运行。这种行为的特征表现为以下三个方面：恶意排除其他经营者公平竞争机会；恶意搭乘、利用其他经营者商誉；干扰、剥夺网络用户的“自由选择权”。我国《反不正当竞争法》第12条列举出了干扰网络市场秩序的不正当竞争行为：（1）未经其他经营者同意，在其合法提供的网络产品或者服务中，插入链接、强制进行目标跳转；（2）误导、欺骗、强迫用户修改、关闭、卸载其他经营者合法提供的网络产品或者服务；（3）恶意对其他经营者合法提供的网络产品或者服务实施不兼容；（4）其他妨碍、破坏其他经营者合法提供的网络产品或者服务正常运行的行为。

【随堂演练6-8】经营者利用网络从事生产经营活动，不得实施的行为有（　　）。

A. 未经其他经营者同意，在其合法提供的网络产品或者服务中，插入链接、强制进行目标跳转

B. 误导、欺骗、强迫用户修改、关闭、卸载其他经营者合法提供的网络产品或者服务

C. 恶意对其他经营者合法提供的网络产品或者服务实施不兼容

D. 其他妨碍、破坏其他经营者合法提供的网络产品或者服务正常运行的行为

【答案】ABCD

【解析】A、B、C、D选项中的行为是我国《反不正当竞争法》第12条列举出的干扰网络市场秩序的不正当竞争行为。

四、不正当竞争行为的民事责任

我国《反不正当竞争法》规定，因不正当竞争行为受到损害的经营者的赔偿数额，按照其因被侵权所受到的实际损失确定；实际损失难以计算的，按照侵权人因侵权所获得的利益确定。赔偿数额还应当包括经营者为制止侵权行为所支付的合理开支。经营者违反该法第6条、第9条规定，权利人因被侵权所受到的实际损失、侵权人因侵权所获得的利益难以确定的，由人民法院根据侵权行为的情节判决给予权利人300万元以下的赔偿。被侵害的经营者的合法利益受到不正当竞争行为损害的，可以向人民法院提起诉讼。

我国《民法通则》第134条规定的10种承担民事责任的方式中，可适用于不正当竞争行为承担民事责任的方式主要有以下9种：（1）停止侵害；（2）排除妨碍；（3）消除危险；（4）返还财产；（5）恢复原状；（6）赔偿损失；（7）支付违约金；（8）消除影响、恢复名誉；（9）赔礼道歉。其中，赔偿损失是最基本的。这些承担民事责任的方式，可以单独适用，也可以合并适用。

复习思考题

1. 简述非法垄断行为的类型。
2. 什么是相关市场？界定相关市场应考虑哪些因素？
3. 行政性垄断在我国有哪些主要表现形式？
4. 什么是不正当竞争？不正当竞争行为有何特征？
5. 什么是市场混淆行为？市场混淆行为有哪些主要表现？
6. 什么是商业贿赂行为？商业贿赂行为主要有哪些形式？
7. 什么是商业秘密？侵犯商业秘密的主要表现形式有哪些？
8. 不得从事的有奖销售行为的种类有哪些？
9. 什么是干扰网络市场秩序的行为？

第七章　产品质量法律制度

【内容提要】本章主要介绍和讲解产品质量的相关法律制度。主要内容包括：产品质量的监督管理；生产者、销售者的产品质量责任和义务；损害赔偿的法律规定。

【教学要点】通过本章的学习，掌握产品质量监督管理体制及其内容，生产者、经营者的产品质量责任和义务，违反产品质量法的法律责任。

第一节　产品质量法概述

一、产品质量法的概念及适用范围

（一）产品质量法的概念

产品质量法是指调整在对产品生产与销售以及对产品质量进行监督管理过程中形成的社会规范和法律规范的总称。

1993 年 2 月 22 日，第七届全国人民代表大会常务委员会第三十次会议通过了《中华人民共和国产品质量法》。该法于 1993 年 9 月 1 日正式实施。2000 年 7 月 8 日，第九届全国人民代表大会常务委员会第十六次会议对《产品质量法》进行了修订，于 2000 年 9 月 1 日起施行。

（二）产品质量法的适用范围

《产品质量法》规定："在中华人民共和国境内从事产品生产、销售活动，必须遵守本法。"这说明，在我国境内从事产品生产、销售活动的法人、其他组织和个人都适用产品质量法。同时，与这些法人、其他组织及个人发生关系的管理机构也适用该法。

《产品质量法》第 73 条规定："军工产品质量监督管理办法，由国务院、中央军事委员会另行规定。因核设施、核产品造成损害的赔偿责任，法律、行政法规另行规定的，依照其规定。"军工企业生产的民用产品，其产品质量监督管理和产品质量义务、责任受产品质量法的调整。

二、产品与产品质量

（一）产品的概念

我国《产品质量法》所称的产品，是指经过加工、制作，用于销售的产品，建设工程不适用该法的规定。建设工程不属于《产品质量法》所称的产品，但是，建设使用的建筑材料、建筑物配件和设备，属于经过加工、制作并用于销售的，也属于产品范畴。这一定义表明，我国的《产品质量法》不调整天然物品、不动产和非用于销售的物品。

【随堂演练 7－1】依照《产品质量法》的规定，下列产品中（　　）属于该法所称的产品。

A. 芝麻油　　B. 大坝　　C. 冰毒　　D. 电力

【答案】A

【解析】《产品质量法》规定的产品是指经过加工、制作用于销售的产品。大坝属于建设工程，不适用《产品质量法》的规定。冰毒属于违禁品，电力不属于经过加工制作的产品，只有A选项属于法律中规定的经过加工、制作用于销售的产品范畴。

（二）产品质量

产品质量是指产品能够满足规定的或者潜在需要的各种特征的总和。产品的特性包括产品的适用性、产品的安全性、产品的可靠性、产品的维修性、产品的经济性等。在我国，产品质量是指国家有关法律法规、质量标准以及合同规定的对产品适用、安全及其他特性的要求，因产品质量不符合规定要求，给消费者造成损失的，经营者应承担相应的法律责任。

第二节　产品质量的监督管理

一、产品质量监督管理体制

我国《产品质量法》规定了一个层次有别、分工明确、彼此衔接的产品质量监督管理体制。国务院产品质量监督部门主管全国产品质量监督工作，国务院有关部门在各自的职责范围内负责产品质量监督工作；县级以上地方产品质量监督部门主管本行政区域内的产品质量监督工作，县级以上地方人民政府有关部门在各自的职责范围内负责产品质量监督工作。法律对产品质量的监督部门另有规定的，依照有关法律的规定执行。

国家推行科学的质量管理方法，鼓励企业采用先进的科学技术，使产品质量达到并且超过行业标准、国家标准和国际标准。对产品质量管理先进和产品质量达到国际先进水平、成绩显著的单位和个人给予奖励。同时，任何单位和个人有权对违反《产品质量法》规定的行为向产品质量监督部门或其他有关部门检举，产品质量监督部门和有关部门应当为检举人保密，并按照省、自治区、直辖市人民政府的规定给予奖励。各社会团体和社会舆论也可依照《产品质量法》对产品进行监督。同时，消费者有权就产品质量问题向产品的生产者、销售者查询，向产品质量监督部门、工商行政管理部门及有关部门申诉，接受申诉的部门应当负责处理。保护消费者权益的社会组织可以就消费者反映的产品质量问题建议有关部门负责处理，支持消费者对因产品质量造成的损害向人民法院起诉。

二、产品质量的宏观管理

（一）企业质量体系认证制度

该制度是指国务院产品质量监督管理部门或者由它授权、认可的机构，依据国际通用的质量管理标准，对企业质量体系的内容和技术标准进行审核，以决定是否颁发企业质量体系认证证书的制度。获得企业质量体系认证证书，有利于提高企业的质量信誉，促进企业提高质量管理水平，也有利于企业提高市场竞争能力。

所谓国际通用的质量管理标准，指的是国际标准化组织于1987年3月正式发布的ISO 9000系列国际标准。目前，采用该系列标准已被世界公认为是通向国际市场的“通行证”。1992年5月，国家技术监督局决定，将ISO 9000等同于采用我国的国家标准。根据我国《产品质量法》的规定，我国企业质量体系认证采用自愿原则。

（二）产品质量的标准化监督制度

产品标准是对产品所作的技术规定，它是判断产品合格与否的主要依据。产品标准分为强制性标准和推荐性标准。我国现行的标准分为国家标准、行业标准、地方标准和经备案的企业标准。可能危及人体健康和人身、财产安全的产品，必须符合保障人体健康和人身、财产安全的国家标准、行业标准；未制定国家标准、行业标准的，必须符合保障人体健康和人身、财产安全的要求。禁止生产、销售不符合保障人体健康以及人身、财产安全标准和要求的工业产品。

（三）产品质量认证制度

该制度是指依据国际先进的产品标准和技术要求，经过认证机构确认并通过颁发认证证书和产品质量认证标志的形式，证明产品符合相应标准和技术要求的制度。企业根据自愿原则，可以向国务院产品质量监督部门或国务院产品质量监督部门认可的认证机构申请产品质量认证。认证合格的，由认证机构颁发产品质量认证证书，准许企业在其产品或者其包装上使用产品质量认证标志。根据国家新近颁布的有关规定，对某些特殊产品，国家实行强制认证制度。

产品质量认证种类有安全认证和合格认证。根据我国《产品质量法》的规定，产品质量认证标志为：（1）方圆标志为合格认证标志和安全认证标志；（2）长城标志为电工产品专用认证标志；（3）PRC标志为电子元器件专用认证标志。

（四）产品生产许可制度

2005年9月1日起实施的《工业产品生产许可证管理条例》规定，国家对生产关系公共安全、身体健康、生命财产安全的重要工业产品的企业实行生产许可制度。国务院工业产品生产许可证主管部门会同有关部门并征求消费者协会及行业协会的意见，制定国家实行生产许可证的工业产品目录。任何企业未取得生产许可证的不得生产列入目录的产品，任何单位和个人不得销售或者在经营活动中使用未取得生产许可证的列入目录的产品。

（五）产品质量抽查制度

产品质量应当检验合格，不得以不合格产品冒充合格产品。国家对产品质量实行以抽查为主要方式的监督检查制度，对可能危及人体健康和人身、财产安全的产品，影响国计民生的重要工业品，以及消费者、有关组织反映有质量问题的产品进行抽查。监督抽查工作由国务院产品质量监督部门规划和组织，县级以上的地方产品质量监督部门在本行政区域内也可以组织监督抽查。抽查的结果应当公布，接受社会监督。

第三节　产品质量责任

一、产品质量责任的概念

产品质量责任是指产品生产者、销售者以及其他相关的第三人违反其应承担的产品质量义务时应承担的法律责任。产品质量责任是一种综合责任，既包括因产品缺陷而给他人造成人身财产损失时，由生产者和销售者根据法律规定应承担的产品责任，也包括违反合同法、标准化法、计量法以及规范产品质量的其他法规应当承担的责任，还包括合同瑕疵担保责任、行政责任和刑事责任。

二、生产者的产品质量责任和义务

《产品质量法》规定，生产者应当对其生产的产品质量负责，履行法定义务，使其生产的产品符合要求。

（一）生产者保证产品内在质量的义务

《产品质量法》第26条规定："生产者应当对其生产的产品质量负责。"至于如何判断产品内在质量，《产品质量法》给出了具体标准。

1. 产品不存在危及人身、财产安全的不合理的危险，有保障人体健康和人身、财产安全的国家标准、行业标准的，应当符合该标准。

2. 具备产品应当具备的使用性能，但是对产品存在使用性能瑕疵作出说明的除外。

3. 符合在产品或者其包装上注明采用的产品标准，符合以产品说明、实物样品等方式表明的质量状况。

（二）生产者的产品标识应当符合法律要求

根据《产品质量法》的规定，生产者生产的产品应当严格执行产品质量标识制度，采用的产品标志或者包装应符合下列要求。

1. 有产品质量检验合格证明。未经检验合格的产品，不得进入流通领域。

2. 有中文标明的产品名称、生产厂厂名和厂址。

3. 根据产品的特点和使用要求，需要标明产品规格、等级、所含主要成分的名称和含量的，用中文相应予以标明；需要事先让消费者知晓的，应当在外包装上标明，或者预先向消费者提供有关资料。

4. 使用不当、容易造成产品本身损坏或者可能危及人身、财产安全的产品，应当有警示标志或者中文警示说明。

（三）特殊产品的包装质量符合要求

易碎、易爆、有毒、有腐蚀性、有放射性的危险物品以及储运中不能倒置和其他有特殊要求的产品，其包装质量必须符合相应要求，依照国家有关规定作出警示标志或者中文警示说明，标明储运注意事项。

裸装的食品和其他根据产品的特点难以附加标识的裸装产品，可以不附加产品标识。

（四）产品生产的禁止性规定

生产者不得生产国家明令淘汰的产品；不得伪造产地，不得伪造或冒用他人的厂名、厂址；不得伪造或者冒用认证标志等质量标志；不得掺杂、掺假，不得以假充真、以次充好，不得以不合格产品冒充合格产品。

三、销售者的产品质量责任和义务

《产品质量法》对销售者的产品质量责任和义务作出了以下规定。

1. 进货检查验收义务。销售者应当建立并执行进货检查验收制度，验明产品合格证明和其他标识。

2. 保持产品质量义务。销售者应当采取措施，保持销售产品的质量，不得销售国家明令淘汰并停止销售的产品和失效、变质的产品。

3. 有关产品标识的义务。销售者在进货时，应当检验产品标识；在销售时，应当保证产品标识符合产品质量法的要求。这种要求，与对生产者在产品或其包装上的要求是相同的。另外，销售者不得更改生产者标注的合格产品标识，以保证产品标识的真实性。

4. 产品销售的禁止性规定。销售者不得销售国家明令淘汰并停止销售的产品和失效、变质的产品；不得伪造产地，不得伪造或者冒用他人的厂名、厂址；不得伪造或者冒用认证标志等质量标志；不得掺杂、掺假，不得以假充真、以次充好，不得以不合格产品冒充合格产品。

【随堂演练7-2】某酒厂用食用酒精勾兑制成白酒，使用本厂酿制的粮食白酒“幸福特曲”的包装及标贴向社会销售。该种勾兑制成的白酒理化、卫生指标符合国家标准，每瓶售价仅为“幸福特曲”的1/4，销售状况甚好。对该厂的上述做法，正确的说法是（　　）。

A. 属于以假充真行为

B. 有关指标符合国家标准，不属以假充真行为

C. 与“幸福特曲”差价显著，不属以假充真行为

D. 国家允许生产代粮白酒，不属以假充真行为

【答案】A

【解析】以假充真是指生产者或者销售者为了谋取利润，用其他产品冒充此产品的行为。

第四节　违反产品质量法的法律责任

一、产品质量法律责任的构成要件和举证责任

（一）构成要件

1. 产品质量法律责任的行为主体。产品质量法律责任的行为主体具有特定性，即只能是产品的生产者、销售者以及相关的责任主体。

2. 产品存在缺陷。《产品质量法》第46条规定，产品缺陷的判断有两种标准：（1）一般标准，即产品存在危及人身、财产安全的不合理的危险，则构成产品缺陷；（2）特殊标准，即在产品有保障人体健康或人身、财产安全的国家标准、行业标准时，不符合该标准则构成产品缺陷。

3. 存在损害事实。即必须有人身伤亡或者财产损失。

4. 产品缺陷与损害事实之间存在着因果关系。即损害事实的发生是由于产品存在缺陷而引起的。

（二）举证责任

我国《产品质量法》采取过错责任原则与无过错责任原则并存的立法模式。即：销售者依照过错责任原则承担损害赔偿责任，销售者有过错即承担责任、无过错则不承担责任；生产者和不能指明缺陷产品生产者的销售者依照无过错责任原则承担损害赔偿责任，只要存在损害事实，无论生产者和不能指明缺陷产品生产者的销售者有无过错均须承担损害赔偿责任。

在民事诉讼活动中，根据《民事诉讼法》的规定，对于因产品缺陷存在的纠纷实行“举证责任倒置”的方式，将产品缺陷与损害事实之间是否存在因果关系的举证责任规定给生产者、销售者。

二、生产者、销售者承担损害赔偿责任的规定

（一）生产者的赔偿责任及责任抗辩

因产品存在缺陷造成人身、缺陷产品以外的其他财产损害的，生产者应当承担赔偿责任。但是，生产者能够证明有下列情形之一的，不承担赔偿责任，即责任抗辩：（1）未将产品投入流通的；（2）产品投入流通时，引起损害的缺陷尚不存在的；（3）将产品投入流通时的科学技术水平尚不能发现缺陷存在的。

（二）销售者的损害赔偿责任

《产品质量法》第40条规定，售出的产品有下列情形之一的，销售者应当负责修理、更换、退货，给购买产品的消费者造成损失的，销售者应当赔偿损失：（1）不具备产品应当具备的使用性能而事先未做说明的；（2）不符合在产品或者其包装上注明采用的产品标准的；（3）不符合以产品说明、实物样品等方式表明质量情况的。

销售者依照规定负责修理、更换、退货、赔偿损失后，属于生产者的责任或

者属于向销售者提供产品的其他销售者（以下简称供货者）的责任的，销售者有权向生产者、供货者追偿。

（三）生产者和销售者的连带责任

为了保护消费者权益，便于消费者行使权利，《产品质量法》规定，生产者、销售者之间负连带赔偿责任。因产品存在缺陷造成人身、他人财产损害的，受害人可以向产品的生产者要求赔偿，也可以向产品的销售者要求赔偿。属于产品生产者的责任，产品销售者赔偿的，产品销售者有权向产品生产者追偿；属于产品销售者的责任，产品生产者赔偿的，产品生产者有权向产品销售者追偿。

（四）产品质量责任的赔偿范围

1. 人身伤害的赔偿范围。《产品质量法》第44条规定，因产品缺陷造成受害人人身伤害的，侵害人应当赔偿医疗费、治疗期间的护理费、因误工减少的收入等费用；造成残疾的，还应当支付残疾者生活自助费、生活补助费、残疾赔偿金以及由其扶养的人所必需的生活费等费用；造成受害人死亡的，应当支付丧葬费、死亡赔偿金以及由死者生前扶养的人所必需的生活费等费用。

2. 财产损害的赔偿范围。因产品存在缺陷造成受害人财产损害的，侵害人应当恢复原状或者折价赔偿；受害人因此遭受其他重大损失的，侵害人应当赔偿损失。

【随堂演练7-3】因产品存在缺陷造成人身、缺陷产品以外的其他财产损害的，生产者应当承担赔偿责任。生产者能够证明有下列（　　）之一的，不承担赔偿责任。

A. 未将产品投入流通的

B. 产品投入流通时，引起损害的缺陷尚不存在的

C. 将产品投入流通时的科学技术水平尚不能发现缺陷的存在的

D. 产品生产过程中存在的质量缺陷

【答案】ABC

【解析】《产品质量法》规定，因产品存在缺陷造成人身、缺陷产品以外的其他财产损害的，生产者应当承担赔偿责任。但是，生产者能够证明有下列情形之一的，不承担赔偿责任，即责任抗辩：（1）未将产品投入流通的；（2）产品投入流通时，引起损害的缺陷尚不存在的；（3）将产品投入流通时的科学技术水平尚不能发现缺陷存在的。

【随堂演练7-4】因产品存在缺陷造成受害人人身伤害的，侵害人应当赔偿（　　）等费用。

A. 医疗费　　B. 治疗期间的护理费

C. 因误工减少的收入　　D. 车旅费

【答案】ABC

【解析】《产品质量法》第44条规定，因产品缺陷造成受害人人身伤害的，侵害人应当赔偿医疗费、治疗期间的护理费、因误工减少的收入等费用。

三、诉讼时效和请求权

因产品存在缺陷造成损害要求赔偿的诉讼时效期为2年，自当事人知道或者应当知道其权益受损害时起计算。因产品存在缺陷造成损害要求赔偿的请求权，在造成损害的缺陷产品交付最初消费者满10年后丧失，但是尚未超过明示的安全使用期的除外。

复习思考题

1. 简述产品质量法的概念和体系。
2. 简述产品质量监督管理体制及主要内容。
3. 生产者、销售者在产品质量方面的义务是什么？

第八章　消费者权益保护法律制度

【内容提要】本章主要介绍和讲解《消费者权益保护法》的基本规定。主要涉及消费者的概念、特征；经营者的概念、特征；消费者依法享有的权利；经营者应承担的义务；违反《消费者权益保护法》的法律责任。

【教学要点】通过本章的学习，重点掌握消费者依法享有的权利，国家如何保护消费者的合法权益，经营者依法应承担的义务。

第一节　消费者权益保护法概述

一、消费者、消费者权益的概念

消费者，是指为生活消费需要而购买、使用商品或接受服务的自然人。

消费者权益是指消费者依法享有的权利及该权利受到保护时而给消费者带来的应得利益。因此，消费者权益包括两方面内容，即消费者的权利和消费者的利益，其核心是消费者的权利。

二、消费者权益保护法及其立法宗旨、基本原则和适用对象

消费者权益保护法，是调整国家在保护消费者权益过程中所发生的社会关系的法律规范的总称。《中华人民共和国消费者权益保护法》是我国第一部专门保护消费者权益的法律，该法于1993年10月31日第八届全国人民代表大会常务委员会第四次会议通过，于2013年10月25日第十二届全国人大常委会第五次会议进行了修订，于2014年3月15日起施行。

（一）消费者权益保护法的立法宗旨

我国《消费者权益保护法》第1条明确其立法宗旨为：第一，保护消费者的合法权益，这也是消费者权益保护立法的根本目的；第二，维护社会经济秩序，促进我国社会主义市场经济健康发展，这是《消费者权益保护法》作为经济立法的根本目的；第三，国家倡导节约资源和保护环境的合理消费。

（二）消费者权益保护法的基本原则

我国《消费者权益保护法》规定了以下两个基本原则。

1. 自愿、平等、公平、诚实信用原则。该原则要求经营者与消费者进行交

易时，双方法律地位平等，消费者应当保持意志自由，是否交易、与谁交易及选择交易方式完全由消费者自行决定。同时，经营者与消费者在进行交易时应平等协商，交易条件公平合理，不得弄虚作假欺骗消费者。

2. 对消费者的合法权益给予特别保护的原则。相对于经营者而言，消费者是社会的弱势群体，面对强大的经营者，仅依靠消费者个人的力量很难实现对自己权益的保护，因此，必须对消费者权益给予特别保护。国家应当采取措施保障消费者依法行使权利，及时处理各种侵犯消费者合法权益的事件，有效维护消费者的合法权益。同时，保护消费者的合法权益也是全社会的共同责任，国家鼓励、支持一切组织和个人对损害消费者合法权益的行为进行社会监督，大众传播媒介应当做好维护消费者合法权益的宣传，对损害消费者合法权益的行为进行舆论监督。

（三）消费者权益保护法的适用对象

1. 消费者为生活消费需要购买、使用商品或者接受服务的，适用《消费者权益保护法》。

2. 农民购买、使用直接用于农业生产的生产资料时，参照《消费者权益保护法》执行。

3. 经营者为消费者提供其生产、销售的商品或者提供的服务，适用于《消费者权益保护法》。

【案例分析 8-1】 2017 年 2 月 11 日，位于西峡县汽车站附近的“奥斯卡”影楼挂出了美国科幻片《天煞——地球反击战》的巨幅宣传广告，票价 8 元。从 2 月 11 日到 2 月 15 日，“奥斯卡”影楼场场爆满，100 个座位座无虚席，甚至走廊上都挤满了人。2 月 16 日早上 6 点左右，影楼老板让女服务员在《天煞——地球反击战》巨幅广告下方写了“今日最后一天，切莫错过良机”的敬告。当天早上 7 点左右，王某骑车经过“奥斯卡”影楼时发现了广告上的敬告，就买了当天上午 8 点的电影票。7 点 40 分左右，王某及另外两位观众凭票进入影楼，到了 8 点依旧只有他们三人。影楼老板回答说观众太少放电影要亏本，请他们再等一会儿。王某等只好静坐等待。大约又过了 20 分钟，影院老板突然通过话筒通知他们，要么退票，要么晚上来看。王某要求立即放电影，遭拒绝后，决定晚上再来看。当天下午 6 点左右。王某来到“奥斯卡”影楼，发现放映的不是《天煞——地球反击战》，觉得自己被愚弄了，非常愤怒。2017 年 2 月 17 日，王某一纸诉状把“奥斯卡”影楼送上了被告席，要求该影院为其放《天煞——地球反击战》，并赔偿其为看电影支出的各项费用 300 元。西峡县法院依法支持了王某的请求，判决“奥斯卡”影楼败诉。

请问：(1) 西峡县人民法院的处理是否正确？为什么？

(2) 影院老板辩称，实际履行显失公平，所以他才按照惯例退票，这是合理合法的。对此你如何看？

【解析】

(1) 西峡县人民法院的处理是正确的。理由在于：我国《消费者权益保护法》第 4 条规定：“经营者与消费者进行交易，应当遵循自愿公平、诚实信用的原则。”本案中，王某购买了电影票，实际上就与影楼形成了一种合同关系，该影楼应当按电影票上规定的时间放映《天煞——地球反击战》。我国《民法通则》第 88 条规定：“合同的当事人应当按照合同的约定，全部履行自己的义务。”而影楼为了自身的经济利益，置消费者的合法权益于不顾，擅自决定退票，显然违背了诚实信用原则，构成了违约行为。《民法通则》第 111 条规定：“当事人一方不履行合同义务或者履行义务不合约定条件的，另一方有权要求履行或者采取补救措施，并且有权要求赔偿损失。”因此，本案中的影楼应当实际履行其放映《天煞——地球反击战》的义务并赔偿王某的损失。

（2）本案中的情况不构成显失公平。按照司法实践，判断某种情况是否属于显失公平，大体有三条标准：①双方权利义务是否大致相当；②一方获利或者另一方受损是否违背法律、政策或者交易习惯；③造成显失公平的原因是否正当。从以上可以看出，本案中影楼为王某等三人放电影纵然亏本也不属于显失公平的情况，因为他们是按照合同的规定享有这项权利，并且合同双方权利义务也相当。而且即使属于显失公平的情形，影楼擅自退票的行为也是不符合法律规定的。我国《民法通则》第 59 条规定：显失公平的法律行为，“一方有权请求人民法院或者仲裁机关予以变更或者撤销。”而不是当事人一方可以随意加以变更或撤销。

【随堂演练 8 -1】 农民万某从某种子站购买了五种农作物良种，正常耕种后有三种农作物减产 40%。经鉴定，这三种种子部分属于假良种。对此，下列选项不正确的是（　　）。

A. 万某可以向消费者协会投诉

B. 万某只能要求种子站退还购良种款

C. 万某可以要求种子站赔偿减产损失

D. 万某可以向当地工商局举报要求对种子站进行罚款

【答案】 B

【解析】 只有 B 项内容不符合法律规定。

第二节　消费者的权利

消费者的权利，是指在消费活动中消费者依法享有的各种权利的总和。一般认为，世界范围内最早提出消费者权利的是美国总统肯尼迪，美国总统肯尼迪于 1962 年 3 月 15 日向美国国会提出了《关于保护消费者权益的总统咨文》，在该总统咨文中，他提出了消费者享有安全保障权、知悉真情权、自由选择权和提出消费者意见权四项权利，从而有“肯尼迪四权论”之说。其后，许多国家都通过立法形式将消费者的权利固定下来。我国《消费者权益保护法》第二章就消费者的权利做了专门规定。依据该法的规定，消费者的权利主要包括以下内容。

一、安全保障权

安全保障权是消费者最基本的权利，具有两层含义：一是消费者在购买、使用商品和接受服务时享有人身、财产安全不受损害的权利；二是消费者有权要求经营者提供的商品和服务符合保障人身、财产安全的要求。在现代社会，消费者对科技时代生产商品的结构、性能、品质等诸多方面的信息不可能有过多的了解，成为一个所谓的全能消费者，但在其消费活动中，有权期待其人身、财产的安全。只有消费者的安全保障权得以实现，消费者才可能进行进一步的消费选择，社会再生产才能得以继续。

二、知悉真情权

知悉真情权或称了解权、知情权、信息权，是指消费者享有知悉其购买、使用的商品或者接受的服务真实情况的权利。知悉真情权是所有消费活动的起点。依照《消费者权益保护法》的规定，消费者有权根据商品或者服务的不同情况，要求经营者提供商品的价格、产品、生产者、用途、性能、规格等级、主要成分、生产日期、有效期限、检验合格证明、使用方法、售后服务或者服务的内容、规格、费用等有关情况，经营者应当按消费者的要求如实提供上述信息。只有这样消费者在进行消费决策时才能够做到心中有数。

三、自主选择权

自主选择权是指消费者享有自主选择商品或服务的权利。它具体包括：(1) 消费者有权自主选择提供商品或者服务的经营者；(2) 消费者有权自主选择商品品种或者服务方式；(3) 消费者有权自主决定是否购买任何一种商品或是否接受任何一项服务；(4) 消费者有权对商品或者服务进行比较、鉴别和选择。

四、公平交易权

公平交易权是指消费者在购买商品或接受服务时有权获得质量保障、价格合理、计量正确等公平交易条件，并有权拒绝经营者的强制交易行为的权利。经营者向消费者提供的商品和服务的质量应当符合《产品质量法》《计量法》《价格法》等法律、法规的规定。

五、依法求偿权

依法求偿权又称获得赔偿权，是指消费者因购买、使用商品或者接受服务受到人身、财产损害的，享有依法获得赔偿的权利。它是法律赋予消费者在受到侵害后的救济性权利。享有依法求偿权的主体不仅包括商品的购买者、使用者和服务的接受者，而且包括消费者以外的因商品、服务引起的事故而受到损害的第三人。

六、依法结社权

依法结社权是指消费者享有依法成立维护自身合法权益的社会团体的权利。为了保障消费者结社权的实现，我国《消费者权益保护法》规定，消费者协会和其他消费者组织是依法成立的对商品和服务进行社会监督的保护消费者合法权益的社会团体。自1984年以来，中国消费者协会及地方各级消费者协会相继成立，消费者组织的工作在推动我国消费者保护运动的健康发展、监督经营者履行义务、保障消费者权利的实现方面作出了积极的贡献。

七、求教获知权

求教获知权或称受教育权、获取知识权，是从知悉真情权中引申出来的一种权利，是消费者知悉真情权的具体体现，是指消费者享有获得有关消费和消费者权益保护方面的知识的权利。消费者应当努力掌握所需商品或者服务的知识和使用技能，正确使用商品，提高自我保护意识。求教获知权一方面要求消费者应当不断努力学习，以便更好地掌握所需商品或者服务的知识和使用技能，正确使用商品或者服务，提高自我保护意识；另一方面也体现为一种全社会的义务，要求政府部门、大众传播媒介、消费者组织以及社会各界都应当采取措施，义务宣传和普及与消费相关的知识，正确引导消费。

八、维护尊严权

维护尊严权是指消费者在购买、使用商品或接受服务时，享有其人格尊严、民族风俗习惯受到尊重的权利，享有姓名权、肖像权、隐私权等个人信息得到保护的权利。尊重他人的人格尊严和不同民族的风俗习惯及人格权，是一个国家和社会文明进步的重要标志，也是法律对人权保障的基本要求。

【随堂演练8-2】经营者的下列行为中，（　　）未违反《消费者权益保护法》规定的义务。

A. 店堂告示“商品一旦售出概不退换”

B. 店堂告示“未成年人须由成人陪伴方可入内”

C. 顾客购买两条毛巾索要发票，经营者以“小额商品，不开发票”为由加以拒绝

D. 出售蛋类食品的价格经常变化

【答案】D

【解析】根据《消费者权益保护法》第24条的规定，经营者不得以格式合同、通知、声明、店堂告示等方式作出对消费者不公平、不合理的规定，或者减轻、免除其损害消费者合法权益应当承担的民事责任。格式合同、通知、声明、店堂告示等含有前款所列内容的，其内容无效，因此A、B选项错误。根据第21条，经营者提供商品或者服务，应当按照国家有关规定或者商业惯例向消费者出具购货凭证或者服务单据；消费者索要购货凭证或者服务单据的，经营者必须出

具。开具发票与否与购物金额大小没有关系，因此选项C也不对。根据第19条第3款的规定，商店提供商品应当明码标价。商品价格根据市场变化而改变并没有与法律规定不符，因此选项D正确。

九、监督批评权

监督批评权是指消费者享有对商品和服务以及对保护消费者权益工作进行监督的权利。具体体现在以下四个方面：(1) 消费者有权对经营者的商品和服务进行监督，并有权对经营者提出批评和建议；(2) 有权检举、控告侵犯消费者权益的行为；(3) 有权对国家机关及工作人员进行监督，对其在保护消费者权益工作中的违法失职行为进行检举、控告；(4) 有权对保护消费者权益的工作提出批评和建议。

【案例分析8-2】某自选商场是北京一家大型自选超市，2017年1月3日，李某（学生）去该超市购物，上午10时，当李某欲从珠宝店出来时，服务员张某挡住了她的去路，张说："我怀疑你拿了本店的首饰，能否让我看看。"当即遭到李某的断然拒绝，张说："看你贼眉鼠眼的样子，就知道不是好人，做贼心虚吧！"张某遂叫保安人员，将李某强拉到保卫室，由超市的女工作人员对李的大衣口袋及裤兜进行检查，没有发现超市的首饰，便放走了李某。李某很气愤，遂于2017年2月，向法院提起了诉讼，声称自选超市侵犯其名誉权与人身自由，要求自选超市公开赔礼道歉，并赔偿李某损失。

请问：(1) 消费者享有维护尊严权的含义是什么？

(2) 本案中的自选超市是否侵权？

【解析】

(1) 消费者享有维护尊严权，是指消费者在购买、使用商品和接受服务时所享有的人格尊严、民族风俗习惯得到尊重的权利。《消费者权益保护法》规定，经营者侵害消费者人格尊严或侵犯消费者人身自由的，应当停止侵害，恢复名誉，消除影响，赔礼道歉，并赔偿损失。《消费者权益保护法》第25条规定："经营者"不得搜查消费者身体及其携带的物品，不得侵犯消费者人身自由。"

(2) 本案中的自选超市已经侵权。该超市对消费者身体擅自搜查，肆意侮辱，并限制李某自由。侵犯了李某的人格尊严，是严重的侵权行为。自选超市应公开向李某赔礼道歉。

此外，根据《消费者权益保护法》第50条规定，侵犯消费者人格尊严或人身自由的，按有关法律法规规定处罚，法律法规未做规定的，由工商行政管理部门责令改正，可以据情节单处或并处警告、没收违法所得，处以违法所得1倍以上5倍以下罚款，没有违法所得的，处以1万元以下罚款；情节严重的，责令停业整顿，吊销营业执照。可见，本案中自选超市还可受工商部门的行政处罚。

第三节　经营者的义务

经营者的义务是指经营者在经营活动中做或不做一定行为以满足消费者需求的约束。

在消费法律关系中，根据权利与义务相对应的原理，消费者的权利就是经营者的义务，消费者权利的实现依赖于经营者义务的履行。我国《消费者权益保护法》在专章规定消费者权利的同时，也专章规定了经营者的义务。

一、履行法定和约定义务

经营者向消费者提供商品或者服务，应当依照《产品质量法》和其他有关法律、法规的规定履行义务；经营者和消费者有约定的，应当依照约定履行义务，但双方的约定不得违反法律、法规的规定。

二、听取意见和接受监督的义务

经营者应当听取消费者对其提供的商品或者服务所提出的意见，接受消费者的监督。经营者的这一义务是相对于消费者的批评监督权而言的。听取消费者的意见和接受消费者的监督，有利于经营者转变经营观念，提高经营管理水平，改善商品和服务的质量。

三、保障消费者人身、财产安全的义务

经营者的这一义务与消费者的安全保障权相对应。经营者应当保证其提供的商品或者服务符合保障人身、财产安全的要求。在特殊情况下还要求经营者做到：(1) 对可能危及人身、财产安全的商品或者服务，应当向消费者作出真实的说明和明确的警示，并说明和标明正确使用商品或者接受服务的方法以及防止危害发生的方法；(2) 宾馆、商场、车站等经营场所的经营者，未尽到安全保障义务，造成消费者或者其他受害人损害的，应当承担侵权责任；(3) 经营者发现其提供的商品或者服务存在缺陷，可能对人身、财产安全造成危害的，应当立即向有关行政部门报告和告知消费者，并及时采取停止生产、停止销售、警示、召回等消除危险的措施，采取召回措施的，经营者应当承担消费者因商品被召回支出的必要费用。

判断经营者提供的商品或者服务是否符合保障人身、财产安全的要求，其依据是有关该商品或者服务的国家标准、行业标准；未制定国家标准、行业标准的，必须符合保障人体健康和人身、财产安全的要求。

四、提供真实信息的义务

经营者的这一义务与消费者的知悉真情权相对应。经营者应当向消费者提供有关商品或者服务的真实信息，不得作虚假或者引人误解的宣传；经营者对消费

者就其提供的商品或者服务的质量和使用方法等问题提出的询问，应当作出真实、准确的答复；经营者提供商品或者服务应当明码标价。

五、标明真实名称和标记的义务

经营者应当标明真实名称和标记。真实名称和标记是消费者区分不同经营者的重要依据，也是判断不同商品和服务来源的重要依据。如果经营者不标明其真实名称和标记，而是冒用其他经营者的名称或商品和服务的标记，该行为不仅侵犯了其他经营者的合法权益，而且侵犯了消费者的合法权益。

六、出具购货凭证和服务单据的义务

经营者提供商品或者服务，应当按照国家有关规定或者商业惯例向消费者出具购货凭证或者服务单据，消费者索要购货凭证或者服务单据的，经营者必须出具。购货凭证或服务单据是消费者与经营者之间存在法律关系的证据，是消费者权益受到侵害时向经营者提出索赔的重要依据。因此，经营者向消费者出具购货凭证或服务单据具有重要的法律意义。

七、保证商品和服务质量的义务

经营者有义务保证商品和服务的质量。该义务的内容体现在以下三个方面：(1) 经营者应当保证在正常使用商品或者服务的情况下，其提供的商品或者服务应当具有质量、性能、用途和有效期限，但消费者在购买该商品或者接受服务前已经知道存在瑕疵的除外；(2) 经营者以广告、产品说明、实物样品或者其他方式表明商品或者服务的质量状况的，应当保证所提供的商品或者服务的实际质量与表明的质量状况相符；(3) 经营者提供的机动车、微型计算机、电视机、电冰箱等耐用商品或者装饰装修等服务，自消费者接受商品或者服务之日起 6 个月内出现瑕疵、发生纠纷的，由经营者承担相关举证责任。

八、履行“三包”或其他责任的义务

经营者提供商品或者服务不符合质量要求的，消费者可以依照国家规定和当事人约定退货，或者要求经营者履行更换、修理等义务；没有国家规定和当事人约定的，消费者可以自收到商品之日起 7 日内退货；7 日后符合《中华人民共和国合同法》规定的解除合同条件的，消费者可以及时退货，不符合解除合同条件的，可以要求经营者履行更换、修理等义务；同时还规定，对大件商品进行退货、更换、修理的，经营者应当承担运输等必要费用。

九、不得单方作出对消费者不利规定的义务

经营者使用格式条款，应当以明显方式提醒消费者注意商品或者服务的数量和质量、价款或者费用、履行期限和方式、风险警示、售后服务、民事责任等与消费者有重大利害关系的内容，并按照消费者的要求予以说明。

经营者不得以格式条款、通知、声明、店堂告示等方式作出排除或者限制消费者权利、减轻或者免除经营者责任、加重消费者责任等对消费者不公平、不合理的规定。格式条款、通知、声明、店堂告示等含有前述所列内容的，其内容无效。

十、不得侵犯消费者人身权利的义务

经营者不得对消费者进行侮辱、诽谤，不得搜查消费者的身体及其携带的物品，不得侵犯消费者的人身自由。经营者的这一义务是与消费者的受尊重权相对应的。消费者人格尊严和人身自由不受侵犯是宪法赋予每一个公民的权利。

十一、经营者采用网络、电视、电话、邮购等方式销售商品的义务

采用网络、电视、电话、邮购等方式提供商品或者服务的经营者，以及从事证券、保险、银行业务的经营者，应当向消费者提供经营地址、联系方式、商品或者服务的数量和质量、价款或者费用、履行期限和方式、风险警示、售后服务、民事责任等真实和必要的信息。

经营者采用网络、电视、电话、邮购等方式销售商品，消费者有权自收到商品之日起7日内退货，但根据商品性质不宜退货的除外。经营者应当自收到退回货物之日起7日内返还消费者支付的价款。

十二、禁止泄露消费者个人信息的义务

经营者收集、使用消费者个人信息，应当遵循合法、正当、必要的原则，明示收集、使用信息的目的、方式和范围，并经被收集者同意。经营者收集、使用消费者个人信息，应当公开其收集、使用规则，不得违反法律、法规的规定和双方的约定收集、使用信息。

经营者及其工作人员对收集的消费者个人信息必须严格保密，不得泄露、篡改、毁损，不得出售或者非法向他人提供。经营者应当采取技术措施和其他必要措施确保信息安全，防止消费者个人信息泄露、毁损、丢失。在发生或者可能发生信息泄露、毁损、丢失的情况时，应当立即采取补救措施。

十三、不得向消费者发送商业性电子信息的义务

经营者未经消费者同意或者请求，或者消费者明确表示拒绝的，不得向其发送商业性电子信息。

第四节　对消费者合法权益的保护

一、国家对消费者合法权益的保护

（一）立法机关对消费者权益的保护

国家各级立法机关通过制定法律、行政法规来保护消费者的合法权益。中央

和地方立法机关应当不断制定和完善有关消费者权益保护的法律、法规、行政规章和强制性规定，并且在制定上述规范性文件时应当听取消费者和消费者协会等的意见。同时，立法机关在立法时应坚持向消费者合理倾斜的原则，最大限度地保护消费者的合法权益。

（二）行政机关对消费者权益的保护

消费者权益和经营者义务的具体落实离不开各级行政机关的领导、组织和监督。各级人民政府应当加强领导、组织、协调，督促有关部门做好保护消费者合法权益的工作；各级人民政府应当加强监督，预防危害消费者人身、财产安全事件的发生，及时制止各种危害消费者人身、财产安全的行为。

各级人民政府工商行政管理部门和其他有关行政部门应当依照法律、法规的规定，在各自的职责范围内采取措施保护消费者的合法权益。有关行政部门应当听取消费者及其社会团体对经营者交易行为、商品或服务质量问题的意见，及时调查处理。

有关行政部门在各自的职责范围内，应当对经营者提供的商品和服务进行抽查检验，并向社会及时公布抽查检验结果。

有关行政部门抽查检验发现经营者提供的商品和服务存在缺陷，可能对消费者人身、财产安全造成危害的，应当立即责令经营者采取停止生产、停止销售、警示、召回等消除危险的措施。

（三）司法机关对消费者权益的保护

司法机关应当依照法律、法规的规定，对经营者在提供商品或服务中侵犯消费者权益的违法犯罪行为进行严肃查处。

人民法院应当采取措施，方便消费者提起诉讼，对符合《民事诉讼法》起诉条件的消费者权益争议必须受理，并及时审理，使消费者权益争议尽快得到解决。检察机关对各种侵犯消费者人身自由的案件也应当及时立案侦查并提起公诉。

二、社会对消费者合法权益的保护

保护消费者权益是全社会的共同责任，国家鼓励、支持一切组织和个人对损害消费者合法权益的行为进行社会监督。大众传播媒介应当做好消费者合法权益的宣传，对损害消费者合法权益的行为进行舆论监督。

消费者协会在保护消费者权益方面发挥了重要的作用。消费者协会和其他消费者组织是依法成立的对商品或服务进行社会监督的保护消费者合法权益的社会团体。消费者协会依法履行以下职能：（1）向消费者提供消费信息和咨询服务，引导节约资源和保护环境的合理消费，提高消费者维护自身权益的能力；（2）参与制定有关消费者权益的法律、法规和强制性标准；（3）参与有关行政部门对商品或服务的监督检查；（4）就有关消费者合法权益的问题，向有关部门反映、查询、提出建议；（5）受理消费者的投诉，并对投诉事项进行调查、调解；（6）投诉事项涉及商品或服务质量问题的，可以提请鉴定部门鉴定，鉴定部门应告知鉴定结论；（7）就损害消费者合法权益的行为，支持受损害的消费者提起诉讼；（8）对损害消费者合法权益的行为，通过大众传播媒介予以揭露、批评。

各级人民政府对消费者协会履行职能应当予以支持；消费者组织不得从事商品经营和营利性服务，不得以牟利为目的向社会推荐商品或服务。

三、消费争议的解决

（一）争议的解决途径

《消费者权益保护法》第34条规定，消费者和经营者发生消费者权益争议时，可以通过下列途径解决。

1. 与经营者协商和解。这种解决方式适合于因误解而产生的争议。当事人应本着大事化小、小事化了的处事原则，平等地将问题解决，这样既不伤和气又有利于今后的合作。

2. 请求消费者协会或者其他调解组织调解。消费者协会的职能之一就是对消费者的投诉进行调查、调解。同时，消费者也可以通过其他协调组织进行协调。

3. 向有关行政部门申诉。有关行政部门享有规范经营者的经营行为、维护消费者合法权益和社会经济秩序的职能。在出现消费者权益争议时，消费者可以向有关行政部门申诉，以获得行政救济。

4. 提请仲裁机构仲裁。采取这种方式解决消费者权益争议，必须根据与经营者达成的仲裁协议进行仲裁。

5. 向人民法院提起诉讼。消费者权益受到侵害时，消费者可以直接向人民法院起诉。

（二）消费者求偿对象的确定

消费者在购买、使用商品或者接受服务的过程中，因合法权益受到损害而与经营者发生消费者权益争议时，最关键的问题便是确定求偿主体。在实践中，销售者与经营者之间相互推卸责任，给消费者主张权利的行为设置了障碍。针对这种情况，《消费者权益保护法》作出了明确规定。

1. 销售者先行赔偿制度。消费者在购买、使用商品时，其合法权益受到损害的，可以向销售者要求赔偿；销售者赔偿以后，属于生产者的责任或者属于向销售者提供商品的其他销售者的责任的，销售者有权向生产者或其他销售者追偿。

2. 销售者与生产者之间的连带赔偿责任制度。消费者或其他受害人因商品缺陷造成人身、财产损害的，可以向销售者要求赔偿，也可以向生产者要求赔偿。属于生产者责任的，销售者赔偿后，有权向生产者追偿；属于销售者责任的，生产者赔偿后，有权向销售者追偿。

3. 消费者在接受服务时，其合法权益受到损害的，可以向服务者要求赔偿。

4. 企业合并、分立后责任的归属。《消费者权益保护法》规定，消费者在购买、使用商品或者接受服务时，其合法权益受到损害，原企业分立合并的，可以向变更后承受原企业权利和义务的企业要求赔偿。

5. 营业执照持有人与租借人的赔偿责任。出租、出借营业执照或者租用、借用他人营业执照是违反工商行政管理规定的行为，同时也侵犯了消费者的合法权益。如果消费者权益争议涉及租借营业执照的，依照《消费者权益保护法》第37条的规定，使用他人营业执照的违法经营者提供商品或者服务，损害消费者合法权益的，消费者可以向其要求赔偿，也可以向营业执照的持有人要求赔偿。

6. 展销会举办者、柜台出租者的特殊责任。经营者通过展销会、租赁柜台的方式销售商品或者提供服务，其经营期限是有限的，因此，往往不利于消费者确定求偿主体。《消费者权益保护法》第34条规定："消费者在展销会、租赁柜台或者通过网络交易平台等购买商品或者接受服务，其合法权益受到损害的，可以向销售者或者服务者要求赔偿。展销会结束、柜台租赁期满或者网络交易平台上的销售者、服务者不再利用该平台的，也可以向展销会的举办者、柜台的出租者或者网络交易平台提供者要求赔偿。展销会的举办者、柜台的出租者或者网络交易平台提供者赔偿后，有权向销售者或者服务者追偿。"

7. 从事虚假广告行为的经营者和广告经营者的责任。《消费者权益保护法》第44条规定："消费者因经营者利用虚假广告提供商品或者服务，其合法权益受到损害的，可以向经营者要求赔偿。广告经营者、发布者发布虚假广告的，消费者可以请求行政主管部门予以惩处。广告经营者、发布者不能提供经营者的真实名称、地址的，应当承担赔偿责任。广告经营者、发布者设计、制作、发布食品药品等关系消费者生命健康商品或者服务的虚假广告，造成消费者损害的，广告经营者、发布者与提供该商品或者服务的经营者承担连带责任。"

（三）行政部门和消费者协会对消费者争议的处理办法

消费者向有关行政部门申诉的，该部门应当自收到申诉书之日起7日内，作出处理。

对侵害众多消费者合法权益的行为，中国消费者协会以及在省、自治区、直辖市设立的消费者协会，可以向人民法院提起诉讼。

【随堂演练8－3】下列各项中，不属于消费者权益争议解决方式的是（　　）

A. 请求消费者协会调解　　B. 与经营者协商和解

C. 向工商行政管理部门申请仲裁　　D. 向人民法院提起诉讼

【答案】C

【解析】工商行政管理部门不是仲裁机关。

第五节　违反消费者权益保护法的法律责任

经营者违反《消费者权益保护法》，损害消费者权益的，根据损害性质及损害大小，可以承担民事责任、行政责任和刑事责任。

一、民事责任

1. 应承担民事责任的侵权行为。包括：（1）商品存在缺陷的；（2）不具备商品应当具备的使用性能而在出售时未做说明的；（3）不符合在商品或者其包装上注明采用的商品标准的；（4）不符合商品、实物样品等方式表明的质量状况的；（5）生产国家明令淘汰的商品或者销售失效、变质的商品的；（6）销售的商品数量不足的；（7）服务的内容和收取的费用违反约定或法律规定的；（8）对消费者提出的修理、重做、更换、退货、补足商品数量、退还货款和服务费用或者赔偿损失的要求，故意拖延或者无理拒绝的；（9）法律、法规规定的其他损害消费者权益的情形。

2. 民事责任的形式。经营者承担的民事责任视具体情况采用修理、重做、更换、退货、补足商品数量、退还货款或服务费用、停止侵害、恢复名誉、消除影响、赔礼道歉、赔偿损失等。其中，最主要的是赔偿损失。

3. 赔偿范围。损失的赔偿范围因侵权的性质和结果不同而有所不同。经营者提供商品或者服务，造成消费者或者其他受害人人身伤害的，应当赔偿医疗费、护理费、交通费等为治疗和康复支出的合理费用，以及因误工减少的收入。造成残疾的，还应当赔偿残疾生活辅助具费和残疾赔偿金。造成死亡的，还应当赔偿丧葬费和死亡赔偿金。构成犯罪的，依法追究刑事责任。

经营者侵害消费者的人格尊严、侵犯消费者人身自由或者侵害消费者姓名权、肖像权、隐私权等个人信息得到保护的权利的，应当停止侵害、恢复名誉、消除影响、赔礼道歉，并赔偿损失。

经营者有侮辱诽谤、限制人身自由等侵害消费者或者其他受害人人身权益的行为，造成严重精神损害的，受害人可以要求精神损害赔偿。

经营者提供商品或者服务，造成消费者财产损害的，应当依照法律规定或者当事人约定承担修理、重做、更换、退货、补足商品数量、退还货款和服务费用或者赔偿损失等民事责任。

4. 因欺诈产生的加倍赔偿。《消费者权益保护法》第54条规定："经营者提供商品或者服务有欺诈行为的，应当按照消费者的要求增加赔偿其受到的损失，增加赔偿的金额为消费者购买商品的价款或者接受服务费用的三倍；增加赔偿的金额不足五百元的，为五百元。法律另有规定的，依照其规定。"

经营者有明知商品或者服务存在缺陷仍然向消费者提供的欺诈行为，造成消费者或者其他受害人死亡或者健康严重损害的，依法追究刑事责任；受害人有权要求所受损失2倍以下的民事赔偿。

【随堂演练8-4】 我国法律规定的惩罚性赔偿只适用于经营者（　　）。

A. 对消费者的侵权行为　　B. 对消费者的欺诈行为

C. 提供的商品存在缺陷　　D. 提供的商品存在瑕疵

【答案】 B

【解析】《消费者权益保护法》第54条规定："经营者提供商品或者服务有

欺诈行为的，应当按照消费者的要求增加赔偿其受到的损失，增加赔偿的金额为消费者购买商品的价款或者接受服务费用的三倍；增加赔偿的金额不足五百元的，为五百元。”

二、行政责任

1. 应承担行政责任的侵权行为。具体包括：（1）提供的商品或者服务不符合保障人身、财产安全要求的；（2）在商品中掺杂、掺假，以假充真，以次充好，或者以不合格商品冒充合格商品的；（3）生产国家明令淘汰的商品或者销售失效、变质的商品的；（4）伪造商品的产地，伪造或者冒用他人的厂名、厂址，伪造或者冒用认证标志、名优标志等质量标志的；（5）销售的商品应当检验、检疫而未检验、检疫或者伪造检验、检疫结果的；（6）对商品或者服务做虚假或者引人误解的宣传的；（7）拒绝或者拖延对缺陷商品采取停止生产、停止销售、警示、召回等消除危险措施的；（8）对消费者提出的修理、重作、更换、退货、补足商品数量、退还货款和服务费用或者赔偿损失的要求，故意拖延或者无理拒绝的；（9）侵害消费者人格尊严、侵犯消费者人身自由或者侵害消费者姓名权、肖像权、隐私权等个人信息得到保护的权利的；（10）法律、法规规定的对损害消费者权益应当予以处罚的其他情形。

2. 行政责任的形式。《消费者权益保护法》规定的行政责任有责令改正、警告、没收非法所得、处以罚款、责令停业整顿、吊销营业执照等。上述行政措施和行政处罚由工商行政管理机关作出决定并予以执行。对阻碍有关行政管理机关依法执行公务尚未构成犯罪的，由公安机关依照《治安管理处罚条例》的规定处罚。

三、刑事责任

经营者造成消费者人身伤害、死亡构成犯罪的，实施欺诈等违法行为构成犯罪的，非法限制人身自由构成犯罪的，应当依法追究刑事责任。经营者或其他人员以暴力、威胁等方法阻碍有关行政部门人员依法执行公务的，应当追究刑事责任。国家工作人员玩忽职守或者包庇侵害消费者合法权益行为构成犯罪的，应当依法追究刑事责任。

复习思考题

1. 什么是消费者权益保护法？
2. 消费者依法享有哪些权利？
3. 经营者依法应承担哪些义务？
4. 消费者的权益如何保障？

第九章　工业产权法律制度

【内容提要】本章主要介绍工业产权的基本法律规定。主要涉及：工业产权的概念、特征；我国《专利法》的有关规定；我国《商标法》的有关规定。

【教学要点】通过本章的学习，掌握工业产权的概念和特征；专利的概念、专利的类型、取得专利权的条件，专利申请的原则、程序，专利权人的权利和义务，专利实施的强制许可，对专利权的保护等问题；商标的概念、特征、种类，商标注册的条件、原则、程序，商标的禁用规定，商标权的内容、终止，商标使用的管理，商标专用权的保护等问题。

第一节　工业产权法概述

一、工业产权与工业产权法的概念

工业产权是人们依照法律对应用于商品生产和流通中的创造发明与显著标记等智力成果，在一定期限和地区内享有的专有权。工业产权是从 1883 年《保护工业产权巴黎公约》签订以来得到普遍使用的一个法律名词。在我国，工业产权主要包括专利权和商标权。

在商品经济高度发达的现代社会，工业产权具有十分重要的意义，世界上绝大多数国家都制定有专门的商标法和专利法，二者被统称为工业产权法。

二、工业产权的特征

工业产权是一种无形资产，它与有形资产相比，具有专有性、地域性、时间性等基本特征。

1. 专有性。专有性，又称独占性、排他性或法定垄断性，指权利人可以排他地行使自己的权利，任何人非经权利人许可均不得使用该智力成果，否则，即构成侵权。工业产权的专有性特征是通过法律确认的方式产生的。工业产权的专有性并不表现为对某个特定物的专有，而表现为对某种权利的专有。

2. 地域性。工业产权的地域性是指工业产权的生效范围具有地理上的限制，它仅在授予权利的国家或者地区有效，受到该国家或者地区法律的保护，超出该国家或者地区则不受保护。这是因为，工业产权是法律确认的产物，而立法权属于国家主权，国家主权是相互独立的，因此，任何一个国家或者地区确认和保护的工业产权，除该国家或者地区签订了双边或参加了国际公约外，只在该国家或者地区范围内发生法律效力。

3. 时间性。工业产权的时间性是指权利人对工业产权的享有具有一定的时间限制，超过了法定保护期限，该权利即告终止，发明创造便成为人类的共同财富，任何人都可以无偿使用。各国法律对保护期限的规定不尽相同，专利权的保护期一般为10～20年；商标权的保护期限各国商标法规定的也不一样，但一般都规定商标权的保护期限可以续展。

第二节　专　利　法

一、专利、专利权、专利法

（一）专利与专利权

专利一词，是从英文“patent”翻译而来的，意为“公开的文书”。现代专利一词具有三层含义：（1）专利是专利权的简称。这是专利最本质的、最常有的含义，即国家专利行政部门依照专利法的规定授予发明设计人或者专利申请人对发明创造所享有的专有权。（2）指受专利法保护的发明创造，即专利权的客体。（3）指专利文献和专利证书。

（二）专利法

专利法是调整在确认、保护和使用发明创造专有权的过程中所发生的社会关系的法律规范的总称。专利法主要调整以下社会关系：（1）因确认发明创造专利权所发生的社会关系；（2）因保护发明创造的专利权所发生的社会关系；（3）因使用发明创造的专利权所发生的社会关系。

1984年3月12日第六届全国人民代表大会常务委员会第四次会议通过了《中华人民共和国专利法》，自1985年4月1日起施行；1985年1月19日经国务院批准，中国专利局公布了《中华人民共和国专利法实施细则》。1992年9月4日第七届全国人民代表大会常务委员会第二十七次会议通过了《关于修改〈中华人民共和国专利法〉的决定》，对《专利法》进行了第一次修正；1992年12月21日中国专利局发布了经国务院批准修订的《专利法实施细则》。2000年8月25日第九届全国人民代表大会常务委员会第十七次会议对我国《专利法》进行了第二次修正，自2001年7月1日起施行。我国《专利法》的宗旨是，保护发明创造专利权，鼓励发明创造，有利于发明创造的推广应用，促进科学技术进步和创新，适应社会主义现代化建设的需要。

二、专利权的主体

（一）专利权主体的概念

专利权的主体是指有权申请并取得专利及通过合法途径取得专利的人，包括专利申请人和专利权人两类。这里的专利申请人是指向国务院专利行政部门提出申请，请求授予其专利的发明人或者设计人，专利申请人可以是自然人，也可以是法人或者其他组织。专利权人是指专利申请被批准后对发明创造享有法定权利及合法取得该权利的人。

一般情况下，专利申请人和专利权人是一致的，即专利申请在合乎法定途径和程序的情况下，专利权授予专利申请人，专利申请人便称为专利权人。但在某些情况下，有权申请专利的人并不一定最终获得专利权。例如，当两个以上的申请人就同一内容的发明各自提出专利申请时，专利权只能授予其中的一个。

【案例分析9-1】2016年6月22日，某大学和某柴油机总厂就无侧向力发动机的研制工作签订了“科研项目协作合同书”。合同规定：“本科研成果由甲乙双方共同享有”，合同明确课题组人员有杨某、刘某、胡某（均属某大学）、蒋某（某柴油机总厂）。合同生效后，课题组人员确定了技术方案——双曲轴、双连杆机构。2016年7月12日，以“无侧向力发动机的研制”为项目名称列入湖南省科研计划项目。同年11月底完成样机图纸。2017年1月开始样机试制，同年10月样机试车成功。同年11月9日，该大学单方面以“一种内燃机曲柄连杆机构”为题申请了实用新型专利，设计人为课题成员杨某及课题组外的杨某、李某。该专利申请公告后，该柴油机总厂就该项专利申请向中国专利局提出了异议。

请求人认为，根据我国《专利法》第8条的规定和两家协作合同书中“本科研成果双方共同享有”的条款，专利申请人应该是该大学和该柴油机总厂两家，设计人应该是课题组成员：杨某、刘某、胡某、蒋某，而与专利无关的杨某、李某不能成为设计人。

被请求人认为，申请专利的“一种内燃机曲柄连杆机构”是在该大学与该柴油机总厂协作之前，杨某等人多年研究的成果，并且在与该柴油机总厂协作之前的2015年3月，曾与市柴油机厂以同样的机构共同申报了湖南省科研计划，只因市柴油机厂放弃才转而与该柴油机总厂合作的，因此，“一种内燃机曲柄连杆机构”专利申请权应该属于该大学，设计人不应变动。

请问：(1) 此案中的设计人是谁？

(2) 如何处理双方签订的协作合同？为什么？

【解析】

(1) 此案虽然是两个单位协作完成一项发明创造——无侧向力发动机。但是被请求人在双方协作之前，已经完成了双曲柄双连杆机构的技术方案，因此有权单方面申请专利，设计人不应变动。而请求人认为，在双方协作之前签订了协作合同，该合同规定成果双方共同享有是不合理的。根据我国《专利法》第8条规定，应该双方共同申请专利，设计人应为课题小组成员，非课题组成员不应成为设计人。

(2) 该大学与该柴油机总厂双方签订的协作合同规定：科研成果由双方共同享有。该大学申请专利的一种内燃机曲柄连杆机构是无侧向力发动机科研成果即协议规定应完成任务的组成部分。我国《专利法》第8条规定：两个以上单位协作或者一个单位受其他单位委托的研究、设计任务所完成的发明创造，除另有协议的以外，申请专利的权利属于完成或者共同完成的单位。这一条有两层意思：①如果订有协议，则按协议执行；②如果没有订立协议，则申请专利的权利属于完成或者共同完成的单位。既然双方有协议，当然只能按协议执行。因此，一种内燃机曲柄连杆机构专利申请权应该属该大学和该柴油机总厂两家共同所有。考虑到双曲柄双连杆机构是整个协作任务的一部分，并且在双方协作以前，该大学就已完成这样一个事实，最理想的处理方式是双方能达成一调解协议，对双方共同持有权利彼此做出一些限定。

（二）专利权主体的确认

1. 职务发明创造的专利申请人和专利权人。对于职务发明创造，申请专利的权利属于单位，申请被批准后，该单位为专利权人。但职务发明创造的发明人和设计人依法享有两项基本权利：一是在职务发明创造成果上标明自己是发明人或者创造人；二是取得物质报酬，即专利权的所有单位应当对职务发明创造的发明人或者设计人给予奖励，专利实施后，还应根据其推广应用的范围和取得的经济效益对发明人或者设计人给予合理的报酬。

职务发明创造，是指单位工作人员为执行本单位的任务或者主要利用本单位的物质技术条件所完成的发明创造。所谓执行本单位的任务是指：（1）在从事本职工作中所作出的发明创造；（2）履行本单位交付的职务工作以外的任务所作出的发明创造；（3）退职、退休或调动工作 1 年以内作出的与其在原单位承担的本职工作或者分配的任务有关的发明创造。利用本单位的物质技术条件是指利用本单位的资金、设备、零部件、原材料或不向外公开的技术资料等。利用本单位的物质技术条件所完成的发明创造，单位与发明人或者设计人订有合同，对申请专利的权利和专利权的归属作出约定的，从其约定。

2. 对于非职务发明创造，申请专利的权利属于发明人或设计人，申请被批准后，该发明人或设计人为专利权人。

3. 两个以上单位或者个人合作完成的发明创造，以及一个单位或者个人接受其他单位或者个人委托所完成的发明创造，除另有协议以外，申请专利的权利属于完成或者共同完成的单位或者个人。申请被批准后，申请的单位或者个人为专利权人。

三、专利权的客体

专利权的客体，也称专利法的保护对象，是指人们可以依照专利法取得专有权利的发明创造。我国《专利法》第 2 条规定："本法所称的发明创造是指发明、实用新型和外观设计。"因此，专利权的客体就是指发明、实用新型和外观设计。

（一）发明

发明是指人们利用自然规律对产品、方法或者其改进所提出的新的技术方案。它应当具备两个条件：（1）发明必须是利用自然规律的结果。（2）发明必须是一种新的技术方案。

发明可以分为产品发明、方法发明。产品发明，是指人工制造的具有特定性质的可移动的有形物体的发明。产品发明取得专利权后被称为产品专利。方法发明，是指把一种物品变成另一种物品所使用的或者制造某一种物品的方法和手段的发明。方法发明取得专利后被称为方法专利。

（二）实用新型

实用新型是指对产品的形状、构造或者二者的结合所提出的适于实用的新的技术方案。实用新型是对已经存在着的产品进行的一种改造，它的创造性水平比发明低，而且它只是针对具有一定形状和构造的产品而言，这种技术方案能够在产业中应用。实用新型在实际生活中被称为技术改造、技术革新或小发明。

（三）外观设计

外观设计是指对产品的形状、图案、色彩或者其结合所作出的富有美感并适于工业上应用的新设计。外观设计必须与产品相结合，必须能够在工业上被应用。

【随堂演练9－1】应当根据（　　）确定外观设计专利的保护范围。

A. 图片或照片　　B. 说明书

C. 实物模型或样品　　D. 说明书加图片或照片

【答案】A

【解析】根据《专利法》的规定，外观设计的保护范围以表示在图片或者照片中的该外观设计专利产品为准。

我国《专利法》规定了可成为专利权的客体是上述的发明、实用新型和外观设计，但同时规定，并不是所有的智力成果都能成为专利权的客体。我国《专利法》第25条规定，下列各项不授予专利权：（1）科学发现；（2）智力活动的规则和方法；（3）疾病的诊断和治疗方法；（4）动物和植物品种；（5）用原子核变换方法获得的物质。此外，我国《专利法》还规定，对违反国家法律、社会公德或者妨碍公共利益的发明创造，不授予专利权。但动物和植物品种的生产方法可以依照《专利法》的规定授予专利权。

【随堂演练9－2】下列内容属于专利法保护对象的有（　　）。

A. 一种减肥的锻炼方法和锻炼器械

B. 一种抗虫害的彩棉新品种的培育方法

C. 肝病的新的治疗方法和辅助治疗的新设备

D. 一种在宣纸上进行印刷的新方法和适用该方法的新设备

【答案】ABD

【解析】A选项是一种减肥的锻炼方法和锻炼器械，并非疾病的诊断和治疗方法，可以获得专利保护。B选项是植物品种的培育方法，不是植物品种本身，能够获得专利保护。C选项属于疾病的诊断和治疗方法，不能获得专利保护。D选项不属于法律规定的任何一种不能获得专利的情形，可以获得专利保护。

四、授予专利权的条件

一项申请专利的发明创造，必须符合《专利法》规定的条件才能被授予专利权。授予专利权的条件包括形式条件和实质条件两方面。形式条件包括申请人资格、申请文件是否齐备、申请手续的履行等。实质条件是指申请专利的发明创造必须符合的法定要求，一般指的是实质条件。

（一）授予专利权的发明和实用新型应当符合的条件

我国《专利法》规定，授予专利权的发明、实用新型，应当具备新颖性、创造性和实用性。

1. 新颖性。所谓新颖性，是指在申请日前没有同样的发明或者实用新型在国内外出版物上公开发表过、在国内公开使用过或者以其他方式为公众所知，也没有同样的发明或者实用新型由他人向国务院专利行政部门提出过申请并且记载在申请日以后公布的专利申请文件中。由此可见，发明或者实用新型只有在申请日前，在世界范围内未公开，在国内未公用、未公知，没有抵触申请的，即具备了新颖性的要求。

我国《专利法》规定了不丧失新颖性的例外情形，即申请专利的发明创造在申请日以前6个月内，有下列情形之一的，不视为丧失新颖性：（1）在中华人民共和国主办或承认的国际展览会上首次展出的；（2）在规定的学术会议或者技术会议上首次发表的；（3）他人未经申请人的同意而泄露其内容的。

【随堂演练9－3】根据《专利法》的规定，申请专利的发明创造在申请日以前6个月内，下列各项中，不丧失新颖性的有（　　）。

A. 在中国政府主办的国际展览会上首次展出的

B. 在中国政府承认的国际展览会上首次展出的

C. 在规定的学术会议上首次发表的

D. 他人未经申请人同意泄漏其内容的

【答案】ABCD

2. 创造性。创造性也被称为先进性，是指同申请日以前已有的技术相比，发明有突出的实质性特点和显著的进步。实用新型有实质性特点和进步。这里的已有技术，是指申请日以前已经公开的技术；实质性特点，是指发明或实用新型所具有的技术特征同现有技术相比有本质性的突破；进步是指发明或实用新型同现有技术相比有所发展和前进。《专利法》对发明和实用新型的创造性要求是不同的，即对发明而言，要求具有突出的实质性特点和显著的进步，而对实用新型而言，只要具有实质性特点和进步就被认为满足了创造性的条件。

3. 实用性。实用性是指一项发明或者实用新型能够在产业中被制造和使用，并且能够产生积极效果。

（二）授予专利权的外观设计应当符合的条件

外观设计要取得专利权，具备新颖性和实用性的条件即可。

五、专利的申请和审批

专利权是依法产生的，受国家法律的保护。发明人或者设计人要取得专利权，应当向国家专利行政部门提出申请，经审查批准后才能取得。

（一）专利的申请

1. 专利申请的原则。

（1）单一性原则，即一项发明一专利、一项发明一申请原则。该原则是指一项发明只能获取一项专利，而且一次申请只能要求获得一项专利权。我国《专利法》第31条规定，一件发明或者实用新型申请应当限于一项发明或者实用新型。属于一个总的发明构思的两项以上的发明或者实用新型，可以作为一件申请提出。一件外观设计专利申请只能限于一种产品所使用的外观设计。用于同一类别并且成套出售或者使用的产品的两项以上的外观设计，可以作为一件申请提出。

（2）申请在先原则。申请在先原则是指对同一发明创造，如果有两个或两个以上的申请人分别提出申请，专利权授予最先提出申请的申请人。判断申请在先的标准是专利的申请日。申请日是指国务院专利行政部门收到专利申请文件之日。如果该申请文件是邮寄的，以寄出的邮戳日为申请日。如果两个以上申请人在同一天分别就同样的发明创造申请专利，应当在收到国务院专利行政部门的通知后自行协商确定申请人。

【随堂演练9-4】 如果两个以上的专利申请人在同一日就同样的发明创造申请专利的，应当以使用在先确定申请人。（　　）

【答案】 ×

【解析】 注意商标与专利申请的先申请原则的区别。专利申请中遇到该情形，应当自行协商确定申请人。

（3）书面原则。书面原则是指申请人在办理申请专利的各种法定手续时，应当用书面形式。

（4）优先权原则。优先权原则是指申请人在某一公约成员国首次提出专利申请后，在一定期限内就相同主题的发明创造又向其他缔约国提出申请时，申请人有权要求以第一次申请的日期作为以后申请的日期。

优先权原则是《巴黎公约》的一项重要原则。它包括国内优先权和国际优先权。我国《专利法》第29条规定，申请人自发明或者实用新型在外国第一次提出专利申请之日起12个月内，或者自外观设计在外国第一次提出专利申请之日起6个月内，又在中国就相同主题提出专利申请的，依照该外国同中国签订的协议或者共同参加的国际公约，或者依照相互承认优先权的原则，可以享有优先权。该条第2款规定，申请人自发明或者实用新型在中国第一次提出专利申请之日起12个月内，又向国务院专利行政部门就相同主题提出申请的，可以享有优先权。由此可见，发明与实用新型既可以享有国际优先权也可以享有国内优先权，而外观设计只享有国际优先权，不享有国内优先权。

申请人要求优先权的，应当在申请时提出书面声明，并且在3个月内提交第一次提出专利申请文件的副本；未提出书面声明或者逾期未提交专利申请文件副本的，视为未要求优先权。

【随堂演练9-5】 根据专利法律制度的规定，当事人甲于2013年1月1日首次向美国专利部门提出外观设计专利申请，如果甲在（　　）之前在中国就相同主题提出专利申请的，可以享有优先权。

A. 2013 年 4 月 1 日　　B. 2013 年 7 月 1 日
C. 2014 年 1 月 1 日　　D. 2015 年 1 月 1 日

【答案】B

【解析】(1) 发明专利、实用新型专利的优先权为 12 个月；(2) 外观设计专利的优先权为 6 个月。

2. 申请文件和申请日。专利申请应当向国务院专利行政部门提出，并且依法提交有关文件。申请人提交的文件必须按照规定的格式、项目和内容撰写。提交的文件包括请求书、说明书、权利要求书、摘要和其他文件。专利申请日是专利局收到专利申请文件的日期。如果专利申请文件是通过邮局邮寄的，以邮寄的邮戳日为申请日，邮戳日不清晰的，除当事人能够提供证明的以外，以专利局收到专利申请文件的日期为专利申请日。专利申请日对专利申请人具有重要的意义，它是判断申请是否具有新颖性、创造性的时间界限，也是专利授权后计算专利保护期的起始日。

（二）专利申请的审批程序

发明专利的审查程序比实用新型和外观设计复杂。实用新型和外观设计的审查实行初步审查制度，即只要经过初步审查没有发现驳回理由的，由国务院专利行政部门作出授予实用新型专利权或外观设计专利权的决定，发给相应的专利证书，同时予以登记和公告。

发明专利的审查程序比较复杂，一般要经过：

(1) 初步审查与早期公开。初步审查又称形式审查，指国务院专利行政部门对收到的专利申请文件的格式、法律要求、申请费缴纳情况等所作的审查。国务院专利行政部门收到发明专利申请后进行初步审查认为符合《专利法》要求的，自申请日起满 18 个月，即行公布，也可以根据申请人的请求早日公布。

(2) 实质审查。实质审查是指专利行政部门依法对申请专利的发明是否具有新颖性、创造性、实用性等实质条件进行的审查。发明专利申请自申请日起 3 年内，国务院专利行政部门可以根据申请人随时提出的请求，对其申请进行实质审查。申请人无正当理由逾期不请求实质审查的，该申请即被视为撤回。国务院专利行政部门认为必要的时候，可以自行对发明专利进行实质审查。实质审查后，认为不符合《专利法》规定条件的，应当通知申请人，要求其在指定的期限内陈述意见，或者对申请进行修改；无正当理由逾期不答复的，该申请即被视为撤回。发明专利申请经申请人陈述意见或者进行修改后，国务院专利行政部门仍然认为不符合规定的，应当予以驳回。发明专利申请经实质审查没有发现驳回理由的，由国务院专利行政部门作出授予专利权的决定，发给发明专利证书，同时予以登记和公告。发明专利权自公告之日起生效。

(3) 复审。国务院专利行政部门设立专利复审委员会。专利申请人对国务院专利行政部门驳回申请的决定不服的，可以自收到通知之日起 3 个月内向专利复审委员会请求复审。专利复审委员会复审后，作出复审决定，并通知专利申请人。专利申请人对专利复审委员会的复审决定不服的，可以自收到通知之日起3个月内向人民法院起诉。

六、专利权的内容、终止和无效

（一）专利权的内容

1. 专利权人的权利。专利权人的权利包括人身权利和财产权利。专利权人的人身权利是指当专利权人为发明人、设计人时，其本人所享有的与其人身不可分离的权利，这种权利是不能转让和继承的。我国《专利法》第17条规定："发明人或者设计人有在专利文件中标明自己是发明人或者设计人的权利。"专利权人的财产权利是指专利权人因取得专利而依法享有的具有经济内容的权利，该权利可依法转让或者继承。专利权人主要享有以下权利。

（1）实施专利的权利。专利权人有权自主制造、使用、许诺销售、销售、进口其专利产品，或者使用其专利方法以及使用、许诺销售、销售、进口依照该专利方法直接获得的专利产品。

（2）转让专利的权利。专利权人可以通过签订合同将其专利权转让出去。转让专利权的，当事人应当订立书面合同，并向国务院专利行政部门登记，由国务院专利行政部门予以公告。专利权的转让自登记之日起生效。中国单位和个人向外国转让专利权的，必须经国务院专利行政部门批准。

（3）许可专利的权利。专利许可权是指专利权人享有的许可他人实施其专利并获取报酬的权利。任何单位或者个人实施他人专利，应当与专利权人订立书面的实施许可合同，并向专利权人支付使用费。被许可人无权允许合同规定以外的任何单位或者个人实施该专利。

（4）请求保护的权利。专利权人在其专利权受到侵犯时，有权要求管理专利的部门进行处理，也可以向人民法院起诉。

（5）标记的权利。专利权人有权在其专利产品或者该产品的包装上标明专利标记和专利号。

2. 专利权人的义务。专利权人的义务主要指依法承担缴纳专利年费和实施其专利。

（二）专利权的期限、终止和无效

1. 专利权的期限。根据我国《专利法》的规定，发明专利权的法定保护期限是20年，实用新型专利权和外观设计专利权的法定保护期限是10年，均自申请日起计算。

2. 专利权的终止。专利权的终止是指专利权人丧失对发明创造的独占权，分为正常终止和提前终止。正常终止是指《专利法》规定的保护期限届满而终止其法律效力。提前终止是指专利权由于发生了法定终止事由而在专利权的法定保护期限届满之前的终止，它包括两种情况：（1）没有按照规定缴纳年费；（2）专利权人以书面声明放弃其专利权。专利权在期限届满前终止的，由国务院专利行政部门登记和公告。

3. 专利权的无效。专利权的无效是指自国务院专利行政部门公告授予专利权之日起，任何单位或个人认为专利权的授予不符合《专利法》规定的，可以请求专利复审委员会宣告该专利权无效。请求宣告专利权无效的理由包括：（1）专利说明书、专利请求书的撰写不符合法律规定；（2）对专利申请文件的修改不符合法律的规定；（3）被授予专利权的智力成果不属于授予专利的范围；（4）发明创造不符合授予专利的实质条件；（5）授予的专利权侵犯在先权利。

请求宣告专利权无效的主体可以是任何单位和个人，受理请求宣告专利权无效申请的机构是国务院专利行政部门所设立的专利复审委员会。专利复审委员会对宣告专利权无效的请求应当及时审查和作出决定，并通知请求人和专利权人。宣告专利权无效的决定由国务院专利行政部门登记和公告。对专利复审委员会宣告专利权无效或者维持专利权的决定不服的，可以自收到通知之日起3个月内向人民法院起诉。

宣告专利权无效的决定，对在宣告专利权无效前人民法院做出并已执行的专利侵权的判决、裁定，已经履行或者强制执行的专利侵权纠纷处理决定，以及履行了专利实施许可合同和专利权转让合同，不具有追溯力，但是，因专利权人的恶意给他人造成的损失，应当给予赔偿。

【随堂演练9-6】 判断题：实用新型专利的保护期限为10年，发明专利权的保护期限为20年。（　）

【答案】 √

【解析】《专利法》规定，发明专利权的保护期限为20年；而实用新型专利的保护期限为10年。

七、专利实施的强制许可

专利实施的强制许可是指国务院专利行政部门在一定条件下不需经过专利权人的同意，准许其他单位或个人实施其专利权的一种强制性法律手段。国务院专利行政部门对专利的实施进行强制许可的目的是为了防止专利权过分垄断损害社会公共利益。

根据我国《专利法》的规定，国务院专利行政部门可以对以下情况给予强制许可。

1. 具备实施条件、提出请求未获许可的。具备实施条件的单位以合理的条件请求发明或者实用新型专利权人许可实施其专利，而未能在合理时间内获得这种许可的。

2. 出现特殊情况的。国家出现紧急状况或者非常情况时，或者是出于公共利益的目的。

3. 专利技术之间存在依赖关系的。一项取得专利权的发明或者实用新型比以前取得的专利权的发明或者实用新型具有显著的经济意义和重大的技术进步，但其实施又有赖于前一发明或者实用新型的实施，并且前一专利权人向后一专利权人提出了申请的。

决定给予专利实施的强制许可时，应当注意以下五个问题：第一，依照《专利法》规定申请实施强制许可的单位或者个人，应当提出未能以合理条件与专利权人签订实施许可合同的证明。第二，国务院专利行政部门作出的给予实施强制许可的决定，应当及时通知专利权人，并予以登记和公告。给予实施强制许可的决定，应当根据强制许可的理由规定实施的范围和时间，当强制许可的理由消灭并不再发生时，国务院专利行政部门应当根据专利权人的请求，经审查后作出终止实施强制许可的决定。第三，签订实施强制许可的单位或者个人应当支付给专利权人合理的使用费，其数额由双方协商；双方不能达成协议的，由国务院专利行政部门裁定。第四，签订实施强制许可的单位或者个人不享有独占的实施权，并且无权允许他人实施。第五，专利权人对国家专利行政部门关于实施强制许可的决定不服的，专利权人和取得实施强制许可的单位或者个人对国务院专利行政部门关于实施强制许可的使用费的裁定不服的，可以自收到通知3日起3个月内向人民法院起诉。

八、专利权的保护

发明或者实用新型专利权的保护范围以其权利要求的内容为准，说明书及附图可以用于解释权利要求。外观设计专利权的保护范围以表示在图片或者照片中的该外观设计专利产品为准。

（一）侵犯专利权的行为及例外

侵犯专利权的行为是指未经专利权人许可，以营利为目的实施专利权人专利的行为。根据我国《专利法》的规定，侵犯专利权的行为主要有以下五种。

（1）未经发明或者实用新型专利的专利权人的许可，非法实施其专利，即为生产经营的目的而制造、使用、许诺销售、销售、进口其专利产品，或者使用其专利方法以及使用、许诺销售、销售、进口依照该专利方法直接获得的专利产品。

（2）未经外观设计专利的专利权人的许可，非法实施其专利，即以营利为目的的制造、销售、进口其外观设计专利产品。

（3）假冒他人专利行为，指未经专利权人许可标明专利权人的专利标记或专利号，从而使公众误认为是他人专利产品的行为。

（4）冒充专利行为，指将非专利产品或者方法冒充为专利产品或者方法，从而使他人误认为是专利产品或方法的行为。

（5）其他侵犯专利权的行为。

根据我国《专利法》的规定，有下列情形之一的，不视为侵犯专利权。

（1）专利权用尽后的正常使用。专利权人制造、进口或者经专利权人许可而制造、进口的专利产品或者依照专利方法直接获得的产品售出后，使用、许诺销售或者销售该产品的。

（2）先用权。在专利申请日以前已经制造相同产品、使用相同方法或者已经做好制造、使用的必要准备，并且仅在原有范围内继续制造、使用的。

（3）临时过境的使用。临时通过中国领陆、领水、领空的外国运输工具，依照其所属国同中国签订的协议或者共同参加的国际条约，或者依照互惠原则，为运输工具自身需要而在其装备和设备中使用有关专利的。

（4）为科学研究和实验而使用有关专利的。专为科学研究和实验而使用有关专利的。

（二）侵犯专利权案件的处理

专利侵权行为及其发生的纠纷，可由当事人协商解决；不愿协商解决或者协商解决不成的，专利权人或者利害关系人可以向人民法院起诉，也可以请求管理专利工作的部门处理。管理专利工作的部门处理时，认为侵权行为成立的，可以责令侵权人立即停止侵权行为。当事人不服的，可以自收到处理通知 3 日起 15 日内依照《中华人民共和国行政诉讼法》向人民法院起诉；侵权人期满不起诉又不停止侵权行为的，管理专利工作的部门可以申请人民法院强制执行。管理专利工作的部门应当事人的请求，可以就侵犯专利权赔偿数额进行调解，调解不成的，当事人可以依照《中华人民共和国民事诉讼法》向人民法院起诉。

（三）诉前救济措施及诉讼时效

根据我国《专利法》的规定，专利权人或者利害关系人有证据证明有人正在实施或者即将实施侵犯其专利权的行为，如不及时制止将会使其合法权益受到难以弥补的损失的，可以在起诉前向人民法院申请采取责令停止有关行为和财产保全的措施。

侵犯专利权的诉讼时效为 2 年，自专利权人或者利害关系人得知或者应当得知侵权行为之日起计算。

（四）侵犯专利权行为的法律责任

侵犯专利权行为的法律责任包括：民事责任、行政责任和刑事责任。

1. 民事责任。民事责任主要包括：停止侵犯、赔偿损失、消除影响、恢复名誉等。其中，根据我国《专利法》的规定，侵犯专利权的赔偿数额，按照权利人因被侵权所受到的损失或者侵权人因侵权所获得的利益确定；被侵权人的损失或者侵权人获得的利益难以确定的，参照该专利许可使用费的倍数合理确定。

2. 行政责任。行政责任主要包括：（1）对未经专利权人许可实施其专利的行为，管理专利工作的部门认定侵权行为成立的可以责令侵权人立即停止侵权行为；（2）对假冒他人专利的行为，除依法承担民事责任外，由管理专利工作的部门责令改正并予以公告，没收违法所得，可以并处违法所得 3 倍以下的罚款，没有违法所得的，可以处 5 万元以下的罚款；（3）对以非专利产品冒充专利产品、以非专利方法冒充专利方法的行为，由管理专利工作的部门责令改正并予以公告，可以处 5 万元以下的罚款；（4）对侵犯发明人或者设计人的非职务发明创造专利申请权以及其他权益的行为，由所在单位或者上级主管机关给予行政处分。

3. 刑事责任。刑事责任只限于假冒他人专利且情节严重的，依照我国《刑法》的有关规定处理。

第三节　商　标　法

一、商标法概述

（一）商标概述

1. 商标的概念。商标是商品生产者、经营者、服务提供者为了使自己生产、销售的商品或提供的服务在市场上与其他商品或服务相区别而使用的一种特殊标记。根据我国《商标法》的规定，商标是由文字、图形、字母、数字、三维标志、颜色组合和声音等以及上述要素的组合来表示的。

2. 商标的分类。

（1）按照商标的构成要素划分，商标分为文字商标、图形商标、立体商标、颜色商标、声音商标以及组合商标。

（2）按照商标的使用对象划分，商标分为商品商标和服务商标。

（3）按照商标的用途划分，商标分为联合商标（指同一商标所有人在同一种或者类似商品上注册若干个近似商标。这些近似商标中首先注册的或者主要使用的商标为正商标，其余的为正商标的联合商标）、防御商标（指驰名商标或者已为公众熟知的商标所有人在不同类别的商品或者服务上注册相同的商标，原商品商标为正商标，注册在另外不同类别商品或者服务上的这种商标称为防御商标）、证明商标（又称保证商标，是由对某种商品或服务具有检测和监督能力的组织所控制，而由经营者使用在商品或服务上，用以表明该种商品的原料、功能、质量或其他品质已经过鉴定，保证或证明已达到某种等级的商标）。

（4）按照商标使用者的不同划分，商标分为制造商标（指生产企业使用或者注册的商标）、销售商标（指销售商或经营者使用的商标）、集体商标（指为某工业、商业社团或其他集体组织申请注册的商标，商标权由该社团或者集体组织的成员共同使用，集体商标的作用就在于表明商品的经营者或服务的提供者属于同一组织，其生产的商品或提供的服务具有共同的特征）。

（5）按照商标的知名范围及认定机构划分，商标分为驰名商标、著名商标和知名商标。

（6）按商标是否注册，商标分为注册商标和未注册商标。

（7）按照商标所有人的国籍划分，商标分为国内商标和外国商标。

【随堂演练9-7】 商标最基本的功能是（　　）。

A. 标明商品或服务的出处

B. 体现商品包装的美观

C. 方便商标管理的机关对商标进行管理

D. 体现社会生产的规模化

【答案】 A

【解析】 商标是商品生产者、经营者、服务提供者为了使自己生产、销售的商品或提供的服务在市场上与其他商品或服务相区别而使用的一种特殊标记。

【随堂演练 9-8】下列各名称中属于制造商标的是（ ）。

A. “香格里拉”饭店 B. “长虹”彩电

C. 建设银行的标记 D. “西单”商场

【答案】B

【解析】“长虹”彩电是长虹彩电制造企业使用的注册商标，其他都是服务企业使用的服务商标。

（二）商标法概述

商标法是调整在商标的注册、使用、管理及保护的过程中发生的各种社会关系的法律规范的总称。

《中华人民共和国商标法》于1982年8月23日第五届全国人民代表大会常务委员会第二十四次会议通过，1993年2月22日第七届全国人民代表大会常务委员会第三十次会议对其进行了第一次修改，2001年10月27日第九届全国人民代表大会常务委员会对其进行了第二次修改，2013年8月30日第十二届全国人民代表大会常务委员会第四次会议进行了第三次修改，于2014年5月1日起施行。

二、商标权的取得

（一）商标权取得的方式

商标权取得的方式为进行商标注册。商标注册是指商标使用人将其使用的商标依照《商标法》的规定，向商标管理机关提出注册申请，经商标管理机关审查批准，在商标注册簿上登记，并发给商标注册证，予以公告，授予其商标专有权的行为。商标注册的目的是取得注册商标即取得商标专用权。注册商标是指依照法定程序进行注册，在一定期限内受法律保护的商标。注册商标是通过商标注册取得的，商标注册的目的是取得注册商标，未经注册的商标均不得享有商标专有权。商标权人在使用注册商标时应当注明“注册商标”字样或者标明注册标记“®”。

（二）商标注册的原则

1. 多类别商品申请注册同一商标的原则。商标注册申请人应当按规定的商品分类表填报使用商标的商品类别和商品名称，提出注册申请。商标注册申请人可以通过一份申请就多个类别的商品申请注册同一商标。商标注册申请等有关文件可以以书面方式或者数据电文方式提出。

2. 申请在先与使用在先相结合的原则。申请在先原则，是指两个或者两个以上的申请人在相同或类似的商品上以相同或近似的商标提出注册申请时，将商标专有权授予给最先提出注册申请的人。对在同一天提出商标注册申请的，则按照使用在先的原则授予，即商标专有权将授予首先使用该商标的一方。我国《商标法》采取的是申请在先原则，同时以使用在先原则作为补充。

3. 自愿注册与强制注册相结合的原则。自愿注册是指商标的使用人是否申请商标注册，取决于当事人自己的意愿。强制注册是指有些商品上使用的商标必须依法注册登记，否则，该商品就不得在市场上销售。根据我国《商标法》的规定，烟草制品、人用药品上使用的商标，未经商标局核准注册，该类商品就不得在市场上销售。

4. 优先权原则。这一原则主要体现在商标权的申请程序方面。我国《商标法》规定，商标注册申请人自其商标在外国第一次提出商标注册申请之日起6个月内，又在中国就相同商品以同一商标提出商标注册申请的，依照该外国同中国签订的协议或者共同参加的国际条约，或者依照相互承认优先权的原则，可以享有优先权；商标在中国政府主办的或者承认的国际展览会展出的商品上首次使用的，自该商品展出之日起6个月内，该商标的注册申请人可以享有优先权。

申请人要求优先权的，应当在提出商标注册申请的时候提出书面声明，并且在3个月内提交第一次提出商标注册申请的副本或者提交展出其商品的展览会名称，在展出商品上使用该商标的证据、展出日期等证明文件；未提出书面声明或者逾期未提交法定材料的，视为未要求优先权。

【随堂演练9-9】下列选项中正确的是（　　）。

A. 我国商标法不允许商品使用未注册商标

B. 我国商标法不允许未使用商标的商品在市场上销售

C. 我国商标法不允许在人用药品上使用注册商标

D. 我国商标法规定某些商品必须使用注册商标才能在市场上销售

【答案】D

【解析】我国《商标法》规定的商标注册原则之一是自愿注册与强制注册相结合的原则。自愿注册是指商标的使用人是否申请商标注册，取决于当事人自己的意愿。强制注册是指有些商品上使用的商标必须依法注册登记，否则，该商品就不得在市场上销售。根据我国《商标法》的规定，烟草制品、人用药品上使用的商标，未经商标局核准注册，该类商品就不得在市场上销售。

（三）商标注册的条件

1. 商标的构成要素合法。根据我国《商标法》的规定，商标法定构成要素包括文字、图形、字母、数字、三维标志、颜色组合和声音等，以及上述要素的组合。

2. 申请注册的商标必须具有显著性特征，便于识别。商标本身就是用于区别商品或服务的标记，因此，申请注册的商标必须具有显著性特征，以便于使用商品或者接受服务的用户能够区别。

3. 申请注册的商标不得与他人在先取得的有关权利相冲突。

（四）商标的禁用规定

1. 下列标志不得作为商标使用。根据我国《商标法》的规定，下列标志不得作为商标使用：

（1）同中华人民共和国的国家名称、国旗、国徽、国歌、军旗、军徽、军歌、勋章相同或者近似的，以及同中央国家机关的名称、标志、所在地特定地点的名称或者标志性建筑物的名称、图形相同的；

（2）同外国的国家名称、国旗、国徽、军旗相同或者近似的，但经该国政府同意的除外；

（3）同政府间国际组织的名称、旗帜、徽记相同或者近似的，但经该组织同意或者不易误导公众的除外；

（4）与表明实施控制、予以保证的官方标志、检验印记相同或者近似的，但经授权的除外；

（5）同“红十字”和“红新月”的名称、标志相同或者近似的；

（6）带有民族歧视性的；

（7）带有欺骗性，容易使公众对商品的质量等特点或者产地产生误认的；

（8）有害于社会主义道德风尚或者有其他不良影响的。

县级以上行政区划的地名或者公众知晓的外国地名，不得作为商标。但是，地名具有其他含义的除外，已经注册的使用地名的商标继续有效。

【随堂演练9-10】 根据《商标法》的规定，下列选项中不得作为注册商标的有（　　）。

A. 三维标志　　B. 气味标志

C. 独具特色的乐曲　　D. 与“红十字”标志近似的标志

【答案】 BC

【解析】 根据《商标法》的规定，申请注册的商标应当具备以下条件：(1) 商标应当具有显著性。(2) 商标应当符合可视性要求。《商标法》规定，任何能够将自然人、法人或者其他组织的商品与他人的商品区别开的可视性标志，包括文字、图形、字母、数字、三维标志和颜色组合，以及上述要素的组合，均可以作为商标申请注册。由此可见，气味标志、音响标志不能作为注册商标……（5）同“红十字”“红新月”的名称、标志相同或者近似的……

2. 下列标志不得作为商标注册。根据我国《商标法》的规定，下列标志不得作为商标注册：

（1）仅有本商品的通用名称、图形、型号；

（2）仅仅直接表示商品的质量、主要原料、功能、用途、重量、数量及其他特点的；

（3）缺乏显著性特征的。

上述标志经过使用取得显著性特征，并便于识别的，可以作为商标注册。

3. 下列情形的商标不予注册并禁止使用。根据我国《商标法》的规定，下列情形的商标不予注册并禁止使用：

（1）以三维标志申请注册商标的，仅由本商品自身的性质产生的形状，为获得技术效果而需要的商品的形状或者使商品具有实质性价值的形状，不得注册。

（2）就相同或者类似商品申请注册的商标是复制、模仿或者翻译他人未在中国注册的驰名商标，容易导致混淆的，不予注册并禁止使用。就不相同或者不相类似商品申请注册的商标是复制、模仿或者翻译他人已经在中国注册的驰名商标，误导公众，致使该驰名商标注册人的利益可能受到损害的，不予注册并禁止使用。

（3）未经授权，代理人或者代表人以自己的名义将被代理人或者被代表人的商标进行注册，被代理人或者被代表人提出异议的，不予注册并禁止使用。

（4）商标中有商品的地理标志，而该商品并非来源于该标志所标示的地区，误导公众的，不予注册并禁止使用，但是，已经善意取得注册的继续有效。

【随堂演练9-11】 下列选项中，可以以商标被核准注册的是（　　）。

A. “中国”牌手表　　B. “钟表”牌手表

C. “准确”牌手表　　D. “火车头”牌手表

【答案】 D

【解析】 我国《商标法》规定，仅有本商品的通用名称、仅仅直接表示商品质量的标志不得作为商标注册，同中华人民共和国的国家名称相同或者近似的标志不得作为商标使用。

（五）商标注册的程序

我国《商标法》对申请注册的商标实行形式审查和实质审查相结合的制度。具体包括以下审核程序。

形式审查的目的主要是审查该商标注册申请的文件和手续是否齐备，以确定是否受理该商标注册申请。形式审查的内容包括以下三项：（1）申请人是否具备申请资格；（2）申请文件是否齐全，手续是否完备，填写内容是否符合要求；（3）如果是外国人或外国企业在我国申请商标注册，还要审查其是否有指定的商标代理委托书、国籍证明书和有关证明的公证、认证手续。经过形式审查，凡是符合以上条件的，编定申请号，发给《受理通知书》；申请手续不齐备或未按规定填写文件的，予以退回；基本符合规定但需补正的，限期补正。

实质审查是对决定受理商标的实体内容和条件进行的审查，其内容主要包括以下四项：（1）商标是否符合法定的构成要素；（2）商标是否使用了《商标法》禁止使用的文字、图形；（3）商标是否具备显著性特征；（4）商标是否与他人在同一种或类似商品上已申请在先或已注册的商标相同或者类似。对申请注册的商标，商标局应当自收到商标注册申请文件之日起9个月内审查完毕，符合以上有关规定的，予以初步审定公告。在审查过程中，商标局认为商标注册申请内容需要说明或者修正的，可以要求申请人做出说明或者修正。申请人未做出说明或者修正的，不影响商标局做出审查决定。

申请人对于商标局驳回申请、不予公告的决定不服的，可于收到通知15日内向国务院工商行政管理部门设立的商标评审委员会申请复审，商标评审委员会应当自收到申请之日起9个月内做出决定，并书面通知申请人。有特殊情况需要延长的，经国务院工商行政管理部门批准，可以延长3个月。当事人对复审决定不服的，可以自收到通知之日起30日内向人民法院起诉。

三、商标权的内容

商标注册后，该商标的所有人即取得了对该商标的专有权，这种权利受法律保护，它包括商标注册人对其注册商标的独占使用权、续展权，使用许可权、转让权，请求保护权等项内容。

1. 独占使用权、续展权。所谓独占使用权是指注册商标只能由商标注册人在其商品上使用，任何第三人未经商标权人许可，不得使用、仿冒该商标，否则，即构成侵权行为。我国《商标法》规定，商标权人对其注册商标的独占使用权的期限为10年，自核准注册之日起计算。注册商标可以续展。注册商标的续展，是指注册商标权人为了不使自己在法定有效期届满后失去对该注册商标的专用权，而按照法定的程序和时间向商标局申请延续原注册商标的有效期，这也是商标权区别于其他知识产权的一个重要特征。注册商标权人应当在注册商标的有效期届满前6个月内提出续展注册申请；在此期间未能提出申请的，可以给予6个月的宽展期，宽展期满仍未提出申请的，注销其注册商标。每次续展注册的商标的有效期为10年，自该商标上一届有效期届满次日起计算。续展可以无数次进行，法律没有限制。

2. 使用许可权、转让权。商标权人对其商标拥有的使用许可权是指，商标注册人将其注册商标以一定条件许可他人使用，由被许可人支付使用费的法律行为。注册商标所有人称为许可人，被允许使用该注册商标的人称为被许可人，被许可的标的为注册商标的使用权，被许可人通过与许可人订立使用许可合同，取得注册商标的使用权。注册商标的使用许可必须履行法定手续。商标注册人许可他人使用其注册商标，必须签订商标使用许可合同，并依法将许可合同副本交送其所在地工商行政管理机关存查，由许可人报送商标局备案，并由商标局予以公告。同时，法律规定，商标使用许可未经备案，不得对抗善意第三人。许可人和被许可人进行注册商标使用许可，除了履行法定手续外，还必须履行法定的义务。根据我国《商标法》的规定，许可人应当监督被许可人使用其注册商标的商品质量；被许可人应当保证使用该注册商标的商品质量。经许可使用他人注册商标的，必须在使用该注册商标的商品上标明被许可人的名称和商品产地；被许可人不履行该义务的，由被许可人所在地工商行政管理机关责令限期改正，收缴其商品标识，并可以根据情节处以5万元以下的罚款。

商标权人对其注册商标拥有的转让权是指商标注册人依法定程序和条件将其注册商标转让给他人所有的一种权利。转让注册商标的商标注册人为转让人，接受转让的人为受让人，转让的注册商标为商标专用权。根据我国《商标法》及《商标法实施细则》的规定，注册商标的转让必须满足以下条件：（1）注册商标的受让人必须符合我国《商标法》规定的商标注册人资格；（2）受让人应当保证使用该注册商标的商品质量；（3）商标注册人对在同一种或类似商品上注册的相同或近似的商标，必须一并办理，转让的注册商标如果是强制注册的，还必须提供有关部门的证明文件；（4）转让的注册商标不得产生误认、混淆或者其他不良影响。注册商标的转让必须履行法定的手续。转让人和受让人应当向商标局交送《转让注册商标申请书》一份，转让注册商标申请手续由受让人办理。经商标局核准后，发给受让人相应的证明，并予以公告；不符合转让条件的，商标局不予核准，书面通知申请人并说明理由。

3. 请求保护权。商标权人的合法权利受到不法侵犯时，商标权人可以依法行使请求保护权，向有关商标管理部门或者人民法院提出相应的请求，对其受到侵犯的权利给予救济。

【随堂演练9-12】 下列关于注册商标续展的叙述，正确的是（　　）。

A. 可续展一次　　B. 可续展两次

C. 可续展十次　　D. 可续展任意次

【答案】 D

【解析】 我国《商标法》规定，注册商标可以续展，每次续展注册的商标的有效期为10年，自该商标上一届有效期届满次日起计算。续展可以无数次进行，法律没有限制。

四、注册不当商标的撤销与注册商标争议的裁定

（一）注册不当商标的撤销

注册不当的商标指已经注册的商标违反《商标法》关于禁用文字、图形的规定，或者是以欺骗手段或其他不正当手段取得注册的商标。所谓以欺骗手段或其他不正当手段取得注册的行为是指：（1）虚构、隐瞒事实真相或者伪造申请书及有关文件进行注册；（2）违反诚实信用原则，以复制、模仿、翻译等方式，将已为公众熟知的他人商标进行注册；（3）未经授权，代理人以其名义将被代理人的商标进行注册；（4）侵犯他人合法的在先权利而进行注册的；（5）以其他不正当手段取得注册。注册不当商标由商标局撤销。

（二）注册商标争议的裁定

注册商标争议的裁定是指注册在先的商标权人认为注册在后的商标与其在同一或者类似商品上使用的注册商标相同或者近似时，在该商标经核准注册之日起5年内，向商标评审委员会申请裁定撤销该商标。对恶意注册的，驰名商标所有人不受5年的时间限制。当事人对商标评审委员会的裁定不服的，可以自收到通知之日起30日内向人民法院起诉。

申请注册商标争议裁定的主体只能是在先取得商标权的当事人。争议的理由是申请人的商标与被争议商标的文字、图形或者其组合相同或者近似。

（三）撤销注册商标的裁定或决定的溯及力

注册商标因注册不当或争议被撤销，其商标专用权视为自始即不存在。撤销注册商标的决定或者裁定，对在撤销前人民法院作出并已执行的商标侵权案件的判决、裁定，工商行政管理机关作出并已执行的商标侵权案件的处理决定，以及已履行的商标转让或者使用许可合同，不具有溯及力。但是，因商标注册人的恶意给他人造成损失的，应当予以赔偿。

【随堂演练 9－13】 就注册商标争议而言，下列主体中可以提出争议的是（　　）。

A. 在先注册人　　B. 在后注册人

C. 同日注册人　　D. 在先使用人

【答案】 A

五、商标的管理

商标管理是指国家商标主管机关依法对注册商标和未注册商标的使用进行的管理活动。对商标使用进行管理的目的是监督商标的正确使用，维护正常的商标使用秩序，保证商品和服务的质量，保护消费者的利益，保障社会主义市场经济的健康发展。

（一）注册商标的使用管理

注册商标的使用管理是商标管理的重要内容，其目的是保护商标注册人的合法权益和维护社会公共利益。注册商标使用的管理内容有以下方面。

1. 检查监督注册商标是否正确使用。根据我国《商标法》的规定，商标注册人不得有下列行为：（1）自行改变注册商标的文字、图形、颜色或者其组合；（2）自行改变注册商标的注册人名义、地址或者其他注册事项；（3）自行转让注册商标；（4）注册商标成为其核定使用的商品的通用名称或者没有正当理由连续 3 年不使用的。对有前三项行为之一的，由工商行政管理机关责令商标注册人限期改正；拒不改正的，由商标注册人所在地工商行政管理机关报请商标局撤销其注册商标。对有上述第四项行为的，任何单位或者个人都可以向商标局申请撤销该注册商标。商标局应当自收到申请之日起 9 个月内作出决定，有特殊情况需要延长的，经国务院工商行政管理部门批准，可以延长 3 个月。

2. 监督使用注册商标的商品质量。使用注册商标的主体应当保证所使用的注册商标的商品质量。商品粗制滥造、以次充好、欺骗消费者的，由各级工商行政管理部门分视不同情况，责令限期改正，并可予以通报或者处以罚款，或者由商标局撤销其注册商标。

3. 使用注册商标必须标明注册标记。使用注册商标应当标明“注册商标”字样或者标明注册标记；在商品上不便标明的，应当在商品包装或者说明书以及其他附着物上标明。

4. 对强制注册的商标进行监督管理。违反《商标法》的规定，对必须使用注册商标的商品使用未经核准注册的商标的，由工商行政管理机关禁止其商品销售和广告宣传，封存或者收缴其商标标识，并可根据情况处以非法经营额 10%以下的罚款。

5.《商标注册证》应当妥善保管和正确使用。《商标注册证》是商标局发给商标注册人的用以证明商标专用权的文件。《商标注册证》遗失或者损坏的，必须申请补发。禁止伪造或者涂改《商标注册证》，伪造或者涂改《商标注册证》的，由其所在地工商行政管理机关根据情节处以 2 万元以下的罚款，并收缴伪造或者涂改的《商标注册证》。

【随堂演练9-14】 连续（　　）停止使用的，商标局可以撤销其注册商标。

A. 6个月　　B. 1年　　C. 2年　　D. 3年

【答案】 D

（二）未注册商标的使用管理

未注册商标使用人不享有商标专用权。未注册商标不受法律保护，但这不等于对它不进行管理。《商标法》第25条规定："将未注册商标冒充注册商标使用的，或者使用未注册商标违反本法第10条规定的，由地方工商行政管理部门予以制止，限期改正，并可以予以通报，违法经营额五万元以上的，可以处违法经营额百分之二十以下的罚款，没有违法经营额或者违法经营额不足五万元的，可以处一万元以下的罚款。"

【随堂演练9-15】 未注册商标使用人实施的下列行为中，符合法律规定的是（　　）。

A. 在未注册商标上做注册标记　　B. 在人用药品上使用未注册商标

C. 在兽用药品上使用未注册商标　　D. 在烟草制品上使用未注册商标

【答案】 C

【解析】 根据《商标法》的规定，烟草制品、人用药品上使用的商标，未经商标局核准注册，该类商品就不得在市场上销售。除了这两种商品之外，其他商品都是自愿注册，所以B选项和D选项不符合法律规定，C选项符合法律规定。法律同时规定注册标记只能使用在注册商标上，所以A选项不符合法律规定。

六、注册商标专用权的保护

注册商标专用权的保护，是指运用法律手段制止、制裁商标侵权行为，以确保商标权人对其注册商标所享有的商标权得以实现的法律机制。

我国《商标法》对注册商标专用权的保护范围有明确规定，即注册商标专用权的保护仅限制在核准注册的商标和核定使用的商品范围内。同时，对注册商标专用权的具体保护，则是通过对各类商标侵权行为进行制止和惩罚来达到保护目的的。

（一）侵犯注册商标专用权行为的构成要件

所谓侵犯注册商标专用权的行为，是指违反《商标法》的规定，侵犯他人注册商标专用权的行为。各种商标侵权行为严重侵犯了商标注册人的商标专用权，扰乱了商标管理秩序，危害了消费者的合法权益，是我国《商标法》所禁止的违法行为。

判断行为是否属于《商标法》所规定的商标侵权行为，必须满足一定的构成要件：（1）行为人在主观上存在故意；（2）行为人实施了侵害他人商标专用权的行为；（3）发生了商标注册人的商标权受到损害的事实；（4）商标侵权行为与商标权的损害之间存在因果联系。

（二）侵犯注册商标专用权的行为

我国《商标法》明确规定了商标侵权行为的具体表现：（1）未经商标注册人的许可，在同一种商品上使用与其注册商标相同的商标的。（2）未经商标注册人的许可，在同一种商品上使用与其注册商标近似的商标，或者在类似商品上使用与其注册商标相同或者近似的商标，容易导致混淆的。（3）销售侵犯注册商标专用权的商品的。（4）伪造、擅自制造他人注册商标标识或者销售伪造、擅自制造的注册商标标识的。（5）未经商标注册人同意，更换其注册商标并将该更换商标的商品又投入市场的（反向假冒行为）。（6）故意为侵犯他人商标专用权行为提供便利条件，帮助他人实施侵犯商标专用权行为的。（7）给他人的注册商标专用权造成其他损害的，具体包括：经销明知或应知是侵犯他人注册商标专用权的商品；在同一种或类似商品上，将与他人注册商标相同或者近似的文字、图形作为商品名称或者商品装潢使用，并足以造成误会；故意为侵犯他人注册商标专用权行为提供仓储、运输、邮寄、隐匿等便利条件；在文学作品、广告宣传中，或者以其他方式诋毁他人注册商标的声誉；其他侵权行为。（8）反向假冒行为，即未经商标注册人同意，更换其注册商标并将更换商标的商品又投入市场的。

（三）商标的合理使用

注册商标中含有的本商品的通用名称、图形、型号，或者直接表示商品的质量、主要原料、功能、用途、重量、数量及其他特点，或者含有的地名，注册商标专用权人无权禁止他人正当使用；三维标志注册商标中含有的商品自身的性质产生的形状、为获得技术效果而需要有的商品形状或者使商品具有实质性价值的形状，注册商标专用权人无权禁止他人正当使用；商标注册人申请商标注册前，他人已经在同一种商品或者类似商品上先于商标注册人使用与注册商标相同或者近似并有一定影响的商标的，注册商标专用权人无权禁止该使用人在原使用范围内继续使用该商标，但可以要求其附加适当区别标识。

（四）侵犯注册商标专用权纠纷的解决

商标专用权引起的纠纷可以由当事人协商解决，被侵权人也可以向县级以上工商行政管理部门要求处理。对假冒他人注册商标的，任何人都可以向工商行政管理部门或检察机关控告和检举。工商行政管理部门对涉嫌侵犯他人注册商标专用权的行为进行查处时，可以行使下列职权：（1）询问有关当事人，调查与侵犯他人注册商标专用权有关的情况；（2）查阅、复制当事人与侵权活动有关的合同、分配、账簿以及其他有关资料；（3）对当事人涉嫌从事侵犯他人注册商标专用权活动的场所实施现场检查；（4）检查与侵权活动有关的物品；（5）对有证据证明是侵犯他人注册商标专用权的物品，可以查封或者扣押。当事人对工商行政管理机关作出的处理决定不服的，可以在收到决定通知之日起 15 日内向上一级工商行政管理机关申请复议。上一级工商行政管理机关应当在收到复议申请之日起 2 个月内，作出复议决定。对复议决定不服的，当事人可以在收到复议决定通知之日起 15 日内向人民法院起诉。逾期不申请复议、不起诉又不履行的，由工商行政管理机关申请人民法院强制执行。

根据《商标法》的规定，商标注册人或者利害关系人对侵犯商标专用权的行为，还可以直接向人民法院起诉。商标侵权行为一般都是连续的、动态的过程。为了避免商标权人遭受更大的损失，及时制止商标侵权行为，我国《商标法》规定，商标注册人或者利害关系人有证据证明他人正在实施或者即将实施侵犯其注册商标专用权的行为，如不及时制止将会使其合法权益受到难以弥补的损害的，可以依法在起诉前向人民法院申请采取责令停止有关行为和财产保全的措施。同时，《商标法》规定，为制止侵权行为，在证据可能灭失或者以后难以取得的情况下，商标注册人或者利害关系人可以依法在起诉前向人民法院申请保全证据。

在查处商标侵权案件过程中，对商标权属存在争议或者权利人同时向人民法院提起商标侵权诉讼的，工商行政管理部门可以中止案件的查处。中止原因消除后，应当恢复或者终结案件查处程序。

（五）侵犯注册商标专用权的法律责任

侵犯注册商标专用权的法律责任包括民事责任、行政责任和刑事责任。

1. 民事责任。民事责任主要包括停止侵犯、消除影响、赔偿损失等。其中，根据《商标法》的规定，侵犯商标专用权的赔偿数额，按照权利人因被侵权所受到的实际损失确定；实际损失难以确定的，可以按照侵权人因侵权所获得的利益确定；权利人的损失或者侵权人获得的利益难以确定的，参照该商标许可使用费的倍数合理确定。对恶意侵犯商标专用权，情节严重的，可以在按照上述方法确定数额的1倍以上3倍以下确定赔偿数额。赔偿数额应当包括权利人为制止侵权行为所支付的合理开支。人民法院为确定赔偿数额，在权利人已经尽力举证而与侵权行为相关的账簿、资料主要由侵权人掌握的情况下，可以责令侵权人提供与侵权行为相关的账簿、资料；侵权人不提供或者提供虚假的账簿、资料的，人民法院可以参考权利人的主张和提供的证据判定赔偿数额。权利人因被侵权所受到的实际损失、侵权人因侵权所获得的利益、注册商标许可使用费难以确定的，由人民法院根据侵权行为的情节判决给予300万元以下的赔偿。

2. 行政责任。行政责任主要包括：（1）责令立即停止侵权行为。（2）没收、销毁侵权商品和专门用于制造侵权商品、伪造注册商标标识的工具。（3）罚款。根据规定，工商行政管理部门处理时，对违法经营额5万元以上的，可以处违法经营额5倍以下的罚款，没有违法经营额或者违法经营额不足5万元的，可以处25万元以下的罚款。对5年内实施两次以上商标侵权行为或者有其他严重情节的，应当从重处罚。销售不知道是侵犯注册商标专用权的商品，能证明该商品是自己合法取得并说明提供者的，由工商行政管理部门责令停止销售。

对侵犯商标专用权的赔偿数额的争议，当事人可以请求进行处理的工商行政管理部门调解，也可以依照《中华人民共和国民事诉讼法》向人民法院起诉。经工商行政管理部门调解，当事人未达成协议或者调解书生效后不履行的，当事人可以依照《中华人民共和国民事诉讼法》向人民法院起诉。

3. 刑事责任。侵犯注册商标专用权的行为严重到触犯刑律的程度，侵权人应依法承担刑事责任。根据我国《刑法》的规定：（1）未经注册商标所有人许可，在同一种商品上使用与其注册商标相同的商标，情节严重的，处3年以下有期徒刑或者拘役，并处或者单处罚金；情节特别严重的，处3年以上7年以下有期徒刑，并处罚金。（2）销售明知是假冒注册商标的商品，销售金额数额较大的，处3年以下有期徒刑或者拘役，并处或者单处罚金；销售金额数额巨大的，处3年以上7年以下有期徒刑，并处罚金。（3）伪造、擅自制造他人注册商标标识或者销售伪造、擅自制造的注册商标标识，情节严重的，处3年以下有期徒刑、拘役、管制，并处或者单处罚金；情节特别严重的，处3年以上7年以下有期徒刑，并处罚金。

复习思考题

1. 简述工业产权的概念和特征。
2. 简述商标的概念和构成要素。
3. 哪些行为构成商标的侵权行为？
4. 新《商标法》有哪些重要的修订？
5. 专利权人的权利和义务是什么？
6. 专利的申请、审查和批准程序有哪些？

第十章　合同法律制度

【内容提要】本章介绍合同法律制度。主要内容包括：合同的概念、种类、特征；订立合同的形式、内容、程序，合同成立的时间和地点，缔约过失责任；合同生效的一般规定、无效合同、可变更或可撤销合同、效力待定合同；合同履行的规则、抗辩权的行使、合同的保全措施；合同的变更、转让；合同权利义务关系终止的具体情形和法律后果；违约责任。

【教学要点】通过本章的学习，重点掌握合同订立的程序；缔约过失责任；合同的效力；合同的履行、变更、转让、解除以及违约责任承担方式等。

第一节　合同与合同法概述

一、合同的概念和分类

（一）合同的概念

《合同法》第2条规定，合同是平等主体的自然人、法人、其他组织之间设立、变更、终止民事权利义务关系的协议。

合同具有以下法律特性：

1. 合同是平等主体之间的协议。合同至少有两方当事人，这里的当事人可以是自然人，也可以是法人或其他组织。合同是双方当事人意思表示一致的民事法律行为。

2. 合同是以设立、变更、终止民事权利义务关系为目的的民事法律行为。设立民事权利义务关系，是指当事人通过订立合同形成合同法律关系，从而享受具体的民事权利、承担具体的民事义务。变更民事权利义务关系，是指当事人通过协商，使原有的合同法律关系在内容上发生变化。终止民事权利义务关系，是指当事人依照法律规定或依照双方或多方当事人约定而消灭合同法律关系。

3. 合同具有法律约束力。依法成立的合同，受法律保护，对当事人具有法律约束力，当事人应当按照合同约定全面履行自己的义务。

【疑难问题10－1】合同与协议有什么区别？

【解析】合同与协议是同一概念，协议是人们一种习惯上的叫法。合同是具有特定内容的协议，用来约定当事人相互之间的权利义务关系。具备了合同特征的协议就是合同。实践中，合同以不同的名词出现，如合同、合同书、协议、协议书、备忘录等。名字不重要，关键是看其内容。

（二）合同的分类

根据不同的标准可以对合同进行不同的分类。

1. 有名合同和无名合同。有名合同又称典型合同，是指法律做了明确规定并赋予一个特定名称的合同。我国《合同法》分则中列出的买卖合同、赠与合同、借款合同、承揽合同等15种合同即属此类。除了有名合同以外法律未做明确规定的合同，皆属无名合同。

2. 要式合同和不要式合同。要式合同是指法律要求必须具备一定的形式和手续的合同，如履行核准、登记手续，采取书面、公证形式。反之为不要式合同。

3. 双务合同和单务合同。双务合同是指双方当事人互负义务的合同。单务合同是指当事人一方只尽义务而另一方只享有权利的合同。

4. 有偿合同和无偿合同。有偿合同是指享有合同权利必须支付代价的合同；反之，则为无偿合同，例如借用合同。

5. 主合同和从合同。主合同是指不需要依附其他合同而能单独存在的合同；从合同是指必须以其他合同的存在为前提而存在的合同，如担保合同。

6. 诺成合同和实践合同。诺成合同是指当事人意思表示一致合同即成立的合同，例如买卖合同；实践合同是指当事人除意思表示一致外还需交付标的物才能成立的合同，例如借款合同。

二、合同法概述

合同法是调整民事主体之间商品流转交换关系的法律规范总称，是市场经济最基本的法律。我国现行的合同法是1999年10月1日起实施的《中华人民共和国合同法》。除此之外，我国《民法通则》中所涉及的有关合同的条款、司法解释（《关于适用〈合同法〉若干问题的解释》《关于适用〈担保法〉若干问题的解释》）、我国参与的有关涉外合同的国际条约（《联合国国际货物销售合同公约》）和国际贸易惯例（《国际贸易术语解释通则》《国际商事合同通则》）等，都属于合同法的范畴。

（一）合同法的调整范围

1. 合同法调整的是平等主体之间的民事法律关系。政府的经济管理活动属于行政管理关系，不是民事关系，不适用《合同法》；企业、单位内部的管理关系，不是平等主体之间的关系，也不适用《合同法》。

2. 合同法主要调整法人、其他组织之间的经济贸易合同关系，同时还包括自然人之间的买卖、租赁、借贷、赠与等合同关系。

3. 婚姻、收养、监护等有关身份关系的协议，不适用《合同法》的规定，由其他法律规定。

（二）合同法的基本原则

我国《合同法》为相关主体在立法、执法、司法以及从事交易活动过程中应遵循的法律准则提出了要求，这就是《合同法》的基本原则。

1. 平等原则。平等原则是指合同法律关系中，当事人无论具有何种身份，在法律地位上都是平等的，任何一方不得把自己的意志强加给另一方。

2. 自愿原则。自愿原则是指当事人依法享有自愿订立合同的权利，任何单位和个人不得非法干预。合同自愿原则在现实经济生活中表现为任何人在决定是否订立合同、同谁订立合同、订立合同的种类和内容以及变更、解除合同时，完全由他们的自愿意志来决定。

3. 公平原则。公平原则是指合同当事人在从事合同法律行为时，要按照价值规律的要求进行等价交换，公平地确定各方的权利和义务，实现各自的经济利益。公平原则的核心是等价有偿。公平原则体现了价值规律对商品流通的根本要求，反映了商品交换的一般法则。

4. 诚实信用原则。诚实信用原则是指在合同订立、履行过程中，双方当事人应当讲诚实、守信用、恪守诺言，不规避法律，相互协作，密切配合，全面履行合同所约定的各项义务。

5. 不得损害社会公共利益原则。这一原则是对自愿原则的限制和补充。自愿原则不是绝对的，当事人必须遵守法律、行政法规，遵守社会公德，不得扰乱社会经济秩序，不得损害社会公共利益。

第二节　合同的订立

合同的订立，是指合同当事人依法进行协商，就合同的主要条款达成一致意见的过程。

一、合同的内容和形式

（一）合同的内容

《合同法》规定，合同的内容由当事人约定，一般包括以下条款：（1）当事人的名称或者姓名和住所；（2）标的；（3）数量；（4）质量；（5）价款和酬金；（6）履行期限、地点和方式；（7）违约责任；（8）解决争议的方法。

【随堂演练 10－1】 下列选项中，属于所有合同必备条款的有（　　）。

A. 当事人的名称或者姓名　　B. 当事人的住所

C. 标的　　D. 违约责任

【答案】 ABC

【解析】 当事人为了保证合同义务严格按照约定履行，为了及时地解决合同纠纷，“可以”在合同中明确规定违约责任条款。

（二）合同的形式

1. 口头形式。口头形式是指当事人只用语言为意思表示订立合同。口头形式合同直接、简便、迅速，但在发生争议时，不易取证，不易分清是非。口头形式适用于即时清结的合同。

2. 书面形式。书面形式是指合同书、信件和数据电文（包括电报、电传、传真、电子数据交换和电子邮件）等可以有形地表现所载内容的形式。书面形式明确肯定，有据可查，对防止争议和解决纠纷具有积极作用。实践中，书面形式是当事人最为普遍采用的一种合同约定形式。

3. 其他形式。其他形式主要指公证、鉴证、批准、登记、行为等形式。

二、格式合同

格式合同是不断重复的同类交易内容的固定化。为了使双方当事人避免每次相同条件的谈判和协商的烦琐与麻烦，降低交易成本，格式合同应运而生。

（一）格式合同的概念

格式合同是指合同条款由一方当事人预先拟订，在同类交易中统一使用，对方当事人对其内容不能修改的合同。因此，格式合同容易出现显失公平的情况。为了保证格式合同的公正性，我国《合同法》对格式合同和格式条款作了限制性规定。

（二）格式合同的法律限制

1. 提供格式合同一方的义务。我国《合同法》规定，采用格式条款订立合同的，提供格式条款的一方应当遵循公平原则确定当事人之间的权利和义务，并采取合理的方式提请对方注意免除或者限制其责任的条款，按照对方的要求对该条款予以说明。

2. 格式条款无效的情形。格式合同有下列情形的，将导致合同全部或者部分无效。(1) 提供格式条款的一方免除其责任，加重对方责任，排除对方主要权利的条款无效。(2) 格式条款具有《合同法》第 52 条规定的情形时无效，包括：一方以欺诈、胁迫的手段订立合同，损害国家利益；恶意串通，损害国家、集体或者第三人的利益；以合法形式掩盖非法目的；损害社会公共利益；违反法律、行政法规的强制性规定。(3) 格式条款具有《合同法》第 53 条规定的情形时无效，包括：有造成对方人身伤害的免责条款；有因故意或重大过失造成对方财产损失的免责条款。

（三）格式条款的解释

《合同法》规定，对格式条款的理解发生争议的，应当按照通常理解予以解释；对格式条款有两种以上解释的，应当作出不利于提供格式条款一方的解释；格式条款和非格式条款不一致的，应当采用非格式条款。

三、合同订立的程序

合同订立的程序一般可以分为要约和承诺两个阶段。

（一）要约

要约即订约提议，是当事人一方向对方提出订立合同的意思表示。前者称为要约人，后者称为受要约人。

1. 要约有效的条件。根据我国《合同法》的规定，要约有效应当具备以下条件：(1) 要约应向特定的相对人发出。如甲向乙提出希望购买其房，乙便是特定的相对人。但在特殊情况下，受要约人也可以不是特定的。如商业广告的相对人是不特定的，但如果其内容符合要约的规定，可以视为要约。(2) 要约内容应当具体确定。要约内容“具体”是指要约的内容明确、全面，受要约人通过要约能清楚地了解要约人的真实意思，以便决定是否承诺。内容“确定”指应提出合同的主要条款，并且条款必须明确，不能含糊不清。(3) 表明经受要约人承诺，要约人即受该意思表示的约束。要约是法律行为，对方一旦接受要约，合同即告成立。要约人不得反悔，否则，应承担相应的法律后果。

2. 要约邀请。要约邀请又称要约引诱，是希望他人向自己发出要约的意思表示。我国《合同法》规定，寄送的价目表、拍卖公告、招标公告、招股说明书、商业广告等为要约邀请。

要约邀请与要约的区别在于：(1) 目的不同。要约是当事人自己主动愿意订立合同的意思表示，以订立合同为直接目的；要约邀请是当事人表达某种意思的事实行为，其内容是希望对方向自己提出订立合同的意思表示。(2) 所包含内容不同。要约必须包括未来订立合同的主要内容，而要约邀请则不一定包含合同得以成立的主要内容。(3) 方式不同。要约大多数是针对特定相对人的，故要约往往采取对话方式和信函方式，而要约邀请一般是针对不特定多数人的，故往往通过电视、报刊等媒介手段。(4) 法律约束力不同。要约对要约人有约束力，要约邀请没有约束力。

3. 要约生效。要约到达受要约人时生效。一般来说，采用数据电文形式订立合同，收件人指定特定系统接收数据电文的，该数据电文进入该特定系统的时间，视为到达时间；未指定特定系统的，该数据电文进入收件人的任何系统的首次时间，视为到达时间。

4. 要约撤回和撤销。要约撤回，是指要约发出后，到达受要约人之前，要约人阻却要约而取消要约的意思表示。要约从到达要约人时生效，在要约未生效以前，要约人有权取消要约。但是，撤回要约的通知应当在要约到达受要约人之前或者与要约同时到达受要约人。要约撤销，是指要约人在要约生效后，受要约人承诺前，使要约丧失法律效力的意思表示。撤销要约的通知应当在受要约人发出承诺通知之前到达受要约人。由于撤销要约可能会给受要约人带来不利影响，损害受要约人利益，法律规定了两种不得撤销要约的情形：(1) 要约人确定了承诺期限或者以其他形式明示要约不可撤销；(2) 受要约人有理由认为该要约是不可撤销的，并已经为履行合同作了准备工作。

5. 要约失效。要约失效是指要约丧失法律效力，要约人和受要约人均不再受其约束。我国《合同法》规定，有下列情形之一的，要约失效：(1) 拒绝要约的通知到达要约人；(2) 要约人依法撤销要约；(3) 承诺期限届满，受要约人未作出承诺；(4) 受要约人对要约的内容作出实质性变更。

【随堂演练 10-2】 甲公司于3月5日向乙企业发出签订合同要约的信函。3月8日乙企业收到甲公司声明该要约作废的传真。3月10日乙企业收到该要约的信函。甲公司发出传真声明要约作废的行为是（　　）。

A. 要约撤回　　B. 要约撤销　　C. 要约生效　　D. 要约失效

【答案】A

【解析】法律规定要约可以撤回，撤回要约的通知应当在要约到达受要约人之前或者与要约同时到达受要约人。

（二）承诺

承诺是受要约人完全同意接受要约内容的意思表示。一般而言，要约一经承诺，合同即告成立。

1. 承诺有效的条件。

（1）承诺必须由受要约人作出。

（2）承诺的内容必须与要约的内容一致。“一致”是指，受要约人同意要约，未对其内容作实质性的变更。

（3）承诺必须由受要约人在承诺期限内向要约人作出。如果要约规定了承诺期限，则应该在规定的承诺期限内作出；如果没有规定期限，则应当在合理期限内作出。如果承诺人超过了规定的期限作出承诺，则视为承诺迟到，或称为逾期承诺。一般而言，逾期承诺在民法上被视为一项新的要约，而不是承诺。

（4）承诺的方式必须符合要求。我国《合同法》第22条规定，承诺应当以通知的方式作出，但根据交易习惯或者要约表明可以通过行为作出承诺的除外。

2. 承诺生效的时间。承诺通知于到达要约人时生效。承诺不需要通知的，根据交易习惯或者要约的要求作出承诺，承诺于作出时生效。

3. 承诺的撤回。承诺的撤回是指承诺人阻却承诺效力生成的意思表示。承诺因到达要约人时生效，因此，其撤回承诺的通知应当在承诺通知到达要约人之前或者与承诺通知同时到达要约人。

【随堂演练10-3】判断题：采用数据电文形式订立合同，收件人未指定特定系统的，数据电文进入收件人的任何系统的首次时间，视为要约或者承诺到达时间。（　　）

【答案】√

【解析】采用数据电文形式订立合同，收件人指定特定系统接收数据电文的，该数据电文进入该特定系统的时间，视为到达时间；未指定特定系统的，该数据电文进入收件人的任何系统的首次时间，视为到达时间。

四、合同成立的时间和地点

1. 合同成立的时间。我国《合同法》规定，承诺生效时合同成立。由于合同的形式不同，确定合同成立的时间标准也不同。当事人约定采取合同书形式订立合同的，自双方当事人签字或者盖章时成立。当事人采用信件、数据电文等形式订立合同的，要求签订确认书的，签订确认书时合同成立。法律、法规规定或者当事人约定采取书面形式或者合同书形式订立合同，当事人未采取书面合同或者在合同书上签字、盖章之前，当事人一方已经履行合同主要义务，对方接受的，该合同成立。

2. 合同成立的地点。合同成立的地点又称合同的签订地。合同成立地点的明确，对确定合同纠纷的诉讼管辖、适用交易习惯等有重要意义。承诺生效的地点为合同成立的地点。采取数据电文形式订立合同的，收件人的主营业地为合同成立的地点；没有主营业地的，其经常居住地为合同成立的地点。当事人另有约定的，按照其约定。

【随堂演练10－4】 判断题：甲乙双方约定采用合同书形式订立合同，在签字、盖章之前，甲顺路将货物送到，乙方接受了货物，此时该合同已经成立。（　　）

【答案】 √

【解析】 采取合同书形式订立合同，在签字、盖章之前，当事人一方已经履行合同主要义务，对方接受的，该合同成立。

五、缔约过失责任

缔约过失责任是指当事人在订立合同过程中因违背诚实信用原则给对方造成损失时所应承担的法律责任。

根据我国《合同法》的规定，当事人在订立合同过程中有下列情形之一，给对方造成损失的，应当承担损害赔偿责任：（1）假借订立合同，恶意进行磋商；（2）故意隐瞒与订立合同有关的重要事实或者提供虚假情况；（3）有其他违背诚实信用原则的行为；（4）当事人在订立合同过程中知悉的商业秘密，无论合同是否成立，不得泄露或者不正当地使用，否则，需要承担缔约过失责任。

第三节　合同的效力

合同的效力是指已经成立的合同在当事人之间产生的法律约束力。合同的成立与合同的效力不同。合同的成立解决的是当事人之间意思表示是否一致的问题，而合同的效力解决的是法律对已经成立合同的价值评判问题。

《合同法》就合同的效力状态规定了有效合同、无效合同、可变更可撤销合同、效力待定合同等情形。

一、有效合同

有效合同是指依法成立并发生法律效力的合同。有效合同应具备的要件包括：当事人具备相应的民事权利能力和民事行为能力；当事人意思表示真实；不违反法律、行政法规或者损害社会公共利益。我国《合同法》对有效合同的生效时间作出了如下规定。

1. 依法成立的合同，自成立时生效。

2. 法律、行政法规规定应当办理批准、登记等手续生效的，依照其规定办理批准。如我国《担保法》规定，房屋抵押合同自办理登记手续之日起生效。

3. 当事人对合同的效力可以约定附条件。《合同法》第54条规定，当事人对合同的效力可以约定附条件。附生效条件的合同，自条件成就时生效。附解除条件的合同，自条件成就时合同失效。同时，《合同法》规定，当事人为自己的利益不正当地阻止条件成就的，视为条件已成就；不正当地促成条件成就的，视为条件不成就。

4. 合同自期限届至时生效、期限届满时失效。《合同法》第46条规定，当事人对合同的效力可以约定附期限。附生效期限的合同，自期限届至时生效；附终止期限的合同，自期限届满时失效。

二、无效合同和可撤销合同

（一）无效合同

无效合同是相对于有效合同而言的，是指当事人之间已经成立的合同由于违反法定事由而不具有法律效力的合同。无效合同自始不具有法律约束力。合同的无效分为全部无效与部分无效两种情况。

1. 合同无效的法定情形。

（1）一方以欺诈、胁迫的手段订立合同，损害国家利益。“欺诈”是指一方当事人故意欺骗他人，使他人陷入错误而与之订立合同的行为。“胁迫”是一方当事人以将来要发生的损害或者以直接实施损害相威胁，而使对方当事人产生恐惧并与之订立合同的行为。

（2）恶意串通，损害国家、集体或者第三人利益。“恶意串通”是指合同当事人在明知或者应当知道这种行为将会损害国家、集体或者第三人利益的情况下而故意共同实施的行为。

（3）以合法形式掩盖非法目的。以合法形式掩盖非法目的是指合同当事人虽然订立了形式上合法的合同，但其目的是规避法律、法规的强制性规范。

（4）损害社会公共利益。这是指合同履行的结果会对社会公共利益造成损害。

（5）违反法律、行政法规的强制性规定。违反法律、行政法规的义务性规范和禁止性规范而订立的合同为无效合同。

此外，当事人超越经营范围订立的合同，人民法院不因此认定合同无效。但违反国家限制经营、特许经营以及法律、行政法规禁止经营的除外。

2. 部分无效合同的情形。合同部分无效，不影响其他部分的效力，其他部分仍然有效。根据我国《合同法》的规定，下列免责条款无效：（1）造成对方人身伤害的；（2）因故意或者重大过失造成对方财产损失的；（3）格式条款中加重对方责任、排除对方主要权利的。

合同的免责条款，是指当事人约定免除或者限制其未来责任的合同条款。无效免责条款，是指没有法律约束力的免责条款。

【疑难问题10－2】 如何理解无效合同中所规定的以合法形式掩盖非法目的的情形？

【解析】 以合法形式掩盖非法目的是指当事人通过实施合法的行为而掩盖其非法的目的；或其从事的行为形式上是合法的，而在内容上非法。这种行为又称为隐匿行为。在实施这种行为中，当事人故意表现出来的形式或故意实施的行为并不是其想达到的目的，也不是其真实意志，而只是希望通过这种形式和行为而掩盖和达到非法的目的。例如，通过合法的买卖行为而达到隐匿财产，逃避债务的目的；为滥发实物而采取合法的赠送手段等。这种行为就其外表来看是合法的，但是外表行为只是达到行为人的非法目的的手段。由于被掩盖的目的是非法的，并将造成对国家、集体或第三人的损害，因此这种行为是无效的。

（二）可撤销合同

可撤销合同，是指当事人在订立合同时，因意思表示不真实，法律允许撤销权人通过行使撤销权而使已经生效的合同内容发生变更或归于无效的合同。合同被撤销后，自始没有法律效力。

我国《合同法》规定，下列合同当事人一方有权请求法院或仲裁机构予以变更或撤销。

1. 因重大误解订立的合同。重大误解，是指一方当事人因自己的过失导致对合同的内容等发生误解而订立合同的行为。

2. 显失公平所订立的合同。显失公平，是指一方当事人在紧迫或者缺乏经验的情况下而订立的明显对自己有重大不利的合同的行为。

3. 一方以欺诈、胁迫的手段或者乘人之危，使对方在违背真实意思的情况下订立的合同。当事人请求变更的，人民法院或仲裁机构不得撤销。

撤销权的行使是有时效和限制的。我国《合同法》规定，有下列情形之一的，撤销权消灭：（1）具有撤销权的当事人自知道或者应当知道撤销事由之日起1年内没有行使撤销权的；（2）具有撤销权的当事人知道撤销事由后明确表示或者以自己的行为放弃撤销权的。

（三）合同被确认无效或被撤销的法律后果

1. 返还财产。合同无效或者被撤销后，因该合同取得的财产，应当予以返还。

2. 折价补偿。不能返还或者不需要返还的，应当折价补偿。

3. 赔偿损失。有过错的一方应当赔偿对方因此所受到的损失；双方都有过错的，应当各自承担相应的责任。

4. 收归国库所有或者返还集体及第三人。当事人恶意串通，损害国家、集体或者第三人利益的，因此取得的财产收归国家所有或者返还集体、第三人。

【随堂演练 10－5】 下列关于可撤销合同特征的表述中，符合《合同法》规定的有（　　）。

A. 可撤销合同一般是意思表示不真实的合同

B. 可撤销合同的效力在撤销前处于未定状态

C. 对可撤销合同的撤销要由有撤销权人通过行使撤销权来实现

D. 可撤销合同在未被撤销以前是有效的，一旦撤销，则从行为开始无效

【答案】 ACD

【解析】 可撤销合同在被撤销之前仍是有效合同。

三、效力待定合同

对于某些方面不符合合同生效的要件，但并不属于无效合同或者可撤销合同，法律允许根据情况予以补救的合同，被称为效力待定合同。

我国《合同法》规定，下列合同属于效力待定合同。

（一）主体不合格的合同

主体不合格的合同，是指缺乏合同能力或者主体资格的人订立的合同。

《合同法》规定，限制民事行为能力的人订立的合同，经法定代理人追认后，该合同有效。但如果是纯获利益的合同或者是与其年龄、智力、精神健康状况相适应而订立的合同，不必经法定代理人追认，合同当然有效。

相对人也可催告法定代理人在1个月内予以追认。法定代理人未作表示的，视为拒绝追认。合同被追认之前，善意相对人有撤销的权利。撤销应当以通知的方式做出。所谓“善意”是指合同的相对人在签订合同时并不知道或者不可能知道对方当事人是限制民事行为能力的人。

（二）因无权代理而订立的合同

行为人没有代理权、超越代理权或者代理权终止后以被代理人名义订立的合同，未经被代理人追认，对被代理人不发生效力，由行为人承担责任。相对人可以催告被代理人在1个月内予以追认。被代理人未作表示的，视为拒绝追认。合同被追认之前，善意相对人有撤销的权利。撤销应当以通知的方式做出。

行为人没有代理权、超越代理权或者代理权终止后以被代理人名义订立的合同，相对人有理由相信行为人有代理权的，该代理行为有效。

（三）无处分权的合同

无处分权的人处分他人财产，经权利人追认或者无处分权的人订立合同后取得处分权的，该合同有效。

【随堂演练10－6】2017年3月10日，甲以其不动产为抵押物与乙签订为期1年的借款合同。2018年2月10日，乙将甲抵押的不动产作为标的与丙签订买卖合同，甲得知后对此表示反对。按照法律规定，乙丙双方所签订的合同是（　　）。

A. 有效合同　　B. 无效合同

C. 可撤销合同　　D. 效力待定合同

【答案】B

【解析】根据《合同法》规定，无处分权的人处分他人财产，经权利人追认或者无处分权的人订立合同后取得处分权的，该合同有效。在本案中，乙将甲抵押的不动产作为标的与丙签订买卖合同，由于甲得知后对此表示反对，因此，乙丙双方所签订的合同在效力上属于无效合同。如乙丙订立的买卖合同经不动产的权利人甲追认，或者乙在订立合同后取得处分权的，该合同属于有效合同。

（四）法定代表人、负责人超越权限订立的合同

我国《合同法》规定，经济组织的法定代表人、负责人超越权限订立的合同，除相对人知道或者应当知道其超越权限的以外，该代表行为有效。

第四节 合同的履行

合同的履行是指合同生效以后，合同当事人依照合同的约定或法律的规定全面完成各自合同义务的行为。合同签订后，关键在于是否能够全面履行合同所规定的内容，也就是说，当事人之所以要订立合同，完全是为了实现合同。

一、合同履行的原则

合同履行的原则，是当事人履行合同的基本准则。我国《合同法》规定了合同履行应当遵循以下原则：（1）全面履行原则，即按照合同约定的主体、标的、数量、质量、时间、地点、方式等全面履行合同；（2）诚实信用履行原则，即当事人应当遵循诚实信用原则，根据合同的性质、目的、交易习惯履行通知、协助、保密等义务；（3）协作履行原则，即合同双方当事人应当尽力协助对方履行其义务，在整个履行过程中，贯彻团结互助、相互协作的精神。

二、合同履行的具体规则

（一）当事人就有关合同内容约定不明时的履行规则

合同生效后，当事人就质量、价款或者报酬、履行地点等内容没有约定或者约定不明确的，可以协议补充。不能达成补充协议的，按照合同有关条款或者交易习惯确定。仍不能确定的，适用下列规定。

1. 质量要求不明确的，按照国家标准、行业标准履行；没有国家标准、行业标准的，按照通常标准或者符合合同目的的特定标准履行。

2. 价款或者报酬不明确的，按照订立合同时履行地的市场价格履行；依法应当执行政府定价或者政府指导价的，按照规定履行。

3. 履行地点不明确，给付货币的，在接受货币一方所在地履行；交付不动产的，在不动产所在地履行；其他标的，在履行义务一方所在地履行。

4. 履行期限不明确的，债务人可以随时履行，债权人也可以随时要求履行，但应当给对方必要的准备时间。

5. 履行方式不明确的，按照有利于实现合同目的的方式履行。

6. 履行费用的负担不明确的，由履行义务一方负担。

（二）涉及第三人的合同履行规则

1. 向第三人履行的合同。当事人约定由债务人向第三人履行债务的，债务人未向第三人履行债务或者履行债务不符合约定，应当向债权人承担违约责任。

2. 由第三人履行的合同。当事人约定由第三人向债权人履行债务的，第三人不履行债务或者履行债务不符合约定的，债务人应当向债权人承担违约责任。

对于涉及第三人的合同，无论是“向第三人履行的合同”还是“由第三人履行的合同”，我国《合同法》严格遵循合同相对性规则，并不将第三人作为合同当事人对待，第三人只是合同的履行人。

三、双务合同履行中的抗辩权

双务合同履行中的抗辩权，是在符合法定条件时，当事人一方对抗对方当事人的履行请求权，拒绝履行其债务的权利。它包括同时履行抗辩权、后履行抗辩权和不安抗辩权三种。这些抗辩权是一时性的抗辩权，其行使只是在一定期限内中止履行合同，并不能消灭合同的效力。当抗辩权的发生事由消除后，债务人应当履行合同。

（一）同时履行抗辩权

同时履行抗辩权，是指在没有规定履行顺序的双务合同中，当事人在对方当事人未履行前，有拒绝对方请求自己履行合同的权利。我国《合同法》规定："当事人互负债务的，没有先后履行顺序的，应当同时履行。一方在对方未履行债务之前有权拒绝其履行要求。一方在对方履行债务不符合约定时，有权拒绝其相应的履行要求。"

【随堂演练 10 -7】甲公司与乙饮料厂签订一份买卖纯净水的合同，约定提货时付款。甲公司提货时称公司出纳突发急病，支票一时拿不出来，要求先提货，乙饮料厂拒绝。该厂行使的这种权利称为（　　）。

A. 不安抗辩权　　B. 先履行抗辩权

C. 后履行抗辩权　　D. 同时履行抗辩权

【答案】D

【解析】同时履行抗辩权，是指在没有规定履行顺序的双务合同中，当事人在对方当事人未履行前，有拒绝对方请求自己履行合同的权利。

（二）后履行抗辩权

后履行抗辩权，是指当事人互负债务，有先后履行顺序。先履行一方未履行，后履行一方有权拒绝其履行要求；先履行一方履行债务不符合约定的，后履行一方有权拒绝其相应的履行要求。我国《合同法》规定："当事人互负债务的，有先后履行顺序，先履行一方未履行的，后履行一方有权拒绝其履行要求；先履行一方履行义务不符合约定的，后履行一方有权拒绝其相应的履行要求。"

（三）不安抗辩权

不安抗辩权，又称先履行抗辩权，是指双务合同中应先履行义务的一方当事人有证据证明后履行一方丧失履行债务能力时，在对方没有履行或者没有提供担保之前，有权中止履行合同的权利。《合同法》规定，应当先履行债务的当事人，有确切证据证明对方有下列情形之一的，可以中止履行：（1）经营状况严重恶化；（2）转移财产、抽逃资金以逃避债务；（3）丧失商业信誉；（4）有丧失或者可能丧失履行债务能力的其他情形。

当事人行使不安履行抗辩权时有两项附随义务：一是举证的义务；二是通知对方的义务。对方当事人接到中止履行的通知后，提供了担保，中止履行的一方应当恢复履行；对方当事人在合理的期限内未恢复履行能力或者未提供适当担保的，中止履行的一方可以解除合同。

【随堂演练 10－8】 判断题：如果先履行债务的当事人，有确切证据证明对方有法律规定的中止履行合同情形的，即可行使不安抗辩权。一旦行使不安抗辩权，合同即被解除。（　）

【答案】 ×

【解析】 行使不安抗辩权，不一定造成合同解除，也可以中止合同，即先履行合同的当事人停止履行或延期履行合同。如果对方当事人恢复了履行能力或提供了相应的担保后，先履行一方当事人“不安”的原因消除，应当恢复合同的履行。

四、合同履行中的保全措施

合同保全，是指法律为防止因债务人的财产不当减少给债权人的债权带来危害，允许债权人为保全其债权的实现而采取的法律措施。合同保全是通过法律赋予债权人两种权利来实现的，即代位权和撤销权。

（一）债权人的代位权

债权人的代位权，是指当债务人怠于行使其到期债权而危及债权人债权实现时，债权人为保障自己的债权，可以以自己的名义代位行使债务人对第三人（次债务人）的债权的权利。

代位权行使的条件：（1）债务人与债权人的合同关系已经到期，债务人已陷入延迟履行；（2）债务人对第三人享有到期债权，并且是非专属于债务人自身的权利，专属于债务人自身的债权，是指基于抚养关系、赡养关系、继承关系产生的给付请求权和劳动报酬、退休金、养老金、抚恤金、安置费、人寿保险、人身伤害赔偿请求权等请求权利；（3）债务人怠于行使其权利，所谓怠于行使其权利，是指债务人不以诉讼方式或仲裁方式向第三人主张其享有的具有金钱给付内容的到期债权；（4）因债务人怠于行使自己的债权，损害到债权人利益的实现。

【疑难问题 10－3】 甲公司向乙商业银行借款10万元，借款期限为1年。借款合同期满后，由于甲公司经营不善，无力偿还借款本息。但是丙公司欠甲公司到期货款20万元，甲公司不积极向丙公司主张支付货款。为此，乙商业银行以自己的名义请求法院执行丙公司的财产，以偿还甲公司的借款。法院是否应支持乙商业银行的请求？

【解析】 法院应支持乙商业银行的请求。《合同法》第73条第1款规定：“因债务人怠于行使到期债权，对债权人造成损害的，债权人可以向人民法院请求以自己的名义代位行使债务人的债权，但该债权专属于债务人自身的除外。”本案中，甲公司怠于行使对丙公司的债权，损害了债权人乙商业银行的利益，因此，乙商业银行有权行使代位权，请求人民法院执行丙公司的财产以偿还甲公司的借款。

（二）债权人的撤销权

债权人的撤销权，是指债权人对债务人减少财产以致危害债权的行为，请求法院予以撤销的权利。

1. 撤销权的成立要件。包括：（1）债权人对债务人存在有效债权；（2）债务人实施了减少财产的处分行为，根据《合同法》的规定，债务人的处分行为包括放弃其到期债权、无偿转让财产和以明显不合理的低价转让财产的行为；（3）债务人的处分行为有害于债权人债权的实现，债务人的处分行为有害于债权人债权的实现，是指债务人减少其清偿力，不能使债权人的债权得到满足；（4）撤销权由债权人以自己的名义、以诉讼的方式行使。

2. 撤销权的行使期限。撤销权自债权人知道或者应当知道撤销事由之日起1年内行使，自债务人的行为发生之日起5年内没有行使的，该撤销权消灭。

3. 行使撤销权的法律后果。一旦人民法院确认债权人的撤销权成立，债务人的处分行为即归于无效，收益人应当返还从债务人处获得的财产，使债务人的财产得以恢复。但债权人就撤销权行使的结果并无优先受偿的权利。

【随堂演练 10－9】根据《合同法》的规定，可撤销合同的当事人行使撤销权的有效期限是（　　）。

A. 自合同签订之日起1年内

B. 自合同签订之日起2年内

C. 自知道或者应当知道撤销事由之日起1年内

D. 自知道或者应当知道撤销事由之日起2年内

【答案】C

【解析】具有撤销权的当事人自知道或者应当知道撤销事由之日起1年内没有行使撤销权，撤销权消灭。

第五节　合同的变更和转让

一、合同的变更

合同变更有广义与狭义之分。广义的合同变更，包括合同内容的变更与合同主体的变更。狭义的合同变更是指合同内容的变更。我国《合同法》中的合同变更是指狭义上的变更。

（一）合同变更的方式

1. 协议变更，即当事人协商一致，可以变更合同。当事人对合同变更的内容约定不明确的，推定为未变更。法律、行政法规规定变更合同应当办理批准、登记等手续的，依照其规定。

2. 法定变更，即基于法律的直接规定事由出现，当事人一方行使变更权而导致的合同内容的变化。例如，不可抗力事由出现，合同中的违约责任条款就发生变更。

3. 裁决变更，即对于可撤销合同，当事人可请求法院或仲裁机构裁决变更。

（二）合同变更的效力

合同变更后，当事人应当按照变更后的合同来履行。合同变更的效力仅对变更后未履行的部分有效，对已经履行的部分不具有溯及既往的效力。

二、合同的转让

合同转让是指合同当事人一方将其合同中的权利和义务全部或部分转让给第三人的行为。合同转让不改变合同内容，只是合同主体的变更。

《合同法》规定，有下列情形之一的，无论是债权还是债务均不得转让：（1）根据合同性质不得转让，主要是指那些与人身有密切关系的合同，如演出合同；（2）按照当事人的约定不得转让；（3）依照法律规定不得转让，这类债权通常指以特定身份为基础，例如扶养费请求权、退休金债权。

（一）合同权利的转让

合同权利的转让是指合同当事人一方将其合同中的权利全部或部分转让给第三人的行为。

1. 合同权利转让的条件：（1）必须存在有效的合同权利；（2）转让人与受让人达成转让协议；（3）被转让的合同权利须具有让与性；（4）债权人转让权利，应当通知债务人，未经通知，该转让对债务人不发生效力，债权人转让权利的通知不得撤销，但经受让人同意的除外。

2. 合同权利转让的效力：（1）原债权人脱离合同关系，受让人取代债权人的地位；（2）从权利转移，债权人转让债权的，受让人取得与债权有关的从权利，如抵押权；（3）抗辩权转移。债务人接到债权转让通知后，债务人对让与人的抗辩，可以向受让人主张；（4）抵销权转让，债务人接到债权转让通知时，债务人对让与人享有债权，并且债务人的债权先于转让的债权到期或者同时到期的，债务人可以向受让人主张抵销。

（二）合同义务的转移

合同义务的转移是指在不改变合同义务的前提下，经债权人同意，债务人将合同的义务全部或部分转移给第三人。

合同义务转移的效力：（1）新债务人成为合同当事人，债权人可以向其请求履行债务或承担违约责任；（2）债务人转移义务的，新债务人可以主张原债务人对债权人的抗辩；（3）新债务人应当承担与主债务有关的从债务。

（三）合同权利义务的一并转让

合同权利义务的一并转让是指当事人一方经对方同意，将自己在合同中的权利和义务一并转让给第三人。

合同转让可基于法律的规定而发生，如我国《合同法》规定，当事人订立合同后合并的，由合并后的法人或其他组织行使合同权利，履行合同义务。当事人订立合同后分立的，除债权人和债务人另有约定的以外，由分立的法人或者其他组织对合同的权利义务享有连带债权，承担连带债务，也可基于当事人之间的约定而发生。

合同当事人将权利和义务一并转让时，除了应征得另一方当事人的同意外，还应当遵守《合同法》有关权利转让和义务转移的其他规定。

第六节　合同权利义务的终止

一、合同权利义务终止的概念

合同的权利义务终止，又称合同的终止或合同的消灭，是指基于一定法律事实的发生，合同的权利义务归于消灭。

二、合同权利义务终止的具体情形

《合同法》规定，有下列情形之一的，合同的权利义务终止。

（一）清偿

清偿又称债务的履行，是指合同当事人按照合同约定的内容全面履行合同义务，一方面可以使合同中债权人的债权得以实现；另一方面也使合同权利义务终止。这是合同权利义务关系终止的常见情形。

（二）解除

解除是合同有效成立后，没有履行完结之前，当事人依法提前终结合同效力。合同的解除分为协议解除、约定解除和法定解除。

1. 协议解除。当事人协商一致，可以解除合同。

2. 约定解除。当事人在合同中约定了解除的条件，当条件成立时，解除权人可以解除合同。

3. 法定解除。法定解除是解除条件由法律直接规定的合同解除。

《合同法》主要规定了合同法定解除的情形。法律规定有下列情形之一的，当事人可以依法解除合同：（1）因不可抗力致使不能实现合同目的；（2）在履行期限届满之前，当事人一方明确表示或者以自己的行为表明不履行主要债务；（3）当事人一方迟延履行主要债务，经催告后在合理期限内仍未履行；（4）当事人一方迟延履行债务或者有其他违约行为致使不能实现合同目的；（5）法律规定的其他情形。

根据《合同法》的规定，主张解除合同的当事人一方应当通知对方。合同自通知到达对方时解除。对方有异议的，可以请求人民法院或者仲裁机构确认解除合同的效力。法律、行政法规规定解除合同应当办理批准、登记等手续的，依照其规定。

合同解除后，终止履行。已经履行的，根据履行的情况和合同性质，当事人可以请求恢复原状，采取其他补救措施，并有权要求赔偿损失。

【随堂演练 10－10】判断题：2 月 1 日，甲、乙双方签订了一份购销合同。合同约定甲方在 6 月底前将货物运至乙方，乙方于接到货物后 15 天内将货款付给甲方。甲方按期将货物通过火车发运给乙方，但迟至 9 月底仍未收到乙方的货款，后诉至法院。乙方在法庭上辩称，由于8月本地发洪水，致使自己无法履行合同义务，请求免除违约责任。乙方的理由可以成立，法院应予支持。（ ）

【答案】×

【解析】根据《合同法》的规定，当事人迟延履行后发生不可抗力的，不能免除责任。本题中，如果在6月底前发洪水，乙方能免除责任。

（三）债务相互抵销

债务相互抵销，是指合同双方当事人互负债务时，各自用其债权来充抵债务的清偿，从而使其债务与对方的债务在对等数额内相互消灭。债务相互抵销依其产生的根据不同，可分为法定抵销和约定抵销两种。

1. 法定抵销。《合同法》规定，当事人互负到期债务，该债务的标的物种类、品质相同的，任何一方可以将自己的债务与对方的债务抵销，但依照法律规定或者按照合同性质不得抵销的除外。

当事人主张抵销的，应当通知对方。通知自到达对方时生效。抵销不得附条件或者附期限。

2. 约定抵销。《合同法》规定，当事人互负债务，标的物种类、品质不相同的，经双方协商一致，可以抵销。

（四）提存

提存是指由于债权人的原因，债务人无法向其交付合同标的物而将该标的物提交提存机关，从而消灭合同权利义务关系的行为。在我国提存机关为公证机关。

1. 提存的原因。《合同法》规定，有下列情形之一，难以履行债务，债务人可以将标的物提存：（1）债权人无正当理由拒绝受理；（2）债权人下落不明；（3）债权人死亡未确定继承人或者丧失民事行为能力未确定监护人；（4）法律规定的其他情形。

2. 提存的标的物。提存的标的物应当是合同规定给付的标的物，标的物不适于提存或者提存费用过高的，债务人依法可以拍卖或者变卖标的物，提存所得的价款。

3. 提存的效力。标的物提存后，毁损、灭失的风险由债权人承担。提存期间，标的物的利息归债权人所有，提存费用由债权人承担。债权人可以随时领取提存物，但债权人对债务人负有到期债务的，在债权人未履行债务或者提供担保之前，提存部门根据债务人的要求应当拒绝其领取提存物。

标的物提存后，除债权人下落不明的以外，债务人应当及时通知债权人或者债权人的继承人、监护人。

债权人领取提存的权利，自提存之日起5年内不行使而消失，提存物扣除提存费用后归国家所有。

（五）免除

免除是指债权人放弃自己部分或全部债权，免除债务人债务的单方法律行为。根据《合同法》的规定，债权人免除债务人部分或全部债务的，合同的权利义务部分或者全部终止。但是，免除不能损害第三人利益。

（六）混同

混同是指由于某种客观事实的发生，使得一项合同中，原本由一方当事人享有的债权和另一方当事人承担的债务，同归于一人，从而导致合同权利义务的终止。混同发生的原因主要有合并、继承等。

【随堂演练10－11】 判断题：甲企业欠乙企业10万元，现乙企业将甲企业兼并，这种情况下，甲企业对乙企业的债务消灭。（ ）

【答案】 √

【解析】 债权和债务同归于一人，即债权债务混同时，合同的权利义务终止，但涉及第三人利益的除外。

三、合同权利义务终止后的义务

合同权利义务终止后的义务，是指在合同权利义务终止后，当事人依据诚实信用原则而应当履行的通知、协助、保密等义务。合同权利义务终止后的义务多数不是合同直接规定的义务，而是基于诚实信用原则和交易习惯产生的法定义务。合同的权利义务终止，不影响合同中结算和清算条款的效力。

第七节 违约责任

一、违约及违约形式

违约，是指合同一方当事人不履行合同义务或没有完全履行合同义务的行为。违约包括预期违约和实际违约。

1. 预期违约。预期违约是指在合同订立以后履行期限到来之前，一方当事人以语言或行为表明他届时将不履行合同，或者依其当时的具体情况可确切断定他将违约。预期违约分为明示的预期违约和默示的预期违约。两者的区别在于当事人是否明确表示自己不再履行合同义务。

2. 实际违约。实际违约是指在合同履行期限到来以后，当事人不履行或不完全履行合同义务。实际违约分为不履行和不适当履行。不履行是指债务人事实上不具有履行债务的能力或者有履行债务的能力但拒绝履行。不适当履行是指当事人一方履行合同义务不符合约定。

二、违约责任

违约责任是指合同当事人因违反合同义务所应承担的民事责任。违约责任制度是保障债权实现及债务履行的重要措施。违约责任具有以下特点：

1. 违约责任以合同的有效存在为前提，无效合同不存在承担违约责任的问题。

2. 违约责任是合同当事人不履行合同义务所产生的责任。

3. 违约责任可以由当事人在法律允许的范围内约定。

4. 违约责任的目的在于补偿因违约行为造成的损害后果。

三、承担违约责任的方式

当事人一方不履行合同义务或者履行合同义务不符合约定的，应当承担继续履行、采取补救措施或者赔偿损失等违约责任。

（一）继续履行

继续履行又称实际履行，是指违反合同的当事人根据对方的要求，在自己能够履行的条件下，对原合同未履行的部分继续履行。继续履行只适用于非金钱债务，金钱债务不存在继续履行，但存在强制履行。继续履行的目的不在于弥补损害，而在于实现当事人的合同目的。

（二）采取补救措施

合同中的受损害方可以根据标的的性质以及损失的大小，合理选择要求对方承担修理、更换、重作、退货、减少价款或者报酬等措施。

（三）赔偿损失

赔偿损失是指债务人不履行合同债务给对方造成损失的，根据法律规定或合同约定赔偿债权人所受损失的责任。《合同法》规定，当违约一方不履行合同义务，或者采取补救措施后对方还有其他损失的，应当赔偿损失。

1. 完全赔偿原则。损失赔偿额应相当于因违约所造成的损失，目的主要是补偿未违约方的财产损失，包括实际损失和合同履行后可以获得的利益损失。

2. 合理预见原则。损失赔偿不得超过违反合同一方订立合同时预见到或者应当预见到的因违反合同可能造成的损失。

3. 减轻损失原则。当事人一方违约后，对方没有采取适当措施致使损失扩大的，不得就扩大的损失要求赔偿。但因防止损失扩大而支出的合理费用，由违约方承担。

（四）支付违约金

违约金是指合同当事人违约时，根据法律规定或者合同约定，向对方当事人支付的一定数额的货币。当事人既可以约定违约金的数额，也可以约定违约损失赔偿额的计算方法。违约金具有惩罚和补偿双重性质。

违约金可以由当事人约定。如果约定的违约金过分低于造成的损失，当事人可以请求人民法院或者仲裁机构予以适当增加；如果约定的违约金过分高于造成的损失，当事人可以请求人民法院或者仲裁机构予以适当减少。

通过变动违约金数额，保持与受害方的损失大体相当，体现了违约金的补偿性。但是，在特定情况下，当违约金高于但不过分高于实际损失时，违约方不能请求减少，高于实际损失的部分即具有惩罚性。

（五）支付定金

当事人可以在合同中约定定金条款，作为债权的担保。债务人履行债务后，定金应当抵作价款或者收回。给付定金的一方不履行约定债务的，无权要求返还定金；收受定金的一方不履行约定债务的，应当双倍返还定金。

（六）违约金与定金不能并处

《合同法》规定，当事人既约定违约金又约定定金的，一方违约时对方可以选择适用违约金或者定金条款。当事人执行定金条款后，不足以弥补所受损害的，仍可以请求赔偿损失。

四、不可抗力免除合同责任

（一）不可抗力的概念

不可抗力，是指不能预见、不可避免并不能克服的客观情况。具体而言，以下情况属于不可抗力：（1）自然灾害，例如地震、台风、洪水等；（2）政府作为，指当事人在订立合同以后，政府颁布新政策、法律和采取行政措施而导致合同不能履行；（3）社会异常事件，例如战争、罢工等。

（二）不可抗力的法律后果

《合同法》规定，因不可抗力不能履行合同的，根据不可抗力的影响，部分或者全部免除责任，但法律另有规定的除外。当事人迟延履行后发生不可抗力的，不能免除责任。

（三）当事人的义务

因不可抗力不能履行合同的一方当事人负有通知义务和提供证明的义务。当事人一方违约后，对方应当采取适当的措施防止损失的扩大；没有采取适当措施致使损失扩大的，不得就扩大的损失要求赔偿。当事人因防止损失扩大而支出的合理费用，应当各自承担相应的责任。

复习思考题

1. 什么是合同？它有哪些基本特征？
2. 要约与要约邀请有哪些主要区别？
3. 合同的内容一般包括哪些主要条款？
4. 什么是无效合同？如何认定和处理无效合同？
5. 效力待定合同与可撤销合同有哪些主要区别？
6. 承担合同违约责任的方式有哪些？
7. 合同履行中的代位权和撤销权成立的条件有哪些？

第十一章　会计、审计、统计法律制度

【内容提要】 本章介绍会计、审计法律制度。主要内容包括：会计核算、会计监督、会计机构的法律规定；审计的概念、原则、种类、方法、程序等法律规定。

【教学要点】 通过本章的学习，掌握会计核算的概念、内容、要求；审计的原则、种类、程序。

第一节　会计法律制度

一、会计法概述

（一）会计及会计法的概念

会计是随着社会生产的发展逐步从生产职能中分离出来的一种管理职能。其本质是对一定单位的经济业务进行计量、记录、分析和检查，作出预测，参与决策，实行监督，旨在实现最优经济效益的一种管理活动。会计的基本职能就是进行会计核算，实行会计监督。

会计法，有广义和狭义之分。广义的会计法是指国家权力机关和行政机关制定的各种会计法规性文件的总称，包括会计法律、会计行政法规、国家统一的会计制度、地方性会计法规等。狭义的会计法仅是指国家最高权力机关通过一定的立法程序，颁发施行的会计法律，《中华人民共和国会计法》就是狭义的会计法。我国《会计法》于1985年首次颁发施行。1993年12月第八届全国人民代表大会常务委员会第五次会议进行了第一次修改，1999年10月第九届全国人民代表大会常务委员会第十二次会议进行了第二次修改，于2000年7月1日起实施，2017年11月第十二届全国人民代表大会常务委员会第三十次会议进行了修正。

（二）会计法的宗旨

《会计法》的宗旨是：规范会计行为；保证会计资料真实、完整；加强经济管理和财务管理，提高经济效益；维护社会主义市场经济秩序（《会计法》第1条）。

1. 规范会计行为。由于我国长期以来实行计划经济体制，对经济运行、资源配置均是以行政手段实施，基本忽视、抛弃了经济和法律手段对经济的调控作用。自改革开放以来，我国开始向商品经济和市场经济体制转变，相应地建立了适应市场经济需要的管理方式，其中会计制度的建立即是其中的一个方面。但是，由于我国经济发展不平衡，计划和市场并存，反映在会计行业上，就是部门、行业会计制度并存，会计核算方法不一致，同时和国际惯例的差别很大。1993 年《会计法》的规定较为粗疏，操作性不强，对违反《会计法》的责任规定得很少，为了使会计行为统一、规范，1999 ~ 2017 年对原《会计法》进行了三次修改，1999 年 10 月对原《会计法》进行了修改，以便更科学、严格地规范会计行为。

2. 保证会计资料真实、完整。我国长期以来的干部人事制度，在各行业的表现是“一刀切”式地将所有工作人员以行政级别来确定管理方式和手段。特别是对企业的经营者也是以行政级别确定其身份，从而形成一种行政上的命令、服从关系。经营者的升迁和会计资料有密切关系，为此，为了达到自己的目的，经营管理者利用自己的权力随意地更改会计资料，致使会计资料的可信度大打折扣，不能反映真实的经济发展状况，影响了国家的决策。为了杜绝这种不良现象，追究此种行为的责任，国家制定了《会计法》。

3. 加强经济管理和财务管理，提高经济效益。随着经济体制改革的深化，会计工作越来越重要。会计工作不仅对经济活动进行事后记录、反映、分析、考核，而且进行了事先预测、计划以及事中控制和检查。因此，制定和实施《会计法》，可以更好地发挥会计工作在维护社会主义市场经济秩序、加强经济管理、提高经济效益方面的作用。

4. 维护社会主义市场经济秩序。

【随堂演练 11 -1】 判断题：某中外合资经营企业甲 2007 年 3 月接到财政局通知，市财政局将对该公司的会计工作情况进行检查。甲企业的董事长认为，甲企业属于中外合资企业，不受《会计法》的约束，财政局无权对甲公司进行检查，该观点正确。（　　）

【答案】 ×

【解析】 不管企业是什么企业，只要是在中国领土经营，必须受到中国政府的管理，受到《会计法》的约束，同时受到财政部门的监督检查。

二、会计工作管理体制

（一）会计工作的领导制度

《会计法》第 7 条规定：“国务院财政部门主管全国的会计工作。县级以上地方各级人民政府财政部门管理本行政区域内的会计工作。”

会计工作由财政部门管理，在管理体制上实行“统一领导，分级管理”，国家实行统一的会计制度。国家统一的会计制度由国务院财政部门制定。《会计法》第 8 条规定：“国务院有关部门可以依照本法和国家统一的会计制度制定对会计核算和会计监督有特殊要求的行业实行国家统一的会计制度的具体办法或者补充规定，报国务院财政部门备案。”中国人民解放军原总后勤部可以依照《会计法》和国家统一的会计制度制定军队实施国家统一的会计制度的具体办法，报国务院财政部门备案。

（二）会计工作管理

会计工作管理包括两个方面的管理。一是对会计人员的管理，即对会计人员的业务管理和人事管理。根据《会计法》和有关法规规定，财政部门、业务主管部门负责会计人员的业务管理，包括组织会计人员的业务培训、确认会计人员的专业技术资格、颁发会计人员的荣誉证书等。二是单位内部的会计工作管理。根据《会计法》及有关规定，单位负责人对本单位的会计工作和会计资料的真实性、完整性负责。《会计法》在规定单位负责人为本单位会计行为责任主体的同时，也规定了会计机构、会计人员和其他人员的职责、法律责任，即会计人员和会计工作其他相关人员不仅要对单位负责人负责，同样也应当对法律负责。

会计工作是一项综合性的经济管理工作，国家通过各有关部门了解会计主体的经营管理情况、财务状况，从而宏观上为国家进行经济管理和决策提供信息。所以《会计法》规定了统一领导、分级管理的体制，也对会计工作的具体管理做了详细规定。

【随堂演练11－2】 下列公司人员中，（　　）应当对本公司的会计工作和会计资料的真实性、完整性负责。

A. 某有限责任公司的董事长　　B. 某个人独资企业的投资人

C. 某有限责任公司的财务总监　　D. 某合伙企业的合伙人

【答案】 AB

【解析】 单位负责人应当对本单位的会计工作和会计资料的真实性、完整性负责。选项C，财务总监不属于单位负责人。选项D，应该是代表合伙企业的合伙人。

三、会计核算

会计核算是会计最基本的职能之一，它是对生产经营活动实施全过程、全方位的预测、计算、比较、分析和考核。《会计法》所规范的会计核算，是指会计工作中事后的记账、算账、报账。会计核算的基本内涵，是指以货币为计量单位，运用专门的会计方法，对各单位的生产经营活动或者预算执行的过程及其结果进行连续的、系统的记录、计算、分析，定期编制会计报表，形成一系列会计指标，据以考核目标或计划的完成情况，为制定经营决策和进行宏观经济管理提供可靠的信息与资料的一项管理活动。

（一）会计核算的基本要求

《会计法》对会计核算的基本要求主要体现在以下方面。

1. 对会计核算依据的基本要求。《会计法》第9条规定："各单位必须根据实际发生的经济业务事项进行会计核算，填制会计凭证，登记会计账簿，编制财务会计报告。任何单位不得以虚假的经济业务事项或者资料进行会计核算。"这是对会计核算依据的基本要求，包含两层意思：

（1）会计核算必须以实际发生的经济业务事项为依据。实际发生的经济业务事项是指各单位在生产经营或预算执行过程中发生的包括引起或未引起资金增减变化的经济活动。

（2）以虚假的经济业务事项或资料进行会计核算是一种严重的违法行为。

2. 对会计资料的基本要求。根据《会计法》第 13 条的相关规定，对会计资料的基本要求为：

（1）会计资料必须符合国家统一的会计制度的规定。会计资料是在会计核算过程中形成的记录和反映实际发生的经济业务事项的资料，包括会计凭证、会计账簿、财务会计报告和其他会计资料。

（2）生成和提供虚假会计资料是一种严重的违法行为。《会计法》明确规定，禁止任何单位和个人伪造、变造会计凭证、会计账簿和其他会计资料，不得提供虚假的财务报告。所谓伪造是指以虚假的财务会计事项为前提编造不真实的会计凭证、会计账簿和其他会计资料。所谓变造是指用涂改和挖补等手段来改变会计凭证、会计账簿内容而歪曲事实真相的行为，即篡改事实。所谓提供虚假财务会计报告，是指通过编造虚假的会计凭证、会计账簿和其他会计资料或直接篡改财务会计报告，使财务会计报告不真实、不完整地反映真实财务状况和经营成果，借以误导、欺骗会计资料使用者的行为。

【随堂演练 11－3】某单位业务人员朱某在一家个体酒店招待业务单位人员，发生招待费 800 元。事后，他将酒店开出的收据金额改为 1 800 元，并作为报销凭证进行了报销。朱某的行为属于下列违法行为中的（　　）。

A. 伪造会计凭证行为　　B. 变造会计凭证行为

C. 做假账行为　　D. 违反招待费报销制度行为

【答案】B

【解析】变造会计凭证，是指用涂改、挖补等手段来改变会计凭证的真实内容，歪曲事实真相的行为，即篡改事实。朱某将收据上的金额 800 元改为 1 800 元，显然属于变造会计凭证行为。

3. 正确使用会计处理方法和会计记录文字。会计处理方法是指在会计核算中所采用的具体方法，通常包括：收入确认方法、企业所得税的会计处理方法、存货计价方法、坏账损失的核算方法、固定资产的折旧方法、编制合并会计报表的方法、外币折算的会计处理方法等。《会计法》和国家统一的会计制度规定，各单位采用的会计处理方法前后各期应当保持一致，不得随意进行变更；确有必要变更的，应当按照国家统一的会计制度的规定进行变更，并将变更的原因、情况及影响在财务会计报告中予以说明，以便于会计资料使用者了解会计处理方法变更及其对会计资料影响的情况。

会计记录文字是在进行会计核算时为记载经济业务发展情况和辅助说明会计数字所体现的经济内涵而使用的文字。根据规定，会计记录文字应当使用中文；民族自治地方的单位的会计文字可以同时使用当地通用的一种民族文字；在中国境内设立的外商投资企业、外国企业和其他外国组织的会计记录文字可以同时使用一种外国文字。

4. 对会计电算化的基本要求。《会计法》第13条第2款规定："使用电子计算机进行会计核算的，其软件及其生成的会计凭证、会计账簿、财务会计报告和其他会计资料，也必须符合国家统一的会计制度的规定。"这是对实行会计电算化的单位有关会计软件及会计资料基本要求的规定。

会计电算化，是以电子计算机为主的当代电子和信息技术应用于会计工作中的简称，是采用电子计算机替代手工记账、算账、报账，以及对会计资料进行电子化分析和利用的现代记账手段。其与手工记账有相同点，也有不同点。相同点是，会计资料和对会计资料的基本要求都是一致的，都必须保证会计资料的真实、完整；不同点是，在实行会计电算化后，会计资料是由电子计算机按照规定的程序生成。

5. 对会计期间与记账本位币的要求。会计核算应当划分会计期间，分期结算账目和编制会计报表。会计期间分为年度、半年度、季度和月份。《会计法》第10条规定，我国是以公历年度为会计年度，即以每年1月1日起至12月31日为一个会计年度，季度、月份的起讫日期也采用公历日期。

记账本位币是指日常登记账簿和编制会计报表用于计量的货币。《会计法》第12条规定，会计核算以人民币为记账本位币。业务收支以人民币以外的货币为主的单位，可以选定其中一种货币作为记账本位币，但是编报的财务会计报告应当折算为人民币。

（二）会计核算的内容

会计核算的内容，是指必须进行会计核算的经济业务事项。《会计法》第10条规定，下列经济业务事项，应当办理会计手续，进行会计核算：

1. 款项和有价证券的收付。
2. 财物的收发、增减和使用。
3. 债权债务的发生和结算。
4. 资本、基金的增减。
5. 收入、支出、费用、成本的计算。
6. 财务成果的计算和处理。
7. 需要办理会计手续、进行会计核算的其他事项。

（三）会计核算中对会计凭证、会计账簿和财务报告的要求

1. 会计凭证包括原始凭证和记账凭证。《会计法》规定，原始凭证记载的各项内容不得涂改；原始凭证有错误的，应当由出具单位重新开出或者更正，更正处应当加盖出具单位印章。原始凭证金额有错误的，应当由出具单位重开，不得在原始凭证上更正。记账凭证应当根据经过审核的原始凭证及有关资料编制。

2. 会计账簿必须符合规定。会计账簿应当按照连续编号的页码顺序登记。会计账簿包括总账、明细账、日记账和其他辅助性账簿。会计账簿记录发生错误或者隔页、缺号、跳行的，应当按照国家统一的会计制度规定的方法更正，并由会计人员和会计机构负责人（会计主管人员）在更正处盖章。

3. 会计主体在会计核算中的义务。《会计法》第16条、第17条、第18条

对单位制作会计账簿作出了具体规定。

各单位发生的各项经济业务事项应当在依法设置的账簿上统一登记、核算，不得违反《会计法》和国家统一的会计制度的规定私设会计账簿登记、核算。

各单位应当定期将会计账簿记录与实物、款项及有关资料相互核对，保证会计账簿记录与会计凭证的有关内容相符合、会计账簿之间相对应的记录相符、会计账簿记录与会计报表的有关内容相符。

各单位采用的会计处理方法，前后各期应当一致，不得随意变更；确有必要变更的，应当按照国家统一的会计制度的规定变更，并将变更的原因、情况及影响在财务会计报告中说明。

4. 对财务会计报告的要求。《会计法》第 20 条规定，财务会计报告应当根据经过审核的会计账簿记录和有关资料编制，并符合《会计法》和国家统一的会计制度关于财务会计报告的编制要求、提供对象和提供期限的规定；其他法律、行政法规另有规定的，从其规定。

财务会计报告由会计报表、会计报表附注和财务情况说明书组成。向不同的会计资料使用者提供的财务会计报告，其编制依据应当一致。有关法律、行政法规规定会计报表、会计报表附注和财务情况说明书须经注册会计师审计的，注册会计师所在的会计师事务所出具的审计报告应当随财务会计报告一并提供。

（四）会计核算的程序

办理法定会计事项，必须填制或者取得原始凭证，并及时送交会计机构。会计机构必须对原始凭证进行审核，并根据经过审核的原始凭证编制记账凭证。

各单位发生的各项经济业务事项应当在依法设置的会计账簿上统一登记、核算，不得违反《会计法》和国家统一的会计制度的规定私设会计账簿登记、核算。

各单位应当定期将会计账簿记录与实物、款项及有关资料相互核对，保证会计账簿记录与实物及款项的实有数额相符、会计账簿记录与会计凭证的有关内容相符、会计账簿之间相对应的记录相符、会计账簿记录与会计报表的有关内容相符。

财务会计报告应当由单位负责人和主管会计工作的负责人、会计机构负责人（会计主管人员）签名并盖章；设置总会计师的单位，还须由总会计师盖章。

【随堂演练 11-4】 根据《中华人民共和国会计法》的规定，下列人员中，应当在单位财务会计报告上签名并盖章的有（　　）。

A. 单位负责人　　B. 总会计师

C. 会计机构负责人　　D. 出纳人员

【答案】 ABC

【解析】 对外提供的财务会计报告，应由单位负责人和主管会计工作的负责人、会计机构负责人（会计主管人员）签名并盖章；设置总会计师的单位，还须由总会计师签名并盖章。

（五）公司、企业会计核算的特别规定

公司、企业是以营利为目的的商业组织，追求利润最大化是它的最终目的，它与一般的国家机关、事业单位有很大不同。为此，《会计法》中对公司、企业的会计核算问题专章作了特别规定。

《会计法》规定，公司、企业进行会计核算，不得有下列行为：

1. 随意改变资产、负债、所有者权益的确认标准或者计量方法，虚列、多列、不列或者少列资产、负债、所有者权益。

2. 虚列或者隐瞒收入，推迟或者提前确认收入。

3. 随意改变费用、成本的确认标准或者计量方法，虚列、多列、不列或者少列费用、成本。

4. 随意调整利润的计算、分配方法，编造虚假利润或者隐瞒利润。

5. 违反统一的会计制度规定的其他行为。

公司、企业必须根据实际发生的经济业务事项，按照国家统一的会计制度的规定确认、计算和记录资产、负债、所有者权益、收入、费用、成本和利润。

四、会计监督

会计监督包括内部监督和外部监督。内部监督的机构和人员，是指各单位的会计机构和会计人员。由各单位的会计机构和会计人员对本单位实行的会计监督，简称内部监督。外部监督的机构和人员，是指财政机关、审计机关、税务机关、人民银行、证券监督机关等对各单位的会计监督。

（一）内部监督

《会计法》规定，各单位应当建立健全本单位内部会计监督制度。

1. 内部监督的要求。

（1）记账人员与经济业务事项和会计事项的审批人员、经办人员、财物保管人员的职责权限应当明确，并相互分离、相互制约；

（2）重大对外投资、资产处置、资金调度和其他重要经济业务事项的决策和执行的相互监督、相互制约程序应当明确；

（3）财产清查的范围、期限和组织程序应当明确；

（4）对会计资料定期进行内部审计的办法和程序应当明确。

2. 内部监督的内容、方法及程序。

单位负责人应当保证会计机构、会计人员依法履行职责，不得授意、指使、强令会计机构、会计人员违法办理会计事项。

会计机构、会计人员对违反《会计法》和国家统一的会计制度的会计事项，有权拒绝办理或者按照职权予以纠正。

会计机构、会计人员发现会计账簿记录与实物、款项及有关资料不相符合的，按照国家统一的会计制度的规定有权自行处理的，应当及时处理；无权处理的，应当立即向单位负责人报告，请求查明原因，作出处理。

任何单位和个人对违反《会计法》和国家统一的会计制度规定的行为，有权检举。收到检举的部门有权处理的，应当依法按照职责分工及时处理；无权处理的，应当及时移送有权处理的部门处理。收到检举的部门、负责处理的部门应当为检举人保密，不得将检举人姓名和检举材料转给被检举单位和被检举个人。

（二）外部监督

1. 财政部门对各单位的下列情况实施监督。

（1）是否依法设置会计账簿。

（2）会计凭证、会计账簿、财务会计报告和其他会计资料是否真实、完整。

（3）会计核算是否符合《会计法》和国家统一的会计制度的规定。

（4）从事会计工作的人员是否具备专业能力、遵守职业道德。

对上述第二项所列事项实施监督，发现重大违法嫌疑时，国务院财政部门及其派出机构可以向与被监督单位有经济业务往来的单位和被监督单位开立账户的金融机构查询有关情况，有关单位和金融机构应当给予支持。

2. 其他监督部门的监督。《会计法》规定，审计、税务、人民银行、证券监督、保险监管等部门应当依照有关法律、行政法规规定的职责，对有关单位的会计资料实施监督检查。

依法对有关单位的会计资料实施监督检查的部门及其工作人员对在监督检查中知悉的国家秘密和商业秘密负有保密义务。

各单位必须依照有关法律、行政法规的规定，接受有关监督检查部门依法实施的监督检查，如实提供会计凭证、会计账簿、财务会计报告和其他会计资料以及有关情况，不得拒绝、隐匿、谎报。

【随堂演练11－5】财政部门在会计人员管理中的工作职责不包括（　　）。

A. 会计人员的专业能力管理　　B. 会计专业技术职务管理

C. 追究违法会计人员的刑事责任　　D. 会计人员继续教育管理

【答案】C

【解析】选项C是由公安机关负责，不是财政部门负责。

【随堂演练11－6】单位负责人在内部会计监督中的职责，下列表述中正确的有（　　）。

A. 单位负责人必须事事参与，严格把关

B. 单位负责人对本单位会计资料的真实性、完整性负责

C. 不能授意、指使、强令会计人员办理违法事项

D. 应依法做好会计核算工作

【答案】BC

【解析】选项A，单位负责人是本单位会计行为的责任主体，但不要求单位负责人事必躬亲办理具体会计事项。选项D，属于会计人员的职责。

五、会计机构和会计人员

（一）会计机构的设置及要求

会计机构作为一个职能部门，直接从事和组织领导会计工作，是顺利进行会计工作的重要保证。为此，《会计法》第36条规定，各单位应当根据会计业务的需要设置会计机构，或者在有关机构中设置会计人员并指定会计主管人员；不具

备设置条件的，应当委托经批准设立从事会计代理记账业务的中介机构代理记账。

国有的和国有资产占控股地位或者主导地位的大、中型企业必须设置总会计师。

总会计师由具有会计师以上专业技术任职资格的人员担任。根据1990年《总会计师条例》的规定，总会计师是单位行政领导成员，协助单位主要行政领导工作，组织领导本单位财务管理、会计核算、会计监督等工作。因此，总会计师是一个单位的行政职务，不是专业技术职务。

总会计师的基本职责是：负责编制本单位的预算、财务收支计划、信贷计划，拟订资金筹措和使用方案，开辟财源，有效地使用资金；进行成本费用预测、计算、控制、核算、分析和考核，督促本单位有关部门降低消耗、节约费用，提高经济效益；建立健全经济核算制度，利用财务会计资料进行经济活动分析；承办单位领导人交办的其他工作。另外，总会计师还要负责对本单位财务机构的设置和会计人员的配备、会计专业技术职务的设置和聘任提出方案；组织会计人员的业务培训和考核；支持会计人员依法行使职权，协助本单位主要行政领导人对企业生产经营、行政事业单位的业务发展以及基本建设核算等问题作出决策；参与新产品开发、技术改造、科研、商品（劳务）价格和工资奖金方案的制订；参与重大经济合同和经济协议的研究与审查等。

总会计师的职权包括五个方面：

（1）对违反国家财经法律、法规、方针、政策、制度和有可能在经济上造成损失、浪费的行为，有权制止或纠正；制止和纠正无效时，提请单位主要领导人处理。

（2）有权组织本单位各职能部门、直属基层组织的经济核算以及财务会计和成本管理方面的工作。

（3）主管审批财务收支工作。

（4）预算与财务收支计划、成本和费用计划、信贷计划、财务专题报告、会计决算报表，须经总会计师签署；涉及财务收支的重大业务计划、合同等，在单位内部须经总会计师会签。

（5）会计人员的任用、晋升、调动、奖惩应事先征求总会计师的意见；财会机构负责人或会计主管人员的人选，应当由总会计师进行业务考核，依照有关规定审批。

（二）会计人员

1. 会计人员必须具备的条件。

（1）会计人员应当具备从事会计工作所需要的专业能力。

（2）担任单位会计机构负责人（会计主管人员）的，应当具备会计师以上专业技术职务资格或者从事会计工作三年以上经历。

（3）会计人员应当遵守职业道德，提高业务素质。对会计人员的教育和培训工作应当加强。

2. 对会计人员违反有关规定的处罚。因有提供虚假财务会计报告，做假账，隐匿或者故意销毁会计凭证、会计账簿、财务会计报告，贪污，挪用公款，职务侵占等与会计职务有关的违法行为被依法追究刑事责任的人员，不得再从事会计工作。

《会计法》第41条规定，会计人员调动工作或者离职，必须与接管人员办清交接手续。一般会计人员办理交接手续，由会计机构负责人（会计主管人员）监交；会计机构负责人（会计主管人员）办理交接手续，由单位负责人监交，必要时主管单位可以派人会同监交。

【随堂演练11－7】 判断题：根据《会计法》的规定，单位内部会计监督的对象是会计机构、会计人员。（　　）

【答案】 ×

【解析】 单位内部监督的对象是单位的经济活动，而会计机构、会计人员是单位内部监督的主体。

六、违反《会计法》的法律责任

违反《会计法》的法律责任，是指会计机构和会计人员违反会计核算、会计监督的法律规范而承担的责任，包括行政责任、民事责任和刑事责任。

（一）单位的违法责任

1. 根据《会计法》的规定，单位有下列行为之一的，可以对单位并处3 000元以上5万元以下的罚款。

（1）不依法设置会计账簿的；

（2）私设会计账簿的；

（3）未按照规定填制、取得原始凭证或者填制、取得的原始凭证不符合规定的；

（4）以未经审核的会计凭证为依据登记会计账簿或者登记会计账簿不符合规定的；

（5）随意变更会计处理方法的；

（6）向不同的会计资料使用者提供的财务会计报告编制依据不一致的；

（7）未按规定使用会计记录文字或者记账本位币的；

（8）未按规定使用会计资料，致使会计资料毁损、灭失的；

（9）未按规定建立并实施单位内部会计监督制度或者拒绝依法实施的监督或者不如实提供有关会计资料及有关情况的；

（10）任用会计人员不符合《会计法》规定的。

2. 伪造、变造会计凭证、会计账簿，编制虚假财务会计报告，隐匿或者故意销毁依法应当保存的会计凭证、会计账簿及财务会计报告，尚不构成犯罪的，可以对单位处以5 000元以上10万元以下的罚款，并予以通报。

（二）会计人员的违法责任

1. 会计人员有第（一）部分1项行为之一的，可以处2 000元以上2万元以下的罚款。

2. 会计人员有第（一）部分2项行为之一的，可以处3 000元以上5万元以下的罚款。

3. 对上述会计人员，5年内不得从事会计工作。

4. 如果上述会计人员同时属于国家工作人员，除进行上述处罚外，还应当由其所在单位或有关单位依法给予撤职直至开除的行政处分。

5. 上述会计人员有第（一）部分1、2项行为之一，且情节严重，依据《刑法》构成犯罪的，要依法追究刑事责任。

（三）单位主管领导的违法责任

1. 根据《会计法》的规定，对有第（一）部分1项行为之一的，除对单位和会计人员进行相应的处罚外，还可以对直接负责的主管领导处2 000元以上2万元以下的罚款。

2. 单位主管人员有第（一）部分2项行为之一的，可以处3 000元以上5万元以下的罚款。

3. 对单位主管人员进行上述处罚外，如果他们属于国家工作人员，还应当给予撤职直至开除的行政处分。

4. 如果单位主管人员指使、授意、强令会计机构、会计人员及其他人员伪造、变造会计凭证、会计账簿，编制虚假财务会计报告或者隐匿、故意销毁依法应当保存的会计凭证、会计账簿及财务会计报告，尚不构成犯罪的，可以处5 000元以上5万元以下的罚款，同时可以并处降级、撤职、开除的行政处分。

5. 单位负责人对依据法律规定履行职责抵制违纪行为的会计人员以降级、撤职、调离工作岗位、解聘或开除等方式实行打击报复，尚不构成犯罪的，由所在单位或有关单位给予行政处分。

6. 单位主管人员有上述行为之一，且情节严重，构成犯罪的要依法追究刑事责任。

（四）财政等部门违反《会计法》的法律责任

财政部门作为会计工作的主管部门，享有对会计工作实施监督管理的权利和义务。同时，审计、税务、人民银行、证监监管、保险监管部门也有对有关单位的会计资料进行监督检查责任。如果他们在实施监督、管理中，滥用职权，玩忽职守，徇私舞弊或者泄露国家秘密、商业秘密，情节严重构成犯罪的，要依法追究刑事责任，不构成犯罪，要依法给予行政处分。

【随堂演练11－8】 下列各项中，属于违反《会计法》规定的有（　　）。

A. 以未经审核的会计凭证为依据登记会计账簿的行为

B. 随意变更会计处理方法的行为

C. 未在规定期限办理纳税申报的行为

D. 未按规定建立并实施单位内部会计监督制度的行为

【答案】 ABD

【解析】 选项C是违反税法的行为。

（五）对单位收到违反《会计法》行为检举的保密义务时，承担的法律责任

任何单位对收到有关单位或个人违反《会计法》行为的单位和个人检举，都负有保密义务，如果将检举人姓名和检举材料转给被检举单位和被检举个人的，可以由所在单位或有权处分的单位给予行政处分。

（六）对会计机构、主管人员、会计人员违反《会计法》的规定

如果会计机构、会计人员、单位主管人员的行为既违反了《会计法》的规定，同时也违反了其他法律规定，可以进行并处。

第二节　审计法律制度

一、审计法概述

（一）审计的概念

审计的原意是详细审查会计账目。审计现已成为各国管理监督国民经济活动的重要手段。在我国，审计是指审计机关依法独立检查被审计单位的会计凭证、会计账簿、会计报表以及其他与财政收支、财务收支有关的资料和资产，监督财政收支、财务收支正式、合法和有效的行为。

审计这种经济监督手段，其指导原则休现出间接性、超脱性、独立性、建设性等特征。间接性，即它不直接干预而只是进入被审计单位内部进行监督。超脱性，即它与被审计单位没有行政上的任何领导或管理关系。独立性，即它依法独立行使监督权，不受外界干涉。建设性，即它通过行使审计监督职能，对纠正违法行为、挽回国家财产损失、堵塞经济管理漏洞、提出改进和完善经济管理措施可起到极为重要的作用。

（二）审计法的概念及其适用范围

1. 审计法的概念。审计法是规范和调整审计关系的法律规范的总称。审计关系是一种独立的经济监督关系，发生于审计主体与被审计单位之间，包括国家对国务院各部门和地方各级政府的财政收支进行审计的监督关系以及对财政金融机构及企事业单位的财务收支及其经济效益进行审计的监督关系。审计法是审计工作的基本法律依据。它以法律的形式确定了审计工作的地位、任务和作用，规定了审计工作的基本准则。审计法属于经济法体系的一个组成部分。

我国现有的审计法律规范，首先表现于宪法之中。1982 年《中华人民共和国宪法》第 91 条规定："国务院设立审计机关，对国务院各部门和地方各级政府的财政收支，对国家的财政金融机构和企业事业组织的财务收支，进行审计监督。"第 109 条又规定："县级以上的地方各级人民政府设立审计机关。"其次是专门的审计法律、法规。1985 年 8 月 29 日国务院发布《关于审计工作的暂行规定》，1988 年 10 月 21 日国务院通过《审计条例》，发展了前一规定。1994 年 8 月 31 日全国人民代表大会常务委员会通过《中华人民共和国审计法》（以下简称《审计法》），1997 年 10 月 21 日国务院发布《审计法实施条例》。《审计法》

及其《审计法实施条例》是现行有效的审计基本准则。作为《审计法》的具体化和重要补充，1999年6月，中共中央办公厅、国务院办公厅向全国发出关于印发《县级以下领导干部任期经济责任审计暂行规定》和《国有企业及国有控股企业领导人员任期经济责任审计暂行规定》的通知。该通知指出，上述两个“规定”已经党中央、国务院批准，要求各地遵照执行，2006年2月28日进行了修改。

2. 审计法的适用范围。根据修改的《审计法》，国务院各部门和地方各级人民政府及其各部门的财政收支、国有的金融机构和企业事业组织的财务开支，以及其他依照该法规定应当接受审计的财政收支和财务收支，都应当接受审计监督。

（三）审计法的宗旨

《审计法》第1条指出：“为了加强国家的审计监督，维护国家财政经济秩序，提高财政资金使用效益，促进廉政建设，保障国民经济健康发展，根据宪法，制定本法。”《审计法》不仅具有经济上的意义，而且具有政治上的意义。从经济方面说，通过审计，查出了一系列违反财经法纪的问题，为国家挽回了大量损失，同时堵住了许多国有资产流失的漏洞，直接维护了国家财政经济秩序。从政治方面说，通过财务审计处理一批违法案件，对于打击违法、犯罪，教育干部群众，改进国家机关工作作风，促进廉政建设，具有直接作用。故其作用为：第一，严肃财经纪律；第二，提高经济效益；第三，加强宏观控制和管理；第四，促进廉政建设。

二、审计管理体制

（一）审计监督制度

《宪法》和《审计法》规定，国家实行审计监督制度。这一制度包括：（1）审计主体。国务院和县级以上地方人民政府设立的审计机关是行使审计权的主体。（2）审计对象（客体）。主要有三：一是国务院各部门和地方各级人民政府及其各部门的财政收支；二是国有的金融机构和企业事业组织的财务收支；三是其他依照《审计法》规定应当接受审计的财政收支、财务收支。（3）审计目标。审计机关对上述所列财政收支或者财务收支的真实、合法和效益，提出审计意见，依法进行检查和监督。审计的任务可以概括为财政财务审计、效益审计、领导人任期经济责任审计、违纪审计等内容。其中，县级以下党政领导干部任期经济责任，是指领导干部任职期间对其所在部门、单位财政收支或财务收支的真实性、合法性和效益性以及有关经济活动应当负有的责任，包括主管责任和直接责任。国有企业及国有控股企业领导人员任期经济责任，是指企业领导人员任职期间对其所在企业资产、负债、损益的真实性、合法性和效益性以及有关经济活动应当负有的责任，包括主管责任和直接责任。（4）审计依据。审计机关以法律、法规和国家有关财政收支、财务收支的规定为审计评价和处理、处罚的依据。

审计机关进行审计时，享有检查权、调查权、处理权、处罚权。审计机关依照《审计法》和《〈审计法〉实施条例》以及其他有关法律、法规规定的职责、权限和程序进行审计监督。审计机关依照法律规定独立行使审计监督权，不受其他行政机关、社会团体和个人的干涉。

【随堂演练 11－9】 具有法定性、强制性特征的审计类型是（　　）。

A. 国家审计　　B. 注册审计　　C. 内部审计　　D. 社会审计

【答案】 A

【解析】 国家审计具有法定性、强制性，其目的是对依法应当接受审计的财政收支、财务收支的真实、合法和效益进行审计监督，维护国家财政经济秩序，提高财政资金使用效益，促进廉政建设，保障国民经济和社会健康发展。

（二）审计工作管理体制

1. 政府与人民代表大会的关系。国务院和县级以上地方政府应当每年向本级人民代表大会常务委员会提出审计机关对预算执行和其他财政收支的审计工作报告，接受人民代表大会常务委员会的监督。

2. 上下级审计机关的关系。地方各级审计机关对本级人民政府和上一级审计机关负责并报告工作，审计业务以上级审计机关领导为主。审计机关根据工作需要，可以在其审计管辖范围内设立派出审计机构或者派出审计特派员。

3. 与有关部门的关系。财政、税务、金融等有关主管部门，要与审计机关相互配合、协同工作，更好地完成审计监督任务。

【随堂演练 11－10】 下面关于地方各级审计机关的领导体制的表述中，正确的是（　　）。

A. 地方各级审计机关实行单独领导体制，只对本级人民政府负责并报告工作

B. 地方各级审计机关实行单独领导体制，只对上一级审计机关负责并报告工作

C. 地方各级审计机关实行双重领导体制，对本级人民政府和上一级审计机关负责并报告工作，审计业务以上级审计机关领导为主

D. 地方各级审计机关实行双重领导体制，对本级人民政府和上一级审计机关负责并报告工作，审计业务以本级人民政府领导为主

【答案】 C

【解析】 地方各级审计机关实行双重领导体制，对本级人民政府和上一级审计机关负责并报告工作，审计业务以上级审计机关领导为主。

三、审计机关审计制度

（一）审计机关和审计人员

1. 审计机关。国务院设立审计署，在国务院总理的领导下，主管全国的审计工作。省、市、县三级的审计机关，分别在三级行政首长和上一级审计机关的领导下，负责本行政区域内的审计工作。

2. 审计人员。审计人员属于国家工作人员，应当具备与其从事的审计工作相适应的专业知识和业务能力，因而国家实行审计人员专业技术资格制度。审计

人员应当依法履行职务；遇有需要回避的情况时，应当回避。审计人员的公务行为受法律保护。地方各级审计机关正职和副职负责人的任免，应当事先征求上一级审计机关的意见。

（二）审计机关职责

1. 审计事项的范围。审计机关的审计事项包括：（1）中央预算执行情况和其他财政收支、同级政府预算执行情况；（2）审计机关所在的本级各部门（含直属单位）和下级政府预算的执行情况和决算，以及预算外资金的管理和使用情况；（3）中央银行的财务收支，国家金融机构的资产、负债、损益；（4）国家事业组织的财务收支；（5）国有企业的资产、负债、损益（特别是与国计民生有重大关系的国有企业、接受财政补贴较多或者亏损数额较大的国有企业，以及国务院和本级地方政府指定的其他国有企业）；（6）国有资产占控股地位或者主导地位的企业；（7）国家建设项目预算的执行情况和决算；（8）政府部门管理的和社会团体受政府委托管理的社会保障基金、环境保护资金、社会捐赠资金以及有关基金、资金的财务收支；（9）国际组织和外国政府援助、贷款项目的财务收支；（10）其他法律、行政法规规定应当由审计机关进行审计的事项。

2. 审计管辖的范围。审计机关根据被审计单位的财政、财务隶属关系确定审计管辖范围；不能根据财政、财务隶属关系确定审计管辖范围的，根据国有资产监督管理关系确定审计管辖范围。两个或两个以上国有资产投资主体投资的企业事业单位，由对主要投资主体有审计管辖权的审计机关进行审计。

各级审计机关应当按照确定的审计管辖范围进行审计监督和专项审计调查。

（三）审计机关权限

1. 检查权和调查权。审计机关有权要求被审计单位按照规定报送预算或者财务收支计划、预算执行情况、决算、财务报告、社会审计机构出具的审计报告，以及其他与财政收支或者财务收支有关的资料。审计机关进行审计时，有权检查被审计单位的会计凭证、会计账簿、会计报表以及其他与财政收支或者财务收支有关的资料和资产。

审计机关进行审计时，有权就审计事项的有关问题向有关单位和个人进行调查，并取得有关证明材料。

2. 处理权和处罚权。审计机关对被审计单位正在进行的违反国家规定的财政收支、财务收支行为，有权予以制止；制止无效的，经县级以上审计机关负责人批准，通知财政部门和有关主管部门，暂停拨付与违反国家规定的财政收支、财务收支行为直接有关的款项，已经拨付的，暂停使用。

审计机关对违反国家规定的财政收支、财务收支的行为，需要依法给予处理、处罚的，在法定职权范围内作出审计决定或者向有关主管机关提出处理、处罚意见。

审计机关可以向政府有关部门通报或者向社会公布审计结果。

【随堂演练 11－11】 下列不属于审计法规定的审计机关权限是（　　）。

A. 处理处罚权　　　　B. 追究刑事责任权

C. 检查权　　　　　　　　　　　　D. 通报或者公布审计结果权

【答案】 B

【解析】 审计机关的具体权限有：要求提供资料权；检查权；调查取证权；制止权；处理处罚权；通报或者公布审计结果权；建议权。

（四）审计程序

审计程序可以分为以下四个步骤：（1）向被审计单位送达审计通知书；（2）派出审计组对审计事项实施审计；（3）审计组向审计机关提出审计报告，审计机关据此出具审计意见书及审计决定；（4）审计机关将审计意见书和审计决定送达被审计单位和有关单位。审计决定自送达之日起生效。

四、单位内部审计

（一）内部审计概述

内部审计是我国审计体系的组成部分，它是搞好国家（政府）审计的一个基础。《审计法》第29条规定："国务院各部门和地方人民政府各部门、国有的金融机构和企业事业组织，应当按照国家有关规定建立健全内部审计制度。"政府部门、国有企业事业单位实行内部审计制度，旨在加强内部的管理和监督，维护财经法纪，保障和促进改善经营管理，提高经济效益。

1985年12月5日审计署发布《关于内部审计工作的若干规定》，后经修改，于1989年12月2日发布《关于内部审计工作的决定》。

（二）内部审计机构的设置和管理体制

1. 机构设置。审计机关未设立派出机构的政府部门，以及国有企业、事业单位，设立独立的内部审计机构。审计业务较少的单位，可以设置专职内部审计人员。

2. 管理体制。内部审计机构在本单位主要负责人的直接领导下进行内部审计监督，独立行使内部审计职权，对本单位领导机构负责并报告工作。各部门、国有的金融机构和企业事业组织的内部审计，应当接受审计机关的业务指导和监督。

五、社会审计

社会审计是会计师事务所等社会审计机构对被审计单位提供的一种查账服务。社会审计机构接受国家机关和企事业单位的委托承办业务，其业务质量的检验标准是要求其所提出的社会审计报告及其结论真实、合法。社会审计是由《审计法》确定的审计方式之一，1989年7月审计署曾发布《关于社会审计工作的规定》。审计机关审计、单位内部审计和社会审计，构成我国完整的审计体系。

对依法独立进行社会审计的机构的指导、监督、管理，依照《注册会计师法》等有关法律和国务院的规定执行。1999年4月审计署发布的《审计机关监督社会审计业务质量的暂行规定》指出，审计机关对社会审计组织承担的资产评估、验资、验证、会计、审计等业务所出具的证明文件是否真实、合法进行监督检查。

【随堂演练 11－12】 下面关于国家审计、内部审计和社会审计的说法中错误的是（　）。

A. 国家审计又称为政府审计，是指由专门设立的政府审计机关依法对公共资金的运用状况进行的审计

B. 依法属于审计机关审计监督对象的单位，应当按照国家有关规定建立健全内部审计制度

C. 审计机关无权对社会审计机构出具相关报告进行核查

D. 对法定的政府审计监督对象来讲，其内部审计在相当程度上是国家审计的延伸

【答案】 C

【解析】 审计机关有权对社会审计机构出具相关报告进行核查。

六、违反《审计法》的法律责任

（一）被审计单位及有关人员的违法责任

1. 拒不接受审计的责任。被审计单位违反《审计法》的规定，拒绝或者拖延提供与审计事项有关的资料的，或者拒绝、阻碍检查的，由审计机关责令改正，可以通报批评，给予警告。拒不改正的，按照下列规定追究责任：（1）对被审计单位处以5万元以下的罚款；（2）对被审计单位负有直接责任的主管人员和其他直接责任人员，向有关部门、单位提出给予行政处分的建议；（3）构成犯罪的，依法追究刑事责任，追究责任后，被审计单位仍须接受审计机关的审计监督。

被审计单位转移、隐匿、篡改、毁损会计凭证、会计账簿、会计报表以及其他与财政收支或者财务收支有关的资料，一经审计机关发现，应当予以制止，责令交出，改正或者采取措施予以补救；必要时可以采取证据保全措施，或者暂时封存有关的账册资料。对负有直接责任的主管人员和其他有关责任人员应当依法给予处分。

2. 对已审计出违法问题的处理。现实经济管理、经济活动中违反财经法律制度的问题较为普遍，较为严重。因此，“查出来的，要做处理，不可不了了之。”

对本级各部门（含直属单位）和下级政府违反预算的行为或者其他违反规定的财政收支行为，审计机关、人民政府或者有关主管部门在法定职权范围内，依照法律、行政法规的规定作出处理。其中，审计机关的权限是：（1）责令限期缴纳、上缴应当缴纳或者上缴的财政收入；（2）责令限期退还被侵占的国有资产；（3）责令限期退还违法所得；（4）责令冲转或者调整有关会计账目；（5）采取其他纠正措施。

对被审计单位违反国家规定的财务行为，审计机关、人民政府或者有关主管部门在法定职权范围内，依照法律、行政法规的规定作出处理。其中，审计机关

的权限是：（1）责令改正，给予警告、通报批评，依照上述关于对违法的财政收支行为的规定对违法取得的资产作出处理。（2）有违法所得的，处以违法所得1倍以上5倍以下的罚款；没有违法所得的，处以5万元以下的罚款。

对上述违反国家财政收支、财务收支规定的行为负有直接责任的主管人员和其他直接责任人员，应当依法追究个人的法律责任。

（二）审计机关及其审计人员的责任

审计机关的审计报告、审计决定确有错误的，应当依法改正。审计人员滥用职权、徇私舞弊、玩忽职守，构成犯罪的，依法追究刑事责任；不构成犯罪的，给予行政处分。

第三节　统计法律制度

一、统计法概述

（一）统计的概念

统计是一种调查研究活动，或者说是一种认识活动。一般而言，统计有三种含义：从事统计调查研究和管理活动的工作，叫统计工作；进行统计调查研究活动的结果，表现为各种统计资料；研究如何进行统计调查研究活动的科学，就是统计学。

统计具有综合度量、比较的功能。通过对统计结果的综合度量、比较，对社会现象和经济现象作出评价，能够揭示社会现象和经济现象在发展中的相同点与相异点，说明社会现象和经济现象各标志之间的相互关系，进而达到认识社会的目的。正是基于统计的这个特点，在大多数国家中，都由国家设立特定的机构专门负责经济和社会的统计工作，为人们提供关于一个国家的现状和发展前景的重要的数量化信息，这就是所谓的政府统计。政府统计承担着对国民经济和社会发展情况进行统计调查、统计分析，提供统计资料和统计咨询意见，实行统计监督的重要职能。

（二）统计法的概念和特征

统计法是调整统计部门在管理统计工作、进行统计活动过程中与其他相关方面发生的社会关系的行为规范的总称。它是由国家制定的关于统计活动的行为准则。具体地说，统计法规定了统计部门与其他国家机关、社会团体、企业事业组织、个体工商户及公民在统计活动、统计管理工作中所形成的社会关系，包括：统计行政机关的职权、职责；统计调查者与统计调查对象的权利、义务；违反统计法的规定或不履行职责、义务应承担的法律责任等。

从狭义上讲，我国的统计法是指1983年12月8日第六届全国人民代表大会常务委员会第三次会议通过的《中华人民共和国统计法》（以下简称《统计法》），1996年5月15日第八届全国人民代表大会常务委员会第十九次会议对其进行了第一次修正，2009年6月27日第十一届全国人民代表大会常务委员会第九次会议对其进行了第二次修正，于2010年1月1日起实施。该法分为总则、统计调查管理、统计资料的管理和公布、统计机构和统计人员、监督检查、法律责任、附则等7章，共50条。

从广义上讲，统计法则包含了所有规范统计活动的统计法律、法规、规章及规范性文件。统计法不是统计法律、行政法规、地方性法规、规章等的简单罗列，是一个有机的体系。统计法作为我国行政法的一个组成部分，有自己特定的调整对象、原则、特点和作用，是一门独立的分支学科。

统计法作为规范统计活动的法律规范，与其他法律规范相比，具有以下两个特点：（1）调整对象具有特殊性和复杂性。统计法调整对象的特殊性是与其他部门法相比而言的，是以统计部门在管理统计工作、进行统计活动的过程中形成的社会关系为其调整对象。其复杂性是指统计法所调整的社会关系，既有纵向的管理关系，也有横向的指导关系；既有统计机构内部的管理关系，也有统计机构对调查对象的管理关系，还有管理民间调查的管理关系。统计工作覆盖面广，涉及社会生活的各个领域。（2）规范内容具有专业性。统计法的专业性是指统计法律制度中包含着大量关于统计工作的技术性规范，如调查制度、统计标准等，这些规范由有关机关以办法、规定等形式发布实施，是统计法律制度的重要组成部分。

二、统计调查管理

（一）统计调查的分类

1. 政府统计调查。政府统计调查是指由政府统计机构依法组织实施的统计调查。根据《统计法》的规定，政府统计调查包括国家统计调查、部门统计调查和地方统计调查三类。

2. 民间统计调查。民间统计调查是由民间统计机构以自己的名义或者接受委托进行的统计调查，具有自愿性和营利性的特点。目前，我国对民间统计调查的管理主要表现在对涉外调查的管理方面。所谓涉外调查，是由民间统计机构组织实施的具有一定涉外因素的统计调查。

【随堂演练11－13】政府统计调查包括国家统计调查、（　　）和地方统计调查三类。

A. 部门统计调查　　B. 涉外统计调查

C. 民间统计调查　　D. 企事业统计调查

【答案】A

【解析】政府统计调查包括国家统计调查、部门统计调查和地方统计调查三类。

（二）统计调查项目

统计调查项目，是指在一定时期为实现特定统计调查目的而组织实施的统计调查。根据《统计法》的规定，我国的统计调查项目分为三类：（1）国家统计调查项目，是指为了搜集和了解全国性的基本情况，由国家统计局拟订，或者由国家统计局和国务院有关部门共同拟订的统计调查项目；（2）部门统计调查项目，是指国务院和地方各级人民政府主管部门根据其业务管理的需要而拟订的统计调查项目；（3）地方统计调查项目，是指地方各级人民政府为搜集和了解本地方的基本情况，由县级以上地方各级人民政府统计机构拟订，或者由县级以上地方各级人民政府统计机构和有关部门共同拟订的统计调查项目。

（三）统计制度与统计标准

统计制度，是指统计调查阶段所应遵守的技术性规范，即统计调查制度。我国的统计调查制度包括国家统计调查制度、部门统计调查制度和地方统计调查制度三个部分。国家统计调查制度由国家统计局制定，或者经国务院批准、由国家统计局制定。部门统计调查制度由国务院各业务主管部门制定。地方统计调查制度由县级以上地方各级人民政府统计机构制定，报同级人民政府批准。

统计标准有广义和狭义之分。广义的统计标准，包括各种统计指标的含义、计算方法、分类目录、调查表式和统计编码等方面所作出的统一规范。狭义的统计标准，仅指统计分类标准。统计法规定的统计标准是指前者。《统计法》第11条规定："国家制定统一的统计标准，以保障统计调查中使用的指标含义、计算方法、分类目录、调查表式和统计编码等方面的标准化。"

（四）统计调查方法

统计调查方法，是指统计调查者搜集统计资料的方法。我国的统计调查方法主要有以下四类。

1. 普查。普查是指为了详细地了解某一方面的情况而专门组织的一次性的全面调查。它通过逐个调查一定时点上或一定时期内的社会经济现象的情况，全面、系统地搜集整理和提供反映某一方面情况的统计数据。新中国成立以来，我国已开展了五次人口普查、两次农业普查、三次工业普查、一次第三产业普查、两次基本单位普查和一次经济普查。

2. 抽样调查。抽样调查是指根据概率理论，从全体调查对象中随机抽取一部分样本单位进行观察，取得样本统计调查数据，并据以推断总体的统计调查方法。抽样调查具有社会投入少的特点，能够以较少的投入取得必要的统计数据。

3. 全面定期统计报表。全面定期统计报表，是指统计调查对象按照依法批准的统计调查表进行填报，由统计调查者予以汇总的一种统计调查方法。

4. 重点调查。重点调查是一种非全面调查。它是在调查对象中选择其中一部分重点单位所进行的调查。

【随堂演练11－14】重大的国家统计调查项目，报（　　）审批。

A. 国务院　　　　　　　　　　B. 国家统计局

C. 全国人大及其常委会　　　　D. 国家统计局或国务院

【答案】A

【解析】重大的国家统计调查项目，如人口普查、经济普查和农业普查等，报国务院审批。

三、统计资料管理

（一）统计资料管理体制

统计资料管理是指依法对统计资料进行检查、核实、审定、存贮等项工作的总称。根据我国统计工作的管理体制，遵循“统一管理、分级负责”的原则对统计资料予以管理。《统计法》第 13 条规定：“国家统计调查和地方统计调查范围内的统计资料，分别由国家统计局、县级以上地方各级人民政府统计机构或者乡、镇统计员统一管理。”“部门统计调查范围内的统计资料，由主管部门的统计机构或者统计负责人统一管理。”“企业事业组织的统计资料，由企业事业组织的统计机构或者统计负责人统一管理。”由此可见，我国对统计资料的管理采用了“谁组织统计调查，谁管理统计资料”的原则。

（二）统计资料的审核

统计资料的审核是指对有关统计资料进行审查、核实，并由统计人员、统计负责人和统计机构签字盖章的制度。

《统计法实施细则》第 15 条规定：“各地方、各部门、各单位应当健全统计资料的审核制度，保障统计资料的准确性和及时性。”统计资料的审核，是统计资料管理中的基础性环节和重要内容。建立统计资料审核制度是保证统计数据真实性和可靠性的要求，并在统计工作实践中起到了十分重要的作用。

《统计法实施细则》第 15 条第 2 款规定：“各部门、各企业事业组织提供的统计资料，由本部门、本单位领导人或者统计负责人审核、签署或者盖章后上报。有关财务统计资料由财务会计机构或者会计人员提供，并经财务会计负责人审核、签署或者盖章。县级以上各级人民政府统计机构和乡、镇统计员提供的统计资料，由本级人民政府统计机构负责人或者乡、镇统计员审核、签署或者盖章后上报。”

【随堂演练 11－15】 统计资料的管理实行（　　）。

A. 统一管理、分级负责的原则　　B. 分级管理、分级负责的原则

C. 分散管理制度　　D. 分级负责的原则

【答案】 A

四、统计资料的提供和公布

（一）统计资料的提供

统计资料的提供，是指统计机构将搜集、整理的统计资料、统计报告和统计公报刊载于公共媒体，或放置开放场所，以便于各级党政机构和社会公众查询，以及根据各级党政机构和社会公众的特殊要求，对统计资料进行加工、整理、汇总后供其使用的活动。

《统计法实施细则》第 17 条规定：“县级以上各级人民政府统计机构必须做好统计信息咨询服务工作，充分利用可以公开的社会经济信息为社会公众服务。”“符合国家有关规定，在《统计法》和统计制度规定之外提供统计信息咨询，实行有偿服务。具体办法由国家统计局会同国务院价格主管部门制定。”

（二）统计资料的公布

公布统计资料，是指有关部门按照法律规定的程序和手续把统计资料向社会公开化的行为。公布统计资料，是统计服务功能的体现，让社会公众共享统计信息资源，充分发挥统计信息的作用。同时，便于社会公众了解国情国力，对国民经济和社会发展情况实行有效的、全面的监督。

《统计法》第 14 条规定："国家统计局和省、自治区、直辖市的人民政府统计机构依照国家规定，定期公布统计资料。"定期公布统计资料的要求应为：首先，发布统计资料的时间基本上是固定的；其次，发布统计资料的载体应该是公开的、大众的、官方的、方便查找的。目前，我国利用电视、广播、报纸、书刊等媒体定期公布统计资料已经逐步形成制度，这包括每年按时发表国民经济和社会发展统计公报，按时出版中国统计年鉴，召开新闻发布会，及时公布年、季、月的社会经济发展情况等。

【随堂演练 11－16】 国家统计数据以（　　）公布的数据为准。

A. 国务院

B. 国家统计局

C. 最先公布的部门

D. 主管部门

【答案】 B

五、统计机构和统计人员

（一）统计机构的设置

统计机构是指从事统计调查、统计数据加工整理、统计分析预测、统计信息咨询和统计协调管理等活动的组织。

我国《统计法》规定设立的统计机构分为三种：政府综合统计机构、部门统计机构和企业事业组织统计机构。政府综合统计机构和部门统计机构都属于政府统计机构，构成政府统计系统的两大支柱，是完成国家、部门、地方统计任务最为重要的两支力量。企业事业组织统计机构是完成企业事业单位统计任务的综合职能机构，其统计任务既包括国家、地方、部门统计调查项目，也包括企业事业单位自身的统计任务。

（二）统计人员

1. 对统计人员的基本要求。根据《统计法》第 24 条的规定，统计人员必须符合以下两项要求。（1）统计人员应当坚持实事求是，恪守职业道德。统计职业道德规范的基本内容包括：忠诚统计，乐于奉献；实事求是，不出假数；依法统计，严守秘密；公正透明，服务社会。（2）统计人员应当具备从事统计工作所需的专业知识。

2. 统计人员的职权。根据《统计法》的规定，统计人员的职权有下列四个方面：（1）统计人员具有独立行使统计调查、统计报告、统计监督的职权；（2）统计人员有权要求有关单位和人员依照国家规定如实提供统计资料；（3）统计人员有权检查统计资料的准确性，要求改正不确实的统计资料；（4）统计人员有权揭发和检举统计调查工作中的违法行为。

3. 统计人员的职责。根据《统计法》的规定，统计人员主要有以下职责：（1）统计人员应当如实报送统计资料，准确及时完成统计工作任务，并对所报送的统计资料的真实性负责，对领导强令或者授意篡改统计资料或者编造虚假数据的行为，应当拒绝、抵制；（2）统计人员应当对属于国家秘密的统计资料负责保密，并对统计调查对象的商业秘密和私人、家庭的单项调查资料负有保密义务；（3）统计人员进行统计调查时必须出示工作证件。

1998年2月，中共中央办公厅、国务院办公厅印发《关于坚决反对和制止在统计上弄虚作假的通知》，提出"要加强对统计人员的思想政治教育、职业道德教育和业务技术教育，提高素质，实行持证上岗制度"。2007年6月1日实施的《统计从业资格认定办法》规定："在国家机关、社会团体、企业事业单位和其他组织等统计调查对象中承担经常性政府统计调查任务的人员，必须取得统计从业资格，持有统计从业资格证书。"

【随堂演练 11－17】 统计职业道德的核心内容是（　　）。

A. 坚持实事求是

B. 保守国家秘密统计资料

C. 对统计对象的商业秘密和私人、家庭的单项调查资料保密

D. 进行统计调查时必须出示工作证件

【答案】 A

【解析】 根据《统计法》第24条的规定，统计人员应当坚持实事求是，恪守职业道德。

六、统计执法检查

（一）统计执法检查的概念及特征

统计执法检查是指统计执法检查机关依照法定的权限、程序和方式，对公民、法人和其他组织贯彻执行统计法规和统计制度的情况进行监督检查，以及对统计违法行为进行查处等各种活动的总称。统计执法检查是使统计法规和统计制度得以实现的重要保证，是实现依法统计、确保统计数据质量的重要手段。

统计执法检查具有三个基本特征：

1. 统计执法检查是由国家依法授权的机关进行的。国家统计局及其派出的调查队、县级以上地方各级人民政府统计机构是国家依法授权的统计执法检查机关，依法具有统计执法检查权。

2. 统计执法检查是一种行政执法活动，具有严肃性、权威性和国家强制性。一方面，各级统计执法检查机关要忠于职守，正确地履行职责，不得随意放弃对各种统计违法行为的查处权；另一方面，各级统计执法检查机关在行使检查职权时，被检查单位和个人必须予以配合，不得干涉、阻挠或者拒绝检查。

3. 统计执法检查是按照一定的权限、程序和方式进行的。《统计法实施细

则》第6条规定，县级以上地方各级人民政府统计机构依法查处本行政区域内发生的统计违法行为；在国家统计局派出的调查队组织实施的统计调查中发生的统计违法行为，由组织实施该项统计调查的调查队负责查处。同时规定，各级统计执法检查机关必须严格按照法律法规规定的程序、方式进行执法检查。

【随堂演练11－18】实施统计执法检查的主体是（　　）。

A. 县级以上人民政府统计局法规检查机构

B. 各级纪检监察部门

C. 国家统计局及其派出的调查队、县级以上地方各级人民政府统计机构

D. 县级以上地方各级人民政府法制工作机构

【答案】C

（二）统计执法检查方式

统计执法检查方式，是指统计执法检查机关采取一定的手段和措施，对参与统计活动的公民、法人和其他组织贯彻实施统计法律法规情况进行的监督检查。统计执法检查按不同标准可做如下分类：（1）根据检查在时间上的不同，可分为定期检查和临时检查；（2）根据检查涉及范围的不同，可分为全面检查和重点抽查；（3）根据检查主体的不同，可分为联合检查和单独检查。

七、违反《统计法》的法律责任

（一）统计机构及有关人员的违法责任

1. 地方人民政府、政府统计机构或者有关部门、单位的负责人有下列行为之一的，由任免机关或者检察机关给予处分，并由县级以上人民政府统计机构予以通报：（1）自行修改统计资料、编造虚假统计数据的；（2）要求统计机构、统计人员或者其他机构、人员伪造、篡改统计资料的；（3）对依法履行职责或者拒绝、抵制统计违法行为的统计人员打击报复的；（4）对本地方、本部门、本单位发生的严重统计违法行为失察的。

2. 县级以上人民政府统计机构或者有关部门在组织实施统计调查活动中有下列行为之一的，由本级人民政府、上级人民政府统计机构或者本级人民政府统计机构责令改正，予以通报；对直接责任人员，由任免机关或者监察机关依法给予处分：（1）未经批准擅自组织实施统计调查的；（2）未经批准擅自变更统计调查制度的内容的；（3）伪造、篡改统计资料的；（4）要求统计对象或者其他机构、人员提供不真实的统计资料的；（5）未按照统计调查制定的规定报送有关资料的。

【随堂演练11－19】某地方领导人认为该地方统计局提供的夏粮产量的数据来源有错误，便根据自己掌握的情况修改了夏粮产量的统计数据，该领导人的行为属于（　　）。

A. 依法履行职务行为

B. 行政监督行为

C. 篡改统计资料的行为

D. 伪造统计资料的行为

【答案】C

（二）统计调查对象及有关人员的违法责任

作为统计调查对象的国家机关、企业事业单位或者其他组织有下列行为之一的，由县级以上统计机构责令改正，给予警告，其直接负责的主管人员和其他直接责任人员属于国家工作人员的，由任免机关或者监察机关依法给予处分：(1) 拒绝提供统计资料或者经催报后仍未按时提供统计资料的；(2) 提供不真实或者不完整的统计资料的；(3) 拒绝答复或者不如实答复统计检查查询书的；(4) 拒绝、阻碍统计调查和统计检查的；(5) 转移、隐匿、篡改、毁弃或者拒绝提供原始记录和凭证、统计台账、统计调查表及其他相关证明和资料的。

企业事业单位或者其他组织有上述所列行为之一的，可以并处5万元以下的罚款；情节严重的，并处5万元以上20万元以下的罚款。个体工商户有以上所列行为之一的，由县级以上人民政府统计机构责令改正，给予警告，可以并处1万元以下的罚款。构成犯罪的，依法追究刑事责任。

当事人对县级以上人民政府统计机构作出的行政处罚决定不服的，可以依法申请行政复议或者提起行政诉讼。

复习思考题

1. 关于会计核算的内容和程序有哪些法律规定？
2. 会计监督包括哪些内容？
3. 违反《会计法》的责任有哪些？
4. 审计的原则是什么？
5. 审计的种类有哪些？
6. 统计调查项目分为哪几类？
7. 统计资料的管理包括哪些内容？

第十二章　广告法律制度

【内容提要】本章主要介绍和讲解广告法的有关规定。具体内容涉及：商业广告的概念和特征；广告准则、广告活动、广告的审查及法律责任。

【教学要点】商业广告的概念和特征；商业广告遵守的准则、商业广告活动遵守的基本规范、商业广告的审查及其依法应承担的法律责任。

第一节　广告法概述

一、广告的概念

广告，从汉语字义解释来看，就是“广而告之”，即向广大公众告知某件事，有广泛劝告的意思。一般来说，广告有广义和狭义之分。

广义的广告是指人们为了达到一定的目的，利用媒介、传播信息、宣传商品、服务政治和社会主张的各种活动，包括为实现一定经济目的的商业广告和实现一定政治、社会目的的社会广告。

狭义的广告即商品经营者或者服务者承担费用，通过一定媒介和形式直接或间接地介绍自己所推销商品或者所提供服务的商业广告。

二、广告的种类

从广告宣传的商品来看，可分为：消费品广告；生产资料广告；服务广告；其他商品，如科技广告等。

从广告媒介来看，可分为：（1）利用大众传播媒介进行宣传的广告，如电视广告、广播广告、报纸广告、杂志广告和互联网广告等；（2）利用其他形式进行宣传的广告，如户外广告、交通广告等。

从广告表达形式来看，可分为直接广告和间接广告。

三、广告活动的主体

广告主体，即广告活动的参与者，包括广告主、广告经营者和广告发布者。广告主、广告经营者、广告发布者之间在广告活动中应当依法订立书面合同，明确各方的权利和义务。

1. 广告主是指为推销商品或者服务，自行或者委托他人设计、制作、发布广告的自然人、法人或者其他组织。

广告主的资格，是指广告主自行或者委托他人设计、制作、发布广告，所推销的商品或者所提供的服务应当符合广告主的经营范围，且广告主应当具有或者提供真实、合法、有效的下列证明文件：（1）营业执照及其他生产、经营资格的证明文件；（2）质量检验机构对广告中有关商品质量内容出具的证明文件；（3）确认广告内容真实性的其他证明文件；（4）发布广告（如药品、医疗器械、农药的广告）需要经有关行政主管部门审查的，还应当提供有关批准文件。

2. 广告经营者是指接受委托提供广告设计、制作、代理服务的自然人、法人或者其他组织。

3. 广告发布者是指为广告主或者广告主委托的广告经营者发布广告的自然人、法人或者其他组织。

4. 广告代言人是指广告主以外的，在广告中以自己的名义或者形象对商品、服务做推荐、证明的自然人、法人或者其他组织。

广播电台、电视台、报刊出版单位从事广告发布业务的，应当设有专门从事广告业务的机构，配备必要的人员，具有与发布广告相适应的场所、设备，并向县级以上地方工商行政管理部门办理广告发布登记。广告主、广告经营者、广告发布者之间在广告活动中应当依法订立书面合同。

四、广告法的定义

广告法是调整在广告过程中所产生的经济关系的法律规范的总称。

广义的广告法包括《广告法》《广告管理条例》《广告管理条例实施细则》《广告审查标准》等。现行广告法律法规体系由《广告法》《广告管理条例》以及其他法律法规中有关广告管理的内容共同组成。

狭义的广告法指《中华人民共和国广告法》，该法于1994年10月27日通过，1995年2月1日起施行。2015年4月24日第十二届全国人民代表大会常务委员会第十四次会议第一次修订，于2015年9月1日起施行。《广告法》的立法目的是：规范广告活动，保护消费者的合法权益，促进广告业的健康发展，维护社会经济秩序。

《广告法》的效力范围：在中华人民共和国境内，商品经营者或者服务提供者通过一定媒介和形式直接或者间接地介绍自己所推销的商品或者服务的商业广告活动。

第二节　广告原则和特殊商品、服务广告的专门规定

一、广告原则

（一）真实性原则

广告必须真实、客观，不得含有虚假或者引人误解的内容，不得欺骗、误导

消费者。广告主应当对广告内容的真实性负责。这是广告最重要的原则。因此，必须做到：（1）语言、文字、图像要与广告的内容一致，广告中宣传的产品与销售的产品应当完全一致，不能用特别挑选出来的或特别制造出来的产品做广告；（2）广告使用的数据、统计资料、调查结果、文摘、引用语等，应当真实、准确，并表明出处。引证内容有适用范围和有效期限的，应当明确表示；（3）广告中涉及专利产品或者专利方法的，应当标明专利号和专利种类，未取得专利权的，不得在广告中谎称取得专利权，不得使用已经终止、撤销、无效的专利做广告。

【随堂演练 12－1】 应当对广告内容的真实性负责的是（　　）。

A. 广告主　　B. 广告发布者

C. 广告经营者　　D. 广告代言人

【答案】 A

【解析】 我国《广告法》规定，广告必须真实、客观，不得含有虚假或者引人误解的内容，不得欺骗、误导消费者。广告主应当对广告内容的真实性负责。

（二）健康性原则

为了使广告内容的管理具体化，《广告法》第 9 条规定，广告不得有下列情形：（1）使用或者变相使用中华人民共和国的国旗、国歌、国徽，军旗、军歌、军徽；（2）使用或者变相使用国家机关、国家机关工作人员的名义或者形象；（3）使用"国家级""最高级""最佳"等用语；（4）损害国家的尊严或者利益，泄露国家秘密；（5）妨碍社会安定，损害社会公共利益；（6）危害人身、财产安全，泄露个人隐私；（7）妨碍社会公共秩序或者违背社会良好风尚；（8）含有淫秽、色情、赌博、迷信、恐怖、暴力的内容；（9）含有民族、种族、宗教、性别歧视的内容；（10）妨碍环境、自然资源或者文化遗产保护；（11）法律、行政法规规定禁止的其他情形。

【随堂演练 12－2】 下列说法中错误的有（　　）。

A. 经过有关部门批准，广告中可以使用"国家级""最高级""最佳"等用语

B. 广告不得妨碍社会安定，损害社会公共利益

C. 经过国家机关同意，可以在广告中使用该机关的名义或者形象

D. 未取得专利权的，不得在广告中谎称取得专利权

【答案】 AC

（三）正当竞争原则

广告是宣传、推销商品的重要手段，广告只能用于正当的、公开的竞争，防止利用发布广告贬低同类产品、抬高自己、诱惑顾客等不正当的竞争。广告主、广告经营者、广告发布者不得在广告活动中进行任何形式的不正当竞争，不得贬低其他生产经营者的商品或服务。在现实生活中，有些同类产品为了争夺市场，都分别在广播、电视、报刊上做广告，极力宣扬自己产品的优点，并用一些或者明显或者暗示性的词语诋毁别人的产品，互相打"广告战"，其结果不仅仅是违反了广告法，在经济利益上也往往是两败俱伤，损失惨重。

（四）可识别性原则

1. 广告应当具有可识别性，能够使消费者辨明其为广告。

2. 广告中对商品的性能、功能、产地、用途、质量、成分、价格、生产者、有效期限、允诺等或者对服务的内容、提供者、形式、质量、价格、允诺等有表示的，应当准确、清楚、明白。

3. 广告中表明推销的商品或者服务附带赠送的，应当明示所附带赠送商品或者服务的品种、规格、数量、期限和方式。

二、特殊商品、服务广告的专门规定

（一）对医疗、药品、医疗器械广告的专门规定

医疗、药品、医疗器械广告不得有下列内容：（1）表示功效、安全性的断言或者保证；（2）说明治愈率或者有效率；（3）与其他药品、医疗器械的功效和安全性或者其他医疗机构比较；（4）利用广告代言人作推荐、证明；（5）法律、行政法规规定禁止的其他内容。

我国《广告法》第16条第2款规定：药品广告的内容不得与国务院药品监督管理部门批准的说明书不一致，并应当显著标明禁忌、不良反应。处方药广告应当显著标明“本广告仅供医学药学专业人士阅读”，非处方药广告应当显著标明“请按药品说明书或者在药师指导下购买和使用”。我国《广告法》第16条第3款规定：推荐给个人自用的医疗器械的广告，应当显著标明“请仔细阅读产品说明书或者在医务人员的指导下购买和使用”。医疗器械产品注册证明文件中有禁忌内容、注意事项的，广告中应当显著标明“禁忌内容或者注意事项详见说明书”。我国《广告法》第17条规定：“除医疗、药品、医疗器械广告外，禁止其他任何广告涉及疾病治疗功能，并不得使用医疗用语或者易使推销的商品与药品、医疗器械相混淆的用语。”

【随堂演练12-3】下列产品中不得作广告的有（　　）。

A. 麻醉药品　　B. 精神药品　　C. 放射性药品　　D. 处方药

【答案】ABC

（二）对农药、兽药、饲料和饲料添加剂广告的专门规定

农药、兽药、饲料和饲料添加剂广告不得含有下列内容：（1）表示功效、安全性的断言或者保证；（2）利用科研单位、学术机构、技术推广机构、行业协会或者专业人士、用户的名义或者形象作推荐、证明；（3）说明有效率；（4）违反安全使用规程的文字、语言或者画面；（5）法律、行政法规规定禁止的其他内容。

（三）对烟草广告的专门规定

我国《广告法》第22条规定：（1）禁止在大众传播媒介或者公共场所、公共交通工具、户外发布烟草广告，禁止向未成年人发送任何形式的烟草广告；（2）禁止利用其他商品或者服务的广告、公益广告，宣传烟草制品名称、商标、包装、装潢以及类似内容；（3）烟草制品生产者或者销售者发布的迁址、更名、招聘等启事中，不得含有烟草制品名称、商标、包装、装潢以及类似内容。

【随堂演练 12-4】以下场所中禁止设置烟草广告的有（ ）

A. 体育馆　　B. 公交车

C. 地铁　　D. 烟草零售店

【答案】ABC

【解析】我国《广告法》第 22 条规定：禁止在大众传播媒介或者公共场所、公共交通工具、户外发布烟草广告。

（四）对酒类广告的专门规定

酒类广告不得含有下列内容：（1）诱导、怂恿饮酒或者宣传无节制饮酒；（2）出现饮酒的动作；（3）表现驾驶车、船、飞机等活动；（4）明示或者暗示饮酒有消除紧张和焦虑、增加体力等功效。

（五）对保健食品广告的专门规定

保健食品广告不得含有下列内容：（1）表示功效、安全性的断言或者保证；（2）涉及疾病预防、治疗功能；（3）声称或者暗示广告商品为保障健康所必需；（4）与药品、其他保健食品进行比较；（5）利用广告代言人作推荐、证明；（6）法律、行政法规规定禁止的其他内容。

《广告法》第 18 条第 2 款规定：保健食品广告应当显著标明“本品不能代替药物”。《广告法》第 19 条规定：广播电台、电视台、报刊音像出版单位、互联网信息服务提供者不得以介绍健康、养生知识等形式变相发布医疗、药品、医疗器械、保健食品广告。《广告法》第 20 条规定：禁止在大众传播媒介或者公共场所发布声称全部或者部分替代母乳的婴儿乳制品、饮料和其他食品广告。

【随堂演练 12-5】下列产品或服务广告中可以涉及疾病治疗功能的有（ ）。

A. 医疗广告　　B. 药品广告

C. 保健食品广告　　D. 医疗器械广告

【答案】ABD

【解析】《广告法》第 18 条第 2 款规定：保健食品广告应当显著标明“本品不能代替药物”。

（六）对教育、培训广告的专门规定

教育、培训广告不得含有下列内容：（1）对升学、通过考试、获得学位学历或者合格证书，或者对教育、培训的效果作出明示或者暗示的保证性承诺；（2）明示或者暗示有相关考试机构或者其工作人员、考试命题人员参与教育、培训；（3）利用科研单位、学术机构、教育机构、行业协会、专业人士、受益者的名义或者形象作推荐、证明。

（七）对招商等有投资回报预期的商品或者服务广告的专门规定

招商等有投资回报预期的商品或者服务广告，应当对可能存在的风险以及风险责任承担有合理提示或者警示，并不得含有下列内容：（1）对未来效果、收益或者与其相关的情况作出保证性承诺，明示或者暗示保本、无风险或者保收益等，国家另有规定的除外；（2）利用学术机构、行业协会、专业人士、受益者的名义或者形象作推荐、证明。

（八）对房地产广告的专门规定

房地产广告，房源信息应当真实，面积应当表明为建筑面积或者套内建筑面积，并不得含有下列内容：（1）升值或者投资回报的承诺；（2）以项目到达某一具体参照物的所需时间表示项目位置；（3）违反国家有关价格管理的规定；（4）对规划或者建设中的交通、商业、文化教育设施以及其他市政条件作误导宣传。

【随堂演练12－6】下列关于房地产广告的说法中正确的有（　　）。

A. 房地产广告中，房源信息应当真实

B. 房地产广告中，面积应当表明为建筑面积或者套内建筑面积

C. 项目位置可以用该项目到达某一具体参照物所需时间表示

D. 房地产广告在发布前应当由房地产管理部门进行审查

【答案】AB

（九）对农作物种子、林木种子、草种子、种畜禽、水产苗种和种养殖广告的专门规定

农作物种子、林木种子、草种子、种畜禽、水产苗种和种养殖广告关于品种名称、生产性能、生长量或者产量、品质、抗性、特殊使用价值、经济价值、适宜种植或者养殖的范围和条件等方面的表述应当真实、清楚、明白，并不得含有下列内容：（1）做科学上无法验证的断言；（2）表示功效的断言或者保证；（3）对经济效益进行分析、预测或者作保证性承诺；（4）利用科研单位、学术机构、技术推广机构、行业协会或者专业人士、用户的名义或者形象作推荐、证明。

（十）对户外广告的专门规定

有下列情形之一的，不得设置户外广告：（1）利用交通安全设施、交通标志的；（2）影响市政公共设施、交通安全设施、交通标志、消防设施、消防安全标志使用的；（3）妨碍生产或者人民生活，损害市容市貌的；（4）在国家机关、文物保护单位、风景名胜区等的建筑控制地带，或者县级以上地方人民政府禁止设置户外广告的区域设置的。

第三节　广告的监督管理

一、广告的监督管理机构

工商行政管理部门履行广告监督管理职责，可以行使下列职权：（1）对涉嫌从事违法广告活动的场所实施现场检查；（2）询问涉嫌违法的当事人或者其法定代表人、主要负责人和其他有关人员，对有关单位或者个人进行调查；（3）要求涉嫌违法的当事人限期提供有关证明文件；（4）查阅、复制与涉嫌违法广告有关的合同、票据、账簿、广告作品和其他有关资料；（5）查封、扣押与涉嫌违法广告直接相关的广告物品、经营工具、设备等财物；（6）责令暂停发布可能造成严重后果的涉嫌违法广告；（7）法律、行政法规规定的其他职权。

我国《广告法》第45条规定：消费者协会和其他消费者组织对违反本法规

定，发布虚假广告侵害消费者合法权益，以及其他损害社会公共利益的行为，依法进行社会监督。

二、广告活动的要求

1. 广告主应当具有或者提供真实、合法、有效的证明文件。

（1）营业执照以及其他生产、经营资格的证明文件。

（2）质量检验机构对广告中有关商品质量内容出具的证明文件。

（3）确认广告内容真实性的其他证明文件。

（4）法律、行政法规规定须经有关行政主管部门审查的，还应当提供有关批准文件。

2. 广告代理活动符合法律规定。

三、广告的审查

发布医疗、药品、医疗器械、农药、兽药和保健食品广告，以及法律、行政法规规定应当进行审查的其他广告，应当在发布前由有关部门（以下称广告审查机关）对广告内容进行审查；未经审查，不得发布。

广告主申请广告审查，应当依照法律、行政法规向广告审查机关提交有关证明文件。广告审查机关应当依照法律、行政法规作出审查决定。行政法规规定作出审查决定，并应当将审查批准文件抄送同级工商行政管理部门。广告审查机关应当及时向社会公布批准的广告。

【随堂演练 12－7】（　　）应当在发布前由广告审查机关对广告内容进行审查，未经审查，不得发布。

A. 医疗广告　　B. 培训广告　　C. 酒类广告　　D. 药品广告

【答案】AD

【解析】我国《广告法》规定，发布医疗、药品、医疗器械、农药、兽药和保健食品广告，以及法律、行政法规规定应当进行审查的其他广告，应当在发布前由有关部门（以下称广告审查机关）对广告内容进行审查；未经审查，不得发布。

第四节　违反广告法的法律责任

一、广告违法行为

广告违法行为，是指广告主、广告经营者、广告发布者在广告活动中违反我国广告管理法规，扰乱正常的市场经济秩序，并应受到法律制裁的行为。

常见的广告违法行为有：（1）非法经营广告；（2）发布违禁广告，如虚假广告、新闻广告、超越经营范围和国家许可范围的广告等；（3）代理、发布无合法证明或证明不全的广告；（4）伪造、涂改、盗用或擅自复制广告证明；（5）为广告主出具非法或虚假证明；（6）非法发布卷烟、药品等特殊商品广告；（7）广告活动中的垄断和不正当竞争行为。

【随堂演练12-8】以下说法中错误的是（　　）。

A. 广告主、广告经营者、广告发布者之间在广告活动中应当依法订立书面合同

B. 广告中不得使用无民事行为能力人、限制民事行为能力人的名义或者形象的

C. 广告经营者、广告发布者应当公布其收费标准和收费办法

D. 广告发布者向广告主、广告经营者提供的覆盖率、收视率、点击率、发行量等资料应当真实

【答案】B

【解析】我国《广告法》第33条规定：广告主或者广告经营者在广告中使用他人名义或者形象的，应当事先取得其书面同意；使用无民事行为能力人、限制民事行为能力人的名义或者形象的，应当事先取得其监护人的书面同意。

二、法律责任

违反广告管理法规的广告主、广告经营者和广告发布者所应承担的法律责任，概括起来有三个方面。

1. 行政责任。即工商行政管理机关对违反广告法规的当事人给予的行政处罚。主要形式有：停止发布广告；责令公开更正；通报批评；没收非法所得；罚款；停业整顿；吊销营业执照或者广告经营许可证。

广告主、广告经营者和广告发布者对工商行政管理机关处罚决定不服的，可在收到处罚通知之日起15日内向作出处罚决定的机关的上一级机关申请复议；当事人也可以在接到处罚通知之日起15日内直接向人民法院起诉。

复议机关应当在接到复议申请之日起60日内作出复议决定。当事人对复议决定不服的，可以在接到复议决定之日起60日内向人民法院起诉。复议机关逾期不作出复议决定的，当事人可以在复议期满之日起60日内向人民法院起诉。

当事人逾期不申请复议也不向人民法院起诉，又不履行处罚决定的，作出处罚决定的机关可以申请人民法院强制执行。

2. 民事责任。广告主、广告经营者和广告发布者违反广告法规，给用户和消费者造成损失的，应当承担赔偿责任。损害赔偿，受害人可以请求县级以上的工商行政管理机关处理，也可以向人民法院起诉。

3. 刑事责任。广告主、广告经营者和广告发布者违反广告法规，情节严重，构成犯罪的，由司法机关追究刑事责任。

复习思考题

1. 简述商业广告的定义和广告原则的内容。
2. 对特殊商品和服务广告有哪些特殊的法律规定？
3. 广告活动应提供哪些证明文件？

第十三章　税收法律制度

【内容提要】本章介绍税收法律制度。主要内容包括：税收的概念、特征；税法的构成要素；我国现行的税收种类；税收征收管理的法律规定。

【教学要点】通过本章的学习，掌握税收的概念、特征；税法的构成要素；税收征收管理的法律规定。

第一节　税收与税法概述

一、税收的概念和特征

（一）税收的概念

税收是国家凭借其政治权利，依据税法的规定，无偿向纳税人征收货币或实物，以实现国家职能的一种特殊的分配形式。税收是国家取得财政收入最重要的来源。

（二）税收的特征

税收作为以国家为征收主体所进行的一种特殊分配，有它自己鲜明的特征。

1. 强制性。税收以国家强制力为后盾。凡是法律规定有纳税义务的公民、法人或者其他组织，不论其主观上是否愿意，都必须无条件地依法履行纳税义务。如有违抗，将会受到法律的制裁。

2. 无偿性。税的征收是不附加任何条件的缴纳。国家在征税的时候，既不向纳税人支付任何报酬，也不给纳税人某种特许权利或提供相应的服务。税款一经征收，即转归国家所有，纳入国家预算，不再直接归还纳税人。

3. 固定性。国家依照法定程序征收税款，征收范围、纳税人、税率、纳税环节等都在税法中预先明确，因此，税收具有相对的稳定性。

（三）税收的分类

税收按照不同的标准可以有多种分类。

1. 按照征收对象分类。

（1）流转税类，包括增值税、消费税和营业税等。

（2）资源税类，包括资源税、城镇土地使用税等。

（3）所得税类，包括企业所得税和个人所得税等。

（4）财产和行为税类，包括房产税、契税、车船税等。

2. 按照税收管辖和收入归属分类。

（1）中央税，凡税收的所有权和管理权归中央一级政府的税种就属中央税，如关税、消费税、中央企业所得税等维护国家权益和实施宏观调控必需的税种。

（2）中央、地方共享税，如增值税、资源税、证券交易印花税等与国民经济发展直接相关的一些主要税种。

（3）地方税，如个人所得税、地方企业所得税、土地增值税、房产税等税收的所有权和管理权归地方政府的许多税种。

【资料卡13-1】税与费有什么区别？

一是征收主体不同。各级税务机关、海关等征收的一般是税；由其他机关、单位收取的一般是费。二是无偿性不同。无偿征收的是税，有偿征收的是费。三是专款专用要求不同。税款一般是由税务机关征收以后，统一上缴国库，纳入国家预算，由国家通过预算统一支出，不采取专款专用的原则；而收费则不同，一般具有专款专用的性质。

二、税法的概念和构成要素

（一）税法的概念

税法是指调整国家征税机关与纳税人之间税收征纳关系的法律规范的总称。税法是国家向一切纳税人征税的依据，是纳税人纳税的准绳，是实现国家预算的重要法律形式。

（二）税法的构成要素

国家每开征一种税，都要制定相应的基本法规，以便依法征税。虽然每一种税都有其不同的性质、特点和作用，但构成税法的基本要素则是相同的。

1. 税收主体。税收主体是指税法规定享有权利和承担义务的当事人，包括征税主体和纳税主体。征税主体是代表国家行使税收管理权的各级征税机关，例如国家各级税务机关、财政机关和海关。纳税主体是指税法规定的直接负有纳税义务的纳税人和负有代扣代缴、代收代缴税款义务的扣缴义务人。

【随堂演练13-1】地方税务局是税收法律关系中的（　　）。

A. 主体　　B. 客体　　C. 代理人　　D. 纳税人

【答案】A

【解析】征税主体是代表国家行使税收管理权的各级征税机关，例如国家各级税务机关。

2. 征税客体。征税客体又称征税对象，是征纳税主体权利与义务指向的对象，即征税的目的物。例如，消费税是对消费品征税，其征税对象就是消费品；房产税是对房屋征税，其征税对象就是房屋。征税对象是划分每一种税的标志。

3. 税率。税率是应征税额与征税对象数额之间的比率。我国现行税率分为比例税率、累进税率和定额税率三种。

（1）比例税率是对同一征税对象只规定一个百分比，数量或金额多少，都按这个百分比征税，应征税额与征税对象数量为等比关系。比例税率又可分为单一比例税率、差别比例税率和幅度比例税率。

（2）累进税率是随征税对象数额的增加而提高的税率，即按征税对象数的大小划分若干等级，不同等级规定高低不同的税率。表现为税额增长幅度大于征税对象数量的增长幅度。其调节作用直接，功能强，效果明显。累进税率按其累进依据和累进方式不同，又分为全额累进税率、超额累进税率和超率累进税率。我国现行税法只采用超额累进税率（如个人所得税税率）和超率累进税率（如土地增值税税率）两种形式。

（3）定额税率又称固定税率，即按单位征税对象直接规定固定税额的一种税率形式，它适用于以量计征的税种。通常对那些价格稳定、质量和规格标准比较统一的商品征税。

4. 税目。税目是指各税种中具体规定的应纳税项目，是征税对象的具体化，反映征税的范围和广度。税目之下有时设子目。

5. 纳税环节。就是对处于运动之中的征税对象，选定应缴纳税款的环节。确定纳税环节的实质，主要是解决征一道税或两道税还是道道征税以及确定在哪个环节征税的问题。任何一种税都要确定纳税环节。

6. 纳税期限。即税法规定纳税人缴纳税款的具体时限。纳税期限基本上分为按期纳税和按次纳税两种。纳税期限是税收固定性特点在时间上的体现。

7. 税收优惠。税收优惠是国家为了体现鼓励和扶持政策，在税收方面采取的鼓励和照顾措施。目前我国税法规定的税收优惠形式主要有减税、免税、退税、加速折旧、延缓纳税和亏损结转抵补等。

8. 违法处理。违法处理是对违反税法规定的纳税人、征税机关或者相关单位和个人所采取的惩罚措施，主要是行政制裁和刑事制裁。

第二节　流转税法

一、流转税与流转税法概述

流转税，国际上通称为商品和劳务税，是以商品或者非商品流转额为征税对象的一种税。流转税税源广，目前是我国第一大税类。流转税与商品、劳务的价格有密切的联系，价格变动、销售数量变化均会影响国家流转税收的多少。流转税是间接税，其纳税人和实际负税人往往是分离的。目前，流转税主要包括增值税、消费税、营业税和关税等。

流转税法是指调整国家对商品流转额和非商品流转额纳税关系的法律规范的总称。所谓商品流转额，是指商品交换过程中因销售或购进商品而发生的货币收入金额或支付的金额。所谓非商品流转额，是指不从事商品生产和商品交换，因经营活动所取得的业务或劳务收入额，如从事交通运输、建筑安装、金融保险、邮政电讯、娱乐业、旅游业和各项服务业等所取得的收入额。我国的流转税法内容较多，主要有增值税法、消费税法、营业税法和关税法。

二、增值税

增值税是以商品或劳务的增值额为课税对象征收的一种税。所谓增值额，是指企业或个人在生产经营过程中新创造的那部分价值，相当于商品价值（c+v+m）扣除在生产上消耗掉的生产资料的转移价值（c）之后的余额（v+m）。增值税法是调整国家与在我国境内销售货物或提供加工、修理修配劳务以及进口货物的单位和个人之间税收关系的法律规范的总称。我国现行增值税基本法规是1993年12月13日国务院发布的《中华人民共和国增值税暂行条例》。

（一）纳税主体

在我国境内销售货物或者提供加工、修理修配劳务以及进口货物的单位和个人，为增值税纳税主体。另外，为了加强增值税的征收管理，《增值税暂行条例》将纳税人按其经营规模大小和会计核算健全与否分为一般纳税人和小规模纳税人。

（二）征税对象

增值税的征税对象是纳税人取得商品的生产、批发、零售和进口收入中的增值额。

（三）增值税税率

增值额实行比例税率，除部分货物外（如粮食、食用植物油、自来水、暖气、天然气、图书、报纸、农机等，适用13%的税率），纳税人销售、进口货物或者提供加工、修理修配劳务，税率为17%。纳税人出口货物，除国务院有特别规定外，税率为零。

（四）计征办法

增值税实行价外计征的办法，实行根据发票注明税金进行税款抵扣的制度。商品零售环节的发货票不单独注明税金，因为商品零售继续实行价内税，税金已包含在价格之内。

三、消费税

消费税是对部分最终消费品和消费行为的流转额征收的一种税。消费税的征收体现了国家的消费政策，其征收范围具有选择性，税率具有差别性，能充分发挥特殊调节作用，是对增值税普遍调节的补充。

（一）纳税主体

在中国境内生产、委托加工和进口应税消费品的单位和个人。

（二）征税范围

自2006年4月1日起，14类消费品被列入征收，具体范围如下：烟、酒及酒精、化妆品、贵重首饰及珠宝玉石、鞭炮和焰火、汽车轮胎、摩托车、小汽车、高尔夫球及球具、高档手表、游艇、木制一次性筷子、实木地板、成品油。

（三）税率

消费税的税率有两种形式：一种是比例税率；另一种是定额税率。至2008年年底，比例税率为12档，最高税率为45%，最低税率为3%；定额税率为8档，适用定额税率的应税消费品包括黄酒、啤酒和成品油类。

【随堂演练13-2】下列关于增值税与消费税关系的表述正确的是（　　）。

A. 缴纳消费税的企业，不再缴纳增值税

B. 缴纳消费税的企业，必然要缴纳增值税

C. 缴纳增值税的企业，不再缴纳消费税

D. 缴纳增值税的企业，必然要缴纳消费税

【答案】B

【解析】消费税是在征收增值税的基础上，对一些特定的应税消费品再征收的一种税。缴纳消费税的纳税人也是增值税的纳税人。

第三节 所得税法

一、所得税与所得税法概述

所得税，也称收益税，是以纳税人的所得额为征税对象的各种税的统称。所谓所得额，概括地说，就是纳税人由于劳动、营业、投资等而获得的收入扣除为取得这一收入所需费用后的余额。所得税以纳税人的实际负担能力为征税原则，多得多征，少得少征，不得不征，是直接税，体现了一定的税法公平原则。目前所得税是我国第二大税类，主要包括企业所得税和个人所得税。

1993年年底的税制改革统一了不同所有制形式的内资企业的所得税税率，并制定了《企业所得税暂行条例》，该条例自1994年1月1日起施行。《外商投资企业和外国企业所得税法》于1991年4月通过，同年7月1日正式施行。2007年3月16日，第十届全国人民代表大会第五次会议通过了《企业所得税法》，统一了内外资企业所得税，该法自2008年1月1日起施行，2017年2月24日，第十二届全国人大常委会第26次会议对《企业所得税法》进行了修订。

现行《个人所得税法》是1980年9月10日第五届全国人民代表大会第三次会议通过的，1993年、1999年、2005年、2007年、2011年、2017年分别重新进行修订。第十三届全国人大常务委员会第五次会议于2018年8月31日通过了《个人所得税法》的修订，自2019年1月1日起施行。

二、企业所得税

企业所得税是指企业和其他取得收入的组织，就其生产、经营所得和其他所得依法征收的一种税。

（一）纳税主体

在中华人民共和国境内，企业和其他取得收入的组织（以下统称企业）为企

业所得税的纳税人。个人独资企业、合伙企业不适用企业所得税法。企业分为居民企业和非居民企业。居民企业是指依法在中国境内成立，或者依照外国（地区）法律成立但实际管理机构在中国境内的企业。非居民企业是指依照外国（地区）法律成立且实际管理机构不在中国境内，但在中国境内设立机构、场所的，或者在中国境内未设立机构、场所但有来源于中国境内所得的企业。

（二）征税对象

居民企业应当就其来源于中国境内、境外的所得缴纳企业所得税，即承担无限纳税义务。非居民企业在中国境内设立机构、场所的，应当就其所设机构、场所取得的来源于中国境内的所得，以及发生在中国境外但与其所设机构、场所有实际联系的所得，缴纳企业所得税。非居民企业在中国境内未设立机构、场所的，或者虽设立机构、场所但取得的所得与其所设机构、场所没有实际联系的，应当就其来源于中国境内的所得缴纳企业所得税。非居民企业承担有限纳税义务。

（三）税率

企业所得税税率为25%。但是，非居民企业在中国境内未设立机构、场所的，或者虽设立机构、场所但取得的所得与其所设机构、场所没有实际联系的，就其来源于中国境内的所得缴纳企业所得税时，适用税率为20%。

（四）应纳税所得额的计算

企业每一纳税年度的收入总额，减除不征税收入、免税收入、各项扣除以及允许弥补的以前年度亏损后的余额，为应纳税所得额。

1. 收入总额。企业以货币形式和非货币形式从各种来源取得的收入，为收入总额。包括：（1）销售货物收入；（2）提供劳务收入；（3）转让财产收入；（4）股息、红利等权益性投资收益；（5）利息收入；（6）租金收入；（7）特许权使用费收入；（8）接受捐赠收入；（9）其他收入。

2. 不征税收入。下列收入为不征税收入：（1）财政拨款；（2）依法收取并纳入财政管理的行政事业性收费、政府性基金；（3）国务院规定的其他不征税收入。

3. 允许扣除的项目。企业实际发生的与取得收入有关的、合理的支出，包括成本、费用、税金、损失和其他支出，准予在计算应纳税所得额时扣除。具体包括：（1）企业发生的合理的工资薪金支出，准予扣除。（2）企业依照国务院有关主管部门或省级人民政府规定的范围和标准为职工缴纳的基本养老保险费、基本医疗保险费、失业保险费、工伤保险费、生育保险费等基本社会保险费和住房公积金，准予扣除。（3）企业在生产经营活动中发生的合理的不需要资本化的借款费用，准予扣除。（4）企业在生产经营活动中发生的符合规定的利息支出，准予扣除。（5）企业在货币交易中，以及纳税年度终了时将人民币以外的货币性资产、负债按照期末即期人民币汇率中间价折算为人民币时产生的汇兑损失，除已经计入有关资产成本以及与向所有者进行利润分配相关的部分外，准予扣除。（6）企业发生的职工福利费支出，不超过工资薪金总额14%的部分，准予扣除。（7）企业拨缴的工会经费，不超过工资薪金总额2%的部分，准予扣除。（8）除国务院财政、税务主管部门另有规定外，企业发生的职工教育经费支出，不超过工资薪金总额2.5%的部分，准予扣除；超过部分，准予在以后纳税年度结转扣除。(9) 企业发生的与生产经营活动有关的业务招待费支出，按照发生额的60%扣除，但最高不得超过当年销售（营业）收入的5‰。(10) 企业发生的符合条件的广告费和业务宣传费支出，除国务院财政、税务主管部门另有规定外，不超过当年销售（营业）收入15%的部分，准予扣除；超过部分，准予在以后纳税年度结转扣除。(11) 企业依照法律、行政法规有关规定提取的用于环境保护、生态恢复等方面的专项资金，准予扣除。(12) 企业参加财产保险，按照规定缴纳的保险费，准予扣除。(13) 企业根据生产经营活动的需要租入固定资产支付的租赁费，按照以下方法扣除：以经营租赁方式租入固定资产发生的租赁费支出，按照租赁期限均匀扣除；以融资租赁方式租入固定资产发生的租赁费支出，按照规定构成融资租入固定资产价值的部分应当提取折旧费用，分期扣除。(14) 企业发生的合理的劳动保护支出，准予扣除。(15) 非居民企业在中国境内设立的机构、场所，就其中国境外总机构发生的与该机构、场所生产经营有关的费用，能够提供总机构出具的费用汇集范围、定额、分配依据和方法等证明文件，并合理分摊的，准予扣除。(16) 企业发生的公益性捐款支出，在年度利润总额12%以内的部分，准在计算应纳税所得额时扣除。超过年度利润总额12%的部分，准予结转以后3年内在计算应纳税所得额时扣除。(17) 在计算应纳税所得额时，企业按照规定计算的固定资产折旧，准予扣除。(18) 企业按照规定计算的无形资产摊销费用，准予扣除。(19) 企业发生的下列支出作为长期待摊费用，按照规定摊销的，准予扣除：已足额提取折旧的固定资产的改建支出；租入固定资产的改建支出；固定资产的大修理支出；其他应当作为长期待摊费用的支出。(20) 企业使用或者销售存货，按照规定计算的存货成本，准予在计算应纳税所得时扣除。(21) 企业转让资产，该项资产的净值，准予在计算应纳税所得额时扣除。

【随堂演练13-3】 根据企业所得税法律制度的规定，在计算企业应纳税所得额时，除国务院财政、税务主管部门另有规定外，有关费用支出不超过规定比例的准予扣除，超过部分，准予在以后纳税年度结转扣除。下列各项中，属于该有关费用的是（　　）。

A. 工会会费　　　　B. 社会保险费

C. 职工福利费　　　D. 职工教育经费

【答案】 D

【解析】 税法规定除国务院财政、税务主管部门另有规定外，企业发生的职工教育经费支出，不超过工资薪金总额的2.5%的部分，准予扣除；超过部分，准予在以后纳税年度结转扣除。

4. 不得扣除的项目。在计算应纳税所得额时，下列支出不得扣除：(1) 向投资者支付的股息、红利等权益性投资收益款项；(2) 企业所得税税款；(3) 税收滞纳金；(4) 罚金、罚款和被没收财物的损失；(5) 非公益性捐赠和超过扣除标准的公益性捐赠支出；(6) 赞助支出；(7) 未经核定的准备金支出；(8) 与取得收入无关的其他支出。

5. 亏损弥补。企业纳税年度发生的亏损，准予向以后年度结转，用以后年度的所得弥补，但结转年限最长不得超过5年。

（五）应纳税额的计算

1. 应纳税额的计算公式。企业的应纳税所得额乘以适用税率，减除依照企业所得税法关于税收优惠的规定减免和抵免的税额后的余额，为应纳税额。其计算公式：

应纳税额 = 应纳税所得额 × 适用税率 − 减免税额 − 抵免税额

2. 税收抵免。企业取得的下列所得已在境外缴纳的所得税额，可以从其当期应纳税额中抵免，抵免限额为该项所得依照企业所得税法规定计算的应纳税额；超过抵免限额的部分，可以在以后5个年度内，用每年度抵免限额抵免当年应抵税额后的余额进行抵补：（1）居民企业来源于中国境外的应税所得；（2）非居民企业在中国境内设立机构、场所，取得发生在中国境外但与该机构、场所有实际联系的应税所得。

（六）税收优惠

国家对重点扶持和鼓励发展的产业和项目，给予企业所得税优惠。

1. 免税收入。企业的下列收入为免税收入：（1）国债利息收入，是指企业持有国务院财政部门发行的国债取得利息收入；（2）符合条件的居民企业之间的股息、红利等权益性投资收益；（3）在中国境内设立机构、场所的非居民企业从居民企业取得与该机构、场所有实际联系的股息、红利等权益性投资收益；（4）符合条件的非营利组织的收入。

2. 税款的减免。企业的下列所得，可以免征、减征企业所得税：（1）从事农、林、牧、渔业项目的所得；（2）从事国家重点扶持的公共基础设施项目投资经营的所得；（3）从事符合条件的环境保护、节能节水项目的所得；（4）符合条件的技术转让所得；（5）非居民企业在中国境内未设立机构、场所的，或者虽设立机构、场所但取得的所得与其所设机构、场所没有实际联系的所得。

3. 降低税率。根据《企业所得税法》第28条的规定，在下列两种情况下可以降低税率：（1）符合条件的小型微利企业，减按20%的税率征收企业所得税；（2）国家需要重点扶持的高新技术企业，减按15%的税率征收企业所得税。

4. 加计扣除额、减计收入额。企业的下列支出，可以在计算应纳税所得额加计扣除：（1）开发新技术、新产品、新工艺发生的研究开发费用；（2）安置残疾人员及国家鼓励安置的其他就业人员所支付的工资。

企业综合利用资源，生产符合国家产业政策规定的产品所取得的收入，可以在计算应纳税所得额时减计收入。

5. 抵扣应纳税所得额。创业投资企业从事国家需要重点扶持和鼓励的创业投资，可以按投资额的一定比例抵扣应纳税所得额。

6. 抵免税额。企业购置用于环境保护、节能节水、安全生产等专用设备的投资额，可以按一定比例实行税额抵免。

7. 加速折旧。企业的固定资产由于技术进步等原因，确需加速折旧的，可以缩短折旧年限或者采取加速折旧的方法。

8. 过渡期优惠。《企业所得税法》公布前已经批准设立的企业，依照当时的税收法律、行政法规规定，享受低税率优惠的，可以在该法施行后5年内，逐步过渡到该法规定的税率；享受定期减免税优惠的，可以在该法施行后继续享受到期满为止，但因未获利而尚未享受优惠的，优惠期限从该法施行年度起计算。

【随堂演练13-4】 某软件企业是国家需要重点扶持的高新技术企业。2015年度该企业的应纳税所得额为200万元，该企业2015年度应缴纳的企业所得税额为（　　）万元。

A. 50　　B. 40　　C. 30　　D. 20

【答案】 C

【解析】 国家需要重点扶持的高新技术企业，减按15%的税率征收企业所得税。该企业2015年度应缴纳的企业所得税额=200×15%=30万元。

三、个人所得税

个人所得税是对我国境内的本国公民、外籍人员和个体工商户所得征收的一种税。

（一）纳税主体

我国对个人所得税纳税人的身份确定，采用住所和居住时间两个标准。在中国境内有住所，或者无住所而一个纳税年度内在中国境内居住累计满183天的个人，为居民个人。居民个人从中国境内和境外取得的所得，依照本法规定缴纳个人所得税。在中国境内无住所又不居住，或者无住所而一个纳税年度内在中国境内居住累计不满183天的个人，为非居民个人。非居民个人从中国境内取得的所得，依照本法规定缴纳个人所得税。纳税年度，自公历1月1日起至12月31日止。

（二）征税对象

纳税人有下列各项所得的，应纳个人所得税：（1）工资、薪金所得；（2）劳务报酬所得；（3）稿酬所得；（4）特许权使用费所得；（5）经营所得；（6）利息、股息、红利所得；（7）财产租赁所得；（8）财产转让所得；（9）偶然所得。

居民个人取得的第（1）项至第（4）项所得（称综合所得），按纳税年度合并计算个人所得税；非居民个人取得第（1）项至第（4）项所得，按月或者按次分项计算个人所得税。纳税人取得的第（5）项至第（9）项所得，依照法律规定分别计算个人所得税。

（三）税率

个人所得税的税率实行超额累进税率和比例税率相结合的形式，具体规定为：

（1）综合所得，适用3%~45%的超额累进税率；

（2）经营所得，适用5%~35&的超额累进税率；

（3）利息、股息、红利所得，财产租赁所得，财产转让所得和偶然所得，适用比例税率，税率为20%。

（四）应纳税额的计算

个人所得税应纳税所得额的计算，不同的收入扣除项目和标准有不同的规定。

1. 居民个人的综合所得，以每一纳税年度的收入额减除费用6万元以及专项扣除、专项附加扣除和依法确定的其他扣除后的余额，为应纳税所得额。

我国《个人所得税法》规定的专项扣除，包括居民个人按照国家规定的范围和标准缴纳的基本养老保险、基本医疗保险、失业保险等社会保险费和住房公积金等；专项附加扣除，包括子女教育、继续教育、大病医疗、住房贷款利息或者住房租金、赡养老人等支出。个人将其所得对教育、扶贫、济困等公益慈善事业进行捐赠，捐赠额未超过纳税人申报的应纳税所得额30%的部分，可以从其应纳税所得额中扣除；国务院规定对公益慈善事业捐赠实行全额税前扣除的，从其规定。

2. 非居民个人的工资、薪金所得，以每月收入额减除费用5 000元后的余额为应纳税所得额；劳务报酬所得、稿酬所得、特许权使用费所得，以每次收入额为应纳税所得额。劳务报酬所得、稿酬所得、特许权使用费所得以收入减除20%的费用后的余额为收入额。稿酬所得的收入额减按70%计算。

3. 经营所得，采用按月度或者按季度进行预缴税款的纳税申报；在取得所得的次年3月31日前办理汇算清缴。

年经营所得应纳税所得额＝纳税年度的收入总额－成本、费用以及损失

4. 财产租赁所得，每次收入不超过4 000元的，减除费用800元；4 000元以上的，减除20%的费用，其余额为应纳税所得额。

5. 财产转让所得，以转让财产的收入额减除财产原值和合理费用后的余额，为应纳税所得额。

6. 利息、股息、红利所得和偶然所得，以每次收入额为应纳税所得额。

（五）个人所得税的税收优惠

个人所得税法中的税收优惠措施主要有减税、免税和税收抵免。

1. 个人所得税的减免。（1）个人所得税的免征。《个人所得税法》第4条规定了10项免征项目。分别是：省级人民政府、国务院部委和中国人民解放军军以上单位，以及外国组织、国际组织颁发的科学、教育、技术、文化、卫生、体育、环境保护等方面的奖金；国债和国家发行的金融债券利息；按照国家统一规定发给的补贴、津贴；福利费、抚恤金、救济金；保险赔款；军人的转业费、复员费、退役金；按照国家统一规定发给干部、职工的安家费、退职费、退休工资、离休工资、基本养老金或者退休费、离休费、离休生活补助费；按照我国有关法律规定应予免税的各国驻华使馆、领事馆的外交代表、领事官员和其他人员的所得；中国政府参加的国际公约、签订的协议中规定免税的所有；其他经国务院财政部门批准免税的所得。（2）个人所得税的减征。我国《个人所得税法》第5条明确规定以下情况应予减税：残疾、孤老人员和烈属的所得；因严重自然灾害造成重大损失的；其他经国务院财政部门批准减税的。

2. 个人所得税的抵免。个人所得税的抵免，是避免对同一所得双重征税的措施。我国《个人所得税法》规定，纳税义务人从中国境外取得的所得，准予其在应纳税额中，扣除依照该所得来源国家或者地区的法律当缴纳并且已实际缴纳的税额。在计算时，应区别不同国家或者地区和不同应税项目，依照税法规定的费用减除标准和适用税率计算；同一国家或者地区内不同应税项目的应纳税额之和，为该国家或者地区的扣除限额。纳税人在中国境外一个国家或者地区实际已经缴纳的个人所得税税额，低于依照我国所得税法规定计算出的该国家或者地区扣除限额的，应当在中国缴纳差额部分的税款；超过该国家或者地区扣除限额的，其超过部分不得在本纳税年度的应纳税额中扣除，但是可以在以后纳税年度的该国家或者地区扣除限额的余额中补扣，补扣期限最长不得超过5年。纳税义务人申请扣除已在境外缴纳的个人所得税税额时，应当提供境外税务机关填发的完税凭证原件。

【随堂演练13-5】根据《个人所得税法》的规定，可以免征个人所得税的奖金有（　　）。

A. 购物抽奖所获奖金　　B. 省级政府颁发的科技奖奖金

C. 省级电台有奖竞猜所获奖金　　D. 举报偷税行为所获奖金

【答案】BD

【解析】省级政府颁发的科技奖奖金、举报偷税行为所获奖金可以免征个人所得税。A、C是偶然所得，按20%征收个人所得税。

第四节　税收征收管理法

税收征收管理是税务机关对纳税人依法征税和进行税务监督管理的总称。税收征收管理法则是国家规定的调整税务机关和纳税义务人在税收征纳活动中的程序和责任的法律规范总称。它是税收征管工作的基本法和程序法。《中华人民共和国税收征收管理法》由第九届全国人民代表大会常务委员会第二十一次会议于1992年9月4日通过，自1993年1月1日起施行。第十二届全国人民代表大会常务委员会第十四次会议于2015年4月24日通过了《中华人民共和国税收征收管理法》的修正。

一、税务征收管理机关

目前我国的税收征收管理机关有四类：国家税务局、地方税务局、地方财政部门和海关。

国家税务局主要负责征收的税种有：增值税；消费税；中央企业所得税；铁路、保险总公司、各银行及其金融企业的营业税、所得税；资源税；外商投资企业和外国企业的各项税收及外籍人员缴纳的个人所得税；证券交易的印花税。

地方税务局负责征收的税种有：营业税；个人所得税；城市维护建设税；资源税；地方企业所得税；城镇土地使用税；按地方营业税附征的教育附加；各种

行为税类。

地方财政部门目前主要负责征收的税种是契税和耕地占用税。

海关主要负责关税的征收和管理。

二、税收的征收管理

（一）税务登记

从事生产、经营的纳税人自领取营业执照之日起 30 日内，持有关证件向税务机关申报办理税务登记。税务登记内容发生变化，自工商行政管理机关办理变更登记之日起 30 日内或者向工商行政管理机关申请注销登记之前，持有关证件向税务机关申报办理变更或注销税务登记。

（二）账簿、凭证管理

从事生产、经营的纳税人应当自领取营业执照或者发生纳税义务之日起 15 日内，按照国家有关规定设置账簿。生产、经营规模小又确无建账能力的纳税人，可以聘请经批准从事会计代理记账业务的专业机构或者财会人员代为建账和办理账务。

从事生产、经营的纳税人应当自领取税务登记证件之日起 15 日内，将其财务、会计制度或者财务、会计处理办法报送主管税务机关备案。

纳税人使用计算机记账的，应当在使用前将会计电算化系统的会计核算软件、使用说明书及有关资料报送主管税务机关备案。纳税人建立的会计电算化系统应当符合国家有关规定，并能正确、完整地核算其收入或者所得。

（三）纳税申报

纳税人必须在法律、行政法规规定或者税务机关依照法律、行政法规确定的申报期限内办理纳税申报，报送纳税申报表、财务会计报表以及税务机关根据实际需要要求纳税人报送的其他纳税资料。

三、税款征收

（一）纳税期限

纳税人、扣缴义务人必须按照法律、行政法规规定或者税务机关依照法律、行政法规规定的确定期限，缴纳或解缴税款。纳税人因有特殊困难，不能按期缴纳税款的，经县以上税务局（分局）批准，可以延期缴纳税款，但最长不得超过 3 个月。纳税人、扣缴义务人未按期缴纳或解缴税款的，税务机关除责令限期缴纳外，自滞纳税款之日起，按日加收滞纳税款万分之五的滞纳金。

（二）核定税额

纳税人有下列情形之一的，税务机关有权核定其应纳税额：

1. 依照法律规定可以不设置账簿的。
2. 依照法律规定应当设置但未设置账簿的。
3. 擅自销毁账簿或拒不提供纳税资料的。
4. 虽设置账簿，但账目混乱或者成本资料、收入凭证、费用凭证残缺不全，难以查账的。

5. 发生纳税义务，未按照规定的期限办理纳税申报，经税务机关责令限期申报，逾期仍不申报的。

6. 纳税人申报的计税依据明显偏低，又无正当理由的。

（三）税收保全措施

税收保全措施是由于纳税人的行为或者其他客观原因致使税款难以征收的情况下，税务机关对纳税人的商品、货物或者其他财产采取的限制其处理的强制措施。

税收保全措施有两种：（1）书面通知纳税人开户银行或者其他金融机构冻结纳税人的金额相当于应纳税款的存款；（2）扣押、查封纳税人的价值相当于应纳税款的商品、货物或其他财产。

（四）强制执行措施

强制执行措施是在纳税人、扣缴义务人未按规定的期限缴纳或解缴税款，纳税担保人未按规定的期限缴纳担保的税款，由税务机关责令限期缴纳，逾期仍未缴纳的，经县以上税务局（分局）局长批准，税务机关可以采取下列强制执行措施：

1. 书面通知开户银行或者其他金融机构从其存款中扣缴税款。

2. 扣押、查封、拍卖或者变卖其价值相当于应纳税款的商品、货物或者其他财产，以拍卖所得抵缴税款。税务机关扣押商品、货物或者其他财产时，必须开付收据；查封商品、货物或者其他财产时，必须开付清单。

【资料卡 13－2】 税收保全措施和税收强制执行措施。

主要相同点：（1）批准级次相同，都是县以上税务局（分局）局长批准。（2）个人及其所抚养家属维持生活必需的住房和用品，不在税收保全措施和强制执行措施范围之内。

主要不同点：（1）被执行人范围不同。税收保全措施的使用范围只涉及从事生产经营的纳税人；强制执行措施的使用范围除涉及从事生产经营的纳税人之外，还涉及扣缴义务人、纳税担保人。所以从被执行人角度看，强制执行措施比税收保全措施的涉及面要广。（2）执行限度有差异。税收保全措施执行限度应当以应纳税额为限；而采取税收强制执行措施时，对纳税人、扣缴义务人、纳税担保人未缴纳的滞纳金必须同时强制执行，但不包括罚款。

（五）税款退还和补缴

纳税人超过应纳税额缴纳的税款，税务机关发现后应当立即退还；纳税人自结算缴纳税款之日起 3 年内发现的，可以向税务机关要求退还，税务机关查实后应当立即退还。因税务机关的责任，致使纳税人、扣缴义务人未缴或者少缴税款的，税务机关在 3 年内可以要求纳税人、扣缴义务人补缴税款。

四、税务检查

税务检查是税务机关根据税法规定，检查纳税单位和个人履行纳税义务的情况，防止和纠正错漏，查处欠税、偷税、抗税行为，正确贯彻执行税收法规、保证国家财政收入的一项重要管理制度。税务机关有权进行下列税务检查：

1. 检查纳税人的账簿、记账凭证、报表和有关资料，检查扣缴义务人代扣代缴、代收代缴税款账簿、记账凭证和有关资料。

2. 责任纳税人、扣缴义务人提供与纳税或者代扣代缴、代收代缴税款有关的文件、证明材料和有关资料。

3. 到车站、码头、机场、邮政企业及其分支机构检查纳税人托运、邮寄应纳税商品、货物或者其他财产的有关单据、凭证和有关资料等。

【随堂演练 13-6】 根据《税收征收管理法》的规定，税务机关可以采取税收保全措施。税收保全措施适用于（　　）。

A. 从事生产经营的纳税人　　B. 非从事生产经营的纳税人

C. 扣缴义务人和纳税担保人　　C. 所有应履行纳税义务的纳税人

【答案】 A

【解析】 实施保全措施的对象是"从事生产经营的纳税人"。

五、法律责任

（一）违反税收征收管理程序行为的法律责任

纳税人有下列行为之一的，由税务机关责令限期改正，可以处2 000元以下的罚款；情节严重的，处2 000元以上1万元以下的罚款：（1）未按照规定的期限申报办理税务登记、变更或者注销登记的；（2）未按照规定设置、保管账簿或者保管记账凭证和有关资料的；（3）未按照规定将财务、会计制度或者财务、会计处理办法和会计核算软件报送税务机关备查的；（4）未按照规定将其全部银行账号向税务机关报告的；（5）未按照规定安装、使用税控装置，或者损毁或者擅自改动税控装置的。

（二）漏税、欠税、偷税、抗税行为的法律责任

1. 漏税的法律责任。漏税是指纳税人因过失而漏缴税款的行为。税务机关责令限期依法补缴，逾期不缴的，从漏缴之日起按日加收所漏税款千分之五的滞纳金。

2. 欠税的法律责任。纳税人、扣缴义务人在规定期限内不缴或者少缴应纳或者应解缴的税款，经税务机关责令限期缴纳，逾期仍未缴纳的，税务机关除采取强制执行措施追缴其不缴或者少缴的税款外，可以处不缴或者少缴的税款50%以上5倍以下的罚款。纳税人欠缴应纳税款，采取转移或者隐匿财产的手段，妨碍税务机关追缴欠缴的税款的，由税务机关追缴欠缴的税款、滞纳金，并处欠缴税款50%以上5倍以下的罚款；构成犯罪的，依法追究刑事责任。

3. 偷税的法律责任。纳税人伪造、变造、隐匿、擅自销毁账簿、记账凭证，或者在账簿上多列支出或者不列、少列收入，或者经税务机关通知申报而拒不申报或者进行虚假的纳税申报，不缴或者少缴应纳税款的是偷税。对纳税人偷税的，由税务机关追缴其不缴或者少缴的税款、滞纳金，并处不缴或者少缴的税款50%以上5倍以下的罚款；构成犯罪的，依法追究刑事责任。

4. 抗税的法律责任。以暴力、威胁方法拒不缴纳税款的是抗税，除由税务机关追缴其拒缴的税款、滞纳金外，依法追究刑事责任。情节轻微，未构成犯罪的，由税务机关追缴其拒缴的税款、滞纳金，并处拒缴税款1倍以上5倍以下的罚款。

复习思考题

1. 什么是税收？税收的特点是什么？
2. 简述增值税的纳税主体、征税对象和税率。
3. 所得税有什么作用？
4. 简述偷税的法律责任。
5. 个人所得税征收的法律规定有哪些？

第十四章　金融法律制度

【**内容提要**】本章主要介绍银行法、证券法和保险法的基本规定。主要涉及：中央银行的法律规定；商业银行的法律规定；银行业监督管理法的主要内容；违反银行法的法律责任；证券的概念、种类、特征；证券法的基本原则、调整范围；证券发行、交易的法律规定；保险法的基本原则、保险合同、保险公司、保险经营规则、保险业的监督管理、保险代理人、保险经营人和保险公估人的业务规则以及相关法律责任的规定。

【**教学要点**】通过本章的学习，掌握中央银行、商业银行的概念及其相关的法律规定；熟悉银行业监督管理的主要规定；掌握证券的概念和特征，证券法的调整范围、基本原则，证券发行和交易的法律规定，上市公司收购的概念、方式及相关制度；了解证券机构的法律规定，违反证券法的法律责任等；掌握保险法的基本原则、保险合同的种类和内容、保险公司的设立和经营的规定、保险业的监督管理。

第一节　金融法概述

一、金融与金融法

金融是指货币、货币流通、信用以及与之直接相关的经济活动，例如，货币的发行与回笼，存款的吸收和贷款的发放，金银、外汇和有价证券的买卖，信托、保险与融资租赁，国内、国际的货币支付结算等。金融的基本表现是货币资金的融通，是以银行为中心的各种形式的信用活动以及在信用基础上组织起来的货币流通。

金融法是指调整货币流通和社会信用活动中所发生的经济关系的法律规范的总称。具体而言，金融法调整金融管理关系、金融交易关系和金融机构或金融组织的内部关系。其适用范围包括货币发行、流通和收回，存款的吸收与付出，贷款的发放与收回，银行同业拆借，金融和外汇的买卖，国内、国际的货币收付与结算，票据的承兑与贴现，股票、债券等有价证券的发行与交易，金银信托、融资租赁和保险等金融活动。

二、金融法的基本体系

（一）金融机构组织法

金融机构是金融活动的主体，是金融关系的参加者。金融机构组织法确认金融机构的法律地位，明确金融机构的性质、任务、职权、业务范围和机构设置等。根据金融机构的性质和业务范围，金融机构组织法可分为中央银行法、商业银行法、政策性银行法、非银行金融机构组织法和外资金融机构组织管理法等。

（二）外汇管理法

外汇管理法调整外汇管理关系和外汇流通关系，规定外汇收支、外汇兑换和外汇进出国境等制度。

（三）票据法

票据法调整票据管理和票据流通关系，规定票据的种类、签发、转让以及票据当事人的权利和义务等内容。

（四）证券法

证券法调整证券管理关系和证券业务关系，规定证券发行、证券交易、证券商经营方面的内容。

（五）信托法

信托法调整信托关系，规定信托财产的范围、信托关系主体的权利和义务，以及信托机构的设立、运作的程序等内容。

（六）保险法

保险法调整在保险活动中形成的社会关系，规定保险合同、保险公司、保险经营、保险监管、保险代理人和保险经纪人等内容。

【随堂演练 14－1】 下列不属于金融法律关系客体的是（　　）。

A. 证券　　B. 金银　　C. 财产　　D. 货币

【答案】 C

第二节 银 行 法

一、中央银行法

（一）中央银行法的概念和主要内容

中央银行是一个国家的银行体系即整个金融体系的核心机构，是全国唯一的发行银行、国家银行、储备银行、银行的银行。当代世界各国的中央银行多数都有中央银行法，其内容大致包括：关于中央银行地位的规定；关于中央银行职能作用的规定；关于中央银行对货币金融政策的决策和执行问题的规定；关于中央银行的组织机构、内容组织及其分支机构设置的规定；关于中央银行管理信用制度的规定；关于中央银行盈利分配的规定。

（二）中央银行的法律地位和职权

中国人民银行是我国的中央银行，中国人民银行在国务院的领导下，制定和执行货币政策，防范和化解金融风险，维护金融稳定。2003 年 12 月修改后的《中国人民银行法》规定了中国人民银行的职能（第 2 条）与职责（第 4 条），即将央行的职责由原来的制定和执行货币政策、实施金融监管、提供金融服务调整为制定和执行货币政策、维护金融稳定和提供金融服务三项新的法定职能。央行的职责是其职能的具体化。修改后的《中国人民银行法》将央行的职责由原来的十一项调整为十三项。《中国人民银行法》规定中国人民银行履行下列职责：

（1）发布与履行与其职责有关的命令和规章；

（2）依法制定和执行货币政策；

（3）发行人民币、管理人民币流通；

（4）监督管理银行间同业拆借市场和银行间债券市场；

（5）实施外汇管理，监督管理银行间外汇市场；

（6）监督管理黄金市场；

（7）持有、管理、经营国家外汇储备、黄金储备；

（8）经理国库；

（9）维护支付、清算系统的正常运行；

（10）指导、部署金融业反洗钱工作，负责反洗钱的资金监测；

（11）负责金融业的统计、调查分析和预测；

（12）作为国家的中央银行，从事有关国际金融活动；

（13）国务院规定的其他职责。

（三）中央银行的业务及其对金融机构的监督管理与财务会计制度

1. 中国人民银行的业务。根据《中国人民银行法》的规定，中央银行的主要业务如下。

（1）负债业务。①发行人民币；②吸收财政性存款；③集中存款准备金。

（2）资产业务。①办理再贴现；②向商业银行提供贷款；③公开市场上买卖有价证券及外汇。

（3）金融服务业务。①经理国库；②代理发行、兑付政府债券；③组织协调清算系统，提供清算服务。

（4）中国人民银行业务的禁止性规定。①不得对政府财政透支，不得直接认购、包销国债和其他政府债券；②不得对金融机构账户透支；③不得向地方政府、各级政府部门和非银行金融机构提供贷款；④不得向任何单位和个人提供担保。

2. 金融监督管理。根据《中国人民银行法》的规定，中国人民银行作为银行、证券、保险三家监管机构以外的金融宏观管理部门，对整个金融业的宏观监控，对金融机构反洗钱工作的管理，对跨业金融创新与金融工具运用的监督管理等方面，具有更为合适的角色地位。因此，《中国人民银行法》保留了中央银行为履行中央银行职能所必需的部分金融监管职能。中央银行金融监管的必要职能主要为：监管银行间同业拆借市场和银行间债券市场；监督管理黄金市场；实施外汇管理，监管银行间外汇市场；管理支付结算、清算。

3. 财务会计制度。中国人民银行的财务会计制度，由财务预算管理、财务收支与会计事务、年度报表和年度报告三部分内容组成。

中国人民银行实行独立的财务预算管理制度，其预算经国务院财政部门审核后纳入中央预算，接受国务院财政部门的预算监督。每一会计年度的收入减除该年度支出，并按照国务院财政部门核定的比例提取总准备金后的净利润，全部上缴中央财政，亏损由中央财政拨款弥补。财务收支和会计事务应当执行法律行政法规和国家统一的财务会计制度，接受国务院审计机关和财政部门规定依法分别进行审计和监督。中央银行应当于每一会计年度结束后的3个月内，编制资产负债表、损益表和相关的财务会计报表，并编制年度报告，按照国家规定予以公布。

【随堂演练14－2】 下列不属于中国人民银行的职能是（　　）。

A. 发行的银行　　　　B. 银行的银行

C. 企业的银行　　　　D. 政府的银行

【答案】 C

二、商业银行法

（一）商业银行的含义

商业银行是指依照《商业银行法》和《公司法》设立的吸收公众存款、发放贷款、办理结算等业务的企业法人，如中国银行、中国建设银行、中国工商银行和中国农业银行等。商业银行是金融企业。首先，商业银行是以营利为目的的从事经营活动的企业，有别于国家行政机关和事业单位。其次，商业银行是能够经营存、放、汇三大业务的金融机构，而其他金融机构则不能吸收活期存款和办理转账结算。最后，商业银行是具有完全民事权利能力和民事行为能力，以其全部法人财产独立承担民事责任的企业法人。

（二）商业银行的业务范围

商业银行可以经营下列部分或全部业务：（1）吸收公众存款；（2）发放短期、中期、长期贷款；（3）办理国内外结算；（4）办理票据承兑和贴现；（5）发行金融债券；（6）代理发行、代理兑付、承销政府债券；（7）买卖政府债券；（8）从事同业拆借；（9）买卖、代理买卖外汇；（10）从事银行卡业务；（11）提供信用证服务及担保；（12）代理收付款项及代理保险业务；（13）提供保管箱服务；（14）经国务院银行业监督管理机构批准的其他业务，主要包括开办信用卡业务、房地产信贷业务、电子银行服务和各种查询业务、各种基金和债券的托管业务、私人理财业务和海外投资业务等。商业银行经中国人民银行批准，可以经营结汇、售汇业务。经营范围由商业银行章程规定，报国务院银行业监督管理机构批准。

（三）商业银行的设立

设立商业银行，应当经国务院银行业监督管理机构审查批准，并应当具备以下条件：（1）有符合《商业银行法》和《公司法》规定的章程；（2）有符合《商业银行法》规定的注册资本最低限额；（3）有具备任职的专业知识和业务工作经验的董事、高级管理人员；（4）有健全的组织机构和管理制度；（5）有符合要求的营业场所、安全防范措施和与业务有关的其他设施。

设立全国性商业银行的注册资本最低限额为10亿元人民币，设立城市商业银行的注册资本最低限额为1亿元人民币，设立农村商业银行的注册资本最低限额为5 000万元人民币。注册资本应是实缴资本。国务院银行业监督管理机构根据审慎监管的要求可以调整注册资本最低限额，但不得少于上述规定的限额。商业银行的组织形式、组织机构适用《公司法》的规定。

商业银行可依法在我国境内外设立分支机构。设立分支机构必须经国务院银行业监督管理机构审查批准。在我国境内的分支机构，不按行政区划设立。商业银行在我国境内设立分支机构，应当按照规定拨付与其经营规模相适应的营运资金额。拨付各分支机构营运资金额的总和不得超过总行资本金总额的60%。商业银行分支机构不具有法人资格，在总行授权范围内依法开展业务，其民事责任由总行承担。

【随堂演练14-3】依据我国《商业银行法》的规定，设立全国性商业银行的最低注册资本数额是人民币（　　）亿元。

A. 1　　B. 5　　C. 10　　D. 20

【答案】C

【解析】我国《商业银行法》第13条规定，设立全国性商业银行的注册资本最低限额为10亿元人民币。设立城市商业银行的注册资本最低限额为1亿元人民币，设立农村商业银行的注册资本最低限额为5 000万元人民币。注册资本应当是实缴资本。

（四）商业银行负债业务的管理规定

商业银行负债业务是商业银行形成资金来源的业务，银行存款业务既是商业银行最重要的负债业务，也是负债管理的重点。商业银行负债业务的管理强调了对债权人利益的保护。例如，对于个人储蓄存款业务，应当遵循存款自愿、取款自由、存款有息、为存款人保密的原则，以及向中国人民银行交存款准备金和留足备付金等。

商业银行经批准可以从事其他负债业务：（1）商业银行发行金融债券或者到境外借款，应当按照法律、行政法规的规定报经批准。（2）商业银行进行同业拆借，应当遵守中国人民银行的规定。禁止利用拆入资金发放固定资产贷款或者用于投资。拆出资金限于交足存款准备金、留足备付金和归还中国人民银行到期贷款之后的闲置资金。拆入资金用于弥补票据结算、联行汇差头寸的不足和解决临时性周转资金的需要。

【随堂演练14-4】储蓄存款的原则是（　　）。

A. 存款自愿　　B. 取款自由

C. 存款有息　　D. 为储户保密

【答案】ABCD

【解析】我国《商业银行法》第29条规定，商业银行办理个人储蓄存款业务，应当遵循存款自愿、取款自由、存款有息、为存款人保密的原则。

（五）商业银行资产业务的管理规定

商业银行资产业务是指商业银行运用其积聚的货币资金从事各种信用活动的业务，是商业银行取得收益的主要途径。最主要的资产业务是贷款业务和投资业务。

商业银行贷款业务的基本规则主要包括以下方面。

1. 商业银行贷款，应当对借款人的借款用途、偿还能力、还款方式等情况进行严格审查。商业银行贷款，应当实行审贷分离、分级审批的制度。

2. 商业银行贷款，借款人应当提供担保。商业银行应当对保证人的偿还能力，抵押物、质物的权属和价值以及实现抵押权、质权的可行性进行严格审查。经商业银行审查、评估，确认借款人资信良好、确能偿还贷款的，可以不提供担保。

3. 商业银行贷款，应当与借款人订立书面合同。合同应当约定贷款种类、借款用途、金额、利率、还款期限、还款方式、违约责任和双方认为需要约定的其他事项。商业银行应当按照中国人民银行规定的贷款利率的上下限确定贷款利率。

4. 商业银行贷款，应当遵守下列资产负债比例管理的规定：（1）资本充足率不得低于8%；（2）贷款余额与存款余额的比例不得超过75%；（3）流动性资产余额与流动性负债余额的比例不得低于25%；（4）对同一借款人的贷款余额与商业银行资本余额的比例不得超过10%；（5）国务院银行业监督管理机构对资产负债比例管理的其他规定。

5. 商业银行不得向关系人发放信用贷款；向关系人发放担保贷款的条件不得优于其他借款人同类贷款的条件。所称关系人是指：（1）商业银行的董事、监事、管理人员、信贷业务人员及其近亲属；（2）前项所列人员投资或者担任高级管理职务的公司、企业和其他经济组织。

6. 借款人应当按期归还贷款的本金和利息。借款人到期不归还担保贷款的，商业银行依法享有要求保证人归还贷款本金和利息或者就该担保物优先受偿的权利。商业银行因行使抵押权、质权而取得的不动产或者股权，应当自取得之日起2年内予以处分。借款人到期不归还信用贷款的，应当按照合同约定承担责任。

商业银行从事投资业务的禁止性规定：商业银行在我国境内不得从事信托投资和证券经营业务，不得向非自用不动产投资或者向非银行金融机构和企业投资，但国家另有规定的除外。

（六）商业银行其他业务的管理规定

1. 银行结算业务的规定。商业银行办理票据承兑、汇兑、委托收款等结算业务，应当按照规定的期限兑现、收付入账，不得压单、压票或者违反规定退票。有关兑现、收付入账期限的规定应当公布。

2. 关于商业银行存款利率的禁止性规定。商业银行不得违反规定提高或者降低利率以及采用其他不正当手段吸收存款、发放贷款。

3. 关于银行账户管理和禁止“公款私存”的规定。企事业单位可以自主选择一家商业银行的营业场所开立一个办理日常转账结算和现金收付的基本账户，不得开立两个以上基本账户。任何单位和个人不得将单位的资金以个人名义开立账户存储。

【随堂演练14－5】“为储户保密”原则的含义是（　　）。

A. 银行应当拒绝任何单位和个人的查询

B. 银行应当拒绝人民银行以外的任何单位和个人的查询

C. 银行应当拒绝除商业银行以外的任何单位和个人的查询

D. 银行应当拒绝法律规定的公检法等部门以外的任何单位和个人的查询

【答案】D

【解析】根据法律规定，公、检机关因调查、破获案件等需要的，可出具公函向银行查询个人和单位银行账户信息。法院因审理案件需要可查询、冻结个人和单位银行账户。

三、银行业监督管理法

（一）监督管理机构和监督管理对象

国务院银行业监督管理机构负责对全国银行业金融机构及其业务活动进行监督管理的工作。中国银行业监督管理机构是中国银行保险监督管理委员会，通常称为银保监会。银保监会直属国务院领导，是国务院直属的事业单位。

银行业监督管理的对象是银行业金融机构。银行业金融机构，是指在我国境内设立的商业银行、城市信用合作社、农村信用合作社等吸收公众存款的金融机构以及政策性银行。对在我国境内设立的金融资产管理公司、信托投资公司、财务公司、金融租赁公司以及经国务院银行业监督管理机构批准设立的其他金融机构的监督管理，也适用对银行业金融机构监督管理的规定。国务院银行业监督管理机构对经其批准在境外设立的金融机构以及上述金融机构在境外的业务活动实施监督管理。

【随堂演练14－6】银行业监督管理法调整的对象有（　　）。

A. 银行业金融机构　　B. 非银行业金融机构

C. 驻外银行业机构　　D. 中国人民银行

【答案】ABC

（二）监督管理措施

1. 银行业监督管理机构根据履行职责的需要，有权要求银行业金融管理机构按照规定报送资产负债表、利润表和其他财务会计报表、统计报表、经营管理资料以及注册会计师出具的审计报告。

2. 银行业监督管理机构根据审慎监管的要求，可以采取下列措施进行现场检查：（1）进入银行业金融机构进行检查；（2）询问银行业金融机构的工作人员，要求其对有关检查事项作出说明；（3）查阅、复制银行业金融机构与检查事项有关的文件、资料，对可能被转移、隐匿或者毁损的文件、资料予以封存；（4）检查银行业金融机构运用电子计算机管理业务数据的系统。进行现场检查，应当出示合法证件和检查通知书；检查人员少于2人或者未出示合法证件和检查通知书的，银行业金融机构有权拒绝检查。

3. 银行业监督管理机构根据履行职责的需要，可以与银行业金融机构董事、高级管理人员进行监督管理谈话，要求银行业金融机构董事、高级管理人员就银行业金融机构的业务活动和风险管理的重大事项作出说明。

4. 银行业监督管理机构应当责令银行业金融机构按照规定，如实向社会公众披露财务会计报告、风险管理状况、董事和高级管理人员变更以及其他重大事项等信息。

5. 银行业金融机构违反审慎经营规则的，国务院银行业监督管理机构或者其省一级派出机构应当责令限期改正。逾期未改正的，或者其行为严重危及该银行业金融机构的稳健运行、损害存款人和其他客户合法权益的，经国务院银行业监督管理机构或者其省一级派出机构负责人批准，可以区别情形，采取下列措施：（1）责令暂停部分业务、停止批准开办新业务；（2）限制分配红利和其他收入；（3）限制资产转让；（4）责令控股股东转让股权或者限制有关股东的权利；（5）责令调整董事、高级管理人员或者限制其权利；（6）停止批准增设分支机构。银行业金融机构整改后，应当向国务院银行业监督管理机构或者其省一级派出机构提交报告。国务院银行业监督管理机构或者其省一级派出机构经验收，符合有关审慎经营规则的，应当自验收完毕之日起3日内解除对其采取的前述有关措施。

6. 银行业金融机构已经或者可能发生信用危机，严重影响存款人和其他客户合法权益的，国务院银行业监督管理机构可以依法对该银行业金融机构实行接管或者促成机构重组，接管、机构重组依照有关法律和国务院的规定执行。

7. 银行业金融机构有违法经营、经营管理不善等情形，不予撤销将严重危害金融秩序、损害公众利益的，国务院银行业监督管理机构有权予以撤销。

8. 银行业金融机构被接管、重组或者被撤销的，国务院银行业监督管理机构有权要求该银行业金融机构的董事、高级管理人员和其他工作人员按照国务院银行业监督管理机构的要求履行职责。在接管、机构重组或者撤销清算期间，经国务院银行业监督管理机构负责人批准，对直接负责的董事、高级管理人员和其他直接责任人员可以采取下列措施：（1）直接负责的董事、高级管理人员和其他直接负责人员出境将对国家利益造成重大损失的，通知出境管理机关依法阻止其出境；（2）申请司法机关禁止其转移、转让财产或者对其财产设定其他权利。

9. 经国务院银行业监督管理机构或者其省一级派出机构负责人批准，银行业监督管理机构有权查询涉嫌金融违法的银行业金融机构及其工作人员以及关联行为人的账户；对涉嫌转移或者隐匿违法资金的，经银行业监督管理机构负责人批准，可以申请司法机关予以冻结。

10. 银行业监督管理机构依法对银行业金融机构进行检查时，经设区的市一级银行业监督管理机构负责人批准，可以对与涉嫌违法事项有关的单位和个人采取下列措施：（1）询问有关单位或者个人，要求其对有关情况作出说明；

(2) 查阅、复制有关财务会计和财产权登记等文件、资料；(3) 对可能被转移、隐匿、毁损或者伪造的文件、资料，予以先行登记保存。银行业监督管理机构采取上述规定措施，调查人员不得少于2人，并应当出示合法证件和调查通知书；调查人员少于2人或者未出示合法证件和调查通知书的，有关单位或者个人有权拒绝。对依法采取的措施，有关单位和个人应当配合，如实说明有关情况并提供有关文件、资料，不得拒绝、阻碍和隐瞒。

【随堂演练 14-7】 中国银保监会的法律地位是（　　）。

A. 企业法人　　B. 社会团体

C. 行政监管部门　　D. 行业协会

【答案】 C

【解析】 我国《银行业监督管理法》第2条规定，国务院银行业监督管理机构负责对全国银行业金融机构及其业务活动监督管理的工作。

第三节　证　券　法

一、证券法概述

（一）证券的概念和特征

证券是发行人为了证明或者设立财产权利，依照法定的程序，以书面形式交付给权利人的凭证。从广义上讲，证券包括资本证券、货币证券和商品证券。我国《证券法》所规范的证券仅为资本证券。

证券法规范的证券，具有三个方面的法律特征。

1. 证券是一种投资凭证。证券是投资者权利的载体，投资者的权利是通过证券记载，并凭借证券获取相应的收益。

2. 证券是一种权益凭证。证券体现一定的权利，例如，股票体现的是股权；债券则代表着债权。

3. 证券是一种可转让的权利凭证。即证券具有流通性和变现性，其持有者可以随时将证券转让出售，以实现自身权利。

（二）证券法的概念、适用范围和基本原则

1. 证券法的概念。证券法有广义和狭义之分。广义的证券法是指我国现有法律、法规中一切与证券发行、交易及其监督管理有关的法律规范的总称。而狭义的证券法是指我国在1998年12月29日第九届全国人民代表大会常务委员会第六次会议通过的，于2004年8月28日第十届全国人民代表大会常务委员会第十一次会议第一次修正，2005年10月27日第十届全国人民代表大会常务委员会第十八次会议第一次修订，2013年6月29日第十二届全国人民代表大会常务委员会第三次会议第二次修正，2014年8月31日第十二届全国人民代表大会常务委员会第三次修正。我国《证券法》主要规范证券的发行关系、证券交易关系和证券的监管关系。

2. 证券法的适用范围。按照《证券法》第2条的规定,《证券法》适用于在中国境内的股票、公司债券以及国务院依法认定的其他证券的发行和交易。《证券法》未规定的,适用《公司法》和其他法律、行政法规的规定。政府债券、证券投资基金份额的上市交易,适用《证券法》;其他法律、行政法规有特别规定的,适用其规定。证券衍生品种发行、交易的管理办法,由国务院依照《证券法》的原则规定。

3. 证券法的基本原则。按照《证券法》的规定,我国《证券法》的基本原则如下。

(1)公开、公平、公正原则。证券的发行、交易活动,必须实行公开、公平、公正的原则。公开原则是证券发行和交易制度的核心,它要求证券发行者必须依法将与证券有关的一切真实情况予以公布,以供投资者投资决策时参考。只有以公开为基础,才能实现公平和公正。公平原则是指在证券发行和交易活动中,发行人、投资人、证券商和证券专业服务机构的法律地位完全平等,其合法权益受到同等保护。公正原则是指证券监管机关和司法机构在履行职责时,应当依法行使职责,对一切主体给予公正的待遇。

(2)平等、自愿、有偿和诚实信用的原则。这是指证券发行与交易活动的当事人具有平等的法律地位,自愿、有偿、诚实信用,实事求是地履行自己所承担的义务,不得有任何欺诈行为。

(3)合法原则。《证券法》规定:“证券发行、交易活动,必须遵守法律、行政法规;禁止欺诈、内幕交易和操纵证券交易市场的行为。”这体现了证券发行、交易活动必须依法进行的原则。

(4)分业经营、分业管理的原则。《证券法》规定:“证券业和银行业、信托业、保险业分业经营、分业管理。”同时规定:“国家另有规定的除外”,为将来有可能实行混业经营留下余地。

(5)保护投资者合法权益的原则。我国《证券法》第1条立法宗旨将保护投资者合法权益放在首要地位,并在整部法律中规定了信息披露、禁止证券欺诈行为等制度和规范,体现了保护投资者合法权益的原则。

(6)国家集中统一监管与行业自律相结合的原则。《证券法》规定,国务院证券监督管理机构依法对全国证券市场实行集中统一监督管理。国务院证券监督管理机构根据需要可以设立派出机构,按照授权履行监督管理职责。在国家对证券发行、交易活动实行集中统一监督管理的前提下,依法设立证券业协会,实行自律性管理。国家审计机关对证券交易所、证券公司、证券登记结算机构、证券监督管理机构依法进行审计监督。

【随堂演练14-8】 以下不属于证券法的基本原则的是( )。

A. 合法性原则　　B. 分业经营与分业管理原则

C. 统一性原则　　D. 审计监督原则

【答案】 C

【解析】 只有选项C不是我国《证券法》的基本原则。

二、证券的发行

（一）证券发行概述

1. 公开发行证券和非公开发行证券。所谓公开发行证券是指向不特定对象发行证券、向特定对象发行证券累计超过200人以及法律、行政法规规定的其他发行行为。公开发行证券是一种要式法律行为，必须符合法律、行政法规规定的条件，并依法报经国务院证券监督管理机构或者国务院授权的部门核准；未经依法核准，任何单位和个人不得公开发行证券。《证券法》主要规范公开的证券发行。非公开发行是指向特定对象发行证券且累计不超过200人的发行。非公开发行证券，不得采用广告、公开劝诱和变相公开方式。

证券发行而形成的市场称为证券发行市场或一级市场，是指证券发行人将证券出售给投资人所形成的市场。证券发行市场具有两个方面的功能：一是为发行人提供筹集资金的场所；二是为投资人提供投资机会。

2. 证券发行的保荐制度。保荐制度又称保荐人制度，指由保荐人负责发行人的上市推荐和辅导，核实公司发行文件与上市文件中所载资料是否真实、准确、完整，协助发行人建立严格的信息披露制度，并承担风险防范责任，为上市公司上市后一段时间的信息披露行为向投资者承担担保责任的证券承销制度。发行人申请公开发行股票、可转换为股票的公司债券，依法采取承销方式的，或者公开发行法律、行政法规规定实行保荐制度的其他证券的，应当聘请具有保荐资格的机构担任保荐人。保荐人应当遵守业务规则和行业规范，诚实守信，勤勉尽责，对发行人的申请文件和信息披露资料进行审慎核查，督导发行人规范运作。保荐机构履行保荐职责应当指定保荐代表人具体负责保荐工作。

经中国证监会注册登记并列入保荐机构、保荐代表人名单的证券经营机构、个人，可以从事保荐工作。未经中国证监会注册登记为保荐机构、保荐代表人并列入名单，任何机构、个人不得从事保荐工作。证券经营机构申请注册登记为保荐机构的，应当是综合类证券公司，并向中国证监会提交自愿履行保荐职责的声明、承诺。个人申请注册登记为保荐代表人的，应当具有证券从业资格、取得执业证书，通过所任职的保荐机构向中国证监会提出申请。

【随堂演练14－9】证券的发行按照发行对象的范围不同分为（　　）。

A. 公开发行　　B. 上网发行

C. 非公开发行　　D. 网下发行

【答案】AC

（二）股票的发行

1. 股票发行的条件。股票发行是股份有限公司或其承销机构，以同一条件向特定或不特定的公众招募或出售股票的行为。股票发行是股份发行的表现形式。股票发行一般有两种：一是为设立新公司而首次发行股票即设立发行；二是为扩大已有的公司规模而发行新股，即增资发行。

（1）设立发行股票的条件。设立发行或称首次发行，是指发起人通过发行公司股票来筹措经营资本，成立股份有限公司的行为。设立股份有限公司公开发行股票，应当符合《中华人民共和国公司法》规定的条件和经国务院批准的国务院证券监督管理机构规定的其他条件，向国务院证券监督管理机构报送募股申请等文件。设立发行股票须符合下列条件：①股份有限公司的生产经营符合国家产业政策；②发行的普通股只限于一种，同股同权；③发起人认购的股本数额不少于公司拟发行的股本总额的35%；④在公司拟发行的股本总额中，发起人认购的部分不少于人民币3 000万元，但是，国家另有规定的除外；⑤向社会公众发行的部分不少于公司拟发行的股本总额的25%，其中，公司职工认购的股本数额不得超过拟向社会公众发行的股本总额的10%，公司拟发行的股本总额超过人民币4亿元的，向社会公众发行的部分最低不少于公司拟发行的股本总额的10%；⑥发起人在近三年内没有重大违法行为；⑦证监会规定的其他条件。

（2）发行新股的条件。股份有限公司增资发行新股，应当符合下列条件：①具备健全且运行良好的组织机构；②具有持续盈利能力，财务状况良好；③最近三年财务会计文件无虚假记载，无其他重大违法行为；④经国务院批准的国务院证券监督管理机构规定的其他条件。

上市公司非公开发行新股，应当符合经国务院批准的国务院证券监督管理机构规定的条件，并报国务院证券监督管理机构核准。

2. 股票发行的程序。

（1）申请。股份公司如果需要采取发行股票的方式筹集资金，需要董事会制订方案，由股东大会表决通过。在此基础上，由董事会代表公司向证券监督管理部门申请。发行人向国务院证券监督管理机构或者国务院授权部门提交的股票发行申请文件，必须真实、准确、完整。为证券发行出具有关文件的专业机构和人员，必须严格履行法定职责，保证其所出具文件的真实性、准确性和完整性。

（2）审核。国务院证券监督管理机构设立的发行审核委员会，依法审核股票发行申请。发行审核委员会由国务院证券监督管理机构的专业人员和所聘请的该机构外的有关专家组成，以投票方式对股票发行申请进行表决，提出审核意见。主管部门应当自受理申请文件之日起3个月内作出决定，不予核准的，应当作出说明。

（3）制作、公告招股说明书。发行人应当依法在指定的报纸等媒体上公开其招股说明书，招股说明书上应当载明法定必要事项。

（4）签订承销协议。股票的发行应当依法由承销机构承销。因此，发行人需要与承销机构签订承销协议，以明确在发行股票过程中当事人的权利、义务及责任。

（5）认缴股款、交付股票。

3. 股票发行失败。股票发行采用代销方式，代销期限届满，向投资者出售的股票数量未达到拟公开发行股票数量70%的，为发行失败。发行人应当按照发行价并加算银行同期存款利息返还股票认购人。

【随堂演练 14-10】 在公司拟发行的股本总额中，发起人认购的部分不少于人民币（　　）元

A. 3 000 万　　B. 5 000 万　　C. 1 亿　　D. 1.5 亿

【答案】 A

（三）公司债券的发行

1. 发行公司债券的条件。公开发行公司债券，应当符合下列条件：（1）股份有限公司的净资产不低于人民币 3 000 万元，有限责任公司的净资产不低于人民币 6 000 万元；（2）累计债券余额不超过公司净资产的 40%；（3）最近三年平均可分配利润足以支付公司债券一年的利息；（4）筹集资金的投向符合国家产业政策；（5）债券的利率不超过国务院限定的利率水平；（6）国务院规定的其他条件。

有下列情形之一的，不得再次公开发行公司债券：（1）前一次公开发行的公司债券尚未募足；（2）对已公开发行的公司债券或者其他债务有违约或者延迟支付本息的事实，仍处于继续状态；（3）违反《证券法》的规定，改变公开发行公司债券所募资金的用途。

公开发行公司债券筹集的资金，必须用于核准的用途，不得用于弥补亏损和非生产性支出。上市公司发行可转换为股票的公司债券，除应当符合上述条件外，还应当符合《证券法》关于公开发行股票的条件，并报国务院证券监督管理机构核准。

2. 发行公司债券的程序。发行公司债券，一般要经过内部决议、申请、审批、募集四个阶段。

（1）内部决议。股份有限公司和有限责任公司发行公司债券，由董事会制订方案，股东会作出决议。国有独资公司发行公司债券，应由国有资产监督管理机构作出决定。

（2）申请。公司作出发行公司债券的决议或者决定后，应向国务院证券管理部门提出申请，并报送公司债券募集办法等有关法律文件。

（3）审批。国务院证券管理部门根据《公司法》《证券法》规定的条件和程序作出予以核准和不予核准的决定。

（4）募集。发行公司债券的申请经核准后，应当公告公司债券募集办法，并开始向社会公众发行债券和募集资金。发行公司债券，必须在债券上载明公司名称、债券票面金额、利率、偿还期限等事项，并由董事长签名、公司盖章。

（四）证券的承销

1. 承销的概念和种类。发行人向不特定对象公开发行的证券，应当由证券公司承销，发行人应当同证券公司签订承销协议。证券承销业务采取代销或者包销方式。证券代销是指证券公司代发行人发售证券，在承销期结束时，将未售出的证券全部退还给发行人的承销方式。证券包销是指证券公司将发行人的证券按照协议全部购入或者在承销期结束时将售后剩余证券全部自行购入的承销方式。

2. 承销团及主承销人。《证券法》规定，发行人发行的证券的票面金额达到

人民币5 000万元以上的，必须采取承销团的形式，这实际上是关于巨额证券承销与承销团的规定。巨额承销涉及的金额大，销售成功后的利润大，但是，销售不成功的损失也大。为了保证销售者对巨额销售有足够的承受能力，《证券法》规定，巨额销售必须要由相当资本实力的销售主体来承担，考虑到分散风险和稳定证券市场的因素，这个销售主体应当由两个或两个以上的证券公司组成，这就是所谓的承销团。承销团应当由主承销人和参与承销的证券公司组成。

证券主承销人应具有法定最低限额以上的实收货币资本；主要负责人中2/3的人员有3年以上的证券管理工作经历，或者有5年以上的金融管理工作经验；有足够数量的证券专业操作人员，其中70%以上的人员在证券专业岗位工作过2年以上；全部从业人员在以往3年内的承销过程中，没有因内幕交易、侵害客户利益、工作严重失误受到起诉或行政处分；没有违反国家有关证券市场管理法规和政策，没有受到过证监会给予的通报批评，承销机构及其主要负责人在前3年的承销过程中，无其他严重劣迹，特别是与欺诈、提供虚假信息有关的行为；承销机构不得持有被承销企业7%以上的股份，或不是被承销企业大股东中前5名以内的股东，否则将不具备主承销资格。

3. 证券承销的要求。

（1）证券公司不得以不正当的手段招揽证券承销业务。

（2）证券公司承销证券，应当同发行人签订承销协议。

（3）证券公司承销证券，应当对公开发行募集文件的真实性、准确性、完整性进行核查。如果含有虚假记载、误导性陈述或者重大遗漏的，不得进行销售；已经销售的，必须立即停止销售事项，并采取纠正措施。

（4）证券承销的时间最长不得超过90日。证券公司在代销、包销期内，对所代销、包销的证券应当保证先行出售给认购人，证券公司不得为本公司预留所代销的证券和预先购入并留存所包销的证券。

（5）证券公司应当在证券承销期满后，将承销情况上报国务院证券监督管理机构备案，接受证券监督管理机构的监督。证券公司包销证券的，应当在包销期满后，将包销情况报国务院证券监督管理机构备案；证券公司代销证券的，应当在代销期满后，与发行人共同将代销情况报国务院证券监督管理机构备案。

【随堂演练14-11】 向社会公开发行的证券票面总值超过多少的，应当由承销团承销（　　）万元。

A. 3 000　　B. 1 500　　C. 6 000　　D. 5 000

【答案】 D

【解析】 我国《证券法》第25条规定："向社会公开发行的证券票面总值超过人民币5 000万元的，应当由承销团承销。承销团应当由承销和参与承销的证券公司组成。"

（五）违法发行证券的法律责任

国务院证券监督管理机构或者国务院授权的部门对已作出的核准证券发行的决定，发现不符合法定条件或者法定程序，尚未发行证券的，应当予以撤销，停止发行。已经发行尚未上市的，撤销发行核准决定，发行人应当按照发行价并加算银行同期存款利息返还证券持有人；保荐人应当与发行人承担连带责任，但是能够证明自己没有过错的除外；发行人的控股股东、实际控制人有过错的，应当与发行人承担连带责任。

三、证券交易

（一）证券交易概述

证券交易是指在证券市场上买卖已经依法发行的证券的行为。非依法发行的证券不得买卖。在证券交易市场上，投资者通过证券交易可以实现证券的变现。

1. 证券交易的条件。

（1）证券交易当事人依法买卖的证券，必须是依法发行并交付的证券。非依法发行的证券，不得买卖。依法发行的证券，法律对其转让期限有限制性规定的，在限定的期限内，不得买卖。

（2）经依法核准的上市交易的股票、公司债券及其他证券，应当在证券交易所挂牌交易。

（3）证券交易以现货和国务院规定的其他方式进行交易。

2. 证券交易的方式。经依法核准的上市交易的股票、债券，应当在证券交易所挂牌交易。挂牌交易，应当采用公开的集中竞价交易的方式。集中竞价交易应当实行价格优先、时间优先、数量优先等原则。有关集中竞价交易的操作程序、成交办法、交易单位、交易的清算交割日期等项证券交易运作规则，由证券交易所制定，报中国证监会批准。

价格优先，是指同时有两个买（卖）方买卖同种证券时，作为买方给的价格高时，应处在优先购买地位；作为卖方要的价格低时，应处在优先卖出的地位。

时间优先，是指有两个买（卖）方以同一价格买（卖）同一证券时，在时间上先提出买（卖）者优先交易。

【随堂演练14－12】根据我国《证券法》的规定，证券在证券交易所挂牌交易，应当采用的方式是（　　）。

A. 拍卖　　　　B. 公开竞价

C. 集中交易　　D. 公开的集中竞价交易

【答案】D

【解析】我国《证券法》第33条第1款规定："证券在证券交易所挂牌交易，应当采用公开的集中竞价交易方式。"

（二）证券上市

证券的上市交易是指公开发行的公司证券符合法定条件时在证券交易所进行集中竞价交易的行为。证券上市可以提高证券的流通性，扩大上市公司的知名度。申请证券上市交易，应当向证券交易所提出申请，由证券交易所依法审核同意，并由双方签订上市协议。申请股票、可转换为股票的公司债券或者法律、行政法规规定实行保荐制度的其他证券上市交易，应当聘请具有保荐资格的机构担任保荐人。

1. 股票上市的条件、程序、暂停和终止。

（1）股票上市的条件。《证券法》规定，股份有限公司申请股票上市，应当符合下列条件：①股票经国务院证券监督管理机构核准已公开发行；②公司股本总额不少于人民币 5 000 万元；③公开发行的股份达到公司股份总数的 25% 以上；公司股本总额超过人民币 4 亿元的，公开发行股份的比例为 10% 以上；④公司最近三年无重大违法行为，财务会计报告无虚假记载。证券交易所可以规定高于前述上市条件，但需报国务院证券监督管理机构批准。

（2）股票上市的程序。股票上市包括下列程序：①向证券交易所提出股票上市申请，并报送有关文件；②由证券交易所审核；③签订上市协议；④公告股票上市有关文件，并将其申请文件存放在指定地点供公众查阅。

（3）股票上市的暂停。上市公司有下列情形之一的，由证券交易所决定暂停其股票上市交易：①公司股本总额、股权分布等发生变化不再具备上市条件；②公司不按照规定公开其财务状况，或者对财务会计报告作虚假记载，可能误导投资者；③公司有重大违法行为；④公司最近三年连续亏损；⑤证券交易所上市规则规定的其他情形。

（4）股票上市的终止。上市公司有下列情形之一的，由证券交易所决定终止其股票上市交易：①公司股本总额、股权分布等发生变化不再具备上市条件，在证券交易所规定的期限内仍不能达到上市条件；②公司不按照规定公开其财务状况，或者对财务会计报告作虚假记载，且拒绝纠正；③公司最近三年连续亏损，在其后一个年度内未能恢复盈利；④公司解散或者被宣告破产；⑤证券交易所上市规则规定的其他情形。

2. 公司债券上市交易的条件、程序、暂停和终止。公司债券的上市交易是指公开发行的公司债券符合法定条件时在证券交易所进行交易的行为。

（1）公司债券上市的条件。公司申请其发行的公司债券上市交易，应当符合下列条件：①公司债券的期限为一年以上；②公司债券实际发行额不少于人民币 5 000 万元；③公司申请债券上市时仍符合法定的公司债券发行条件。

（2）公司债券上市的程序。①向证券交易所提出公司债券上市交易申请；②由证券交易所依照法定条件和法定程序审核；③债券上市经核准后，签订上市协议；④公告债券上市文件，并将其申请文件置备于指定场所供公众查阅。

（3）公司债券交易的暂停和终止。公司债券上市交易后，公司有下列情形之一的，由证券交易所决定暂停其公司债券上市交易：①公司有重大违法行为；②公司情况发生重大变化不符合公司债券上市条件；③公司债券所募集资金不按照核准的用途使用；④未按照公司债券募集办法履行义务；⑤公司最近 2 年连续亏损。

公司有上述第①项、第④项所列情形之一，经查实后果严重的，或者有上述第②项、第③项、第⑤项所列情形之一，在限期内未能消除的，由证券交易所决定终止该公司债券上市交易。公司解散或者被宣告破产的，由证券交易所终止其公司债券上市。证券交易所决定暂停或者终止证券上市交易的，应当及时公告，并报国务院证券监督管理机构备案。

3. 证券上市的复核制度。公司对证券交易所作出的不予上市、暂停上市、终止上市决定不服的，可以向证券交易所设立的复核机构申请复核。

【随堂演练14－13】 申请证券上市交易，应当向（　　）提出申请，由其依法审核同意，并由双方签订上市协议。

A. 国务院证券监督管理机构　　B. 证券交易所

C. 国务院授权的部门　　D. 省级人民政府

【答案】 B

【解析】 我国《证券法》第48条规定，申请证券上市交易，应当向证券交易所提出申请，由证券交易所依法审核同意，并由双方签订上市协议。

（三）持续信息公开制度

信息公开制度是指证券发行公司于证券发行及发行后上市交易的一系列环节中，依法将与其证券有关的一切真实信息以一定的方式向社会公众予以公开，以便投资者知晓其真实情况并作出证券投资判断的法律制度。《证券法》对信息公开作了如下规定。

1. 公开文件。发行股票、公司债券的公司，必须依照《公司法》的规定，经中国证监会批准后，公开必须具备的文件。发行人必须根据真实、准确、完整的原则公告招股说明书、公司债券募集办法、上市公告等，依法发行新股或者公司债券的还应当公告财务会计报告。发行人、上市公司披露的信息，不得有虚假记载、误导性陈述或者重大遗漏。

2. 公开报告。（1）定期报告。公开发行股票、公司债券并且该股票、公司债券依法进入证券交易所或者非集中竞价的证券交易场所交易的公司，必须在每一会计年度内每半年公布一次其财务状况和经营情况，包括中期报告和年度报告。

①中期报告。公司应当于每个会计年度的上半年结束之日起2个月内，向国务院证券监督管理机构和证券交易所报送中期报告，并予以公告。

②年度报告。上市公司和公司债券上市交易的公司，应当在每一会计年度结束之日起4个月内，向国务院证券监督管理机构和证券交易所报送年度报告，并予以公告。

（2）临时报告。发生可能对上市公司股票交易价格产生较大影响的重大事件，投资者尚未得知时，上市公司应当立即将有关该重大事件的情况向国务院证券监督管理机构和证券交易所报送临时报告，并予以公告，说明事件的起因、目前的状态和可能产生的法律后果。下列情况为重大事件：①公司的经营方针和经营范围的重大变化；②公司的重大投资行为和重大的购置财产的决定；③公司订立重要合同，可能对公司的资产、负债、权益和经营成果产生重要影响；④公司发生重大债务和未能清偿到期重大债务的违约情况；⑤公司发生重大亏损或者重大损失；⑥公司生产经营的外部条件发生的重大变化；⑦公司的董事、1/3以上监事或者经理发生变动；⑧持有公司5%以上股份的股东或者实际控制人，其持有股份或者控制公司的情况发生较大变化；⑨公司减资、合并、分立、解散及申请破产的决定；⑩涉及公司的重大诉讼，股东大会、董事会决议被依法撤销或者宣告无效；⑪公司涉嫌犯罪被司法机关立案调查，公司董事、监事、高级管理人员涉嫌犯罪被司法机关采取强制措施；⑫国务院证券监督管理机构规定的其他事项。

3. 法律责任。发行人、上市公司公告的招股说明书、公司债券募集办法、财务会计报告、上市报告文件、年度报告、中期报告、临时报告以及其他信息披露资料，有虚假记载、误导性陈述或者重大遗漏，致使投资者在证券交易中遭受损失的，发行人、上市公司应当承担赔偿责任；发行人、上市公司的董事、监事、高级管理人员和其他直接责任人员以及保荐人、承销的证券公司，应当与发行人、上市公司承担连带赔偿责任，但是能够证明自己没有过错的除外；发行人、上市公司的控股股东、实际控制人有过错的，应当与发行人、上市公司承担连带赔偿责任。

【随堂演练 14－14】 发行人、上市公司公告的信息披露资料，有虚假记载、误导性陈述或者重大遗漏，致使投资者在证券交易中遭受损失的，以下说法中错误的是（　　）。

A. 发行人应当承担赔偿责任

B. 上市公司应当承担赔偿责任

C. 发行人、上市公司的董事、监事、高级管理人员和其他直接责任人员以及保荐人，应当与发行人、上市公司承担连带赔偿责任，但是能够证明自己没有过错的除外

D. 证券交易所、国务院证券监督管理机构应当承担连带赔偿责任

【答案】 D

（四）禁止的交易行为

1. 内幕交易行为。内幕交易是指知悉证券交易内幕信息的知情人员利用内幕信息进行证券交易的活动。

（1）内幕人员。根据《证券法》的规定，下列人员为内幕信息的知情人员：①发行人的董事、监事、高级管理人员；②持有公司5%以上股份的股东及其董事、监事、高级管理人员，公司的实际控制人及其董事、监事、高级管理人员；③发行人控股的公司及其董事、监事、高级管理人员；④由于所任公司职务可以获取公司有关内幕信息的人员，比如秘书、打字员等；⑤证券监督管理机构工作人员以及由于法定职责对证券的发行、交易进行管理的其他人员；⑥保荐人、承销的证券公司、证券交易所、证券登记结算机构、证券服务机构的有关人员；⑦国务院证券监督管理机构规定的其他人。

（2）内幕信息。内幕信息是指证券交易活动中涉及公司的经营、财务或者对该公司证券的市场价格有重大影响的尚未公开的信息。内幕信息包括：①《证券法》规定的必须临时公告的重大事件；②公司分配股利或者增资的计划；③公司股权结构的重大变化；④公司债务担保的重大变更；⑤公司营业用主要资产的抵押、出售或者报废一次超过该资产的30%；⑥公司的董事、监事、高级管理人

员的行为可能依法承担重大损害赔偿责任；⑦上市公司收购的有关方案；⑧国务院证券监督管理机构认定的对证券交易价格有显著影响的其他重要信息。

（3）禁止进行的内幕交易行为。证券交易内幕信息的知情人和非法获取内幕信息的人，在内幕信息公开前，不得买卖该公司的证券，或者泄露该信息，或者建议他人买卖该证券。持有或者通过协议、其他安排与他人共同持有公司 5% 以上股份的自然人、法人、其他组织收购上市公司的股份，按照上市公司收购的有关规定办理。

内幕交易行为给投资者造成损失的，行为人应当依法承担赔偿责任。

2. 操纵证券市场行为。操纵证券市场，是指行为人以获取利益或者减少损失为目的，利用手中掌握的资金等优势影响证券市场价格，制造证券市场假象，诱导或者致使投资者在不了解事实真相的情况下作出证券投资决定，扰乱证券市场秩序的行为。

操纵证券市场的行为包括：（1）单独或者通过合谋，集中资金优势、持股优势或者利用信息优势联合或者连续买卖，操纵证券交易价格或者证券交易量；（2）与他人串通，以事先约定的时间、价格和方式相互进行证券交易，影响证券交易价格或者证券交易量；（3）在自己实际控制的账户之间进行证券交易，影响证券交易价格或者证券交易量；（4）以其他手段操纵证券市场。

操纵证券市场行为给投资者造成损失的，行为人应当依法承担赔偿责任。

3. 虚假陈述和信息误导行为。《证券法》规定，禁止国家工作人员、传播媒介从业人员和有关人员编造、传播虚假信息，扰乱证券市场秩序。禁止证券交易所、证券公司、证券登记结算机构、证券服务机构及其从业人员，证券业协会、证券监督管理机构及其工作人员，在证券交易活动中作出虚假陈述或者信息误导。各种传播媒介传播证券市场信息必须真实、客观，禁止误导。

4. 欺诈客户行为。欺诈客户，是指代理人在证券交易及相关活动中，违背被代理人真实意思进行代理的行为，以及诱导客户进行不必要的证券交易的行为。欺诈客户行为包括：（1）违背客户的委托为其买卖证券；（2）不在规定时间内向客户提供交易的书面确认文件；（3）挪用客户所委托买卖的证券或者客户账户上的资金；（4）未经客户的委托，擅自为客户买卖证券，或者假借客户的名义买卖证券；（5）为牟取佣金收入，诱使客户进行不必要的证券买卖；（6）利用传播媒介或者通过其他方式提供、传播虚假或者误导投资者的信息；（7）其他违背客户真实意思表示、损害客户利益的行为。

欺诈客户行为给客户造成损失的，行为人应当依法承担赔偿责任。

5. 禁止或限制的其他交易行为。

（1）禁止法人非法利用他人账户从事证券交易；禁止法人出借自己或者他人的证券账户。

（2）禁止资金违规流入股市。

（3）禁止任何人挪用公款买卖证券。

（4）国有企业和国有资产控股的企业买卖上市交易的股票，必须遵守国家有关规定。

（5）证券公司为客户买卖证券提供融资融券服务，应当按照国务院的规定并经国务院证券监督管理机构批准。

（6）证券交易所、证券公司、证券登记结算机构的工作人员以及证券监督管理机构的工作人员和法律、法规禁止参与股票交易的其他人员，在任期或者法定期限内，不得直接或者以化名、借他人名义持有、买卖股票，也不得接受他人赠送的股票。

（7）为股票发行出具审计报告、资产评估报告或者法律意见书等文件的专业机构和人员，在该股票承销期内和期满后6个月内，不得买卖该种股票；上述专业机构和人员，自接受上市公司委托之日起至上述文件公开后5日内，不得买卖该种股票。

证券交易所、证券公司、证券登记结算机构、证券交易服务机构及其从业人员对证券交易中发现的禁止的交易行为，应当及时向证券监督管理机构报告。

【随堂演练14－15】 下列人员中，不属于《证券法》规定的证券交易内幕信息的知情人员的是（　　）。

A. 上市公司的总会计师　　　　B. 持有上市公司3%股份的股东

C. 上市公司控股的公司的董事　　D. 上市公司的监事

【答案】 B

【解析】 根据《证券法》规定，证券交易内幕信息的知情人其中包括：持有公司5%以上股份的股东及其董事、监事、高级管理人员，公司的实际控制人及其董事、监事、高级管理人员，本题B选项持股比例未达到5%，不属于内幕信息的知情人。

（五）上市公司的收购

1. 上市公司收购的概念和方式。

上市公司的收购，是指投资者为取得某上市公司的控股权或实施对某上市公司的兼并，依法定程序公开购入该公司发行在外的部分或全部股份的行为。实施收购行为的投资者称为收购人，作为收购目标的上市公司称为被收购公司。

《证券法》规定，投资者可以采取要约收购、协议收购及其他合法方式收购上市公司。要约收购是指收购人为取得上市公司的控股权，向所有的股票持有人发出购买该上市公司股份的收购要约，收购上市公司全部或部分股份。收购要约应写明收购价格、数量及要约期间等收购条件。协议收购是指由收购人与上市公司的股票持有人就收购该上市公司股票的条件达成协议，由上市公司股票的持有人向收购人转让股票。

2. 收购的程序和规则。

（1）报告和公告持股情况。通过证券交易所的证券交易，投资者持有或者通过协议、其他安排与他人共同持有一个上市公司已发行的股份达到5%时，应当在该事实发生之日起3日内，向国务院证券监督管理机构、证券交易所作出书面报告，通知该上市公司，并予以公告；在上述期限内不得再行买卖该上市公司的股票。

投资者持有或者通过协议、其他安排与他人共同持有一个上市公司已发行的股份达到5%后，其所持该上市公司已发行的股份比例每增加或者减少5%，应当进行报告和公告。在报告期限内和作出报告、公告后2日内，不得再行买卖该上市公司的股票。

（2）收购要约。通过证券交易所的证券交易，投资者持有或者通过协议、其他安排与他人共同持有一个上市公司已发行的股份达到30%时，继续进行收购的，应当依法向该上市公司所有股东发出收购上市公司全部或者部分股份的要约。收购上市公司部分股份的收购要约应当约定，被收购公司股东承诺出售的股份数额超过预定收购的股份数额的，收购人按比例进行收购。依照规定发出收购要约，收购人必须公告上市公司收购报告书，并应将公司收购报告书同时提交证券交易所。收购人在依照规定报送上市公司收购报告书之日起15日后，公告其收购要约。

收购要约提出的各项收购条件，适用于被收购公司的所有股东。采取要约收购方式的，收购人在收购期限内不得卖出被收购公司的股票，也不得采取要约规定以外的形式和超出要约的条件买入被收购公司的股票。

收购要约的期限不得少于30日，并不得超过60日。在收购要约的有效期限内，收购人不得撤回其收购要约；收购人需要变更收购要约中的事项的，必须及时公告，载明具体变更事项。

（3）采取协议收购方式的，达成协议后，收购人必须在3日内将该收购协议向国务院证券监督管理机构及证券交易所作出书面报告，并予以公告。在公告前不得履行收购协议。

采取协议收购方式的，收购人收购或者通过协议、其他安排与他人共同收购一个上市公司已发行的股份达到30%时，继续进行收购的，应当向该上市公司所有股东发出收购上市公司全部或者部分股份的要约。但是，经国务院证券监督管理机构免除发出要约的除外。

（4）终止上市交易和应当收购。收购期限届满，被收购公司股权分布不符合上市条件的，该上市公司的股票应当由证券交易所依法终止上市交易；其余仍持有被收购公司股票的股东，有权向收购人以收购要约的同等条件出售其股票，收购人应当收购。

（5）报告和公告收购情况。收购行为完成后，收购人应当在15日内将收购情况报告国务院证券监督管理机构和证券交易所，并予以公告。

收购上市公司中由国家授权投资的机构持有的股份，应当按照国务院的规定，经有关主管部门批准并办理过户手续。

3. 上市公司收购的法律后果。

（1）在上市公司收购中，收购人持有的被收购上市公司的股票，在收购行为完成后的12个月内不得转让。

（2）收购行为完成后，被收购公司不再具备股份有限公司条件的，应当依法变更企业形式。

（3）收购行为完成后，收购人与被收购公司合并，并将该公司解散的，被解散公司的原有股票由收购人依法更换。

【随堂演练14－16】 A上市公司已发行股份100万股。以下是2018年某证券交易所发生的四起买卖A上市公司股票的事件，其中违反了《证券法》规定的有（　　）。

A. 甲在持有该股票3万股的情况下，于6月8日购进1万股；同日，再次购进5 000股

B. 乙在持有该股票3.5万股的情况下，于6月8日购进1.5万股；次日，卖出1万股

C. 丙在持有该股票4万股的情况下，于6月8日购进1万股。6月10日，购进5 000股

D. 丁在持有该股票2.5万股的情况下，于6月8日购进1.5万股。次日，卖出1万股

【答案】 BC

【解析】 本题考核点是上市公司收购。通过证券交易所的证券交易，投资者及其一致行动人拥有权益的股份达到一个上市公司已发行股份的5%时，应当在该事实发生之日起3日内公告；在上述期限内，不得再行买卖该上市公司的股票。

四、证券机构

（一）证券交易所

1. 证券交易所的概念。证券交易所是为证券集中交易提供场所和设施，组织和监督证券交易，实行自律管理的法人。证券交易所有公司制和会员制之分。我国的证券交易所是不以营利为目的，仅为证券的集中和有组织的交易提供场所、设施，并履行国家有关法律、法规、规章、政策规定的职责，实行自律性管理的会员制的事业法人。实行会员制的证券交易所的财产积累归会员所有，其权益由会员共同享有，在其存续期间，不得将其财产积累分配给会员。目前，我国有两家证券交易所，即1990年12月设立的上海证券交易所和1991年7月设立的深圳证券交易所。证券交易所的设立与解散由国务院决定。

进入证券交易所参与集中交易的，必须是证券交易所的会员。投资者应当与证券公司签订证券交易委托协议，并在证券公司开立证券交易账户，以书面、电话以及其他方式委托该证券公司代其买卖证券。

2. 证券交易所的职能。依据《证券法》的规定，证券交易所具有以下职能。

（1）为组织公平的集中交易提供保障，及时公布证券交易行情，并按交易日制作证券市场行情表，予以公布。

（2）依照法律、行政法规的规定，办理股票和公司债券的暂停上市、恢复上市或者终止上市的事务。

（3）因突发性事件影响证券交易正常进行时，证券交易所可以采取技术性停

牌的措施；因不可抗力的突发性事件或者为维护证券交易的正常秩序，证券交易所可以决定临时停市，并报告国务院证券监督管理机构。

（4）对在交易所进行的证券交易实行实时监控，并按照国务院证券监督管理机构的要求，对异常的交易情况提出报告。

（5）证券交易所应当对上市公司及相关信息披露义务人披露信息进行监督，督促其依法及时、准确地披露信息。证券交易所根据需要，可以对出现重大异常交易情况的证券账户限制交易，并报国务院证券监督管理机构备案。

（6）证券交易所依照证券法律、行政法规制定上市规则、交易规则、会员管理规则和其他有关规则，并报国务院证券监督管理机构批准。

（7）在证券交易所内从事证券交易的人员，违反证券交易所有关交易规则的，由证券交易所给予纪律处分；对情节严重的，撤销其资格，禁止其入场进行证券交易。

（二）证券公司

1. 证券公司的概念。证券公司是指依照《公司法》《证券法》的规定设立的经营证券业务的有限责任公司或者股份有限公司。

2. 证券公司的设立。设立证券公司，必须经国务院证券监督管理机构审查批准。未经国务院证券监督管理机构批准，任何单位和个人不得经营证券业务。设立证券公司，应当具备下列条件：（1）有符合法律、行政法规规定的公司章程；（2）主要股东具有持续赢利能力，信誉良好，最近三年无重大违法违规记录，净资产不低于人民币2亿元；（3）有符合《证券法》规定的注册资本；（4）董事、监事、高级管理人员具备任职资格，从业人员具有证券从业资格；（5）有完善的风险管理与内部控制制度；（6）有合格的经营场所和业务设施；（7）法律、行政法规规定的和经国务院批准的国务院证券监督管理机构规定的其他条件。

3. 证券公司的业务范围。经国务院证券监督管理机构批准，证券公司可以经营下列部分或者全部业务：（1）证券经纪；（2）证券投资咨询；（3）与证券交易、证券投资活动有关的财务顾问；（4）证券承销与保荐；（5）证券自营；（6）证券资产管理；（7）其他证券业务。

证券公司经营上述第（1）项至第（3）项业务的，注册资本最低限额为人民币5 000万元；经营第（4）项至第（7）项业务之一的，注册资本最低限额为人民币1亿元；经营第（4）项至第（7）项业务中两项以上的，注册资本最低限额为人民币5亿元。证券公司的注册资本应当是实缴资本。国务院证券监督管理机构根据审慎监管原则和各项业务的风险程度，可以调整注册资本最低限额，但不得少于前述规定的限额。

（三）证券登记结算机构

1. 证券登记结算机构的概念。证券登记结算机构是为证券交易提供集中登记、存管与结算服务，不以营利为目的的法人。证券登记是依法确定证券所有权归属的法律行为，包括证券所有权的产生、变更和消失。

2. 证券登记结算机构的设立。设立证券登记结算机构，必须经国务院证券监督管理机构批准，并应具备下列条件：（1）自有资金不少于人民币2亿元；（2）具有证券登记、存管、结算服务所必需的场所和设施；（3）主要管理人员和从业人员必须具有证券从业资格；（4）国务院证券监督管理机构规定的其他条件。证券登记结算机构的名称中应当标明证券登记结算字样。

3. 证券登记结算机构的职能。证券登记结算机构履行下列职能：（1）证券账户、结算账户的设立；（2）证券的存管和过户；（3）证券持有人名册登记；（4）证券交易所上市证券交易的清算和交收；（5）受发行人的委托派发证券权益；（6）办理与上述业务有关的查询；（7）国务院证券监督管理机构批准的其他业务。证券登记结算采取全国集中统一的运营方式。

4. 证券登记结算管理。

（1）应当向证券发行人提供证券持有人名册及其有关资料；应当根据证券登记结算的结果，确认证券持有人持有证券的事实，提供证券持有人登记资料；应当保证证券持有人名册和登记过户记录真实、准确、完整，不得伪造、篡改、毁坏。

（2）应当采取措施保证业务的正常进行：①具有必备的服务设备和完善的数据安全保护措施；②建立健全的业务、财务和安全防范等管理制度；③建立完善的风险管理系统。

（3）证券登记结算机构应当妥善保存登记、存管和结算的原始凭证及有关文件和资料。其保存期限不得少于20年。

（4）证券登记结算机构应当设立结算风险基金，用于垫付或者弥补因违约交收、技术故障、操作失误、不可抗力造成的证券登记结算机构的损失。证券结算风险基金有两种筹集方式：一是从证券登记结算机构的业务收入和收益中提取；二是由结算参与人（主要是证券公司）按照证券交易业务量的一定比例缴纳。证券结算风险基金应当存入指定银行的专门账户，实行专项管理。证券登记结算机构以风险基金赔偿后，应当向有关责任人追偿。

（5）证券登记结算机构为证券交易提供净额结算服务时，应当要求结算参与人按照货银对付的原则，足额交付证券和资金，并提供交收担保。在交收完成之前，任何人不得动用用于交收的证券、资金和担保物。结算参与人未按时履行交收义务的，证券登记结算机构有权按照业务规则处理前述财产。

（四）证券服务机构

证券服务机构是为证券的发行、交易、投资提供各种服务的机构。除上述的证券登记结算机构之外，还包括投资咨询机构、财务顾问机构、资信评级机构、资产评估机构、会计师事务所、律师事务所等。证券投资咨询机构是指依法设立的在证券发行和交易中为投资者提供咨询服务的专门机构。证券资信评级机构是指依法设立的在证券发行中对证券的质量进行评估并确定级别的服务机构。投资咨询机构、财务顾问机构、资信评级机构、资产评估机构、会计师事务所从事证券服务业务，必须经国务院证券监督管理机构和有关主管部门批准。

投资咨询机构及其从业人员从事证券服务业务不得有下列行为，否则，给投资者造成损失的，应依法承担赔偿责任：（1）代理委托人从事证券投资；（2）与委托人约定分享证券投资收益或者分担证券投资损失；（3）买卖本咨询机构提供服务的上市公司股票；（4）利用传播媒介或者通过其他方式提供、传播虚假或者误导投资者的信息；（5）法律、行政法规禁止的其他行为。

证券服务机构为证券的发行、上市、交易等证券业务活动制作、出具审计报告、资产评估报告、财务顾问报告、资信评级报告或者法律意见书等文件，应当勤勉尽责，对所制作、出具的文件内容的真实性、准确性、完整性进行核查和验证。其制作、出具的文件有虚假记载、误导性陈述或者重大遗漏，给他人造成损失的，应当与发行人、上市公司承担连带赔偿责任，但是，能够证明自己没有过错的除外。

（五）证券业协会

1. 证券业协会的性质与机构设置。证券业协会是证券业的自律性组织，是社会团体法人。证券公司应当加入证券业协会。证券业协会的权力机构为全体会员组成的会员大会。证券业协会章程由会员大会制定，并报国务院证券监督管理机构备案。1991 年 8 月 28 日，我国成立了中国证券业协会，总部设在北京。证券业协会设理事会，理事会成员依章程规定选举产生。

2. 证券业协会的职责。证券业协会履行下列职责：（1）教育和组织会员遵守证券法律、行政法规；（2）依法维护会员的合法权益，向证券监督管理机构反映会员的建议和要求；（3）收集整理证券信息，为会员提供服务；（4）制定会员应遵守的规则，组织会员单位的从业人员的业务培训，开展会员间的业务交流；（5）对会员之间、会员与客户之间发生的证券业务纠纷进行调解；（6）组织会员就证券业的发展、运作及有关内容进行研究；（7）监督、检查会员行为，对违反法律、行政法规或者协会章程的，按照规定给予纪律处分；（8）证券业协会章程规定的其他职责。

（六）证券监督管理机构

我国依法对证券市场实行监督管理的机构是中国证券监督管理委员会，是国务院直属事业单位，是全国证券期货市场的主管部门。

《证券法》规定，国务院证券监督管理机构在对证券市场实施监督管理中履行下列职责：（1）依法制定有关证券市场监督管理的规章、规则，并依法行使审批或者核准权；（2）依法对证券的发行、上市、交易、登记、存管、结算，进行监督管理；（3）依法对证券发行人、上市公司、证券交易所、证券公司、证券登记结算机构、证券投资基金管理公司、证券服务机构的证券业务活动进行监督管理；（4）依法制定从事证券业务人员的资格标准和行为准则，并监督实施；（5）依法监督检查证券发行、上市和交易的信息公开情况；（6）依法对证券业协会的活动进行指导和监督；（7）依法对违反证券市场监督管理法律、行政法规的行为进行查处；（8）法律、行政法规规定的其他职责。

国务院证券监督管理机构依法履行职责时，有权采取下列措施：（1）对证券发行人、上市公司、证券公司、证券投资基金管理公司、证券服务机构、证券交易所、证券登记结算机构进行现场检查；（2）进入涉嫌违法行为发生场所调查取证；（3）询问当事人和与被调查事件有关的单位和个人，要求其对与被调查事件有关的事项作出说明；（4）查阅、复制与被调查事件有关的财产权登记、通讯记录等资料；（5）查阅、复制当事人和与被调查事件有关的单位和个人的证券交易记录、登记过户记录、财务会计资料及其他相关文件和资料，对可能被转移、隐匿或者毁损的文件和资料可以予以封存；（6）查询当事人和与被调查事件有关的单位和个人的资金账户、证券账户和银行账户，对有证据证明已经或者可能转移或者隐匿违法资金、证券等涉案财产或者隐匿、伪造、毁损重要证据的，经国务院证券监督管理机构主要负责人批准，可以冻结或者查封；（7）在调查操纵证券市场、内幕交易等重大证券违法行为时，经国务院证券监督管理机构主要负责人批准，可以限制被调查事件当事人的证券买卖，但限制的期限不得超过 15 个交易日；案情复杂的，可以延长 15 个交易日。

国务院证券监督管理机构可以和其他国家或者地区的证券监督管理机构建立监督管理合作机制，实施跨境监督管理。

国务院证券监督管理机构依法履行职责，发现证券违法行为涉嫌犯罪的，应当将案件移送司法机关处理。

国务院证券监督管理机构的人员不得在被监管的机构中任职。

【随堂演练 14－17】根据证券法律制度的规定，下列各项中，属于禁止的证券交易行为的有（　　）。

A. 甲证券公司在证券交易活动中编造并传播虚假信息，严重影响证券交易

B. 乙证券公司不在规定的时间内向客户提供交易的书面确认文件

C. 丙证券公司利用资金优势，连续买卖某上市公司股票，操纵该股票交易价格

D. 上市公司董事王某知悉该公司近期未能清偿到期重大债务，在该信息公开前将自己所持有的股份全部转让给他人

【答案】ABCD

【解析】本题考核点是禁止的证券交易行为。选项 A 属于虚假陈述；选项 B 属于欺诈客户；选项 C 属于操纵市场；选项 D 属于内幕交易。

五、违反证券法的法律责任

《证券法》规定的法律责任涉及的主体主要有：证券发行人及其股东和工作人员；证券交易所、证券登记结算机构、证券公司及其从业人员；有证券从业资格的会计师事务所、资产评估机构、律师事务所等证券服务机构及其从业人员；内幕知情人员；禁止参与股票交易的人员；证券监督管理机构的工作人员；证券业协会的工作人员；国家工作人员等。

违反《证券法》规定的法律责任的形式主要有：

1. 民事责任形式。如依法赔偿、退还等。

2. 行政责任形式。例如，责令停止；责令改正；责令依法处理；警告；罚款；治安管理处罚；没收；责令关闭；取缔；撤销任职资格；撤销证券从业资格；停止其自营业务；吊销从业资格证；吊销公司营业执照；暂停或者撤销有关业务许可；吊销证券经营资格；责令转让所持证券公司股权；行政处分；证券市场禁入等。

当事人对证券监督管理机构或者国务院授权的部门的处罚决定不服的，可以依法申请行政复议，或者依法直接向人民法院提起诉讼。

3. 刑事责任。我国《刑法》规定的与证券业有关的罪名有：擅自设立金融机构罪；伪造、变造、转让金融机构经营许可证、批准文件罪；伪造、变造股票、公司、企业债券罪；内幕交易、泄露内幕信息罪；编造并传播证券、期货交易虚假信息罪；诱骗投资者买卖证券、期货合约罪；操纵证券、期货交易价格罪；提供虚假证明文件罪；出具证明文件重大失实罪；伪造、变造国家有价证券罪；擅自发行股票及公司、企业债券罪等。

当事人违反《证券法》的规定，应当承担民事赔偿责任和缴纳罚款、罚金，其财产不足以同时支付时，先承担民事赔偿责任。

第四节 保 险 法

一、保险法概述

（一）保险法的概念

保险法是调整保险关系的法律规范的总称。保险关系是指当事人之间依据保险合同发生的权利义务关系和国家对保险业进行监督管理过程中发生的各种社会关系。狭义的保险法，指我国1995年6月30日颁布的《中华人民共和国保险法》。2002年10月28日，第九届全国人民代表大会常务委员会第三十次会议对其进行了第一次修订，2009年2月28日第十一届全国人民代表大会常务委员会第七次会议对其进行了第二次修订。2014年8月31日第十二届全国人民代表大会常务委员会第十次会议对其进行了第三次修订，2015年4月24日第十二届全国人民代表大会常务委员会第十四次会议对其进行了第四次修订。

（二）保险法的基本内容

《保险法》的立法目的和宗旨、保险的概念、《保险法》的适用范围、从事保险活动和保险公司开展业务的基本原则、对保险企业的监督管理；保险合同的规定；保险公司的规定；保险经营规则的规定；保险业的监督管理的规定；保险代理人和保险经纪人的规定；法律责任的规定。总体而言，保险法由保险合同、保险业法律制度和保险监督管理制度三大部分构成。

（三）保险法的基本原则

1. 从事保险活动必须遵守法律、行政法规，尊重社会公德，遵循自愿原则。

2. 保险活动当事人行使权利、履行义务应当遵循诚实信用原则。

3. 保险公司开展业务，应当遵循公平竞争原则，不得从事不正当竞争。

（四）保险的概念

《保险法》第2条规定，保险，是指投保人根据合同约定，向保险人支付保险费，保险人对于合同约定的可能发生的事故因其发生所造成的财产损失承担赔偿保险金责任，或者当被保险人死亡、伤残、疾病或者达到合同约定的年龄、期限时承担给付保险金责任的商业保险行为。

1. 保险的构成要素。保险的要素，又称为“保险的要件”，指保险得以存在的基本条件。

（1）危险存在。特定的危险或者危险事件是保险存在的前提，是保险的第一要素。危险大体上可以归纳为三大类，即人身危险、财产危险和法律责任危险。作为保险前提的危险是指致人损害的偶然事件，其偶然性有三种体现：①事件可能发生，但是发生与否不确定，是不确定的事件。如果某一事件根本不可能发生，除非超常，不会有人保险。如果某一事件一定能发生，也不会有哪家保险公司愿意承保。②如果事件是必然发生的话，何时发生不确定。例如，人的生老病死，是自然规律，但何时生病、何时死亡，谁都无法预知。③某事件发生的结果不确定。例如，房屋遭灾造成多大损失，在灾前，任何人都是无法知道的。

（2）众人协力。保险是建立在“我为人人，人人为我”这一团体互助基础之上的。这就要求众人参加保险。在这个意义上的互助，意味着保险不仅与危险同在，也与众人协力同在。

（3）损失填补。保险的直接功能就是补偿被保险人因意外事故所受到的财产损失。这是一种以较小的成本换取更大价值的财产或者人身安全，其方式是通过保险公司的损失赔付来实现的。

2. 保险的种类。依据不同的标准，可以对保险作不同的区分。常见的有以下四种。

（1）强制保险和自愿保险。依据保险责任产生的基础，可以将其区分为强制保险和自愿保险两种。强制保险又称法定保险，是指依据国家的法律规定发生效力或者必须投保的保险。自愿保险，是指投保人和保险人在自愿、平等、互利的基础上经协商一致进行的保险。

（2）单保险和重复保险。就同一保险标的、同一保险利益、同一保险事故，是否仅和同一人缔结保险合同，以此为标准，可以将保险区别为单保险和重复保险。如果仅同一人缔结保险合同的，为单保险；否则，为重复保险。我国《保险法》第56条就重复保险做出规定：“重复保险是指投保人对同一保险标的、同一保险利益、同一保险事故分别与两个以上保险人订立保险合同，且保险金额总和超过保险价值的保险。”但是，重复保险仅限于财产保险范围。

（3）原保险和再保险。根据保险产生的渊源或次序不同，可将保险分为原保险和再保险。《保险法》第28条规定：“保险人将其承担的保险业务，以分保形式，部分转移给其他保险人的，为再保险。”根据其规定，保险人和其他保险人之间的保险合同是再保险合同（分保险合同），是保险的保险；相应地，保险人和投保人之间的保险合同是原保险合同。

（4）财产保险和人身保险。依照保险标的可将保险区别为财产保险、人身保险。财产保险是指以财产及其有关的利益比如责任、信用、可得利益等为保险标的的保险。人身保险是指以人的生命或者身体作为保险标的的保险。人身保险的主要形式包括人寿保险、健康保险和意外伤害保险。

【随堂演练14-18】 以下叙述中不正确的是（　　）。

A. 保险是一种经济保障制度

B. 保险是一种具有经济补偿性质的法律制度

C. 保险是一种双务有偿的合同关系

D. 保险具有强制性

【答案】 D

【解析】 如果依据保险责任产生的基础，可以将保险区分为强制保险和自愿保险两种。强制保险又称法定保险，是指依据国家的法律规定发生效力或者必须投保的保险。自愿保险，是指投保人和保险人在自愿、平等、互利的基础上经协商一致进行的保险。

二、保险合同

（一）保险合同的概念、特征

1. 保险合同的概念。《保险法》第10条规定："保险合同是投保人与保险人约定保险权利义务关系的协议。"其中的权利义务关系主要包括：（1）投保人向保险人支付保险费的义务；（2）保险人对于合同约定事故造成的财产损失承担的赔偿保险金的义务，或者当被保险人死亡、伤残、疾病或达到合同约定的年龄、期限时承担的给付保险金的义务。

2. 保险合同的特征。保险合同是双务、有偿、要式、诺成性的合同，因而它具有一般的双务、有偿、要式、诺成性合同的特征。但是，保险合同还具有自己的一些特征。

（1）保险合同是使用格式条款的合同。一般的合同由当事人就合同条款单个具体协商议定。在使用格式条款的情况下，情况有些特别：保险合同的条款由保险公司单方面起草，投保人只能在使用与不使用之间选择，不可以对合同内容进行讨价还价。

（2）保险合同是一种射幸合同。射幸合同，是传统民法上的一种合同，又称机会合同。它是指以机会利益为标的的合同。

（3）保险合同是一种最大诚信合同。投保人和保险人订立保险合同，应当遵循公平互利、协商一致、自愿订立的原则，不得损害社会公共利益。

（二）保险合同的成立

1. 投保和承保。《保险法》第13条第1款规定："投保人提出保险要求，经保险人同意承保，并就合同的条款达成协议，保险合同成立。"投保人提出保险要求，是投保；保险人同意，是承保；就合同的条款达成协议，是投保和承保意思一致。

（1）投保。投保人的投保一般采用书面形式，即采用要保书（投保单）形式。投保单通常由保险人事先印妥。投保人投保时，首先填写投保单，必须按投保单所列内容逐一如实填写。如果保险人提出有关保险标的或者被保险人的询问，投保人应如实告知。

（2）承保。承保，即保险人同意投保人提出的保险要求。在实务中，保险人收到投保人的投保单，经必要的审核后在投保单上签字盖章的，即构成承诺。

（3）保险合同的成立。根据《保险法》第 13 条第 1 款的规定，投保人提出保险请求，经保险人同意承保，并就合同的条款达成协议，保险合同成立。保险人应当及时向投保人签发保险单或者其他保险凭证，并在保险单或者其他保险凭证中载明当事人双方约定的合同内容。当然，当事人也可以采取该款规定以外的其他书面协议形式订立保险合同。

2.《保险法》对保险合同订立过程的特别规制。

（1）保险人的主动说明义务。《保险法》第 17 条规定："对保险合同中免除保险人责任的条款，保险人在订立合同时应当在投保单、保险单或者其他保险凭证上作出足以引起投保人注意的提示，并对该条款的内容以书面或者口头形式向投保人作出明确说明，未做提示或者明确说明的，该条款不产生效力。"

（2）投保人的如实告知义务。《保险法》第 16 条第 1 款规定："订立保险合同，保险人就保险标的或者被保险人的有关情况提出询问的，投保人应当如实告知。"

根据《保险法》第 16 条第 2 款的规定："投保人故意或者因重大过失未履行前款规定的如实告知义务，足以影响保险人决定是否同意承保或者提高保险费率的，保险人有权解除合同。"同时规定，前款规定的合同解除权，自保险人知道有解除事由之日起，超过 30 日不行使而消灭。自合同成立之日起超过 2 年的，保险人不得解除合同，发生保险事故的，保险人应当承担赔偿或者给付保险金的责任。根据同条第 3 款的规定："投保人故意不履行如实告知义务的，保险人对于保险合同解除前发生的保险事故，不承担赔偿或者给付保险金的责任，并不退还保险费。"根据同条第 4 款的规定："投保人因重大过失未履行如实告知义务，对保险事故的发生有严重影响的，保险人对于保险合同解除前发生的保险事故，不承担赔偿或者给付保险金的责任，但可以退还保险费。"同时规定，保险人在合同订立时已经知道投保人未如实告知的情况的，保险人不得解除合同，发生保险事故的，保险人应当承担赔偿或者给付保险金的责任。

3. 保险合同的形式。《保险法》第 13 条规定，保险人应当及时向投保人签发保险单或者其他保险凭证，并在保险单或者其他保险凭证中载明当事人双方约定的合同内容。经投保人和保险人协商同意，也可以采取前款规定以外的其他书面协议形式订立保险合同。其书面形式包括：

（1）投保单。投保单又称为要保单，是投保人向保险人提出的，订立合同的书面要约。它一般是由保险人准备的统一格式书据，由投保人依所列项目填写。

投保单一般载明保险合同的必要条款。投保单一般载明下列主要事项：①投保人的名称和地址、人身保险的受益人名称及地址；②保险标的、保险标的坐落地点；③被保险人的年龄、健康状况；④投保险别；⑤保险价值及保险金额；⑥保险期限和保险责任；⑦保险费以及支付办法。投保单经投保人填具，又由被保险人完全接受，并在投保单上签名盖章的，保险合同成立。

（2）暂保单。暂保单是指在保险单签发之前发给投保人的一种临时保险单。按照保险惯例，暂保单一般由保险代理人签发，表示保险代理人已经按投保人的投保要求及投保单所列事项办理了保险手续，等待保险人签发正式的保险单。在规定的时间内，暂保单与保险单有同等的效力。保险单一经签发，暂保单的效力归并到保险单中。

（3）保险单。保险单又叫大保单，是保险人签发的正式的保险合同的书面凭证。保险单的内容包括保险合同的全部条款：①声明事项，如保险标的种类、被保险人、承保险别、已缴保费、保险期限、保险价值和保险金额以及投保人或被保险人对有关危险的性质与控制所作的承诺和保证等；②保险事项，即保险人所承担的保险责任；③除外事项，即保险人不承担责任的范围；④条件事项，如有关保单转让和变更等事项。

（4）保险凭证。保险凭证又称为“小保单”，是内容和格式简化了的保险单。它不记载具体的保险条款（不在背面加印保险条款）。比如，在团体保险中，总保险单一般由该团体的主持人保管，而团体内部的其他被保险成员则由保险人另外发给保险凭证，作为已办理保险的证明文件，它具有保险单的同等效力。保险凭证的记载与保险单记载不一致的，以保险凭证的内容为准。但是，保险凭证没有记载的，可以以保险单补充。

（5）其他形式。根据《保险法》第13条第2款的规定，保险合同也可以采用其他书面形式。比如当事人单独议定书面保险合同。

4. 保险合同的内容。保险合同的内容参照《保险法》的规定可以分为法律规定必须记载的条款（法定条款）和当事人自由约定的条款（约定条款）。

（1）法定条款。《保险法》第18条明确规定了保险合同必须记载的条款，包括：①保险人名称和住所；②投保人、被保险人名称（姓名）和住所，以及人身保险中的受益人的名称（姓名）和住所；③保险标的；④保险责任和责任免除（免除保险人的责任）；⑤保险期间和保险责任开始时间；⑥保险价值（保险标的价值）；⑦保险金额（保险责任的最高限额）；⑧保险费以及支付办法；⑨保险金赔偿或者给付办法；⑩违约责任（保险合同当事人违反合同的责任）和争议处理；⑪订立合同的年、月、日。

（2）约定条款。《保险法》第19条第2款规定，除第18条规定的事项外，投保人和保险人可以就与保险有关的其他事项作出约定。比如扩大或者限制保险人责任的条款、投保人或者被保险人的保证条款等。

（3）格式条款（保险合同条款）的解释。格式条款（保险合同条款）的解释是指对保险合同的条款有疑义时所作出的解释。《保险法》第30条规定，对于保险格式合同条款，保险人与投保人、被保险人或者受益人有争议的，应当按照通常理解予以解释。对合同条款有两种以上解释的，人民法院或者仲裁机关应当作出有利于被保险人和受益人的解释，这在格式条款解释理论上称为不利解释规则。

【随堂演练 14－19】（　　）是保险人预先备制以供投保人提出保险要约时使用的格式文书。

A. 投保单　　B. 保险单　　C. 保险凭证　　D. 暂保单

【答案】 A

【解析】 投保单又称为要保单，是投保人向保险人提出的，订立合同的书面要约。它一般是由保险人准备的统一格式书据，由投保人依所列项目填写。

（三）保险合同的客体——保险利益

1. 保险利益的定义。保险利益是指投保人对保险标的具有的法律上承认的利益（《保险法》第 12 条第 3 款）。也就是说，投保人或者被保险人对保险标的因保险事故的发生而受到损害，或者因保险事故的不发生而免受损害具有直接的利害关系，便构成保险利益。比如，投保人投保的车辆的归属，这是所有权利益，归属于所有人；责任保险中的责任分担，这是法律责任利益，归属于责任人；在人身保险中，对于身体之控制，是权利利益，归属于权利人本人。所有这些都是现代法律承认的利益。

根据《保险法》第 12 条第 1 款、第 2 款的规定，投保人对保险标的应当具有保险利益，否则，保险合同无效。这是因为保险合同的目的在于投保人遭受保险危险后，保险人向投保人赔偿或者支付保险金以补偿其所遭受的损失。无保险利益就无保险合同。保险利益是保险合同乃至整个保险法的基本要素和要求，对于财产保险和人身保险皆适用。

2. 保险利益的性质。从性质上讲，保险利益是保险合同的客体，这需要区分保险利益和保险标的。一般认为，保险利益是投保人或被保险人对于保险标的所具有的经济利益。而保险标的，按照《保险法》第 12 条第 3 款的规定，就是作为保险对象的财产及有关利益或者人的寿命及身体。换句话说，在财产保险中，保险标的就是保险事故发生所在的物（标的物）；在人身保险中，保险标的就是被保险人。

3. 保险利益的特征。

（1）适法性。保险利益的适法性，旨在要求保险利益必须是合法的利益，应当是符合法律要求并为法律所承认或受法律保护的利益。该利益可因法律的直接规定而产生，也可因当事人的约定而产生。

（2）确定性。保险利益的确定性，是说投保人或者被保险人对保险标的所具有的利害关系是已经确定或可以确定的。已经确定的为现有利益，尚未确定但可以确定的为期待利益。

（3）计算性。保险利益的计算性，是要求投保人或者被保险人对保险标的所具有的任何利害关系，必须具有金钱价值并且可以加以计算。这是判断财产保险合同是否构成超额保险的标准，也是限定保险合同适用的基准。

【随堂演练 14－20】 根据我国《保险法》的规定，投保人对下列（　　）具有保险利益。

A. 本人及其配偶

B. 子女

C. 父母

D. 与投保人有抚养、赡养或者扶养关系的家庭其他成员

【答案】 ABCD

【解析】 保险利益是指投保人对保险标的具有的法律上承认的利益（《保险法》第12条第3款）。也就是说，投保人或者被保险人对保险标的因保险事故的发生而受到损害，或者因保险事故的不发生而免受损害具有直接的利害关系，便构成保险利益。

（四）保险合同的效力

保险合同的效力，是指依法成立的保险合同对投保人和保险人产生的约束力，双方当事人应当依照合同的约定行使权利和履行义务。

1. 投保人的义务。

（1）支付保险费的义务。支付保险费是投保人的主要义务，这当然也是保险人的主要权利。投保人支付保险费，应按照保险合同约定的数额、期限及方式等条件支付（参见《保险法》第14条），投保人可以按照合同约定向保险人一次支付全部保险费或者分期支付保险费（参见《保险法》第35条）。合同约定分期支付保险费，投保人支付首期保险费后，除合同另有约定外，投保人自保险人催告之日起超过30日未支付当期保险费，或者超过约定的期限60日未支付当期保险费的，合同效力中止，或者由保险人按照合同约定的条件减少保险金额。被保险人在上述规定期限内发生保险事故的，保险人应当按照合同约定给付保险金，但可以扣减欠交的保险费（参见《保险法》第36条第1、第2款）。

（2）保险事故发生后的通知义务。《保险法》第21条要求，投保人、被保险人或者受益人知道保险事故发生后，应当及时通知保险人。保险合同对诚信要求较高，合同各方当事人对保险标的的危险有权了解。在发生保险事故时，及时通知保险人，有利于保险人及时勘查现场、确定损害发生的原因和程度以决定其采取的措施。如果投保人不通知或者延迟通知，导致保险人不能查明事故发生的原因进而难以确定保险责任的，保险人不承担保险责任。

（3）防灾减损义务。在财产保险的情况下，根据《保险法》第51条的要求，被保险人应当遵守国家有关消防、安全、生产操作、劳动保护等方面的规定，维护保险标的的安全。

（4）危险增加的通知义务。《保险法》第52条要求，在财产保险合同有效期内，保险标的的危险程度增加的，被保险人按合同约定应当及时通知保险人，此即危险增加的通知义务。这时保险人有权要求增加保险费或者解除合同。被保险人未履行前款规定的通知义务的，因保险标的的危险程度增加而发生的保险事故，

保险人不承担赔偿责任。

（5）单证提示和协助义务。《保险法》第 22 条第 1 款规定，保险事故发生后，依照保险合同请求保险人赔偿或者给付保险金时，投保人、被保险人或者受益人应当向保险人提供其所能提供的与确认保险事故的性质、原因、损失程度等有关的证明和资料。这些证明和资料包括但不限于保险单、损失清单、事故报告、损失证明、必要的证明文件和其他有关赔偿费用的必要单证。

2. 保险人的权利义务。

（1）给付保险金。这是保险人的主要义务，同时也是被保险人（或受益人）的主要权利。在发生保险事故时或者保险合同约定的给付保险金的条件成立时，保险人应当按照保险合同的约定向被保险人或者受益人给付保险金。

保险人履行这一义务，应以保险合同约定的责任范围为限。如果保险合同中对此未进行约定，通常认为如下情形的损害应当赔偿：①因不可预见的事故或者不可抗力造成的损害；②投保人或者被保险人因履行道德上的义务造成的保险标的损害；③因战争或者其他军事行动造成的保险标的损害；④投保人或者被保险人履行减轻损害义务而采取必要措施所支出的费用。

但发生下列情形之一时，保险人不承担给付保险金的义务：①在保险合同成立前，被保险人已知保险标的已经发生保险事故的（《海商法》第 224 条）；②投保人或者被投保人故意造成保险标的损害的（《保险法》第 27 条）；③因投保人违反如实告知义务而造成保险标的损害的（《保险法》第 16 条）；④因被保险人不履行防灾减损义务而造成保险标的损失或者增加保险标的的损失的。

（2）收取或退还保险费。收取保险费，是保险人的主要合同权利，同时也是投保人的主要合同义务。在保险合同成立时，除非保险合同另有约定，保险人有权向投保人收取保险费。在保险合同期间，如果保险标的危险加大，保险人有权要求增收保险费；投保人、被保险人或者受益人没有履行对保险标的安全防损义务的，保险人有权要求增加保险费；在人身保险中，因投保人申报被保险人年龄不实而致使其缴纳的保险费少于应付保险费时，保险人有权要求投保人补交保险费（参见《保险法》第 49 条、第 32 条）。

退还保险费，在一定情形发生时，是保险人的一项义务。比如在保险合同提前终止或者法律规定应退还保险费的场合，保险人应当退还已收取的保险费的全部或者一部分。例如，保险合同约定的保险事故已不可能发生；或者保险标的价值明显减少；或者保险人依法或者依约提前终止保险合同（参见《保险法》第 54 条、第 55 条）。

（3）保险代位权。因第三者对保险标的的损害而造成保险事故的，保险人自向被保险人赔偿保险金之日起，在赔偿金额范围内代位行使被保险人对第三者请求赔偿的权利。被保险人已经从第三者取得损害赔偿的，保险人赔偿保险金时，可以相应扣减被保险人从第三者已取得的赔偿金额（参见《保险法》第 60 条）。

3. 受益人的义务。

（1）保险事故发生后的通知义务。《保险法》第 21 条要求，受益人知道保险事故发生后，应当及时通知保险人。

（2）协助义务。《保险法》第22条要求，保险事故发生后，依照保险合同请求保险人赔偿或者给付保险金时，受益人应当向保险人提供其所能提供的与确认保险事故的性质、原因、损失程度等有关的证明和资料。

【随堂演练 14－21】 保险合同成立后，可能导致保险合同无效的原因有（　　）。

A. 签订保险合同的当事人的主体资格不符合法律的规定

B. 投保人不按照合同约定的时间交纳保险费

C. 保险合同订立过程中存在保险欺诈行为

D. 保险事故发生后，投保人没有采取必要的措施避免损失的扩大

【答案】 AC

【解析】 选项A和选项C都是法律规定的合同无效的情形之一；选项B会导致保险合同中止；选项D，保险事故发生后投保人有通知义务，如果投保人不通知或者延迟通知，导致保险人不能查明事故发生的原因进而难以确定保险责任的，保险人不承担保险责任。

（五）保险合同的变更、解除、终止和复效

1. 保险合同的变更。保险合同的变更是指当事人、受益人及保险合同内容的变更。

（1）当事人变更。当事人变更，即保险合同的转让。《保险法》设置特别规则如下。①《保险法》第49条规定："保险标的转让，被保险人或者受让人应当通知保险人，经保险人同意继续承保后，依法变更合同。但是，货物运输保险合同和另有约定的合同除外。"本条是有关保险标的转让导致的保险合同转让问题的规定。经保险人同意的，投保人可以将其转让。②《保险法》第43条第2款规定："依照以死亡为给付保险金条件的合同所签发的保险单，未经被保险人书面同意，不得转让或者质押。"根据本条，保险合同可以转让，但是要经被保险人同意。③《保险法》第92条规定："经营有人寿保险业务的保险公司被依法撤销的或者被依法宣告破产的，其持有的人寿保险合同及准备金，必须转移给其他经营有人寿保险业务的保险公司；不能同其他保险公司达成转让协议的，由金融监督管理部门指定经营有人寿保险业务的保险公司接受。"在法律上，前两种转让叫约定转让；后一种情况是由金融监督管理部门指定的转让，叫法定转让。

（2）受益人变更。《保险法》第41条第1款特别就人身保险的受益人变更问题做了规定："被保险人或者投保人可以变更受益人并书面通知保险人。保险人收到变更受益人的书面通知后，应当在保险单或者其他保险凭证上批注或者附贴批单。"如果是投保人变更的，同条第2款规定："投保人变更受益人时须经被保险人同意。"如果已经变更，但是没有通知保险人，保险人仍然将保险金付给原受益人的，保险人免责。也就是说，投保人未将变更受益人的事宜通知保险人的，该变更不能对抗保险人。

（3）合同内容变更。《保险法》第20条规定："投保人和保险人可以协商变

更保险合同的内容。”“变更保险合同的，应当由保险人在原保险单或者其他保险凭证上批注或者附贴批单，或者由投保人和保险人订立变更的书面协议。”

2. 保险合同的解除。保险合同的解除有约定解除和法定解除之分。关于约定解除，完全取决于当事人的协议，这里不再赘述。关于法定解除，《保险法》作出如下规定。

（1）投保人解除合同。《保险法》第 15 条规定：“除本法另有规定或者保险合同另有约定外，保险合同成立后，投保人可以解除保险合同，保险人不得解除合同。”按照该条规定，投保人可以随时解除合同。

（2）保险人解除合同。根据《保险法》第 15 条的规定，可以说原则上保险人不可以解除合同，但在例外情况下，保险人也可以解除合同。这里需要介绍《保险法》规定的保险人可以解除合同的主要情况：①第 16 条规定，投保人如果违反如实告知义务，足以影响保险人决定是否同意承保或者提高保险费率的，保险人有权解除合同；②第 27 条规定，被保险人或者受益人在未发生保险事故的情况下，谎称发生了保险事故，向保险人提出赔偿或者给付保险金请求的，保险人有权解除保险合同并且不退还保险费；③第 51 条规定，投保人、被保险人未按照约定履行其对保险标的安全应尽的责任的，保险人有权要求增加保险费或者解除合同；④第 52 条规定，在合同有效期限内，保险标的危险程度增加时，投保人或者被保险人没有按照约定及时通知保险人的，保险人有权要求增加保险费或者解除合同；⑤第 32 条规定，在人身保险中，投保人申报的被保险人年龄不真实并且其真实年龄不符合合同约定的年龄限制的，保险人可以解除合同。

保险合同一旦解除，视为自始不发生效力，当事人所受领的利益应当返还，但法律另有规定或者保险合同另有约定不予返还的，不在此限。

3. 保险合同的终止。保险合同的终止，是指当事人之间基于保险合同确定的权利义务因一定事由的发生而消灭。它是保险合同的效力的永久性的停止。引起保险合同终止的原因主要有：

（1）保险期限届满。不论是何种类别的保险合同，原则上总是有一定期限的，保险人只在保险合同有效期限内承担保险责任。保险有效期届满，保险人不再承担保险责任，保险合同即归消灭。

（2）全部履行。全部履行，就是合同双方当事人的权利义务全部实现和完成。这种情况通常是指保险人赔偿或支付了全部保险金。也就是说，在保险有效期限内发生保险事故，保险人依约定赔偿了保险金或者给付了保险金，而且给付额达到约定的保险金额的，保险合同消灭。

（3）部分履行。保险合同得到部分履行，也会引起保险合同的终止。《保险法》第 58 条明确规定：“保险标的发生部分损失的，自保险人赔偿之日起 30 日内，投保人可以解除合同；除合同另有约定外，保险人也可以解除合同。保险人解除合同的，应当提前 15 日通知投保人，并将保险标的未受损失部分的保险费，按合同约定扣除自保险责任开始之日起至解除合同之日止的应收部分后，退还投保人。”这一条实际上包含了两方面情形：①投保人终止合同。当保险标的发生部分损失后，投保人可以终止保险合同。投保人终止合同的，只需通知保险人即可。保险合同自投保人通知保险人之日起终止，保险人对没有发生损失的保险标的部分，不再承担保险责任，但应退还相应的保险费。法律要求，投保人终止保险合同的，应当在保险人赔偿保险标的损失后 30 日内提出，逾此期间，投保人不能再请求终止保险合同。②保险人终止合同。保险标的发生部分损失后，保险人也可以终止保险合同，但保险合同约定保险人不得终止合同的不在此限。保险人终止保险合同时，也只需通知投保人即可，但也应当在赔偿保险标的损失后 30 日内提出。同时，《保险法》还要求，保险人要终止保险合同的，应当提前 15 日通知投保人。根据《保险法》的规定，所谓提前 15 日通知，实际上是说，保险人终止合同的效力应当自投保人收到终止合同的通知后经过 15 日开始发生。此外，保险人终止合同的，应当退还一定的保险费。

（4）协议。一般的合同可以经双方当事人协议而终止，保险合同作为合同的一种，也充分尊重当事人的自由意志。如果双方当事人协商终止合同，自然产生终止的法律效力。

（5）死亡终止。在以生存作为给付条件的人身保险合同中，被保险人或者受益人死亡，保险合同终止。

4. 人身保险合同的中止和复效。

（1）保险合同复效的概念。所谓保险合同复效，是指保险合同的效力中止以后重新开始。这是保险合同效力的一种变动方式。保险合同复效仅仅适用于人寿保险合同。

保险合同生效后，由于种种原因，使合同的效力中止。比如人身保险中投保人未能按时缴纳保险费，即发生保险合同效力中止的后果。如果保险人同意，投保人补缴了保险费，合同的效力重新开始。

（2）《保险法》关于保险合同复效的具体规定。《保险法》第 36 条规定：“合同约定分期支付保险费，投保人支付首期保险费后，除合同另有约定外，投保人自保险人催告之日起超过 30 日未交付当期保险费，或者超过约定的期限 60 日未支付当期保险费的，合同效力中止，或者由保险人按照合同约定的条件减少保险金额。”根据该条规定，在人寿保险合同的场合：①如果合同没有相反约定；②合同约定分期支付保险费，而投保人已经支付首期保险费的；③投保人自保险人催告之日起超过 30 日未交付当期保险费，或者超过约定的期限 60 日未支付当期保险费的，合同可以中止。

《保险法》第 37 条规定：“依照前条规定合同效力中止的，经保险人与投保人协商并达成协议，在投保人补交保险费后，合同效力恢复。但是，自合同效力中止之日起 2 年内双方未达成协议的，保险人有权解除合同。”根据该条规定：①经保险人与投保人协商并达成协议；②投保人补交了保险费，合同效力恢复。但是，自合同效力中止之日起 2 年内双方未达成协议的，保险人有权解除合同。

【随堂演练 14－22】 除《保险法》另有规定或者保险合同另有约定外，保险合同成立后，下列关于合同解除的表述正确的是（　　）。

A. 投保人可以解除合同　　B. 保险人可以解除合同

C. 投保人可以不解除合同　　D. 保险人不可以解除合同

【答案】 AD

【解析】《保险法》第 15 条规定："除本法另有规定或者保险合同另有约定外，保险合同成立后，投保人可以解除保险合同，保险人不得解除合同。"按照该条规定，投保人可以随时解除合同。

（六）保险合同中的索赔与理赔

保险的索赔是指在保险标的遭受保险事故后，被保险人凭保险单有关条款的规定，向保险人要求赔偿损失的行为。保险的理赔，则是指在保险人接到被保险人的索赔通知后，保险人依据规定的工作程序对索赔要求进行审核，调查核实并予以赔付的行为。

有效的索赔必须具备以下条件：（1）据以进行索赔的保险合同应当合法有效；（2）应当存在保险事故造成保险标的损失或保险合同期限届满的事实；（3）投保人或被保险人应当履行了相应的义务；（4）应当提交规定的索赔单据和文件；（5）索赔要求是在法定索赔期限内提出。

进行索赔时，通常按照以下步骤进行：（1）发出索赔通知或者出险通知；（2）对遇险标的物进行合理施救，防止损失扩大，或向第三方责任人提出索赔；（3）申请并接受保险人的检验；（4）提交索赔的全部单证文件；（5）提出索赔请求，领取保险赔偿金。

理赔时，保险人应当贯彻主动、迅速、准确、合理的原则，及时处理被保险人的索赔要求。具体的步骤包括：（1）立案，即在接到被保险人或者受益人发出的出险通知和索赔请求后，查对保险合同情况，建立赔偿档案；（2）检验，即对出险现场进行调查，核定损失发生的原因和后果，明确损失是否是保险责任范围以内的损失；（3）核算赔付金额，即在合同约定的基础上，对损失大小、费用支出、赔偿范围等进行计算；（4）支付保险赔偿；（5）损余处理和代位追偿。

【随堂演练 14－23】 刘某购买一辆新车后投了财产保险，保险价值 10 万元。某日，刘某开车时被司机王某违章驾驶的卡车撞坏，造成损失 2 万元。下列表述中正确的是（　　）。

A. 刘某既可向王某索赔，也可选择要保险公司赔偿

B. 若保险公司向刘某支付了赔偿保险金，则刘某不得再向王某索赔

C. 王某向刘某支付了赔偿费，则刘某仍有权再向保险公司索赔

D. 若刘某放弃对王某的索赔权，则保险公司不承担赔偿保险金的责任

【答案】 ABD

【解析】 刘某开车时被司机王某违章驾驶的卡车撞坏，刘某有权向王某索赔，刘某的车投了财产保险，根据法律规定，财产保险的被保险人在保险事故发生时，对保险标的应当具有保险利益，所以 A 选项正确。根据赔偿损失的补偿原

则，刘某不能得到双重赔偿，所以B选项正确，C选项错误。在一般情况下，按照保险合同的约定，保险公司对因保险事故所造成的损失，在保险金额范围内应承担赔偿责任。但是，在保险事故发生后，保险人未赔偿保险金之前，被保险人放弃对第三者请求赔偿权利的，保险人不承担赔偿保险金的责任，所以选项D正确。

三、保险业

《保险法》第6条规定："保险业务由依照本法设立的保险公司以及法律、行政法规规定的其他保险组织经营，其他单位和个人不得经营保险业务。"

（一）保险公司的设立

保险公司的设立，必须符合《保险法》和《公司法》所规定的法定要件和程序，《保险法》没有规定的，应当适用《公司法》及其他行政法规的规定。

保险公司的设立条件，也就是设立保险公司必须具备的实质性要件。根据《公司法》和《保险法》的有关规定，设立保险公司必须同时具备以下条件。

1. 主要股东具有持续盈利能力，信誉良好，最近三年内无重大违法违规记录，净资产不低于人民币2亿元。

2. 有符合法律规定的章程。保险公司设立时必须制定公司章程。章程的主要内容包括公司的设立方式、公司股份的总数、每股金额和注册资本、发起人的姓名或名称、股东的权利和义务、董事会的组成和职权、任期和议事规则、公司的利润分配方法、公司的解散事由与清算方法等。

3. 股东的出资额或发起人认缴以及向社会公开募集的股本达到法定的注册资本最低限额。根据《保险法》的规定，设立保险公司，其注册资本必须达到法定最低限额2亿元。我国对保险公司的资本采用实缴资本制，即公司注册资本必须是公司实际收到的现款或以货币计算的其他财产的总和。同时，《保险法》规定，金融监督管理部门根据保险公司的业务范围和经营规模，可以调整设立保险公司的实缴货币资本的最低限额，但是不得少于人民币2亿元。

4. 保险股份有限公司的股份发行、筹备事项符合法律规定。

5. 有健全的组织机构和管理制度。保险公司的组织机构除了适用《公司法》的规定之外，还应有完备的管理制度，如工资分配制度、工作制度、保险营销制度、代理制度、再保险制度等，总之，公司的内部管理制度是公司基于公司章程和公司业务性质对其内部活动的一种管理制度，健全的管理制度是公司得以正常运转的基础，也是公司提高工作效率、追求经济效益的前提。

6. 有符合要求的营业场所和与业务有关的其他设施。保险公司必须有符合要求的营业场所，包括公司的住所和公司从事经营活动的其他地点。同时，保险公司还必须拥有与其业务相适应的必要财产、经费或者营业设备、设施等。这些是保险公司作为一个合法实体存在和运作的客观物质基础，保险公司不是只为从事一次性的交易活动而设立的，而是要从事连续经营，这就需要保险公司有一定的营业场所以及与其业务有关的其他硬件设施。

7. 有具备任职专业知识和业务工作经验的高级管理人员。保险公司的运作有很强的技术性，保险费率的厘定、保险新险种的开发、保险资金的运用等业务都要求管理人员有很强的专业知识和丰富的业务工作经验。因此，保险公司在设立时，应具有任职专业知识和业务工作经验的高级管理人员。

（二）保险公司的设立程序

保险公司是一种特殊的公司形态，因此与其他行业的公司相比，其设立程序要更严格、复杂。根据《保险法》的规定，保险公司的设立程序包括申请许可和审批登记两个过程。其中，申请许可又分为初步申请和正式申请两个具体步骤。

1. 保险公司设立申请的审批。正式申请后，就进入审批阶段。根据《保险法》的规定，金融监督管理部门自收到设立保险公司的正式申请文件之日起6个月内，应当作出批准或不批准的决定。如果作出批准设立保险公司的决定，应同时颁发经营保险业务许可证。经营保险业务许可证是保险主管机关颁发的允许经营保险业务的证件，它是保险公司从事保险业务的基础，也是向工商行政管理机关申请登记时必备的文件之一。

2. 保险公司的设立登记。保险公司经批准设立后，应凭经营保险业务许可证向工商行政管理机关（登记机关）办理设立登记，以确认其企业法人资格。工商行政管理机关应当根据法律规定对保险公司的设立登记申请予以审查。经核准设立登记后，应向保险公司颁发企业法人营业执照，作为该公司取得企业法人资格和合法经营的凭证。

（三）保险业的经营规则

保险业的经营规则是指经营保险业务的主体在从事保险活动时所必须遵守的法定的行为规范。《保险法》规定的保险业的经营规则主要包括对保险公司的业务范围、偿付能力、资金运用、风险管理等方面的规定。

1. 保险公司的业务范围管理规则。保险公司的业务范围也就是保险公司的经营范围，是指由法律规定的对保险公司承保险种的明确限制。从险种来看，保险公司可以经营的业务范围包括财产保险业务和人身保险业务，以及国务院保险监督管理机构批准的与保险有关的其他业务。但同一保险人不得同时兼营财产保险业务和人身保险业务，即保险业的经营范围采取分业经营原则。

2. 保险公司的偿付能力管理规则。保险公司的偿付能力是指保险公司履行赔偿或给付责任的能力。对保险公司偿付能力的管理主要包括对保险公司开业资本金的规定、提取责任准备金的规定以及法定最低偿付能力额度的规定等。

3. 保险公司的资金运用规则。保险资金运用是指保险公司在经营过程中，将积累的各种保险金部分用于投资或融资，使资金增值的活动。《保险法》对保险公司资金运用的原则、形式等进行了规定。

保险资金的运用应当遵循三项基本原则，即安全性原则、盈利性原则和流动性原则。“安全性原则”要求保证保险投资资金的返还，其基本要求是能保证投资收益的最小期望值等于相应资金存入银行所获得的利息的总和，否则不如将资金存入银行获取利息。“盈利性原则”要求投资收入大于投资成本，即投资效益的最小期望值应大于相应资金投入银行所获得的利息与相应的投资费用总和。

"流动性原则"要求投资项目具有应变能力，保险公司在投资后，随时可以抽回资金，用以补偿被保险人的经济损失。

（四）保险业的监督管理

1. 保险业的监督管理机构及职责。中国银保监会是全国商业保险的主管部门，是国务院直属事业单位，根据国务院授权，依法对保险市场实施监督管理。其主要职责包括：（1）审批保险机构的设立、变更和终止；（2）监督检查保险公司的业务经营活动、财务状况和资金运用状况，查处保险公司的违法违规经营行为，监管保险公司的偿付能力，以保护被保险人利益；（3）制定、修订或备案保险条款和保险费率，对保险公司的保险产品进行监管；（4）查处和取缔非法保险机构以及非法经营或变相经营保险业务的行为。

应当指出的是，中国银保监会履行的是一种对保险业的行政管理职能，是通过对保险公司偿付能力和市场行为的监督管理来保护被保险人的合法权益。对于保险消费者即广大的投保人、被保险人和受益人与保险公司之间的保险纠纷，中国银保监会没有直接裁判的权力。

2.《保险法》关于对保险业监督管理的主要规定。《保险法》第六章专章规定了保险业的监督管理。概括起来主要有以下四方面内容。

（1）保险条款和保险费率的制定与备案制度。现代保险业的发展以及数百年保险业计算损失概率和拟定保险条款的经验，已经完全实现了保险条款的格式化和保险费率的日趋统一，特别是在商业保险领域。

由于保险条款和保险费率都直接关系到保险市场的安全与公平问题，所以各国保险法都设定具体的原则。《保险法》第136条规定，关系社会公众利益的保险险种、依法实行强制保险的险种和新开发的人寿保险险种等的保险条款和保险费率，应当报国务院保险监督管理机构批准。国务院保险监督管理机构审批时，应当遵循保护社会公众利益和防止不正当竞争的原则。其他保险险种的保险条款和保险费率，应当报保险监督管理机构备案。

（2）对偿付能力不足的保险公司监督管理制度。《保险法》第139条规定，对偿付能力不足的保险公司，国务院保险监督管理机构应当将其列为重点监管对象，并可以根据具体情况采取下列措施：责令增加资本金、办理再保险；限制业务范围；限制向股东分红；限制固定资产购置或者经营费用规模；限制资金运用的形式、比例；限制增设分支机构；责令拍卖不良资产、转让保险业务；限制董事、监事、高级管理人员的薪酬水平；限制商业性广告；责令停止接受新业务。

（3）保险公司的整顿制度。按照《保险法》第140条、第141条的规定，保险公司未按照规定提取或者结转各项准备金，或者未按照规定办理再保险，或者严重违反关于资金运用的规定的，由保险监督管理机构责令该保险公司采取措施限期改正。保险监督管理机构作出限期改正的决定后，保险公司在限期内未予以改正的，由保险监督管理机构决定选派保险专业人员和指定该保险公司的有关人员组成整顿组织，对该保险公司进行整顿。整顿决定应当载明被整顿保险公司的名称、整顿理由、整顿组织和整顿期限，并予以公告。

（4）保险公司的接管制度。由于保险公司在社会经济生活中处于特殊地位，其联系面十分广泛，如因经营管理不善致其偿付能力下降，必然危害广大被保险人的利益，故而法律规定在特定的情况下可对其予以接管。接管是一种严格而彻底的监管措施。接管的目的是对被接管的保险公司采取必要措施，以保护被保险人的利益，恢复保险公司的正常经营。被接管的保险公司的债权债务关系不因接管而变化。

接管制度的主要内容包括：①接管的前提。接管须具备特定的前提。只有在保险公司违反《保险法》的规定，损害社会公共利益，可能严重危及或已经危及保险公司的偿付能力时，才可对其实行接管。②接管组织。依照《保险法》的有关规定，接管组织的组成和接管的实施办法由保险监督管理机构决定，并予以公告。③接管期限。接管的具体期限由决定实施接管的机构决定。一般在实施接管前作出，期限届满后，保险公司仍未恢复正常的经营，保险监督管理部门可以决定延期，但接管期限最长不得超过2年。④接管的终止。当期限届满时，接管目标已经达到，即被接管的保险公司已恢复正常经营能力，应当终止接管。有权决定终止接管的是保险监督管理部门，而不是接管组织。但是，当接管期限届满时，被接管的保险公司仍然没有恢复正常的经营能力，接管组织认为其财产已不足以清偿所负债务，经保险监督管理部门批准，应依法向人民法院申请宣告该保险公司破产。

（五）保险代理人、保险经纪人和保险公估人

保险中介是介于保险人之间、保险人与投保人之间和独立于保险人与被保险人之外，专门从事保险中介服务并依法获取佣金的单位和个人。保险中介主要由保险代理人、保险经纪人和保险公估人三种形式组成。

1. 保险代理人。

（1）保险代理人的概念和形式。保险代理人是根据保险人的委托，向保险人收取代理手续费，并在保险人授权的范围内代为办理保险业务的单位或个人。

（2）保险代理人的法律地位。保险代理制度是民商事代理制度的一种，所以，完全适用民商事代理的规定。保险代理人的法律地位等同于保险公司的法律地位。保险代理人根据保险人的授权代为办理保险业务的一切行为，均由保险人承担责任。

2. 保险经纪人。

（1）保险经纪人的概念。保险经纪人，是基于投保人的利益，为投保人与保险人订立保险合同提供中介服务，并依法收取佣金的单位。

（2）保险经纪人的法律地位。保险经纪人是投保人的代理人，在投保人的授权范围内经纪人的行为约束投保人，而不能约束与投保人订立合同的保险人。此外，就法律关系而言，在同一交易中也不得为双方同时代理，一人不能既为投保人的经纪人，又为保险人的代理人。

3. 保险代理人、保险经纪人在办理保险业务活动中不得有下列行为。

（1）欺骗保险人、投保人、被保险人或者受益人。

（2）隐瞒与保险合同有关的重要情况。

（3）阻碍投保人履行《保险法》规定的如实告知义务，或者诱导其不履行《保险法》规定的如实告知义务。

（4）给予或承诺向投保人、被保险人或者受益人保险合同规定以外的其他利益。

（5）利用行政权力、职务或者职业便利以及其他不正当手段强迫、引诱或者限制投保人订立保险合同。

（6）伪造、擅自变更保险合同，或者为保险合同当事人提供虚假证明材料。

（7）挪用、截留、侵占保险费或者保险金。

（8）利用业务便利为其他机构或者个人牟取不正当利益。

（9）串通投保人、被保险人或者受益人，骗取保险金。

（10）泄露在业务活动中知悉的保险人、投保人、被保险人的商业秘密。

4. 保险公估人。

（1）保险公估人的概念。保险公估人是指依照法律规定设立，受保险人、投保人或者被保险人委托办理保险标的评估、勘验、鉴定、估损以及赔款的理算，并向委托人收取酬金的公司。

（2）保险公估人不得经营下列业务。

①与非法从事保险业务或者保险中介业务的机构或个人发生保险公估业务往来；

②超出中国银保监会核定的业务范围和经营区域；

③超越授权范围，损害委托人的合法权益；

④向保险合同当事人出具虚假的公估报告；

⑤伪造、散布虚假信息，或利用其他手段损害同业的信誉；

⑥利用行政权力、职务或者职业便利以及其他不正当手段强迫、引诱或者限制他人订立保险公估合同；

⑦串通投保人、被保险人或者受益人恶意欺诈保险公司；

⑧法律、行政法规认定的其他损害投保人、被保险人或者保险公司利益的行为。

复习思考题

1. 简述法律禁止的证券交易行为。
2. 证券公司的设立应符合哪些条件？
3. 简述保险法的基本原则。
4. 保险合同的种类和主要内容是什么？
5. 保险公司设立的实体条件和程序条件有哪些内容？
6. 什么是商业银行？设立商业银行的法定条件是什么？
7. 中国银行业监督管理的目标和基本原则是什么？
8. 根据我国《银行业监督管理法》的规定，银行业监督管理的措施有哪些？

第十五章　经济仲裁与经济法的实施

【内容提要】本章介绍我国仲裁法律制度、经济法的实施问题。主要内容包括：仲裁的概念、特征；仲裁协议的概念、效力、形式；仲裁的程序；涉外经济仲裁的概念、程序；经济纠纷的解决途径；违反经济法的责任主体承担的法律责任等。

【教学要点】通过本章的学习，掌握仲裁的概念、特征、程序；仲裁协议的概念、形式和法律效力；经济纠纷的解决途径。

第一节　仲裁法概述

一、仲裁的概念及特征

仲裁是指双方当事人在争议发生前或者争议发生后，达成协议，自愿将争议交给第三方作出裁决，对该裁决争议双方有义务执行，从而解决争议的一种方式。

仲裁具有以下五个特征：（1）仲裁是一种灵活、便利的解决争议的方式；（2）提交仲裁以双方当事人自愿为前提；（3）仲裁必须遵循一定的程序；（4）仲裁的客体是当事人之间发生的一定范围的争议；（5）仲裁裁决对当事人具有约束力。

1994年8月31日，第八届全国人民代表大会常务委员会第九次会议通过了《中华人民共和国仲裁法》，自1995年9月1日起施行，这是中国仲裁制度建设上的一个里程碑，是继《民事诉讼法》颁布之后，解决经济纠纷的又一部重要法律。对保证公正、及时地仲裁经济纠纷，保护当事人的合法权益，保护社会主义市场经济健康发展，具有重要意义。

【随堂演练15－1】判断题：当事人采用仲裁方式解决合同纠纷，应当由双方自愿达成仲裁协议。（　　）

【答案】√

【解析】根据法律规定，当事人采用仲裁方式解决纠纷，应当由双方自愿达成仲裁协议。没有仲裁协议，一方申请仲裁的，仲裁委员会不予受理。所以题目表述正确。

二、仲裁法的适用范围和基本原则

（一）仲裁法的适用范围

仲裁范围指的是哪些纠纷可以申请仲裁，解决可仲裁性的问题。依据《仲裁法》第2条的规定，平等主体的公民、法人和其他组织之间发生的合同纠纷和其他财产权益纠纷，可以仲裁。上述纠纷以仲裁解决时，适用《仲裁法》。此外，《仲裁法》规定下列情况不适用该法：（1）不能以仲裁方式解决的纠纷，包括婚姻、收养、监护、抚养、继承纠纷和依法应当由行政机关处理的行政争议；（2）劳动争议和农业集体经济组织内部的农业承包合同纠纷的解决。

（二）仲裁法的基本原则

1. 当事人双方自愿原则。当事人采用仲裁方式解决纠纷，应当双方自愿，达成仲裁协议。没有仲裁协议，一方申请仲裁的，仲裁委员会不予受理。仲裁委员会成员应当由当事人协议选定。

2. 仲裁应当根据事实和法律进行的原则。这一原则主要是保障仲裁能公平合理地解决纠纷。

3. 仲裁依法独立进行的原则。仲裁机构在进行仲裁时依法独立进行，不受行政机关、社会团体和个人的干涉。

4. 仲裁实行一裁终局制度的原则。仲裁裁决作出后，除裁决被人民法院依法裁定撤销或者不予执行的情形外，当事人不得就同一纠纷再申请仲裁或者向人民法院起诉。当事人再申请仲裁或者起诉的，仲裁委员会或者人民法院不予受理。

【随堂演练15－2】下列纠纷中，可适用《仲裁法》解决的是（　　）。

A. 甲乙之间的土地承包合同纠纷　　B. 甲乙之间的货物买卖合同纠纷

C. 甲乙之间的遗产继承纠纷　　D. 甲乙之间的劳动争议纠纷

【答案】B

【解析】《仲裁法》的适用范围是平等主体的公民、法人和其他组织之间发生的合同纠纷或其他财产纠纷。与人身有关的纠纷，不适用仲裁法，具有行政管理关系的劳动争议以及农业承包合同发生纠纷可以由法律规定的组织仲裁，但不由《仲裁法》调整。

第二节　仲裁法律制度

一、仲裁委员会与仲裁协会

我国的仲裁机构是仲裁委员会和仲裁协会。

（一）仲裁委员会

1. 仲裁委员会的设立与组建。仲裁委员会可以在直辖市或省、自治区人民政府所在地的市设立，也可以根据需要在其他设区的市设立，不按行政区划层层设立。仲裁委员会由上述规定的市的人民政府组织有关部门和商会统一组建。仲裁委员会应当具备下列条件：（1）有自己的名称、住所和章程；（2）有必要的财产；（3）有该委员会的组成人员；（4）有聘任的仲裁员。设立仲裁委员会，应当在省、自治区、直辖市的司法行政部门登记。

仲裁委员会由主任1人、副主任2～4人和委员7～11人组成。仲裁委员会的主任、副主任和委员由法律、经济贸易专家及有实际相关工作经验的人员担任。仲裁委员会的组成人员中，法律、经济贸易专家不得少于2/3。

2. 仲裁员。仲裁委员会应当从公道正派的人员中聘任仲裁员。仲裁员应当符合下列条件之一：（1）从事仲裁工作满8年的；（2）从事律师工作满8年的；（3）曾任审判员满8年的；（4）从事法律研究、教学工作并具有高级职称的；（5）具有法律知识、从事经济贸易等专业工作并具有高级职称或者具有同等专业水平的。仲裁委员会按照不同专业设仲裁员名册。

3. 仲裁委员会的独立性。仲裁委员会独立于行政机关，与行政机关没有隶属关系。仲裁委员会之间也没有隶属关系。仲裁不实行级别管辖和地域管辖。

（二）仲裁协会

中国仲裁协会是社会团体法人。仲裁员是中国仲裁协会的会员。中国仲裁协会是仲裁委员会的自律性组织，根据章程对仲裁委员会及其组成人员、仲裁员的违纪行为进行监督。中国仲裁协会依照《仲裁法》和《民事诉讼法》的有关规定制定仲裁规则。

【随堂演练15－3】根据《仲裁法》的规定，下列关于仲裁委员会的表述中，正确的有（　　）。

A. 仲裁委员会是行政机关

B. 仲裁委员会不按行政区划层层设立

C. 仲裁委员会独立于行政机关

D. 仲裁委员会之间没有隶属关系

【答案】BCD

【解析】本题考核仲裁委员会的性质和设立。仲裁委员会可以在直辖市和省、自治区人民政府所在地的市设立，也可以根据需要在其他设区的市设立，不按行政区划层层设立。仲裁委员会独立于行政机关，与行政机关没有隶属关系。仲裁委员会之间也没有隶属关系。

二、仲裁协议

申请仲裁和提起诉讼不同，起诉权是公民和法人均享有的民事权利，只需当事人一方的意思表示就能够提起诉讼。申请仲裁的前提是达成仲裁协议，需要双方协商一致才能请求仲裁，同时放弃诉讼权利。因此，从这一点上说，没有仲裁协议就没有仲裁，仲裁协议是仲裁制度的基石。

1. 仲裁协议的概念与形式。仲裁协议是指双方当事人愿意把他们之间将来可能发生或者业已发生的争议提交仲裁解决的协议。

仲裁协议有两种形式：（1）合同中订立的仲裁条款；（2）以其他书面方式在纠纷发生前或者纠纷发生后达成的请求仲裁的协议。仲裁协议应当具有下列内容：请求仲裁的意思表示；仲裁事项；选定的仲裁委员会。

2. 仲裁协议的法律效力。仲裁协议的法律效力可分为对当事人的法律效力、对仲裁机构的法律效力和对法院的法律效力。仲裁协议一旦有效成立，当事人就承担了不得就特定事项向法院起诉的义务；有效的仲裁协议是仲裁机构受理争议案件的依据，没有仲裁协议，一方申请仲裁的，仲裁委员会不予受理；仲裁协议对法院具有排除其司法管辖的效力。当事人达成仲裁协议，一方向人民法院起诉的，人民法院不予受理，但仲裁协议无效的除外。

3. 仲裁协议无效的情形。有下列情形之一的，仲裁协议无效：（1）约定的仲裁事项超出法律规定的仲裁范围的；（2）无民事行为能力人或者限制民事行为能力人订立的仲裁协议；（3）一方采取欺诈、胁迫手段，迫使对方订立仲裁协议的。此外，仲裁协议对仲裁事项或者仲裁委员会没有约定或者约定不明确的，在当事人达不成补充协议时，仲裁协议无效。

当事人对仲裁协议的效力有异议的，可以请求仲裁委员会作出决定或者请求人民法院作出裁定。一方请求仲裁委员会作出决定，另一方请求人民法院作出裁定的，依人民法院的裁定。当事人对仲裁协议的效力有异议，应当在仲裁庭首次开庭前提出。

4. 仲裁协议的独立性。仲裁协议独立存在，合同的变更、解除、终止或者失效，不影响仲裁协议的效力。

【随堂演练15-4】下列关于我国仲裁制度的表述中，不符合《仲裁法》规定的有（　　）。

A. 仲裁庭做出的仲裁裁决为终局裁决

B. 当事人不服仲裁裁决可以向法院起诉

C. 当事人协议不开庭的，仲裁可以不开庭进行

D. 仲裁的进行以双方当事人自愿达成的书面仲裁协议为条件

【答案】B

【解析】仲裁实行一裁终局制度，仲裁裁决做出后，当事人就同一纠纷再申请仲裁或向人民法院起诉的，仲裁委员会或者人民法院不予受理，因此A选项正确，B选项错误；仲裁应当开庭进行，当事人协议不开庭的，仲裁庭可以根据仲裁申请书、答辩书及其他材料做出裁决，C选项正确；仲裁实行协议仲裁制度，当事人采用仲裁方式解决纠纷，应当由双方当事人自愿达成仲裁协议，没有仲裁协议，一方申请仲裁的，仲裁委员会不予受理，D选项正确。故本题答案选B。

三、仲裁程序

1. 当事人提出仲裁申请。当事人申请仲裁应当符合下列条件：一是有仲裁协议；二是有具体的仲裁请求和事实、理由；三是属于仲裁委员会的受理范围。

当事人申请仲裁，应当向仲裁委员会递交仲裁协议、仲裁申请书及其副本。

仲裁申请书应当载明下列事项：（1）当事人的姓名、性别、年龄、职业、工作单位和住所，法人或者其他组织的名称、住所和法定代表人或者主要负责人的姓名、职务；（2）仲裁请求和所根据的事实、理由；（3）证据和证据来源、证人姓名和住所。

2. 仲裁委员会受理案件。

（1）受理与不受理的通知。仲裁委员会收到仲裁申请书之日起5日内，认为符合受理条件的，应当受理，并通知当事人；认为不符合受理条件的，应当书面通知当事人不予受理，并说明理由。

（2）有关文件的送达。仲裁委员会受理仲裁申请后，应当在《仲裁法》规定的期限内将仲裁规则、仲裁员名册送达申请人，并将仲裁申请书副本和仲裁规则、仲裁员名册送达被申请人。

（3）被申请人提交答辩书。被申请人收到仲裁申请书副本后，应当在仲裁规则规定的期限内向仲裁委员会提交答辩书。仲裁委员会收到答辩书后，应当在《仲裁法》规定的期限内将答辩书副本送达申请人。被申请人未提交答辩书的，不影响仲裁程序的进行。

3. 组成仲裁庭。

（1）仲裁庭的组成。当事人约定由3名仲裁员组成仲裁庭的，应当各自选定或者各自委托仲裁委员会主任指定1名仲裁员，第三名仲裁员由当事人共同选定或者共同委托仲裁委员会指定，第三名仲裁员是首席仲裁员；当事人约定由1名仲裁员成立仲裁庭的，应当由当事人共同选定或共同委托仲裁委员会主任指定仲裁员。仲裁庭组成后，仲裁委员会应当将仲裁庭的组成情况书面通知当事人。

（2）仲裁员的回避。仲裁员有下列情形之一的，必须回避，当事人也有权提出回避申请：第一，本案当事人或者当事人、代理人的近亲属；第二，与本案有利害关系；第三，与本案当事人、代理人有其他关系，可能影响公正仲裁的；第四，私自会见当事人、代理人或者接受当事人、代理人的请客送礼的。

当事人提出回避申请，应当说明理由，在首次开庭前提出。回避事由在首次开庭后知道的，可以在最后一次开庭终结前提出。仲裁员是否回避，由仲裁委员会主任决定；仲裁委员会主任担任仲裁员时，由仲裁委员会集体决定。

4. 开庭。

（1）仲裁应当开庭进行。当事人协议不开庭的，仲裁庭可以根据仲裁申请书、答辩书以及其他材料作出裁决。在处理纠纷时，为了维护当事人的信誉，保护其商业秘密和有利于纠纷的解决，仲裁不公开进行，当事人协议公开的，可以公开进行，但涉及国家秘密的除外。仲裁委员会应当在仲裁规则规定的期限内将开庭日期通知双方当事人。当事人有正当理由的，可以在仲裁规则规定的期限内请求延期开庭。是否延期，由仲裁庭决定。仲裁庭开庭后，申请人经书面通知，无正当理由不到庭或者未经仲裁庭许可中途退庭的，可以视为撤回仲裁申请；被申请人经书面通知，无正当理由不到庭或者未经仲裁庭许可中途退庭的，可按缺席裁决。

（2）证据与鉴定。当事人应当对自己的主张提供证据，仲裁庭认为有必要收集的证据，可以自行收集。证据应当在开庭时出示，当事人可以质证。在证据可能灭失或者以后难以取得的情况下，当事人可以申请证据保全。当事人申请证据保全的，仲裁委员会应当将当事人的申请提交证据所在地的基层人民法院。仲裁庭对专门性问题认为需要鉴定的，可以交由当事人约定的监督部门鉴定，也可以由仲裁庭指定的鉴定部门鉴定。

（3）辩论。当事人在仲裁过程中有权进行辩论。辩论终结时，首席仲裁员或者独任仲裁员应当征询当事人的最后意见。仲裁庭应当将开庭情况记入笔录。笔录由仲裁员、记录人员、当事人和其他仲裁参与人签名或者盖章。

（4）当事人自行和解。当事人申请仲裁后，可以自行和解。达成和解协议的，可以请求仲裁庭根据和解协议作出裁决书，也可以撤回仲裁申请。当事人达成和解协议，撤回仲裁申请后反悔的，可以根据仲裁协议申请仲裁。

（5）调解。仲裁庭在作出裁决前，可以先行调解。当事人自愿调解的，仲裁庭应当调解；调解不成的，应当及时作出裁决。调解达成协议的，仲裁庭应当制作调解书或者根据协议的结果制作裁决书。调解书与裁决书应具有同等法律效力。调解书应当写明仲裁请求和当事人协议的结果。调解书由仲裁员签名，加盖仲裁委员会印章，送达双方当事人。调解书经双方当事人签收后，即发生法律效力。在调解书签收前当事人反悔的，仲裁庭应当及时作出裁决。

5. 裁决。裁决应当按照多数仲裁员的意见作出，少数仲裁员的不同意见可以记入笔录。仲裁不能形成多数意见时，裁决应当按照首席仲裁员的意见作出。当仲裁庭仲裁纠纷时，其中一部分事实已经清楚，可以就该部分先行裁决。

对裁决书中的文字、计算错误或者仲裁庭已经裁决但在裁决书中遗漏的事项，仲裁庭应当补正；当事人自收到裁决书之日起 30 日内，可以请求仲裁庭补正。裁决书自作出之日起发生法律效力。

6. 仲裁中的财产保全。一方当事人因另一方当事人的行为或者其他原因可能使裁决不能执行或者难以执行的，可以申请财产保全。当事人申请财产保全的，仲裁委员会应当将当事人的申请依照《民事诉讼法》的有关规定提出。申请有错误的，申请人应当赔偿被申请人因财产保全所遭受的损失。

【随堂演练 15－5】甲、乙因合同纠纷申请仲裁，仲裁庭对案件裁决未能形成一致意见，关于该案件仲裁裁决的下列表述中，符合法律规定的有（　　）。

A. 应当按照多数仲裁员的意见做出裁决

B. 应当由仲裁庭达成一致意见做出裁决

C. 仲裁庭不能形成多数意见时，按照首席仲裁员的意见做出裁决

D. 仲裁庭不能形成一致意见时，提请仲裁委员会做出裁决

【答案】 AC

【解析】根据规定，裁决应当按照多数仲裁员的意见做出。仲裁庭不能形成多数意见时，裁决应当按照首席仲裁员的意见做出。所以答案是 AC。

四、申请撤销裁决

1. 可以申请撤销裁决的情形。《仲裁法》第58条规定，当事人提出证据证明有下列情形之一的，可以向仲裁委员会所在地的中级人民法院申请撤销裁决：（1）没有仲裁协议的；（2）裁决的事项不属于仲裁协议的范围或者仲裁委员会无权仲裁的；（3）仲裁庭的组成或者仲裁的程序违反法定程序的；（4）裁决所根据的证据是伪造的；（5）对方当事人隐瞒了足以影响公正裁决的证据的；（6）仲裁员在仲裁该案时有索贿受贿、徇私舞弊、枉法裁决行为的。

2. 撤销裁决的申请与裁定。当事人申请撤销裁决的，应当自收到裁决书之日起6个月内提出。人民法院经组成合议庭审查核实裁决有上述六种情形之一的或认定该裁定违背社会公共利益的，应当裁定撤销。人民法院应当在受理撤销裁决申请之日起2个月内作出撤销裁决或者驳回申请的裁定。

五、仲裁裁决的执行

1. 裁决的履行。当事人应当履行裁决。一方当事人不履行的，另一方当事人可以依照《民事诉讼法》的有关规定向人民法院申请执行。受申请的人民法院应当执行。

2. 不予执行的裁决。被申请人提出证据证明裁决有下列情形之一的，经人民法院组成合议庭审查核实，裁决不予执行：（1）当事人在合同中没有订有仲裁条款或者事后没有达成书面仲裁协议的；（2）裁决的事项不属于仲裁协议的范围或者仲裁机构无权仲裁的；（3）仲裁庭的组成或者仲裁的程序违反法定程序的；（4）认定事实的主要证据不足的；（5）适用法律确有错误的；（6）仲裁员在仲裁该案时有索贿受贿、徇私舞弊、枉法裁决行为的。

3. 裁决的中止执行。一方当事人申请执行裁决，另一方当事人申请撤销裁决的，人民法院应当裁定中止执行。人民法院裁定撤销裁决的，应当裁定终结执行。撤销裁决的申请被裁定驳回的，人民法院应当恢复执行。

第三节 涉外经济仲裁

涉外经济仲裁是当事人根据他们之间签订的仲裁协议，自愿将国际经济贸易中发生的争议或海事争议提交选定的仲裁机构，由该机构按照一定的程序作出裁决的活动。涉外经济仲裁与国内经济仲裁有着不同的特点：一是仲裁机构所解决的是涉外经济纠纷；二是仲裁机构必须以当事人的仲裁协议为依据受理案件；三是仲裁机构的裁决具有强制力，当事人一方或双方不得向法院或其他任何机构提出变更的要求。我国现行的涉外经济仲裁分为国际经济贸易仲裁和海事仲裁两类。我国《仲裁法》第七章对涉外仲裁作了特别规定。该法第65条规定，涉外经济贸易、运输和海事中发生的纠纷，适用第七章的规定。该章没有规定的，适用《仲裁法》的其他有关规定。

一、涉外仲裁委员会

我国的涉外仲裁委员会主要有：

1. 中国国际经济贸易仲裁委员会，适用《中国国际经济贸易仲裁委员会规则》，受理产生于国际或涉外的契约性的经济贸易等争议，包括外国法人或自然人同中国法人及自然人之间、外国法人或自然人之间、中国法人或自然人之间发生的上述争议。

2. 中国海事仲裁委员会，适用《中国海事仲裁委员会仲裁规则》，受理运输、海事中发生的涉外争议案件。

二、涉外仲裁的基本原则

1. 独立自主的原则。独立自主是我国宪法规定的，涉外经济关系中必须遵循的原则。因其直接体现了国家主权原则，贯彻这一原则主要体现在要坚持按照我国的法律规定和法定的程序处理涉外经济纠纷案件。

2. 平等互利的原则。坚持平等互利，是指对争议双方一视同仁，平等对待，兼顾双方的利益。进行仲裁时，既要遵守中国法律，又要尊重当事人订立的合同条款，公平合理、实事求是地解决纠纷，以有利于发展对外经济贸易关系和正常的海运关系。

3. 参照国际惯例的原则。国际惯例是在国际交往中经过反复实践所形成的行为规则。参照国际惯例，是国际上通行的做法。在我国处理涉外经济争议时，在坚持维护国家主权和平等互利的原则下，也应当参照国际惯例。

三、涉外仲裁程序

根据1994年6月1日施行的修订后的《中国国际经济贸易仲裁委员会仲裁规则》的规定，涉外经济贸易的仲裁程序主要有以下方面。

（一）仲裁申请、答辩和反诉

申诉人提出仲裁申请应提交仲裁申请书，附具提出请求所依据的事实的证明文件，预缴仲裁费，并在仲裁员名册中指定一名仲裁员或者委托仲裁委员会主席指定，仲裁委员会秘书局收到申诉人的仲裁申请书及其附件后，经过审查，认为申请仲裁的手续已完备的，应立即向被申诉人发出仲裁通知，并将申诉人的仲裁申请书及其附件，连同仲裁委员会的仲裁规则、仲裁员名册和仲裁费用表各1份，发送给被申诉人。被申诉人应自收到仲裁通知之日起20日内在仲裁员名册中指定一名仲裁员，或者委托仲裁委员会主席指定。被申诉人应自收到仲裁通知之日起45日内向仲裁委员会秘书局提交答辩书及有关证明文件。被申诉人如有反诉，最迟应自收到仲裁通知之日起60日内，以书面形式提交仲裁委员会秘书局，提出反诉并预缴仲裁费。被申诉人未提交书面答辩、申诉人对被申诉人的反诉未提出书面答辩的，不影响仲裁程序的进行。

（二）仲裁庭的组成

双方当事人各自在仲裁委员会仲裁员名册中指定或者委托仲裁委员会主席指定一名仲裁员后，仲裁委员会主席应立即在仲裁员名册中指定第三名仲裁员担任首席仲裁员，组成仲裁庭共同审理案件；双方当事人可以在仲裁委员会仲裁员名册中共同指定或者共同委托仲裁委员会主席指定一名仲裁员作为独任仲裁员，成立仲裁庭，单独审理案件。如果双方当事人约定由一名独任仲裁员审理案件，但在被申诉人收到仲裁通知之日起20日内未能就独任仲裁员的人选达成一致意见，则由仲裁委员会主席指定。

（三）审理

审理可分为开庭审理和书面审理。仲裁庭应当开庭审理案件。但经双方当事人申请或者征得双方当事人同意，仲裁庭也认为不必开庭审理的，仲裁庭可以只依据书面文件进行审理并作出裁决。仲裁案件第一次开庭审理的日期，经仲裁庭商议、仲裁委员会秘书局决定后，由秘书局于开庭前30日通知双方当事人，当事人有正当理由的，可以请求延期，但必须在开庭前12日以书面方式向秘书局提出；是否延期，由仲裁庭决定。第一次开庭审理以后的开庭审理的日期的通知，不受30日期限的限制。关于审理地点，由仲裁委员会受理的案件应当在北京进行审理，经仲裁委员会主席批准，也可以在其他地点进行审理；由仲裁委员会分会（深圳分会与上海分会）受理的案件应当在该分会所在地进行审理，经分会主席批准，也可以在其他地点进行审理。审理一般不公开进行，如果双方当事人要求公开审理，由仲裁庭作出是否公开审理的决定。

仲裁庭应当在组成仲裁庭后9个月内作出仲裁裁决书。在仲裁的要求下，仲裁庭认为确有必要和确有正当理由的，可以延长该期限。作出仲裁裁决书的日期，即为仲裁裁决生效的日期。有关裁决的作出、补正等同前述《仲裁法》中的规定。

海事仲裁的程序与上述国际经济贸易仲裁的程序大体相同。

（四）涉外仲裁裁决的执行

1. 涉外仲裁裁决的履行与执行。仲裁裁决是终局的，当事人应当依照仲裁裁决书写明的期限自动履行裁决；仲裁裁决书未写明期限的，应当立即履行。一方当事人不履行的，另一方当事人可以根据中国法律的规定，向中国法院申请执行；如果被执行人或其财产不在中华人民共和国领域内的，另一方当事人可以根据1958年《承认及执行外国仲裁裁决公约》或者中国缔结或参加的其他国际条约，向有管辖权的外国法院申请承认和执行。

2. 可被撤销的涉外仲裁裁决。对涉外仲裁裁决，当事人提出证据证明仲裁裁决有下列情形之一的，经人民法院组成合议庭审查核实，裁定撤销，不予执行：（1）当事人在合同中没有订有仲裁条款或者事后没有达成书面仲裁协议的；（2）被申请人没有得到指定一名仲裁员或者进行仲裁程序的通知，或者由于其他不属于被申请人负责的原因未能陈述意见的；（3）仲裁庭的组成或者仲裁的程序与仲裁规则不符的；（4）裁决的事项不属于仲裁协议的范围。

【案例分析 15－1】 中国A公司以FOB条件向日本B公司出口50吨蔬菜，在大连港装船时由商检机构检验并出具合格证明书，但该批货物运抵日本时已经严重腐烂，双方发生争议。依据出口合同的条款，该争议被当事人提交中国国际贸易仲裁委员会仲裁。裁决结果为：日方应承担货物损失的风险。问题：

（1）如果日方对裁决结果不服，是否可以向有关法院起诉？

（2）如果日方拒不执行仲裁裁决，中方是否可以申请有关机关予以强制执行？

【解析】（1）不能向法院起诉，仲裁裁决是终局的，不能上诉，也不允许向任何机构提出变更裁决的要求。（2）可以向有关法院予以强制执行。根据《纽约公约》规定，缔约国负有责任依其国内程序强制执行。

第四节　经济法的实施

一、经济法实施的概念和意义

经济法的实施是指经济法主体使经济法律规范在社会生活中获得实现的活动，即贯彻执行经济法律、法规的过程。经济法的实施将经济法律规范的要求转化为经济法主体的行为，使经济法律规范得到遵守，经济权利得以行使，经济义务得以履行，经济违法行为得到制裁。

经济法的实施包括经济守法、经济执法、经济司法。经济守法、经济执法、经济司法是经济法实施的三个重要环节，相互之间有着密切的联系。

经济法的实施具有重要意义，是我国经济法制建设必不可少的重要环节。经济立法解决了有法可依的问题，经济法的实施则是要解决有法必依、违法必究的问题。如果有法不依、执法不严、违法不究，则经济法律法规便形同虚设，社会主义法制难以形成。为保障经济法实施，首先要加强经济法制教育，提高全民法律意识，自觉守法；其次要加强经济执法，完善监督机制，保障执法机关与执法人员准确、公正、严格地执行法律。这样才能有效地保证国家机构通过行使经济职权实现领导和组织经济建设的职能；保证企业通过行使法人财产权使其真正成为商品生产者和经营者；保证其他经济法主体的合法权益得以实现，从而使我国社会主义建设有秩序地进行。

二、违反经济法的法律责任及其履行

法律责任是指行为人因实施了违反法律法规规定的行为而应承担的法律后果。违反经济法的法律责任是指经济法主体因实施了违反经济法律法规的行为而应承担的法律后果。根据我国法律的规定，经济法主体可能承担的法律责任有以下三种。

（一）民事责任

民事责任是指经济法主体违反经济法律法规依法应承担的民事法律后果。根据《民法通则》的规定，经济法主体承担民事责任的方式主要有：停止侵害；排

除妨碍；消除危险；返还财产；恢复原状；修理、重做、更换；赔偿损失；支付违约金；消除影响、恢复名誉、赔礼道歉等。

（二）行政责任

行政责任是指经济法主体违反经济法律法规依法应承担的行政法律后果，包括行政处罚和行政处分。根据《行政处罚法》的规定，行政处罚的种类包括：警告；罚款；没收违法所得、没收非法财物；责令停产、停业；暂扣或吊销许可证、暂扣或吊销营业执照；行政拘留；法律、行政法规规定的其他行政处罚。行政处分的种类有：警告；记过；记大过；降职；留用察看；开除等。

（三）刑事责任

刑事责任是指经济法主体违反经济法律法规构成犯罪依法应承担的刑事法律后果，即刑罚。根据《刑法》的规定，刑罚分为主刑和附加刑。主刑的种类包括管制、拘役、有期徒刑、无期徒刑、死刑。附加刑的种类包括罚金、剥夺政治权利、没收财产。附加刑也可以独立适用。对犯罪的外国人可以独立适用或附加适用驱逐出境。法律规定为单位犯罪的，单位应当负刑事责任，对单位判处罚金，并对直接负责的责任人员和其他直接责任人员判处刑罚。

违反经济法的法律责任的履行包括两层含义：一是责任人主动实施其应承担的法律责任；二是由有强制执行权的行政机关或人民法院强制责任人实施发生法律效力的行政决定、判决、裁定、调解书、支付令和其他法律文书中所规定的义务。

三、经济纠纷的解决途径

经济纠纷是指经济法主体在经济管理与经济活动中产生的权益争议。为了保护当事人的合法权益，保障经济的正常运行，必须采取有效的方式对经济纠纷予以及时解决。解决经济纠纷的途径主要有：当事人协商和解、调解（包括民间调解、行政调解、仲裁调解和法院调解）、仲裁、行政复议和诉讼。其中最主要的方式为仲裁、行政复议和诉讼。关于仲裁已经在前面作了详细介绍，下面仅对行政复议和经济（民事）诉讼作一简述。

（一）行政复议

1. 行政复议的概念。行政复议是指公民、法人和其他组织认为行政机关的具体行政行为侵犯其合法权益，依法向特定行政机关提出申请，由受理该申请的行政机关对原具体行政行为依法进行审查并作出行政复议决定的活动。为了防止和纠正违法的或不当的具体行政行为，保护公民、法人和其他组织的合法权益，保障和监督行政机关依法行使职权，1999 年 4 月全国人民代表大会常务委员会第九次会议通过了《中华人民共和国行政复议法》（以下简称《行政复议法》），自 1999 年 10 月 1 日起施行。

2. 行政复议的范围。《行政复议法》规定，有下列情形之一的，公民、法人或其他组织可以申请行政复议：（1）对行政机关作出的警告、罚款、没收违法所得、没收非法财物、责令停产停业、暂扣或吊销许可证、暂扣或吊销执照、行政拘留等处罚决定不服的；（2）对行政机关作出的限制人身自由或查封、扣押、冻结财产等行政强制措施决定不服的；（3）对行政机关作出的有关许可证、执照、资质证、资格证等证书变更、中止、撤销的决定不服的；（4）对行政机关作出的关于确认土地、矿藏、水流、森林、山岭、草原、荒地、滩涂、海域等自然资源的所有权或使用权的决定不服的；（5）认为行政机关侵犯合法的经营自主权的；（6）认为行政机关变更或废止农业承包合同、侵犯其合法权益的；（7）认为行政机关违法集资、征收财物、摊派费用或违法要求履行其他义务的；（8）认为符合法定条件，申请行政机关颁发许可证、执照、资质证、资格证等证书，或申请行政机关审批、登记有关事项，行政机关没有依法办理的；（9）申请行政机关履行保护人身权利、财产权利、受教育权利的法定职责，行政机关没有依法履行的；（10）申请行政机关依法发放抚恤金、社会保险金或最低生活保障费，行政机关没有依法发放的；（11）认为行政机关的其他具体行政行为侵犯其合法权益的。

3. 行政复议的程序。

（1）复议申请。依法申请行政复议的公民、法人或者其他组织是申请人，作出具体行政行为的行政机关是被申请人，同申请行政复议的具体行政行为有利害关系的其他公民、法人或者其他组织，可以作为第三人参加行政复议。

公民、法人或者其他组织认为具体行政行为侵犯其合法权益的，可以自知道该具体行政行为之日起60日内提出行政复议申请，但是法律规定的申请期限可超过60日的除外。因不可抗力或其他正当理由耽误法定申请期限的，申请期限自障碍消除之日起继续计算。申请可以是书面的，也可以是口头的。

行政复议申请已被行政复议机关依法受理的，或法律、法规规定应当先向复议机关申请行政复议、对行政复议决定不服再向人民法院提起行政诉讼的，在法定行政复议期限内不得向人民法院提起行政诉讼。

申请人向人民法院提起行政诉讼，人民法院已经依法受理的，不得申请行政复议。

（2）复议受理。行政复议机关收到行政复议申请后，应当在5日内进行审查，对不符合法律规定的行政复议申请，决定不予受理的，应当书面告知申请人；对符合法律规定，但是不属于本机关受理的行政复议申请，应当告知申请人向有关行政复议机关提出。除以上情况外，行政复议申请自行政复议机关负责法制工作的机构收到之日起即为受理。

申请人提出行政复议申请，行政复议机关无正当理由不予受理的，上级行政机关应当责令其受理；必要时上级行政机关也可以直接受理。

法律、法规规定应当先向行政机关申请行政复议，对行政复议不服再向人民法院提起行政诉讼的，行政复议机关决定不予受理或受理后超过行政复议期限不作答复的，公民、法人或其他组织可以自收到不予受理决定书之日起或者行政复议期满之日起15日内，依法向人民法院提起行政诉讼。

除有特殊情况外，行政复议期间具体行政行为不停止执行。

（3）复议决定。行政复议机关应当自受理申请之日起60日内作出行政复议决定，但是法律规定的行政复议期限少于60日的除外。情况复杂，不能在规定期限内作出行政复议决定的，经行政复议机关的负责人批准，可以适当延长，并告知申请人和被申请人，但是延长期限最长不超过30日。

行政复议机关负责法制工作的机构应当对被申请人作出的具体行政行为进行审查，提出意见，经行政复议机关的负责人同意或集体讨论通过后，按照下列规定作出行政复议决定：第一，具体行政行为认定事实清楚、证据确凿，适用依据正确，程序合法，内容适当的，决定维持；第二，被申请人不履行法定职责的，决定其在一定期限内履行；第三，具体行政行为有主要事实不清、证据不足，适用依据错误，违反法定程序，超越或滥用职权，行为明显不当等情形之一的，决定撤销、变更或确认该具体行政行为违法，其中决定撤销或确认具体行政行为违法的，可以责令被申请人在一定期限内重新作出具体行政行为；第四，被申请人不按法定期限提出书面答复、提交当初作出具体行政行为的证据、依据和其他有关材料的，视为该具体行政行为没有证据、依据，决定撤销该具体行政行为。

行政复议机关作出行政复议决定，应当制作行政复议决定书，并加盖印章。行政复议决定书一经送达即发生法律效力。被申请人应当履行行政复议决定，不履行或无正当理由拖延履行的，行政复议机关或有关上级行政机关应当责令其限期履行。

（二）诉讼

1. 诉讼的概念。诉讼是指人民法院根据纠纷当事人的请求，运用审判权确认争议各方的权利义务关系、解决经济纠纷的活动。诉讼是解决经济纠纷的重要手段，大多数情况下是解决经济纠纷的最终办法。经济纠纷所涉及的诉讼包括行政诉讼和民事诉讼。这里所说的行政诉讼是指人民法院根据当事人的请求，依法审查并裁决行使行政管理职权的行政机关所作出的具体行政行为的合法性，以解决经济纠纷的活动，如人民法院依法审理作为经济法主体的公民与税务机关在税收征纳关系上发生争议的行政案件；民事诉讼是指人民法院在当事人及其他诉讼参与人的参加下，依法审理并裁决经济纠纷案件所进行的活动。由于经济纠纷所涉及的诉讼绝大部分属于民事诉讼，因此，本节主要就民事诉讼予以介绍，民事诉讼适用《民事诉讼法》的有关规定。

2. 诉讼管辖。诉讼管辖指各级人民法院之间以及不同地区的同级人民法院之间，受理第一审经济案件的分工和权限。管辖有许多种类，其中最重要的是地域管辖和级别管辖。

（1）地域管辖，是指确定同级人民法院之间在各自管辖的地域内审理第一审经济案件的分工和权限。它又分为一般地域管辖和特殊地域管辖。

一般地域管辖是以被告住所地为依据来确定案件的管辖法院，即实行“原告就被告原则”。对公民提起的民事诉讼，由被告住所地人民法院管辖，被告住所地与经常居住地不一致的，由经常居住地人民法院管辖。对法人或其他组织提起的民事诉讼，由被告住所地人民法院管辖。同一诉讼的几个被告住所地、经常居住地在两个以上人民法院辖区的，各该人民法院都有管辖权。但对被劳改教养的人提起的诉讼及对被监禁的人提起的诉讼，由原告住所地人民法院管辖，原告住所地与经常居住地不一致的，由原告经常居住地人民法院管辖。

特殊地域管辖是以诉讼标的所在地或引起法律关系发生、变更、消灭的法律事实所在地为依据确定管辖。适用特殊管辖的主要有以下几种情况：第一，因合同纠纷引起的诉讼，由被告住所地或合同履行地人民法院管辖；第二，因保险合同纠纷提起的诉讼，由被告住所地或保险标的物所在地人民法院管辖；第三，因票据纠纷提起的诉讼，由票据支付地或被告住所地人民法院管辖；第四，因铁路、公路、水上和航空事故请求损害赔偿提起的诉讼，由事故发生地或车辆、船舶最先到达地及航空器最先降落地或被告住所地人民法院管辖等。

（2）级别管辖，是根据案件的性质、影响范围来划分上下级人民法院受理第一审经济案件的分工和权限。我国人民法院分为四级，即基层人民法院、中级人民法院、高级人民法院和最高人民法院，此外还有专门法院，即军事法院、海事法院和铁路运输法院，以上法院的分级设置，构成了我国法院的体制。基层人民法院原则上管辖第一审案件；中级人民法院管辖在本辖区有重大影响的案件、重大涉外案件及由最高人民法院确定由中级人民法院管辖的案件；高级人民法院管辖在辖区有重大影响的第一审案件；最高人民法院管辖在全国有重大影响的案件以及认为应当由其审理的案件。

3. 诉讼参加人。诉讼参加人包括当事人和诉讼代理人。

（1）当事人，指公民、法人和其他组织因经济权益发生争议或受到损害，以自己的名义进行诉讼，并受人民法院调解或裁判约束的利害关系人。当事人包括原告、被告、共同诉讼人、诉讼中的第三人。

（2）诉讼代理人，指以被代理人的名义，在代理权限范围内，为了维护被代理人的合法权益而进行诉讼的人。代理人包括法定代理人、指定代理人、委托代理人。

4. 诉讼时效。诉讼时效是指权利人不在法定期间内行使权利而失去法律保护的制度。根据《民法通则》的规定，我国诉讼时效有以下特点：（1）诉讼时效以权利人不行使法定权利的事实状态的存在为前提；（2）诉讼时效届满时消灭的是请求权，并不消灭实体权利，诉讼时效届满后，当事人自愿履行义务的，不受诉讼时效限制；（3）诉讼时效具有普遍性和强制性，除法律特殊规定外，当事人均应普遍适用，不得做任何变更。

诉讼时效期间是指权利人请求人民法院保护其民事权利的法定期间。根据《民法通则》的规定，诉讼时效期间从当事人知道或应当知道权利被侵害时起计算。但从权利被侵害之日起超过 20 年的，人民法院不予保护。

诉讼时效期间是法定的，根据法律对诉讼时效期间的不同规定，诉讼时效期间可分为以下两种：（1）普通诉讼时效期间，是指由民事普通法规定的具有普遍意义的诉讼时效期间。根据《民法通则》的规定，普通诉讼时效期间为 2 年。（2）特别诉讼时效期间，是指由民事普通法或特别法规定的仅适用于特定民事法律关系的诉讼时效期间。根据《民法通则》的规定，身体受伤害要求赔偿的、出售质量不合格的商品未声明的、延付或拒付租金的、寄存财物被丢失或损毁的，诉讼时效期间为1年，等等。

5. 审判程序。审判程序包括第一审程序、第二审程序、审判监督程序等。

（1）第一审程序，是各级人民法院审理第一审经济案件适用的程序，分为普通程序和简易程序。

普通程序是经济案件审判中最基本的程序，主要包括以下内容：第一，起诉和受理。起诉是指公民、法人或其他组织在其民事权益受到损害或发生争议时，向人民法院提出诉讼请求的行为。起诉必须符合法定条件，即原告是与本案有直接利害关系的公民、法人和其他组织；有明确的被告；有具体的诉讼请求和事实、理由；属于人民法院受理民事诉讼的范围和管辖范围，同时还必须办理法定手续。受理是指人民法院通过对当事人的起诉进行审查，对符合法定条件的决定立案审理的行为。人民法院接到起诉状或口头起诉后，经审查认为符合起诉条件的，应当在7日内立案，并通知当事人。第二，审理前的准备。人民法院应当自立案之日起5日内将起诉状副本发送被告。被告自收到之日起15日内提出答辩状。答辩是被告对原告提出的诉讼请求及理由进行回答、辩解和反驳，是被告的一项重要的诉讼权利。被告提出答辩状的，人民法院自收到之日起5日内将答辩状副本发送原告。被告不提出答辩状的，不影响人民法院审理。第三，开庭审理。即在审判人员主持和当事人及其他诉讼参与人的参加下，在法庭上对案件进行审理的诉讼活动。其目的是确认当事人的权利义务关系，以调解或判决的方式解决纠纷。开庭审理一般都公开进行，但涉及国家秘密、个人隐私或法律另有规定的及当事人申请不公开审理的，不公开进行审理。人民法院应当在开庭审理3日前通知当事人和其他诉讼参与人。公开审理的，应当公告当事人的姓名、案由和开庭的时间、地点。

简易程序是指基层人民法院及其派出的人民法庭，审理简单民事案件所适用的既独立又简便易行的诉讼程序。简易程序适用于事实清楚、权利义务关系明确、争议不大的简单的案件。原告可以口头起诉，当事人双方可以同时到基层人民法院或其派出的法庭请求解决纠纷。适用简易程序审理的案件，由审判员一人独自审理，可随时传唤当事人、证人，不受普通程序中的法庭调查、法庭辩论等程序的限制。

（2）第二审程序，又称上诉程序，是指上级人民法院审理当事人不服第一审人民法院尚未生效的判决和裁定而提起的上诉案件所适用的程序。我国实行两审终审制，当事人不服第一审人民法院判决、裁定的，有权向上一级人民法院提起上诉。《民事诉讼法》规定，上诉必须具备以下条件：只有第一审案件的当事人才可以提起上诉；只能对法律规定的可以上诉的判决、裁定提起上诉。当事人不服地方人民法院第一审判决的，有权自判决书送达之日起15日内向上一级人民法院提起上诉。当事人不服地方人民法院第一审裁定的，有权自裁定书送达之日起10日内向上一级人民法院提起上诉。上诉应当递交上诉状，上诉状应当通过原审人民法院提出，并按照对方当事人或者代理人的人数提交副本。

第二审人民法院应当对上诉请求的有关事实和适用法律进行审查，并组成合议庭开庭审理。经过阅卷和调查，询问当事人，在事实核对清楚后，合议庭认为不需要开庭审理的，也可以径行判决、裁定。第二审人民法院对上诉案件经过审理，按照下列情况分别处理：第一，原判决认定事实清楚，适用法律正确的，判决驳回上诉，维持原判决；第二，原判决适用法律错误，依法改判；第三，原判决认定事实错误，或者原判决认定事实不清，证据不足，裁定撤销原判决，发回原审人民法院重审，或者查清事实后改判；第四，原判决违反法定程序，可能影响案件正确判决的，裁定撤销原判决，发回原审人民法院重审。第二审人民法院的判决、裁定是终审的判决、裁定。当事人对发回重审案件的判决、裁定可以再次上诉。

（3）审判监督程序，是指有审判监督权的人员和机关，发现已经发生法律效力的判决、裁定确有错误的，依法提出对原案重新进行审理的一种特别程序，又称再审程序。《民事诉讼法》规定，各级人民法院院长对本院已经发生法律效力的判决、裁定，发现确有错误，认为需要再审的，提交审判委员会讨论决定。最高人民法院对地方各级人民法院以及上级人民法院对下级人民法院已经发生法律效力的判决、裁定，发现确有错误的，有权提审或指令下级人民法院再审。

当事人对已经发生法律效力的判决、裁定，认为有错误的，可以向原审人民法院或上一级人民法院申请再审，但不停止判决、裁定的执行。当事人对已经发生法律效力的调解书，提出证据证明调解违反自愿原则或调解协议的内容违反法律的，可以申请再审。

6. 执行程序。执行程序是人民法院依法对已经发生法律效力的判决、裁定及其他法律文书的规定强制义务人履行义务的程序。对发生法律效力的判决、裁定、调解书和其他应由人民法院执行的法律文书，当事人必须履行。一方拒绝履行的，对方当事人可以向人民法院申请执行。申请执行的期限从法律文书规定履行期间的最后一日起计算，双方或者一方当事人是公民的为1年，双方是法人或者其他组织的为6个月。

【随堂演练15－6】下列争议解决方式中，适用于解决平等民事主体当事人之间发生的经济纠纷的有（　　）。

A. 仲裁　　B. 民事诉讼　　C. 行政复议　　D. 行政诉讼

【答案】AB

【解析】行政复议和行政诉讼适用于解决行政机关与行政管理相对人因具体行政行为发生的争议，是对纵向关系经济纠纷的解决方式。

【随堂演练15－7】某县工商局对甲公司抽逃资金的行为处以1万元罚款，甲公司不服。对此双方可采用的解决方式是（　　）。

A. 仲裁　　B. 行政复议　　C. 民事诉讼　　D. 行政诉讼

【答案】BD

【解析】县工商局对甲公司罚款1万元，甲公司不服可以直接提起行政诉讼，也可以先申请行政复议，对行政复议决定不服时，再提起行政诉讼。

复习思考题

1. 简述仲裁法的基本原则。
2. 仲裁协议的形式有哪些？
3. 仲裁协议对当事人、仲裁机构、法院各有什么法律效力？
4. 仲裁程序有哪些？
5. 简述涉外经济仲裁机构及程序。
6. 经济纠纷的解决途径有哪些？

附录

案例分析题

1. 甲投资设立乙个人独资企业，委托丙管理企业事务，授权丙可以决定10万元以下的交易。丙以乙企业的名义向丁购买20万元的商品。丁不知甲对丙的授权限制，依约供货。乙企业未按期付款，由此发生争议。

问题：

根据《个人独资企业法》的有关规定，分析本案如何解决?

2. 周某于2018年1月设立A个人独资企业。2018年6月，A企业与B公司签订了一份买卖合同，根据合同约定，A企业应于2018年7月10日前支付给B公司货款10万元，但A企业一直未支付该款项。2019年3月A企业解散。2020年5月1日，B公司要求周某偿还上述10万元债务，遭到周某的拒绝。

问题：

根据《个人独资企业法》的规定，分析B公司的债务如何清偿?

3. 张某拟设立个人独资企业。5月2日，张某将设立申请书等申请设立登记文件提交到拟订设立的个人独资企业所在地工商行政管理机关，设立申请书的有关内容如下：张某以其房产、劳务和现金3万元出资；企业名称为A贸易有限公司。5月10日，该工商行政管理机关发给张某“企业登记驳回通知书”。

5月15日，张某将修改后的登记文件交到该工商行政管理机关。5月25日，张某领取了该工商行政管理机关于5月20日签发的A个人独资企业营业执照。A企业成立后，张某委托王某管理A企业事务，并书面约定，凡金额在5 000元以上的业务均须取得张某同意后执行。B企业明知张某与王某的约定，仍与代表A企业的王某签订了标的额为2万元的买卖合同。张某知道后以王某超出授权范围为由主张合同无效，但B企业以个人独资企业的投资人对受托人职权的限制不得对抗第三人为由主张合同有效。

问题：

（1）张某5月2日提交的设立申请书中有哪些内容不符合法律规定?

（2）A企业的成立日期是哪天?简要说明理由。

（3）B企业主张合同有效的理由是否成立?并说明理由。

4. 2019年1月15日，甲出资5万元设立A个人独资企业（以下称A企业）。甲聘请乙管理企业事务，同时规定，凡乙对外签订标的额1万元以上的合同，必须经甲同意。2 月 10 日，乙未经甲同意，以 A 企业名义向善意第三人丙购买价值 2 万元的货物。同年 7 月 4 日，A 企业亏损，不能支付债权人丁的到期债务，甲决定解散该企业，并请求人民法院指定清算人。7 月 10 日，人民法院指定戊作为清算人对 A 企业进行清算。经查，A 企业和甲的资产及债权债务情况如下：（1）A 企业欠缴税款 2 000 元，欠乙工资 5 000 元，欠社会保险费 5 000 元，欠丁 10 万元；（2）A 企业的银行存款 1 万元，实物折价 8 万元；（3）甲个人其他可执行的财产价值 2 万元。

问题：

（1）乙于 2 月 10 日以 A 企业名义向丙购入价值 2 万元货物的行为是否有效？并说明理由。

（2）试述 A 企业的财产清偿顺序。

（3）如何满足丁的债权请求？

5.（1）某服装厂退休工人吴师傅，个人出资开办了一家服装加工店，起名为雅风制衣公司，并聘请小杨负责管理该店的经营活动，但明确规定小杨无独立进货的权力。（2）一日小杨见到大新公司处理一批质优价廉的布料，他认为店里生产服装用得上，便与大新公司订立协议购进一批。不料事后受到吴师傅的责备，让其将货退掉，但大新公司不同意，并坚持要服装店支付 5 000 元货款。（3）开店不到一年，由于吴师傅加工生产的服装款式落后，店内管理混乱，决定解散。该店于 11 月 2 日在店门上贴出告示，请顾客在 15 日内取走衣服。之后，在 11 月 30 日前卖掉了店内所有设备及存货后，注销该店。大新公司于 12 月 5 日得到消息后，立即找吴师傅要求支付货款或退还布料，吴师傅称，小杨越权行事，应由小杨支付货款。小杨又称企业已经清算完毕，企业已不复存在，其为企业订的货，他本人没义务偿还。（4）后来大新公司得知吴师傅已入伙一家合伙企业，出资额为 1 万元，尚未从该企业分得收益。大新公司正好欠这家合伙企业 5 000 元，便提出用吴师傅的欠款抵销与合伙企业的债务，但其他合伙人不同意。于是大新公司起诉吴师傅，要求他偿还拖欠的货款，法院查明，吴师傅家近来发生意外，确实经济困难，无力支付。

问题：

（1）吴师傅开办个人独资企业的资格及企业名称是否合法？说明理由。

（2）大新公司提议与合伙企业抵销债务合法吗？为什么？

（3）吴师傅和小杨的说法正确吗？为什么？个人独资企业与大新公司的货款纠纷应如何处理？

6. 甲、乙、丙、丁四人共同投资设立 A 普通合伙企业。合伙协议的部分内容如下：由甲、乙执行合伙企业事务，丙、丁不得过问企业事务；利润和损失由甲、乙、丙、丁平均分配和分担。在执行合伙企业事务过程中，为提高管理水平，甲自行决定聘请王某担任合伙企业经营管理人员。因合伙企业发展良好，乙打算让其朋友郑某入伙。在征得甲的同意后，乙即安排郑某参与合伙事务。

问题：

（1）合伙协议中关于合伙企业事务执行的约定是否符合法律规定？并说明理由。

（2）甲聘请王某担任经营管理人员是否符合规定？并说明理由。

（3）郑某是否已经成为A合伙企业的合伙人？并说明理由。

7. 甲、乙、丙三人设立A普通合伙企业，约定甲出资4万元，乙出资3万元，丙出资3万元。三人按4∶3∶3的比例分配和分担合伙损益。A企业成立后，与B公司签订购货合同，保证人为丁。后因A企业无力偿还贷款，B公司要求丁承担保证责任，丁以未约定保证形式，只承担一般保证责任为由拒绝。B公司遂对A企业和保证人丁提起诉讼。法院经审理还查明，甲对戊负有债务2万元，戊对A企业负有债务2万元；乙对C公司负有债务2万元。

问题：

（1）丁认为未约定保证形式，自己只承担一般保证责任的观点是否正确？为什么？

（2）戊能否将甲欠他的2万元债务与他欠A企业的2万元债务抵销？为什么？

（3）若乙个人财产不足以清偿对C公司的2万元债务，则C公司可以通过何种途径用乙在A企业中的财产份额清偿2万元债权？

8. 某年1月，甲、乙、丙共同设立一普通合伙企业。合伙协议约定：甲以现金人民币5万元出资，乙以房屋作价人民币8万元出资，丙以劳务作价人民币4万元出资；各合伙人按相同比例分配利润、分担亏损。合伙企业成立后，为扩大经营，于同年6月向银行贷款人民币5万元，期限为1年。同年8月，甲提出退伙，鉴于当时合伙企业盈利，乙、丙表示同意，同月，甲办理了退伙结算手续。同年9月，丁入伙。丁入伙后，因经营环境变化，企业严重亏损。第二年5月，乙、丙、丁决定解散合伙企业，并将合伙企业现有财产价值人民币3万元用于分配，但对未到期的银行贷款未予清偿。该年6月，银行贷款到期后，银行找合伙企业清偿债务，发现该合伙企业已经解散，于是向甲要求偿还全部贷款，甲称自己早已退伙，不负责清偿债务。银行向丁要求偿还全部贷款，丁称该笔贷款是在自己入伙前发生的，不负清偿责任。银行向乙要求偿还全部贷款，乙表示只按照合伙协议约定的比例清偿相应数额。银行向丙要求偿还全部贷款，丙则表示自己是以劳务出资的，不承担偿还贷款义务。

问题：

（1）甲、乙、丙、丁各自的主张能否成立？并说明理由。

（2）合伙企业所欠银行贷款如何清偿？

（3）在银行贷款清偿后，甲、乙、丙、丁内部之间应如何分担清偿责任？

9. 2018年10月，甲、乙、丙、丁四人设立了某有限合伙企业，主要从事货物贸易，四人签订了书面的合伙协议。合伙协议中约定，甲、乙是普通合伙人，丙、丁是有限合伙人。甲、乙、丙每人出资 10 万元人民币，经其他三人同意，丁以劳务作价人民币 10 万元，但在协议中没有明确利润分配比例及风险分担比例。合伙协议还约定了由丁执行合伙企业事务，对外代表合伙企业，但签订购销合同应经其他合伙人同意；甲、乙和丙不再执行合伙企业事务。合伙企业设立后，甲擅自以合伙企业的名义与甲公司签订了购销合同。由于超过了合同规定期限合伙企业还没有交货，甲公司派人交涉，方才知道合同签订未经其他合伙人同意。合伙企业以此为由拒绝了甲公司赔偿损失的要求。丙个人在与某人经济往来时发生了债务，该人便向人民法院提起诉讼，判决胜诉后便向人民法院申请强制执行，丙退出合伙企业。在此之前由于丁经营管理不善，已造成合伙企业巨额债务。5 个月后，由于债权人起诉，法院在审理中发现合伙企业财产只有 30 万元，而债务高达 100 万元。

问题：

（1）合伙协议是否必须采用书面形式？

（2）甲、乙、丙、丁的出资方式是否符合《合伙企业法》的规定？为什么？

（3）合伙协议约定："丁执行合伙企业事务，甲、乙和丙不再执行合伙企业事务。"这样的约定是否合法？为什么？

（4）合伙企业是否可拒绝甲公司的索赔要求？为什么？

（5）法院强制执行丙的全部财产份额后，丙是否应退伙？

（6）合伙企业的 100 万元债务应如何清偿？

（7）对于合伙协议中没有明确利润分配比例及风险分担比例的问题，如何处理？

（8）丙已经退伙，其拒绝承担合伙企业财产不能清偿的那一部分债务是否成立？为什么？

10. 甲、乙、丙三人出资设立 A 有限合伙企业，其中，甲、乙为普通合伙人，丙为有限合伙人。在合伙企业经营期间发生以下事项：（1）丙对丁表示自己是普通合伙人，代表合伙企业与丁签订了 500 万元买卖合同。丁按照合同约定向合伙企业发货，由于合伙企业的全部财产只有 300 万元，不足以清偿 500 万元货款。（2）丙同 A 合伙企业进行了 120 万元的交易，合伙人甲认为，由于合伙协议对此没有约定，因此，有限合伙人丙不得同本合伙企业进行交易。（3）丙自营同 A 合伙企业相竞争的业务，获利 150 万元，合伙人乙认为由于合伙协议对此没有约定，因此，有限合伙人丙不得自营同本合伙企业相竞争的业务，其获利 150 万元应当归 A 合伙企业所有。

问题：

（1）根据本题要点（1）所提示的内容，指出债权人丁能否就 A 合伙企业不能清偿的 200 万元向有限合伙人丙追偿？并说明理由。

（2）根据本题要点（2）所提示的内容，指出甲的主张是否符合法律规定？

并说明理由。

（3）根据本题要点（3）所提示的内容，指出乙的主张是否符合法律规定？并说明理由。

11. 2018年11月，国内某公司与日本某有限公司协议成立一家中日合资企业，日方先提出了合资企业的协议草案，草案中有下列条款。

第2条：合资企业的组织形式为有限责任公司。

第5条：公司的注册资本为200万元人民币，外方出资100万元人民币，以货币和工业产权出资，其中工业产权作价为80万元人民币……

第6条：双方在公司成立后分期缴付出资。第一期出资必须在3个月内缴纳，并且不能少于认缴出资额的15%。

第11条：公司设立股东会为公司的最高权力机构，董事会为执行机构。

第18条：本合同发生争议，适用中华人民共和国或者日本的相关法律。

问题：

上述条款是否符合我国法律的规定？为什么？

12. 外国投资者甲拟在中国境内投资设立一外资企业，甲依法向中国某省人民政府提交了申请报告并报送了相关文件，其可行性研究报告的部分内容如下：企业总投资1 500万美元，注册资本500万美元，其中以其所有的专业技术作价出资130万美元；依项目进展情况分期缴纳出资，第一期出资额70万美元。

问题：

（1）企业注册资本与投资总额的比例是否符合法律规定？简要说明理由。

（2）甲的专业技术出资额是否符合法律规定的比例？简要说明理由。

（3）甲的第一期出资额是否符合法律规定？简要说明理由。

13. 中外双方经过多次协商，准备签署一项中外合作经营的合同，合作企业合同的内容中有以下条款：（1）中外合作企业设立董事会，中方担任董事长，外方担任副董事长。董事会每届任期4年，董事长和董事均不得连任。（2）合作企业投资的注册资本为50万美元，中方出资40万美元，外方出资10万美元，自营业执照核发之日起一年半内应将资本全部缴齐。（3）合作企业的合作期限为12年，合作期满时，合作企业的全部固定资产无偿归中国合作者所有，外国合作者依法可以在合作期限内先行回收投资。

问题：

根据外资企业法律制度的有关规定，上述条款是否合法？为什么？

14. 江南服装厂欲引进国外先进制造技术，经与美国一家公司协商，达成协议。该协议的主要内容包括：投资总额1 200万美元，其中注册资本为480万美元；中方以货币、厂房、设备出资，出资额为380万美元，土地使用权不作为出资；外方以服装生产的专利技术作价50万美元为出资，另外又向中方所在地的中国银行贷款50万美元作为出资，该贷款由该合营企业名义提供担保，在合营期限内如协议双方认为必要，可经双方同意减少注册资本，该协议双方同意选择适用外方国法律。审批机关在审查合同时，指出存在的问题，经修改后，签发了批准证书，办理了工商登记手续，该合营企业正式成立。合营企业成立后，中方在规定的期限内缴清全部投资，而外方作为投资的专利技术却因合营企业成立之前已抵押给外方国某银行而被该国海关扣留。后经中国一家金融机构为外方提供担保后，海关才将技术资料放行。该合营企业经营两年后，经董事会议决定，合营企业缴纳所得税后的利润直接在合营双方间分配，并请外国注册会计师查账验证。

问题：

（1）本案中的协议存在什么法律问题？为什么？

（2）外方作为出资的专利技术存在什么问题？

（3）合营企业的利润分配是否合法？为什么？

（4）中方没有以土地使用权作价出资，土地使用权该如何处理？

15. 甲、乙、丙、丁、戊拟共同组建一有限责任性质的饮料公司，注册资本为人民币200万元。其中，甲、乙各以人民币60万元出资；丙以实物出资，经评估机构评估为人民币20万元；丁以其专利技术出资，作价人民币50万元；戊以劳务出资，经全体出资人同意作价人民币10万元。公司拟不设董事会，由甲任执行董事；不设监事会，由丙担任公司的监事。饮料公司成立后经营一直不景气，已欠A银行贷款100万元未还。经股东会决议，决定把饮料公司唯一盈利的保健品车间分出去，另成立具有独立法人资格的保健品厂。后饮料公司增资扩股，乙将其股份转让给大北公司。1年后，保健品厂也出现严重亏损，资不抵债，其中欠B公司货款达400万元。

问题：

（1）饮料公司在组建过程中，各股东的出资是否存在不符合《公司法》的规定之处？为什么？

（2）饮料公司的组织机构设置是否符合《公司法》的规定？为什么？

（3）饮料公司设立保健品厂的行为在《公司法》上属于什么性质的行为？设立后，饮料公司原有的债权债务应如何承担？

（4）转让股份时应遵循股份转让的何种规则？

（5）B公司除采取起诉或仲裁的方式追讨保健品厂的欠债外，还可以采取什么法律手段以实现自己的债权？

16. 甲、乙、丙、丁等20人拟共同出资设立一个有限责任公司，股东共同制定了公司章程。在公司章程中，对董事任期、监事会组成、股权转让等事项作了以下规定：

（1）公司董事任期4年；

（2）公司设立监事会，监事会成员为 7 人，其中包括 2 名职工代表；

（3）股东向股东以外的人转让股权，必须经其他股东 2/3 以上同意。

问题：

（1）公司章程中关于董事任期的规定是否合法？并说明理由。

（2）公司章程中关于监事会职工代表人数的规定是否合法？并说明理由。

（3）公司章程中关于股权转让的规定是否合法？并说明理由。

17. 甲、乙、丙、丁四人各出资 50 万元，准备设立一家有限责任公司。其中，甲的出资全部是人民币；乙的出资 30 万元是工业产权折价，20 万元是人民币；丙的出资是人民币 10 万元，机器设备折价 40 万元；丁的出资是厂房折价 10 万元，商标专用权折价 20 万元，人民币 20 万元。

问题：

（1）设立有限责任公司应具备什么条件？

（2）四人的出资是否符合《公司法》的规定？为什么？

（3）假定该公司设立并经营一年，甲方准备抽回资本是否许可？

18. 某市第一、二、三棉纺厂均是国有企业法人。《公司法》生效后，三家企业准备设立一家棉纺股份公司。

问题：

（1）这三家发起人人数是否合法？应采取什么方式设立？

（2）申请设立批准登记时应报送哪些必备文件？

（3）第一棉纺厂能否以其注册商标作为该厂投资的一部分？如能，应注意什么问题？

（4）该股份公司以后能否发行债券？为什么？

19. 2018 年初，李某与北京恒祥居美食文化有限公司达成口头协议，由李某向恒祥居公司供应粮、蛋、调料等货物，货款 30 日结算一次。同年底，恒祥居尚欠李某货款 172 374 元，李某遂向法院起诉请求判令恒祥居公司给付所欠货款。李某提供的证据有：恒祥居公司为其出具的对账单数张，金额为 69 283 元；署名苏某的对账单欠条 3 张，签署日期分别为 2019 年 4 月 5 日、5 月 5 日、6 月 12 日，债务金额为 103 091 元。上述两项债务总额为 172 374 元。恒祥居公司对上述证据的真实性不持异议，但以苏某所签货款欠条已约定由苏某负责清偿为由，不同意清偿 3 张欠条上记载的债务。另查，苏某自 2017 年 9 月至 2019 年 5 月担任恒祥居公司法定代表人。2018 年 11 月起，苏某陆续将其在恒祥居公司的股份全部协议转让给另一股东吴某，约定由吴某继任公司法定代表人，确定 2019 年 5 月 30 日为双方交接截止日期，此前的债务由苏某承担。

问题：

法院应如何判决？

20. 2018 年 10 月，深圳市个体工商户梁某及其妻因购销买卖而欠下浙江某地个体户石某 15 万元债务。2018 年 12 月，石某因多次要求梁某履行债务未果而起诉至法院。法院经审理判决梁某夫妇归还欠款。梁某到期仍未归还，石某即申请法院强制执行。在执行过程中，该夫妇与另外 6 个股东，每人分别出资 5 万元共计 40 万元设立了一家有限责任公司，该夫妇俩还亲自担任该公司董事。因该夫妇其他的财产不够执行，石某又向法院诉请由该有限责任公司负责清偿梁某夫妇所欠债务，或者取消该有限责任公司的设立，理由是梁某出资设立有限责任公司的行为已构成诈骗行为，要求取消其出资行为，以清偿债务。

问题：

法院是否支持石某的诉讼请求？你认为石某应采取什么措施以保护自己的合法权益？

21. 某企业因经营不善，无法偿还到期债务，而被宣告破产。该企业在经营过程中拖欠职工工资和劳动保险费用 25 万元；国家税款 7 万元；债权人甲 27 万元，乙 5 万元，丙 25 万元，丁 51 万元，戊 20 万元。该企业现有财产为：轿车 1 辆（3 万元，已抵押给甲）；厂房、设备、原材料折价 60 万元；存款 2 万元；卡车 2 辆（每辆价值 4.5 万元，其中一辆已抵押给乙）；债权 2.5 万元。预计破产费用约 10 万元。

问题：

债权人丙能分到多少财产？（请写出计算步骤）

22. 红星钢铁公司是铁山市工业局所属的国有企业，因经营管理不善，造成严重亏损，不能清偿到期债务，被债权人申请破产。当地人民法院于 2019 年 3 月 1 日受理案件，3 月 19 日发布破产公告，通知债权人申报债权。人民法院宣告债务人破产后，清算组发现，债务人曾于 2018 年 12 月 11 日向本市一国有纺织企业红棉公司无偿转让货运汽车 3 辆，于 2018 年 8 月 28 日向该市冶金工业局所属的另一家国有钢铁企业非正常压价出售锅炉 2 台。债权人会议即向人民法院申请撤销上述违法行为，追回财产。人民法院予以批准，追回的财产并入破产财产。

问题：

上述案件进行过程中有哪些与法律规定不符之处？依法应如何处理？

23. 斯凯布鲁服装公司是国有企业，因经营不善，已经资不抵债，有意向法院申请破产。聘请你为律师，代理破产中的法律事务。经过一段时间工作后，你掌握了以下情况：

（1）斯凯布鲁服装公司系在省工商行政管理局注册登记的公司。

（2）斯凯布鲁服装公司欠当地工商银行贷款 2 200 万元，贷款时曾提供斯凯布鲁服装公司一套进口生产流水线作抵押，该套设备现值 1 500 万元。

（3）斯凯布鲁服装公司的债权人之一甲公司因追索250万元货款而在一个月前起诉斯凯布鲁服装公司，此案尚在审理中。

（4）斯凯布鲁服装公司曾为乙公司向当地建设银行一笔500万元的贷款作为保证人，现乙公司对该笔贷款未予偿还。

（5）斯凯布鲁服装公司欠江阴市宏伟机械有限责任公司货款120万元，江阴市宏伟机械有限责任公司欠斯凯布鲁服装公司100万元。

（6）斯凯布鲁服装公司资不抵债已达4 500万元。

问题：

（1）斯凯布鲁服装公司如申请破产，应由谁受理？

（2）工商银行的2 200万元贷款应如何处理？

（3）甲公司与斯凯布鲁服装公司之间尚未审结的追索货款之诉应如何处理？

（4）建设银行能否参加破产程序、申报破产债权？理由是什么？

（5）向人民法院申请破产时，需要向法院提交哪些材料？斯凯布鲁服装公司可以自己直接申请公司破产吗？

（6）应从企业财产中优先拨付的破产费用包括哪些？

（7）斯凯布鲁服装公司与江阴市宏伟机械有限责任公司之间的债务关系如何处理？

24. 倒淌河大酒店经上级主管部门同意，于2019年3月2日申请宣告破产，在破产程序中债权人纷纷申报债权。提出如下给付请求：

（1）陈教授于2018年5月被该酒店保安人员殴打致伤，住院治疗8个月，要求赔偿医疗费8 730元。

（2）因该酒店歌舞厅从事三陪被查处，市公安局于2019年2月26日对其做出处罚决定：罚款1万元，限7日内缴纳。

（3）某旅行社与该酒店签订的合同，因酒店被宣告破产而终止，旅行社要求赔偿由此造成的损失18 000元。

（4）该酒店经理以酒店名义借用某公司小轿车一辆供其亲属使用，现该公司要求返还。

问题：

如果你是清算组成员，你认为哪些能够成为破产债权？

25. 2018年10月某市电信局以提高电话网络通信质量、减少电话终端设备障碍、方便广大用户为由，向市物价局提出《关于向市话用户收取电话机代维修费定价的请示》，市物价局批复：话机代维修费每月5元属于经营性收费，不得强行收取，由双方签订合同，用户话机代维修费每月5元。市电信局在未征得用户同意、未与用户签订合同的情况下，强制用户接受其提供的电话机维修服务，不论用户是否维修，每户每月一律收取代维修费5元，并将该费用计入月租费，在收取电信资费时一并收取。

问题：

根据《反垄断法》关于滥用市场支配地位的规定分析市电信局的行为。

26. 2018 年 9 月 18 日，可口可乐公司向商务部递交了收购汇源公司的申报材料。同年 11 月 20 日，商务部认为可口可乐公司提交的申报材料符合《反垄断法》所规定的标准，对此项申报进行立案审查。2019 年 3 月 18 日，商务部根据《反垄断法》的相关规定否决了这起并购。

问题：

根据《反垄断法》关于经营者集中的规定分析商务部否决这起并购的法律依据。

27. 深圳海王药业有限公司于 2018 年在宁波设立办事处，从事药品推广和销售活动。其通过向宁波、温州、舟山等地区的多家医院、药店、医生采取回扣、折扣、佣金、宴请、送礼、赞助费、旅游等方式开展促销活动，所支出费用由宁波办事处的医药代表以“专项费用”“推广费”等方式向公司报销，所有支出均未在账上如实反映。公司通过上述方式在 2018 年实现药品销售额约 700 万元。宁波海曙工商分局认定，当事人的行为构成商业贿赂。对其作出罚款 168 000 万元的行政处罚。

问题：

根据《反不正当竞争法》的规定分析工商局认定药业公司的行为构成商业贿赂事实。

28. 某市自来水公司在市电视台连续一个星期发布公告，公告内容是：鉴于广大市民家庭所用水龙头系购于不同厂家，而大部分厂家生产的水龙头有轻微漏水现象，水表对此种漏水现象不能察觉，致使自来水公司损失颇多。因此，自本公告发布之日起，市民安装或更换水龙头必须购买自来水公司所推荐的本市盘龙家用器具生产有限公司生产的“滋润”牌系列水龙头，否则责任由市民自负。市工商局调查中发现，所谓轻微漏水现象并不存在。

问题：

分析该自来水公司的行为在性质上属于什么行为？为什么？

29. A 建筑公司从 B 公司购进钢筋 50 吨，支付货款 28 万元。在验收时发现表面多疤结，有裂缝，在加工试验中钢筋有断头现象。经技术鉴定部门鉴定，发现这批钢筋的化学成分、力学性能等技术指标均达不到国家标准的要求，通知回收库存。

经查明 B 公司的钢筋是从 C 公司购进的，产品有厂名、厂址，并附有产品合格证，符合正常的经营手续。当 B 公司知道经营的钢筋是劣质钢筋后，积极采取措施封存钢筋，回收钢筋，并要求有关部门解决。C 公司这批钢筋是从一乡办企业进的货，明知该乡办企业无生产钢筋的技术能力，因贪图价格便宜予以经销。在产品问题暴露后，C公司不但不停止销售，反而积极促销，试图将劣质产品推向社会。

问题：

（1）钢筋属于必须符合什么标准的产品？

（2）对于销售不符合保障人体健康、人身财产安全标准的产品应如何处理？

（3）此案中B公司和C公司的产品责任应如何处理？

30. 农民吴某等36户村民，在2018年春向县种子站购买水稻种子准备育秧春耕。但是，种子种下后到春耕时秧苗出土寥寥无几，且异常瘦弱，根本不能用于春耕。吴某等只好在春播时向邻县农民高价买来剩余秧苗用于春耕，损失颇大。经查，吴某等向县种子站购买的该批水稻种子乃是过期多年不能用的稻种。

问题：

（1）吴某等可否依《消费者权益保护法》状告县种子站？为什么？

（2）县种子站辩称：该批种子是县种子站从某市种子生产公司购进的，吴某等应以种子生产公司作为被告追究其责任。县种子站的辩解是否符合有关法律规定？

（3）本案应如何处理？

31. 某个体工商户开办一方便面厂，经申请取得注册商标“山花”牌商标专用权。后见本厂产品销路不佳，而国有方便面厂的“山海”牌方便面畅销不衰，便印刷了10万个“山海”牌商标的方便面袋，将自己的产品装入袋内销售。后被国有方便面厂发现，要求其赔偿损失，停止侵权行为。经查，“山海”牌方便面所用商标已经注册，个体工商户的方便面质量不错。

问题：

（1）该个体工商户的行为是否构成侵权行为？

（2）本案应如何处理？

32. 某科研所的某研究员受某生产单位委托研究开发新的生产工艺，双方未就新开发所完成的发明创造的归属作出过约定。研究开发中，该研究员利用生产单位按约定提供的研究设备和技术资料完成了新工艺的开发，并发明了一种新的生产方法。该研究员就该项发明创造提出专利申请。生产单位提出异议，认为该项发明创造使用了本单位的设备和资料，所以应与该研究员共享专利权。该研究员提出资料是一种无形资产，新生产方法是其头脑中的构思，当然归其本人所有。

问题：

（1）对于生产单位而言，该发明是职务发明还是非职务发明？为什么？

（2）该项发明的申请权应归谁？为什么？

33. 甲、乙两公司订立了一份合同，合同中规定，合同的价款为100万元，作为担保的定金为货款额的15%，违约金的比例为20%，合同履行一段时间后，接受定金的甲方违约，违约部分货款额为 50 万元，由于甲方违约给乙方造成 15 万元的经济损失。2018 年 5 月 30 日乙方向法院起诉，请求法院判处甲公司违约，并追究有关的违约责任。

问题：

法院将如何追究甲公司的各种违约责任？说明法律依据公式，必要时列出算式。

34. 甲、乙两公司签订一项购销合同，合同总标的 300 万元，规定乙公司于 5 月 20 日前一次交货，甲公司于收货后 10 日内一次付款。并由丙、丁为乙公司的债权作担保，但未说明各自承担担保的比例。因水灾原因，乙公司无法按期供货，经双方协商供货时间延长 1 个月，6 月 20 日乙公司因进行内部规范管理仍未发货，6 月 25 日乙公司一次发货，由此给甲公司造成损失 55 万元，甲公司收货后以乙公司违约为由拒绝付款。此款一直从 7 月 10 日至次年 1 月 20 日均未支付，乙公司向丙、丁索要，丙、丁认为乙公司违约在先担保无效。乙公司认为延迟发货的原因是不可抗力造成的。

问题：

（1）乙公司认为迟延发货属不可抗力造成，免于承担违约责任理由是否充分？

（2）甲公司以乙公司违约为由拒绝理由是否充分？

（3）丙、丁拒绝承担担保责任理由是否充分？

（4）该案例如何处理？

35. 甲企业向乙企业发出传真订货，该传真列明了货物的种类、数量、质量、供货时间、交货方式，并要求乙在 10 日内报价。乙接受甲发出传真列明的条件并按期报价，同时要求甲在 10 日内回复；甲按期复电同意其价格，并要求签订书面合同。乙在未签订书面合同的情况下按甲提出的条件发货，甲收到货后未提出异议，亦未付款。后因市场发生变化，该货物价格下降。甲于是向乙提出，由于双方未签订书面合同，买卖关系不能成立，故乙应尽快取回货物。乙不同意甲的意见，要求其偿付货款。随后，乙发现甲放弃其对关联企业的到期债权，并向其关联企业无偿转让财产，可能使自己的货款无法得到清偿，于是向人民法院提起诉讼。

问题：

（1）试述甲传真订货、乙报价、甲回复报价行为的法律性质。

（2）买卖合同是否成立？并说明理由。

（3）对甲放弃到期债权、无偿转让财产的行为，乙可向人民法院提出何种权利请求以保护其利益不受侵害？对乙行使该权利的期限，法律有何规定？

36. 甲公司与乙公司于 2018 年 4 月 10 日签订了设备买卖合同。双方约定：

（1）由乙公司于 2018 年 10 月 30 日前分两批向甲公司提供设备 10 套，价款总计为150万元；

（2）甲公司向乙公司给付定金25万元；

（3）如一方延迟履行，应向另一方支付违约金20万元；

（4）由丙公司作为乙公司的保证人，在乙公司不能履行债务时，丙公司承担一般保证责任。合同依法生效后，甲公司因故未向乙公司给付定金。

2018年7月1日，乙公司向甲公司交付了3套设备，甲公司支付了45万元货款。

2018年9月，该种设备价款大幅上涨，乙公司向甲公司提出变更合同，要求将剩余7套设备价款提高到每套20万元，甲公司不同意，随后乙公司通知甲公司解除合同。

2018年11月1日，甲公司仍未收到剩余的7套设备，从而严重影响了正常生产，并因此遭受了50万元的经济损失。于是甲公司诉至法院，要求乙公司增加违约金数额并继续履行合同；同时要求丙公司履行一般保证责任。

问题：

（1）合同约定甲公司向乙公司给付25万元定金是否合法？并说明理由。

（2）乙公司通知甲公司解除合同是否合法？并说明理由。

（3）甲公司要求增加违约金数额依法能否成立？并说明理由。

（4）甲公司要求乙公司继续履行合同依法能否成立？并说明理由。

（5）丙公司在什么条件下应当履行一般保证责任？

37. 甲、乙两公司订立合同，合同的标的是假冒某公司的注册商标，标的金额为1 000万元（甲向乙支付货款600万元，其后400万元仍未支付），后在交易中被工商局查处。

问题：

工商局应如何认定和处理此事？

38. A贸易公司2018年6月5日与B厂签订购买出口丝绸服装合同，合同约定，总价款为500万元。交货时间为10月中旬至10月底，违约金为总价款的5%。合同成立后，10日内A向B支付了定金50万元。同年7月，由于国际丝绸市场疲软，B厂担心A公司配额问题向A公司询问，A当即回答，出口配额没问题，按原合同执行。同年8月，B厂得知A公司因巨额债务纠纷缠身，便向A公司提出因担心A公司的偿债能力，准备行使不安抗辩权，8月30日A公司发出电传：债务纠纷不会影响购销合同，并愿意再提供50万元进行担保，B厂未予答复。同年9月，B厂厂务会议决定解除与A公司合同。10月初，A公司向B厂询问合同履行情况，B厂未予答复。10月底，A公司催要货物，B厂提出与A公司的合同已经于9月解除。由于B厂未交货A公司损失25万元。A公司向法院诉讼，追究B厂的违约责任。后经查，A公司纠纷并未影响购销合同，A公司有偿债能力。

问题：

（1）行使不安抗辩权应具备什么条件？B 厂行使该权利是否有不符合法律规定之处？

（2）B 厂解除合同的条件、程序是否合法？B 厂解除合同的效力如何？

（3）A 公司主张追究 B 厂的违约责任是否应该支持？如何追究 B 厂的责任？

39. 某拖拉机厂和某机械厂是长期合作单位。2018 年下半年，拖拉机厂因资金周转困难，与机械厂协商拆借资金，双方商定由机械厂借给拖拉机厂 80 万元人民币，由所在地区的工业局为此笔借款作保证人，借款期限为一年，年利率按照同期银行贷款利率计算。合同签订后，工业局在合同上签字并保证愿意承担保证责任。一年后，拖拉机厂不能按约定偿还借款和利息。机械厂便向人民法院提起诉讼，请求拖拉机厂偿还借款和利息，并要求工业局承担保证责任。

问题：

（1）拖拉机厂与机械厂签订的合同是否有效？为什么？

（2）工业局能否承担保证责任？为什么？

（3）本案依法应如何处理？

40. 某年 3 月 5 日，甲公司给乙公司发出传真，称："本公司有一批优质白酒出售，每箱 8 000 元。如贵公司有意购买，请速与本公司销售部联系。"乙公司接到传真后，认为价格较合算，遂向甲公司发出订单，订购白酒 50 箱，总价款 40 万元，并请甲公司在 3 月 30 日前给出正式答复，但直到 4 月中旬，甲公司才发来传真，说白酒已售完，请谅解，等等。由于乙公司为准备货款及仓库花去了近 5 万元的费用，遂将甲公司起诉到法院，要求甲公司承担违约责任，赔偿其经济损失 5 万元。

问题：

乙公司能否要求甲公司对其承担违约责任？对于乙公司的 5 万元损失，甲公司是否应予以赔偿？

41. 2018 年 5 月，某市财政局派出检查组对甲国有企业的会计工作进行检查。检查中发现以下情况：

（1）2019 年 3 月 5 日，甲国有企业收到一张应由甲国有企业和乙企业共同负担费用支出的原始凭证，甲国有企业的会计人员 A 以该原始凭证及应承担的费用进行账务处理，并保存该原始凭证；同时应乙企业的要求将该原始凭证的复印件提供给乙企业用于财务处理。

（2）2019 年 4 月 2 日，甲国有企业的会计人员 B 发现一张由丙企业开具的金额有错误的原始凭证，会计人员 B 要求丙企业进行更正，并在更正处加盖丙企业的印章。

（3）2019 年 5 月 10 日，新上任的厂长崔某安排自己的直系亲属、自参加工作后一直从事文秘工作的C担任甲国有企业的会计机构负责人。5月18日，原会计机构负责人与C办理会计交接手续，人事科长进行监交。

（4）2019年6月10日，会计机构负责人C安排自己的女儿D在本企业中担任出纳，并监管会计档案保管和收入、费用账目的登记工作。经查，D尚未取得会计从业资格证书。

问题：

（1）根据本题要点（1）所提示的内容，会计人员A的做法是否符合规定？并说明理由。

（2）根据本题要点（2）所提示的内容，会计人员B的做法是否符合规定？并说明理由。

（3）根据本题要点（3）所提示的内容，C能否担任甲国有企业的会计机构负责人？并说明理由。

（4）根据本题要点（3）所提示的内容，原会计机构负责人与C办理会计工作交接手续，由人事科长进行监交的做法是否符合规定？并说明理由。

（5）根据本题要点（4）所提示的内容，会计机构负责人C安排自己的女儿D在本企业中担任出纳是否符合规定？并说明理由。

（6）根据本题要点（4）所提示的内容，D在本企业中担任出纳，并监管会计档案保管和收入、费用账目的登记工作是否符合规定？并说明理由。

（7）根据本题要点（4）所提示的内容，D未取得会计从业资格证书是否可以从事会计工作？并说明理由。

42. 中国证监会在组织对A上市公司进行例行检查时，发现以下事实：2018年，A公司由于经营管理和市场方面的原因，经营业绩滑坡。为了获得配股资格，A公司的主要负责人甲便要求公司财务总监乙对该年度的财务资料进行调整，以保证公司的净资产收益符合配股条件。乙组织公司会计人员丙以虚做、隐瞒费用和成本开支等方法调整了公司财务资料。A公司根据调整后的财务资料，于2017年10月申请配股并获批准发行。

问题：

根据以上所述事实以及我国《会计法》的规定，指出哪些人存在何种违法行为？并分别说明各违法行为的法律后果。

43. 2018年，某演员主演了40集电视连续剧《××××》。同年9月28日，A药业有限公司与《××××》剧制片方之一的B艺术有限责任公司达成在全国部分电视台播出的随片广告协议。协议约定：A公司生产的某种药品的广告随该剧在全国至少200家电视台播出；A公司已向B公司支付定金38万元及广告费60万元。后在约定的履约期限内，播出该剧的全国数十家电视台未按要求播出电视剧或随片广告，双方由此产生纠纷。

2019年2月15日，A药业有限公司向某市中级人民法院提起诉讼，要求B

艺术有限责任公司承担违约责任并赔偿由此给 A 药业有限公司造成的经济损失。

问题：

法院如何处理此案？

44. 某国有机电设备制造企业在汇算清缴企业所得税时向税务机关申报：2010 年度利润总额为 1 000 万元，应纳税所得额为 950.4 万元，已累计预缴企业所得税 255 万元。在对该企业纳税申报表进行审核时，税务机关发现如下问题，要求该企业纠正后重新办理纳税申报：

（1）公益性捐赠支出 150 万元全部在税前扣除。

（2）缴纳的印花税、城镇土地使用税、车船税、印花税等税金 62 万元已在管理费用中列支，但在计算应纳税所得额时又重复扣除。

（3）将违法经营罚款 20 万元、税收滞纳金 0.2 万元列入营业外支出中，在计算应纳税所得额时予以扣除。

（4）从境外取得税后利润 20 万元（境外缴纳所得税时适用的税率为 20%），未补缴企业所得税。

已知：该企业适用的企业所得税税率为 25%。

问题：

（1）计算该企业 2010 年度境内所得应纳税的所得税税额；

（2）计算该企业 2010 年度境外所得税应补缴的所得税税额；

（3）计算该企业 2010 年度境内、境外所得应补缴的所得税税额。

45. 某电视台节目主持人王某 2018 年 4 月的工资薪金所得为 5 660 元，同月王某被邀请担任某电影节开幕式的节目主持人，一次性受领报酬 2 万元，该月王某的自传性读物出版，得稿酬 7 600 元，本月王某从稿酬中拿出 1 500 元捐赠希望工程。

问题：

王某该月的应纳税额是多少？写明计算过程。

46. A 公司从 2008 年 8 月初开张到 12 月底从未办理纳税申报，税务机关多次催促，该公司总是以开张不久、亏损为由拒不进行纳税申报。税务人员经过审查后发现该公司经营不错，因此，怀疑其有偷税行为。经检查该公司所有会计资料，从该公司经营账簿上进行推算的结果为，该公司确属亏损。后来，有人举报该公司有两本账，税务机关要求该公司提供真实的经营情况，从真实资料看出，该公司确属偷税。所偷税款涉及企业所得税、增值税、城市维护建设税等，偷税数额达 26.5 万元，偷税数额较大。税务机关责令其补缴税款及所偷税的滞纳金和罚款。该公司置之不理，经多次催缴均无效。税务人员认为该公司的行为已从偷税转为抗税。

问题：

（1）该公司的行为违反了《税法》的哪些规定？

（2）该公司的行为属于哪种违反《税法》的行为？是偷税还是抗税？税务机关应如何处理？

47. 2018年7月，A国有企业（本题下称“A企业”）经国家有关部门同意，拟改组为股份有限公司并发行股票上市。其拟订的有关方案部分要点为：A企业拟作为主要发起人，联合其他三家国有企业共同以发起设立方式于2018年9月前设立B股份有限公司（本题下称“B公司”）。各发起人投入B公司的资产总额拟订为人民币16 500万元。其中，负债人民币12 200万元；净资产人民币4 300万元。B公司成立时的股本总额拟订为2 750万股（每股面值为人民币1元，下同）。B公司成立1年后，即2001年底之前，拟申请发行6 000万股社会公众股，新股发行后，B公司股本总额为8 750万股。

问题：

根据上述事实，A企业拟订的改制及股票发行上市方案存在哪些法律障碍？并说明理由。

48. 2018年，某市新成立一家城市合作商业银行A，成立伊始即进行了两笔业务，一笔是购买政府债券500万元人民币，另一笔是向该市一超市——新客隆超市投资100万元人民币。

问题：

（1）A银行作为一家城市合作商业银行，新设立时其法定注册资本最低限额应该是多少人民币？

（2）A银行的两笔业务是否符合《商业银行法》的规定？为什么？

49. 随着改革开放的深入和中国保险市场的发展，保监会于2018年1月22日批准筹建商业性财产保险公司——永安财产保险股份有限公司（以下简称“永安”）。同年8月25日，该公司成立，永安的注册资本为6.8亿元人民币，营业区域为西北五省及山西省、四川省和重庆市。然而，营业不到一年半，保监会调查发现，永安存在两大问题：一是违规经营，即存在异地开展业务问题；二是资本不足，永安的注册资本为6.8亿元人民币，实际到位不足1亿元人民币。保监会根据《保险法》及有关规定，决定对永安实行为期半年的接管。

问题：

保监会的决定对吗？为什么？

50. 某客运公司与保险公司签订了保险代理合同。合同约定：保险公司委托客运公司代办公路旅客意外伤害保险业务的承保手续，以持票乘车的旅客为被保险人；保险费按基本票价的2%计收，包括于票价之内，由客运公司在售票时收取，车票即为保险凭证。客运公司支付代办手续费。在代理合同有效期内，该客运公司的一辆客车出现事故，造成多人死亡和重伤。伤亡人员的家属持车票（车票上印有“票价中含有2%的保险费”）向保险公司索赔。保险公司辩称，客运公司挪用保险费，已经连续4个月未向公司交保险费，所以，保险公司不承担保险责任。客运公司称，虽其未交保险费，但保险公司并未提出终止委托代理合同，所以，保险公司应承担责任。

问题：

根据法律规定，保险公司是否应对此承担保险责任？为什么？

51. 1997年12月10日，外经贸部（现商务部，下同）发表公告，决定对来自美国、加拿大、韩国的新闻纸反倾销调查正式立案。根据我国的反倾销和反补贴条例的规定，有关部门调查的初步证据表明，美国、加拿大和韩国向我国大量出口被控新闻纸。其中，加拿大向中国出口新闻纸1996年比1995年增长743.36%，1997年比1996年增长53.99%；此间，韩国向中国出口新闻纸分别增长155.98倍和31.39%；美国向中国出口新闻纸分别增长了13.35倍和16.28%。同时，三国不断降低价格，以谋取更多的市场份额。1997年加、韩、美三国向中国市场出口的新闻纸价格分别比1996年下降了10.78%、7.79%、15.3%，由此导致中国国内新闻纸产业受到严重损害，具体表现为：中国国内相同产品的产量急剧萎缩，销售量和销售收入下降，产品价格被迫大幅度下调，库存大量积压；国内新闻纸产业开工率严重不足，失业率大幅度上升等。

问题：

（1）倾销的认定标准是什么？

（2）反倾销的法律规定是什么？

（3）本案应如何处理？

52. 甲工厂与乙公司签订了一份加工承揽合同，合同约定6个月后甲工厂将成品交给乙公司，收货后一个月内付清款项。6个月后，甲工厂将成品交给乙公司，但乙公司迟迟不付货款，拖欠近4个月。甲工厂多次找乙公司请求其支付货款，并赔偿损失。乙公司认为甲工厂加工的成品质量不合格。后双方经协商达成书面仲裁协议。一周后，甲工厂向协议书约定的仲裁委员会申请仲裁，乙公司却向合同履行地人民法院提起诉讼，人民法院未予受理。

问题：

（1）本案中谁应受理此案？

（2）双方在纠纷发生后达成的书面仲裁协议是否有效？为什么？

（3）如果乙公司提起仲裁协议无效，应由谁来裁定？如何审查？

53. 某省临江市下辖某县土地管理部门作出收回华光公司土地使用权的决定。华光公司不服向法院起诉，法院裁定不予受理。此后，华光公司向临江市土地管理部门申请行政复议。临江市土地管理部门受理后，经过审查，作出了维持该县土地管理部门“收回华光公司土地使用权的决定”的行政复议决定。

问题：

（1）华光公司向法院起诉时，法院裁定不予受理的做法是否符合法律规定？并说明理由。

（2）华光公司可以向哪些行政机关提出行政复议申请？

（3）华光公司如果不服临江市土地管理部门的行政复议决定，还可以通过什么途径保护公司的权益？

54. 甲市的A、B两个企业签订了200万元的买卖合同，根据合同约定，A企业应当于2018年8月10日发货，B企业收到货物后30日内付款。A企业按照合同约定按时发货，B企业9月10日拒绝付款，由此发生合同纠纷。A、B企业经协商后，申请甲市工商局进行调解，但A企业对甲市工商局的调解结果不服。

问题：

（1）A企业能否就甲市工商局的调解申请行政复议？并说明理由。

（2）如果A企业对B企业提起民事诉讼，可以向何地的人民法院提起诉讼？

（3）A企业应当在何时前对B企业提起诉讼？并说明理由。

55. 甲、乙公司因租赁合同发生纠纷，甲向某仲裁委员会申请仲裁，乙向法院提起诉讼。据了解，双方并没有签订仲裁协议。

问题：

（1）分析甲、乙公司解决纠纷的途径是什么？

（2）仲裁委员会和法院对甲、乙的请求各会作出什么样的处理？

参考书目

1. 葛恒云主编:《经济法》,机械工业出版社 2017 年版。
2. 李兴江主编:《经济法概论》,经济科学出版社 2011 年版。
3. 江平主编:《最新公司法条文释义》,人民法院出版社 2006 年版。
4. 强力主编:《金融法学》,高等教育出版社 2006 年版。
5. 柳经纬主编:《破产法》,厦门大学出版社 2006 年版。
6. 刘大洪主编:《反不正当竞争法》,中国政法大学出版社 2005 年版。
7. 刘凯湘主编:《合同法》,中国法制出版社 2006 年版。
8. 樊崇义主编:《全国律师资格考试案例分析题》,中国人民公安大学出版社 2005 年版。
9. 财政部注册会计师考试委员会办公室编:《2007 年注册会计师考试参考用书——经济法规汇编》,中国财政经济出版社 2007 年版。
10. 刘亚天主编:《经济法》,高等教育出版社 2002 年版。
11. 潘静成、刘文华主编:《经济法》,中国人民大学出版社 2005 年版。
12. 韩德培、马克昌主编:《经济法学》,高等教育出版社 2003 年版。
13. 马洪主编:《商法》,上海财经大学出版社 2003 年版。
14. 李永军主编:《合同法案例》,中国人民大学出版社 2005 年版。
15. 吴汉东编:《知识产权法》,法律出版社 2005 年版。
16. 高晋康编:《经济法》(第二版),西南财经大学出版社 2005 年版。
17. 沈四宝编:《中国对外贸易法》,法律出版社 2006 年版。
18. 李仁玉主编:《经济法概论(财经类)》,中国财政经济出版社 2010 年版。
19. 葛恒云主编:《经济法》,机械工业出版社 2011 年版。
20. 柯新华主编:《经济法原理与实务》,上海财经大学出版社 2010 年版。

敬 告 读 者

为了帮助广大师生和其他学习者更好地使用、理解和巩固教材的内容，本教材提供课件和部分习题答案，读者可关注公众号“经科新知”，浏览课件和习题答案。

如有任何疑问，请与我们联系。

QQ：16678727

邮箱：esp_bj@163. com

教材服务 QQ 群：391238470

经济科学出版社
2019 年 2 月

经科新知

教材服务 QQ 群